[英]利德尔·哈特 著
肖石忠 译

第二次世界大战战史

下

HISTORY
OF THE
SECOND WORLD
WAR

岳麓書社·长沙　博集天卷 CS-BOOKY

第 23 章 太平洋的潮流转向

日本在太平洋的进攻目标是建立所谓的"大东亚共荣圈",这一目标在四个月内就几乎实现了。那时,马来亚和荷属东印度群岛以及香港已被完全征服;几乎整个菲律宾和缅甸南部也已被征服。一个月内,科雷希多岛要塞的投降使美国在菲律宾的最后一个立足点沦陷。一个星期后,英军被赶出缅甸撤至印度,中国因此与盟友断绝了联系。日本在这场大规模的征服中只损失了大约 1.5 万名官兵、380 架飞机和 4 艘驱逐舰。

在轻松取得一系列的胜利后,日本人自然不愿意按照他们的战略计划转向防守。他们担心这种转向可能会导致战斗精神逐渐下降,同时给经济实力更强大的西方对手一个恢复的喘息空间。日本海军尤其急于消灭美国在太平洋可能卷土重来的两个基地——夏威夷和澳大利亚。正如他们指出的那样,美国海军的航空母舰部队仍可以从夏威夷开始行动,而澳大利亚显然正被变成跳板和堡垒。

日本陆军的心思仍然集中在中国,不愿意派出这种远征所需的部队,如果远征入侵澳大利亚,这支部队必须规模庞大。陆军拒绝了配合联合舰队司令部夺取锡兰的计划。

然而,海军希望在某个方向上再发动一场成功的打击,以此克服陆军首脑的反对,劝诱他们为其中一次远征提供所需的部队。但是,海军内部对最佳方向存在分歧。山本海军大将和日本联合舰队司令部赞成占领中途岛(珍珠港以西 1100 英里)的计划——以之为诱饵,吸引美国太平洋舰队采取行动并摧毁它。然而,日本海军军令部更倾向于经由所罗门群岛攻占新喀里多尼亚、斐济和萨摩亚,并通过占领这一岛链,封锁美国和澳大利亚之间的海上航线。后一个孤立澳大利亚的计划有一个很有分量的论据:日本人已经在完成封锁圈方面取得很大进展。因为到 3 月底,他们已经从拉包尔推进到所罗门群岛以及新几内亚北部海岸。

1942 年 4 月 18 日,美军空袭东京,使有关海军备选计划的争论中断并改变了方向。

空袭东京

这次对日本首都(日本本土的心脏)的空袭,是为了对珍珠港事件进行报复,相关计划于 1942 年 1 月就开始了。由于东京距离任何幸存的美军基地都太远,因此必须依托海军航空母舰来实施这次空袭。但是,人们知道日本有一支由巡逻艇组成的船队在距离本土 500 英里的地方巡逻,因此攻击机必须从大约 550 英里远的地方起飞,往返飞行至少 1100 英里——这对航空母舰舰载机来说太远了。此外,如果美国海军为数不多的宝贵的航空母舰停在原地等待突袭飞机返回,它们将面临危险。因此,决定使用航程更长的美国陆军航空队的轰炸机,轰炸东京后向西飞行,降落在中国的机场。

这意味着飞机的飞行距离超过 2000 英里,并且能够从航空母舰上起飞。因此,B-25"米切尔"轰炸机被选中。这些轰炸机装有额外的燃料箱,可以携带 2000 磅炸弹飞行 2400 英里。飞行员由詹姆斯·杜立特[①]中校率领,练习短距离起飞和长距离水上飞行。因为 B-25 轰炸机太大而无法存放在甲板下,且甲板上必须留出足够的起飞空间,所以这次行动只使用了

---

① 詹姆斯·杜立特(1896—1993),1942 年 9 月至 1943 年 3 月任美国第 12 航空队司令,1943 年 3 月至 1943 年 11 月任北非战略航空部队(战略空军)司令,1943 年 11 月至 1944 年 1 月任美国第 15 航空队司令,1944 年 1 月至 1945 年 9 月任美国第 8 航空队司令。——译者注

16 架。

4月2日，被选中执行任务的"大黄蜂"号航空母舰从旧金山启航，其护航舰艇包括巡洋舰和驱逐舰。13日，美国第16特遣舰队加入，该舰队是以"企业"号航空母舰为中心组成的，负责提供空中支援——因为"大黄蜂"号的飞机都停放在甲板下。18日清晨，一艘日本巡逻艇发现了这支航母舰队，当时它距离东京还有650多英里。特遣舰队司令威廉·哈尔西①海军中将与杜立特商议，他们一致认为，尽管需要多飞一段距离，但最好还是立即出动轰炸机。事实证明，这是一个明智而幸运的决定。

8时15分至9时24分，轰炸机在波涛汹涌的大海上起飞，四小时内抵达日本，出其不意地袭击了防御工事，并在东京、名古屋和神户投下了炸弹（包括燃烧弹）。随后，他们借助顺风飞往中国。不幸的是，由于误会，衢州机场未能做好接收准备，机组人员不得不迫降或跳伞。全部82名机组人员中，有70人返回，3人因轰炸民用目标而被日本人处决。两艘航空母舰毫发无损地撤离，并于25日抵达珍珠港。

另一件幸运的事是，尽管巡逻艇发出了警告，但日本人预计袭击会比实际晚一天，即19日到来。他们认为，到那时美军航空母舰才足够接近目标，好让海军舰载轰炸机起飞。到那时，日本空军已经做好准备，南云海军中将的航空母舰也将到达预定位置。

这次袭击的主要成就是，它鼓舞了美国人因珍珠港事件而严重动摇的士气。但是，袭击也迫使日本人将四个陆军战斗机大队留在国内，以保卫东京和其他城市。另一个牵制作用是，日本人派出一支由53个营组成的大队，扫荡美军轰炸机降落的浙江省。更重要的影响是，日本人由此从根本上分散了兵力，因为他们决定进行中途岛作战来阻止进一步的袭击，并

---

① 威廉·哈尔西（1882—1959），1940年6月任美国第2巡洋舰分舰队司令兼美国舰队航空母舰作战部队司令，1942年10月至1944年6月任美国南太平洋战区最高司令，1943年3月至1945年10月任美国第3舰队司令，在战区最高司令兼舰队司令任内领导指挥盟军陆海空部队、组织了数次重大海上战役。——译者注

"大黄蜂"号航空母舰后飞行甲板上装载的参加"杜立特空袭东京行动"的 B-25 轰炸机

切断澳大利亚与美国的联系。这种双重目标不利于集中力量和兵力。

根据日本修改后的计划，第一项行动分为两部分：一是深入所罗门群岛，夺取图拉吉岛作为水上飞机基地，为进一步向东南方向跃进提供掩护；二是占领新几内亚南部海岸的莫尔兹比港，使昆士兰州处于日军轰炸机的打击范围之内。然后，山本指挥的日本联合舰队将占领中途岛和西阿留申群岛的关键点。在摧毁美国太平洋舰队后，第三项行动将是恢复向东南方推进，从而封锁从美国到澳大利亚的海上航线。

第一项行动导致珊瑚海战役，第二项行动导致中途岛战役，第三项行动引发对图拉吉岛附近的大岛瓜达尔卡纳尔岛的长期激烈争夺。

日本的这个复杂计划产生了讽刺性的间接后果，它加剧了美国在计划和指挥安排上的分歧。

4月初，美国已经承担起除苏门答腊岛以外的整个太平洋地区的责任，而英国继续负责苏门答腊岛和印度洋地区。中国作为一个独立战区接受美国的援助。美国的势力范围被一分为二——西南太平洋战区由麦克阿瑟上将指挥，其司令部现已设在澳大利亚，太平洋战区由切斯特·尼米兹[①]海军上将指挥。这两位都是强势而有魄力的人物，很可能发生冲突。日本的计划为双方提供了充足的行动空间和活动范围。此外，双方势力范围的分界线位于所罗门群岛，日本的两栖作战威胁需要麦克阿瑟的地面部队和尼米兹的海军部队联合应对。因此，他们必须制订出一个可行的方案。

[①] 切斯特·尼米兹（1885—1966），1939年6月至1941年12月任美国海军航海局局长，1941年12月至1945年11月任美国太平洋舰队总司令，1942年4月至1945年9月兼任太平洋战区最高司令。在太平洋舰队总司令和太平洋战区最高司令任内组织指挥了太平洋战区内的历次重大战役。1945年12月至1947年12月任美国海军作战部长。——译者注

珊瑚海战役

日本陆军和空军部队在新不列颠岛的拉包尔集结，海军部队在北面1000英里外的加罗林群岛的特鲁克集结。准备发动两次入侵的两栖部队背后是一支航空母舰打击部队，随时准备击退美军的一切干涉行动。这支部队由"瑞鹤"号和"翔鹤"号航空母舰以及巡洋舰和驱逐舰护航队组成，并搭载了125架海军飞机（42架战斗机和83架轰炸机）。拉包尔还有150架飞机可以为其提供支援。

美军情报部门是盟军的主要优势，他们发现了日军作战计划的主要线索，尼米兹海军上将把他所有可用的部队派往南方——从珍珠港出发的"约克城"号和"列克星敦"号航空母舰，载有141架飞机（42架战斗机，99架轰炸机），另有两个巡洋舰大队为其护航。（另外两艘美国航空母舰"企业"号和"大黄蜂"号在突袭东京返航后也奉命赶往珊瑚海，但来得太晚，未能参战。）

5月3日，日军登陆图拉吉岛，未遇抵抗就占领了该岛——因为事先得到警告的澳大利亚驻军已经撤离。当时，"列克星敦"号航空母舰正在海上加油，而弗莱彻海军少将指挥的"约克城"号航空母舰离现场更远。但第二天，它在距离图拉吉约100英里的地方发动了多次袭击。除了击沉一艘日本驱逐舰外，这些袭击几乎没有任何效果。"约克城"号航空母舰幸运地逃脱了报复。因为那两艘日本航空母舰已被派去运送少量战斗机至拉包尔——它们脱离战场只是为了节省一次额外的运送任务。这是双方一系列错误或误解的开始，最终美军从中获益。

高木[①]海军中将的航空母舰战斗群现在向南驶去，经过所罗门群岛

---

① 高木武雄（1892—1944），1941年9月至1942年11月任日本第5战队司令，1942年11月至1943年4月任"马公警备府"司令，1943年4月至6月任"高雄警备府"司令。1943年6月至1944年7月任日本第6舰队总司令。1944年7月6日在塞班岛战役中战死。——译者注

航行中的美国海军"列克星敦"号航空母舰

东部，绕道进入珊瑚海，旨在从后面拦截美国航空母舰舰队。与此同时，"列克星敦"号航空母舰已经与"约克城"号航空母舰会合，两艘航空母舰向北航行，拦截正在前往莫尔兹比港的日本入侵部队。5月6日——科雷希多岛投降的黑色日子——双方的航母战斗群互相搜寻，但没有接触，尽管它们一度相距只有70英里。

7日清晨，日军侦察飞机报告说，他们发现了一艘航空母舰和一艘巡洋舰，于是高木立即下令全力轰炸，并迅速击沉了这两艘军舰。但实际上，它们只是一艘油轮和一艘护航驱逐舰，所以日本人浪费了时间和精力。那天晚上，高木又进行了一次规模较小的袭击，结果他所用的27架飞机损失了20架。与此同时，弗莱彻的舰载飞机也同样被错误报告误导，全力攻击了入侵莫尔兹比港的近距离掩护部队。在这次攻击中，他们击沉了"祥凤"号轻型航空母舰，而且只用了十分钟——这是整个战争中击沉敌舰最快的纪录之一。更重要的影响是，日军被迫推迟了入侵行动，并命令他们的部队撤退。这是攻击错误舰船的失误所带来的讽刺性好处。这也是当天几次盲目攻击中的一次。

5月8日上午，两支敌对的航母舰队终于展开了交锋。双方势均力敌，日军有121架飞机，美军有122架，护航舰艇实力也几乎相当——日军有4艘重型巡洋舰和6艘驱逐舰，美军有5艘重型巡洋舰和7艘驱逐舰。然而，日军在云带中行进，而美军必须在晴朗的天空下行动。由此"瑞鹤"号航空母舰没被发现。然而，"翔鹤"号遭到三次炸弹袭击，不得不退出战斗。另一方的"列克星敦"号航空母舰遭到两次鱼雷袭击和两次炸弹袭击，随后内部爆炸迫使美军抛弃这艘备受珍视的军舰——水兵们称其为"莱克斯夫人"。更敏捷的"约克城"号航空母舰只中了一枚炸弹，安全逃脱了。

下午，尼米兹命令航母舰队撤出珊瑚海——这一决定显得很果断，因为对莫尔兹比港的威胁已暂时解除。日军也撤出了战场，他们误以为两艘美国航空母舰都沉没了。

在绝对损失方面，美军飞机稍小，为74架，而日军超过80架；人员损失美军只有543人，而日军超过1000人；但是，美军损失了1艘舰队航空母舰，而日军只损失了1艘轻型航空母舰。更重要的是，美军挫败了敌人的战略目标，即占领新几内亚的莫尔兹比港。现在，他们凭借技术上的优势，及时修复"约克城"号航空母舰，以应对太平洋战争的下一阶段，而珊瑚海战役中的两艘日军航空母舰都无法为第二场更具决定性的战斗做好准备。

珊瑚海战役是历史上第一次由两支未曾进入彼此视线范围的舰队进行的战役，交战距离从战舰的极限约20英里扩大到100英里甚至更远。不久之后，一场更大规模的类似战役再次上演。

中途岛战役

日本帝国大本营已于5月5日下令开始下一阶段的行动。日本联合舰队司令部制订的计划非常全面和复杂，但缺乏灵活性。几乎整个日本海军都要参与这次行动。总共有大约200艘舰艇，包括8艘航空母舰、11艘战列舰、22艘巡洋舰、65艘驱逐舰和21艘潜艇。此外还有600多架飞机提供支援。尼米兹海军上将只能集结76艘舰艇，其中三分之一属于北太平洋部队，从未参加过战斗。

对于主要的中途岛行动，日本投入的兵力有：（1）一支先进的潜艇部队，在三道警戒线内巡逻，企图削弱美国海军的反击行动；（2）一支由近藤信竹海军中将指挥的进攻部队，由12艘护航运输舰组成，载有5000名士兵，由4艘重型巡洋舰提供近距离支援，并由2艘战列舰、1艘轻型航空母舰和另外4艘重型巡洋舰组成的部队提供远距离掩护；（3）南云忠一海军中将的第1航空母舰部队，由4艘舰队航空母舰组成——载有250多架飞机——由2艘战列舰、2艘重型巡洋舰和1艘驱逐舰护航；（4）山本五十六海军大将指挥的主战舰队，由3艘战列舰、1艘驱逐舰和1艘轻型航空母舰组成。其中一艘战列舰是最近建造的"大和"号巨型战列舰，排水量7万吨，装备9门18英寸火炮。

对于阿留申群岛行动，日本分配的兵力有：（1）一支由3艘护航运输舰组成的进攻部队，载有2400名士兵，外加一支由2艘重型巡洋舰组成的支援部队；（2）一支由2艘轻型航空母舰组成的航空母舰编队；（3）由4艘老式战列舰组成的掩护部队。

这场战役在阿留申群岛开始，6月3日日军对荷兰港进行空袭，随后于6日在三个地点登陆。与此同时，4日，南云的舰载飞机将袭击中途岛的机场，第二天，将占领库雷环礁（位于中途岛以西60英里）作为水上飞机基地。6日，巡洋舰将轰炸中途岛，部队登陆，入侵行动将由近藤的战舰掩护。

日军的预期是，在登陆之前，中途岛地区不会有美国舰艇，他们希望美国太平洋舰队在阿留申群岛空袭开始的消息传来后立即向北移动。这样，他们就能将其困在两支航空母舰编队之间。但是，在追求这一战略目标，即摧毁美国航空母舰时，日军的战术安排却给自己造成了障碍。由于6月初的月相条件有利，山本不愿等到"瑞鹤"号补充完珊瑚海战役损失的飞机，足以增援其他航空母舰后再动手。至于八艘可用的航空母舰，两艘被派往阿留申群岛，两艘跟随战列舰群。同时，舰队的行动受到缓慢的部队运输速度制约。此外，如果日军的主要目标是摧毁美国航空母舰，而不仅仅是占领中途岛，那么很难看出向阿留申群岛分兵有何意义。最糟糕的是，由于坚持在固定时间占领固定地点，日军丧失了战略灵活性。

在美国方面，尼米兹海军上将主要担忧的是日本的兵力优势。自从珍珠港事件发生后，他已经没有战列舰了，珊瑚海战役后，只有两艘航空母舰可以投入战斗，即"企业"号和"大黄蜂"号。但是，经过一番惊人的努力，原本预计90天才能修复的"约克城"号，只用了两天就得以修复，这使尼米兹的航空母舰数量增加到了三艘。

尼米兹有一个巨大的有利条件，足以抵消劣势，那就是他在获取情报的手段和情报提供方面的优势。3 艘美国航空母舰及其 233 架飞机部署在中途岛以北很远的地方，这样就无法被日军侦察机发现，同时他们可以通过以中途岛为基地的远程"卡特琳娜"飞机提前获知日军的动向。因此，他们希望对日军发动侧翼攻击。6 月 3 日，即航空母舰就位的第二天，空中侦察发现了中途岛以西 600 英里处缓慢移动的日本运输船。日军飞机的搜索模式存在漏洞，美国航空母舰可以从东北方向悄悄接近。山本和南云认为美国太平洋舰队不会在海上，这也对美军有所帮助。

6 月 4 日清晨，南云出动 108 架飞机对中途岛发动袭击，同时准备了另一拨规模相近的飞机，以便攻击发现的任何军舰。第一拨攻击对中途岛的设施造成了很大破坏，而日军自身损失不大，但南云得到的报告说需要进行第二次攻击。由于他自己的航空母舰遭到来自中途岛的飞机的轰炸，他觉得仍然有必要摧毁该岛的机场，因此命令第二拨攻击将鱼雷换成炸弹，因为此时仍然没有见到美国航空母舰的踪影。

不久之后，有报告称大约 200 英里外有一群美国舰艇，尽管起初人们以为只有巡洋舰和驱逐舰。但在 8 时 20 分，一份更准确的报告称，其中有一艘航空母舰。这对南云来说是一个尴尬的时刻，因为他的大多数鱼雷轰炸机现在都配备了炸弹，而他的大部分战斗机都在巡逻。他还必须收回第一拨袭击中途岛后返回的飞机。

尽管如此，南云在收到消息后改变航向往东北航行，这帮助他避开了美军航空母舰派出的第一拨俯冲轰炸机。9 时 30 分至 10 时 24 分，连续三拨鱼雷轰炸机（速度相对较慢的飞机）袭击日本航空母舰，美军出动的 41 架鱼雷轰炸机中有 35 架被日军战斗机或高射炮击落。当时，日军觉得他们赢得了这场战役。

但是，两分钟后，来自"企业"号航空母舰的 37 架美军俯冲轰炸机（由克拉伦斯·麦克拉斯基海军少校指挥）从 1.9 万英尺的高空俯冲而下，出乎意料地没有遇到任何抵抗。刚刚击落第三拨鱼雷轰炸机的日军战斗机没有机会爬升反击。南云的旗舰"赤城"号航空母舰被炸，炸弹击中了正

美国海军"约克城"号航空母舰

1942年6月4日,"约克城"号航空母舰被日本鱼雷击中

在更换炸弹的飞机,引爆了许多鱼雷,迫使舰员弃舰。"加贺"号航空母舰遭到炸弹袭击,舰桥被毁,舰体从头到尾都着火了,最终在傍晚沉没。"苍龙"号航空母舰被从"约克城"号航空母舰出发,已经抵达现场的俯冲轰炸机投下的三枚半吨炸弹命中,舰员在20分钟内就弃舰了。

唯一完好无损的"飞龙"号舰队航空母舰反击"约克城"号航空母舰并予以重创,迫使舰员弃船——该舰在珊瑚海战役中的损伤被匆忙修复,其实力大大减弱。但是,24架美军俯冲轰炸机(其中10架来自"约克城"号)在傍晚对"飞龙"号进行猛烈打击,导致其舰员在5日凌晨被迫弃舰,该舰于9时沉没。

6月4日的这场海战见证了海军史上最迅速的战局变化,也表明了远程海空行动中新式战役的"偶然性"。

山本海军大将听到他的航空母舰部队遭遇灾难的消息后,第一反应是调集战列舰,同时从阿留申群岛调回两艘轻型航空母舰——他仍然希望以旧方式进行海战以挽回局面。但是,随后"飞龙"号航空母舰沉没的消息和南云的悲观报告使他改变了主意。5日早些时候,山本决定暂停对中途岛的进攻。他仍然希望通过向西撤退将美军引入陷阱,但在这场关键战斗中指挥"企业"号和"大黄蜂"号两艘航空母舰的雷蒙德·斯普鲁恩斯海军少将,凭借大胆和谨慎挫败了他的企图。

与此同时,日军对北太平洋阿留申群岛的攻击已于6月3日清晨按计划实施,当时用于此次行动的两艘轻型航空母舰出动23架轰炸机和12架战斗机攻击荷兰港。这支部队规模太小,除非运气好,否则不会产生重大影响,最终它只制造了很小的破坏,因为地面被云层遮蔽。第二天,在天气晴朗的情况下,日军再次发动攻击,虽然击中了一些目标,但没有给美军造成严重损失。6月5日,两艘航空母舰被调往南方,协助主要行动。然而,7日,日本海军的小型海运部队登陆,未遇抵抗就占领了三个预定目标岛屿中的两个——基斯卡岛和阿图岛。日本宣传部门大肆吹嘘这个小小的胜利,掩饰中途岛战役的惨败。从表面上看,占领这些地点似乎是一项重大收获，因为横跨北太平洋的阿留申群岛靠近旧金山和东京之间的最短航线。但实际上，这些荒凉多岩石的岛屿经常被雾气笼罩或遭受风暴袭击，不适合作为跨太平洋进攻的空军或海军基地。

总之，1942年6月的行动对日本来说是一场惨败。他们在中途岛战役中损失了4艘舰队航空母舰和大约330架飞机（大部分与航空母舰一起沉没），还有1艘重型巡洋舰——而美国只损失了1艘航空母舰和大约150架飞机。俯冲轰炸机是美国方面的关键武器——形成对比的是，90%以上的鱼雷轰炸机被击落，而陆军的大型B-17轰炸机对舰船的打击没什么效果。

除了前面提到的基本战略错误外，日本人还遭受了其他各种不利因素的困扰。"指挥"失误包括山本海军大将在"大和"号战列舰舰桥上实际处于孤立状态，南云海军中将丧失勇气，以及海军传统导致山口多闻海军少将和其他领导人与其舰艇一起沉没，而不是设法夺回主动权。与山本相反，尼米兹海军上将留在岸上，能够全面掌握战略局势。

日本的麻烦因一系列战术失误而加剧——未能出动足够的侦察飞机来发现美国航空母舰；在高空缺乏战斗机掩护；防火措施不力；用四艘航空母舰的所有飞机进行攻击，这意味着他们必须同时收回飞机并重新装弹，因此有一段时间他们的航空母舰部队没有打击能力；飞机换弹药时，舰队正驶向敌人，这让美军飞机有机会更容易找到南云的部队，并在其发动攻击甚至用战斗机自卫之前对其进行打击。这些错误大多可以归咎于过度自信。

一旦日军失去了这四艘舰队航空母舰和训练有素的飞行人员，他们在战列舰和巡洋舰上的持续优势就毫无意义了。这些舰艇只能在自己的陆基飞机可以覆盖的地区冒险——日军在长期的瓜达尔卡纳尔岛争夺战中失败主要是由于缺乏制空权。中途岛战役给了美军宝贵的喘息时间，直到年底，他们的新型"埃塞克斯"级舰队航空母舰才开始投入使用。因此，可以合理地说，中途岛是预示日本最终败亡的转折点。

中途岛战役之后的西南太平洋

即便如此，虽然中途岛战役的结果严重阻碍了——事实上是遏制了——日本在西南太平洋的推进，但并没有使其停止。尽管日军无法再使用舰队推进，但他们仍然选择继续前进，而且是兵分两路——在新几内亚，通过陆路进攻这个巨大岛屿东部的巴布亚半岛；在所罗门群岛，从一个岛屿跳到另一个岛屿，沿着岛屿链建立机场，以掩护连续的短距离跳岛行动。

新几内亚和巴布亚

当日本在 1941 年 12 月参战时，澳大利亚的大部分作战部队正在北非和英国第 8 集团军一起作战——尽管当紧急情况发生时，他们将被召回。在距离澳大利亚如此近的新几内亚，值得一提的部队只有驻扎在南海岸巴布亚首都莫尔兹比港的一支旅级部队。北海岸以及俾斯麦群岛和所罗门群岛的澳大利亚驻军规模非常小，日本人一来，他们就撤走了。但是，守住莫尔兹比港被认为是至关重要的，因为日本从那里发动的空袭可能会到达澳大利亚本土的昆士兰州。澳大利亚人民自然对这种威胁很敏感。

1942 年 3 月初，来自拉包尔的日本人在新几内亚北岸靠近巴布亚半岛的莱城登陆。但是，正如前面所述，由于 5 月那场原本无关紧要的珊瑚海战役的结果，他们撤回了意图攻占莫尔兹比港的海上远征部队。与此同时，道格拉斯·麦克阿瑟上将被任命为盟军西南太平洋战区总司令。6 月初的中途岛战役之后，盟军的地位直接或间接地变得更加稳固，因为大多数澳大利亚部队现在已经回国，新的师正在组建，而美国已在澳大利亚部署了两个师和八个航空大队。在巴布亚，澳大利亚的兵力也增加到超过一个师的规模——两个旅驻扎在莫尔兹比港，第三个旅驻扎在半岛东端的米尔恩湾，同时有两个营正沿着科科达小道向北海岸的布纳推进，目的是在那里建立一个空军基地，为盟军沿新几内亚海岸向西推进的两栖进攻提供掩护。

但是，7月21日，这一行动被阻止，原本已经消退的日军威胁又死灰复燃，当时日军在布纳附近登陆，约有2000人，这是他们再次试图夺取莫尔兹比港行动的一部分，这次是通过陆路进攻。更令盟军震惊的是，29日，日军占领了科科达，几乎跨越了半个半岛——到8月中旬，日军的兵力已超过1.3万人，他们迫使澳大利亚人沿着丛林小道后退。但是，尽管这里的半岛只有100多英里宽，这条小路却必须穿过8500英尺高的欧文斯坦利山脉，而穿越如此艰险的地带，补给的难度越来越大——这对进攻方来说自然更糟——而盟军的空袭更是雪上加霜。不到一个月，日军的推进在距目标约30英里的地方就停止了。与此同时，一支规模较小的日军部队（1200人，后来增至2000人）于8月25日在米尔恩湾登陆，经过五天的激烈战斗，成功到达了机场边缘，但随后遭到澳大利亚人的反击，被迫重新登船。

到9月中旬，麦克阿瑟已将澳大利亚第6师和第7师的大部分以及一个美国团集中在巴布亚，准备发动攻势。23日，西南太平洋战区盟军陆军总司令托马斯·布莱梅上将（澳大利亚人）抵达莫尔兹比港指挥作战。他的部队在努力打回科科达和布纳时遭遇了激烈抵抗，不过由于空中运力的增加，他们的补给困难得到了缓解。到10月底，日军被赶出了他们在山脉顶部坦普尔顿十字路口附近建造的三个连续阵地中的最后一个。11月2日，澳大利亚人夺回科科达，重新开放了那里的机场。日军试图在库穆西河上进行新的抵抗，但联军空投了架桥材料，还将澳大利亚和美国新部队空运到北岸，构成侧翼威胁，日军的防御被突破。

尽管如此，日本人整个12月都在布纳附近进行长时间的抵抗，直到盟军增援部队通过海上和空中抵达后，1943年1月21日，日本在海岸的最后一支抵抗力量才被消灭。在六个月的战役中，日军损失超过1.2万人。澳大利亚的战斗伤亡人数为5700人，美国为2800人——总共8500

人——而他们在湿热和疟疾肆虐的热带丛林中生病的人数是伤亡人数的三倍。但是，他们已经证明，即使在如此恶劣的丛林条件下，他们也能成功与日本人作战，而各种形式的空中力量提供了决定性的优势。

瓜达尔卡纳尔岛战役

瓜达尔卡纳尔岛战役源于麦克阿瑟上将和尼米兹海军上将自然而然的共同愿望，即利用中途岛战役的胜利，在太平洋上迅速从防御转为反攻。他们的愿望分别得到了在华盛顿的上级马歇尔和金的支持，前提是这种进攻必须与英美共同商定的"首先击败德国"的大战略相协调。对于任何提早的反攻来说，唯一可行的地区是西南太平洋，这一点大家都同意。但是，同样很自然地出现了意见冲突，即应该由谁来指导和指挥反攻。现在，敌人对中太平洋夏威夷群岛的压力不是减轻而是消失了，海军变得更加渴望在这场基本上是两栖作战的行动中充分发挥作用。在此之前，金海军上将只是勉强接受了首先对付德国并为此目的在英国增强美军实力的政策。1942年，英国反对尽早跨英吉利海峡发起进攻，这导致马歇尔转而优先考虑太平洋问题，金对这种观点的改变深感高兴，即使这只是暂时的——因为罗斯福总统不太可能赞成既定政策发生这么明确的改变。

然而，就在西南太平洋战区转入攻势的共识达成之际，关于应该由谁来负责的问题马上变得尖锐起来，至6月下旬辩论已演变为激烈交锋。最终，双方妥协了，结果体现在7月2日参谋长联席会议颁布的指令中——这一折中方案由马歇尔上将主导制订。进攻分为三个阶段，第一阶段是占领圣克鲁斯群岛和东所罗门群岛，特别是图拉吉岛和瓜达尔卡纳尔岛。为此调整了区域之间的边界，使该地区纳入尼米兹海军上将的作战范围，故而他将指挥第一阶段的进攻。第二阶段是占领所罗门群岛的其余部分以及直到莱城外休恩半岛的新几内亚海岸，而第三阶段是占领拉包尔，即日本在西南太平洋的主要基地，以及俾斯麦群岛的其余部分——这两个阶段在重新划分区域后由麦克阿瑟上将指挥。

这一折中方案并没有让麦克阿瑟满意，他在中途岛战役胜利后立即主张对拉包尔发动快速的大规模进攻，并自信地预测他可以迅速占领拉包尔，连带占领俾斯麦群岛的其余部分，将日军赶回特鲁克（位于700英里外的加罗林群岛）。但他意识到，他不可能指望获得自认为必需的兵力——除了他已有的三个步兵师外，还要一个海军陆战师和两艘航空母舰。因此，妥协的三阶段计划被采纳——完成这一计划花费的时间比任何领导人预期的都要长得多。

盟军占领东所罗门群岛的计划被阻止了——就像在巴布亚一样。7月5日，侦察机报告日军已将部分部队从图拉吉岛调往附近较大的瓜达尔卡纳尔岛（90英里长，25英里宽），并在隆加角修建一个机场（后来被称为"亨德森机场"）。日本轰炸机从那里起飞所带来的明显危险促使美国人立即重新考虑战略，瓜达尔卡纳尔岛本身成为主要目标。瓜达尔卡纳尔岛的山脉树木繁茂，降雨量大，气候恶劣，不适合发起任何战役。

在尼米兹领导下，行动的总体战略方向由该地区司令罗伯特·戈姆利[①]海军中将负责，弗兰克·弗莱彻海军少将负责战术指挥——他还控制着分别围绕"企业"号、"萨拉托加"号和"黄蜂"号组建的三个掩护航空母舰大队。陆基空中支援来自昆士兰州莫尔兹比港和各个岛屿上的机场。登陆部队由亚历山大·范德格里夫特少将指挥，包括美国海军陆战队第1师和第2师的一个团，共有1.9万名海军陆战队官兵，由19艘运输舰船运送，并有护航舰护航。舰队接近时，没有看到敌人的踪迹。8月7日清晨，开始空中和海上轰炸，登陆于9时开始。到晚上，1.1万名海军陆战队官兵完成登陆。第二天早上占领机场，发现机场即将完工。瓜达尔

[①] 罗伯特·戈姆利（1883—1958），1942年5月至10月任美国南太平洋战区司令，1942年10月至1943年2月在美国舰队司令部任职，1943年2月至1944年10月任美国第14海军军区司令。1944年12月至1945年8月任美国驻德国海军司令部司令。——译者注

1942年8月7日,美国海军陆战队在瓜达尔卡纳尔岛的特纳鲁东面的海滩登陆

1942年8月,瓜达尔卡纳尔岛的日本海军的92式重机枪阵地

卡纳尔岛上的 2200 名日本人,主要是建筑工人,大部分都逃进了丛林。在图拉吉岛,日本驻军 1500 人的部队进行了更顽强的抵抗,直到第二天晚上,他们才被登陆的 6000 名海军陆战队官兵击败并消灭。

　　日本人的反应非常迅速——具有讽刺意味的是,日本人之所以反应如此之快,是因为相关的报告让日本人相信美国登陆部队的数量只是实际数量的一小部分。因此,他们没有停下来准备一场力量充足的反击,而是派出一系列小股增援部队,并不断增加兵力。就这样,双方原本设想的快速进攻和反击演变成一场旷日持久的战役。

　　然而,日本海军护航舰队实力更强,他们的连续推进引发了一系列重大的海军对抗。其中第一次,对美国海军来说也是最糟糕的一次,是瓜达尔卡纳尔岛西北海岸的萨沃岛战役。8 月 7 日晚上,驻拉包尔的日军司令三川军一[①]海军中将集结了一支由五艘重型巡洋舰和两艘轻型巡洋舰组成的舰队,向瓜达尔卡纳尔岛进发。第二天,他悄悄地穿过所罗门群岛两条岛链之间的狭窄水域,即所谓的"狭缝",于傍晚时分接近萨沃岛——就在弗莱彻因为燃料和战斗机力量都快用完而撤回美国航空母舰之后。尽管盟军的巡洋舰和驱逐舰部队在夜间采取了警戒部署阵型,但他们的合作和值班情况并不好。凌晨时分,三川出其不意地先后袭击了盟军南面和北面的舰队,并在一小时内穿过"狭缝"返回。在他身后,盟军四艘重型巡洋舰已经沉没或正在沉没,一艘严重受损——五艘战舰全军覆没。而他自己的巡洋舰几乎毫发无损。

　　日本人从他们卓越的夜战技能中获益匪浅,又因为先进的光学仪器,尤其是 24 英寸"长矛"鱼雷而如虎添翼。这场战役是战争期间美国海军在海上遭受的最惨重的失败之一。对盟军来说幸运的是,三川没有完成摧

---

　　① 三川军一(1888—1981),1943 年 9 月至 1944 年 6 月任日本第 2 南遣舰队副司令,1944 年 6 月至 8 月任日本西南方面军舰队司令、第 13 航空队司令,1944 年 8 月至 10 月任日本第 3 南遣舰队总司令。——译者注

毁隆加锚地上大量无防御能力的运输和补给舰的任务——他不知道盟军航空母舰已经撤退,因此预计如果不迅速退回相对隐蔽的"狭缝",就会提前遭到空中反击。此外,他也不知道美军在瓜达尔卡纳尔岛的登陆规模如此之大。人们应该根据指挥官作出决定时所掌握的信息来评判他。

盟军海军部队的剩余部队在当天下午向南撤退,以避免遭受进一步的攻击,尽管那时海军陆战队的食品和弹药补给只卸载了不到一半。部队的口粮减少到每天两餐,在接下来的两个星期里,海军陆战队被孤立,没有海军支援,也没有空中掩护,直到20日亨德森机场投入使用,第一批海军陆战队航空中队才抵达。即便到那时,这种空中掩护也十分有限。

日本人错过了这个机会,很大程度上是因为他们仍然大大低估了登陆瓜达尔卡纳尔岛的美国海军陆战队的力量——他们认为美军只有2000人,并估计只需出动6000人的兵力就足以击败美军并夺回该岛。他们派出两支先遣分队共1500人,搭乘驱逐舰于8月18日在隆加角东西两侧登陆;他们没有等待后续护航队就发动了攻击,很快就被海军陆战队消灭。只有2000人的后续护航队于19日从拉包尔启航,虽然规模很小,但得到了强大的海军支援。日本人企图以此为诱饵将美国舰队引入陷阱,这和他们在中途岛战役中的想法一样。"龙骧"号轻型航空母舰率先进攻,它本身就是诱饵的一部分,后面跟着由近藤海军中将指挥的两艘战列舰和三艘巡洋舰,再后面是南云海军中将指挥的"瑞鹤"号和"翔鹤"号舰队航空母舰。

这个诱饵计划导致了所谓的东所罗门海战,但日本人没有如愿成功设下陷阱。因为戈姆利海军中将及时从"海岸观察员"那里得到了日军接近的警告——"海岸观察员"是一个主要由澳大利亚皇家海军情报官员和当地种植园主构成的组织。将军在瓜达尔卡纳尔岛东南部集中了分别以"企业"号、"萨拉托加"号和"黄蜂"号航空母舰为中心组建的三个海军特遣舰队。"龙骧"号于24日早上被发现,下午被美国航空母舰上的飞机击沉。与此同时,两艘日本舰队航空母舰也被发现,因此当它们的攻击如期而至时，美国航空母舰上的全部战斗机早已升空备战，击落了80架敌机中的70多架，而自己的飞机仅损失17架。"企业"号是唯一一艘被重创的舰艇。在这场不具决定性的战斗之后，日本舰队在夜间撤退，美国舰队也撤退了。

海军的这次无效行动之后，这片区域平静下来，但瓜达尔卡纳尔岛除外。日军部队虚弱无力，他们试图接近亨德森机场，但被海军陆战队击退，他们"拼死一搏"，几乎全部阵亡。但是，他们被驱逐舰不断运来的一支支小分队所取代——这种行动如此有规律，以至于海军陆战队称之为"东京快车"。就这样，日本在瓜达尔卡纳尔岛的地面部队力量稳步增加，到9月初，又有6000人被运送到那里。9月13日至14日夜间，这支部队猛攻海军陆战队的阵地——后来被称为"血岭"——但所有攻击都被击退，损失超过1200人。

然而，此时美国海军在该地区遭受了严重损失。"萨拉托加"号和"黄蜂"号航空母舰遭到日本潜艇的袭击，前者严重受损，后者沉没。由于"企业"号仍在维修，因此只有"大黄蜂"号提供空中掩护。

在日本人早先夺回瓜达尔卡纳尔岛的尝试失败后，帝国大本营于9月18日发布一项新指令，将这次战役的优先级放在新几内亚战役前。但是，日本人仍然大大低估了那里海军陆战队的规模，认为不超过7500人，并据此估计派遣一个师，再临时动用他们的联合舰队就足够了。第一支增援部队的初步海上行动引发了10月11日至12日在瓜达尔卡纳尔岛海岸附近的另一场海战。在这场被称为埃斯佩兰斯角战役的战斗中，双方的损失并不惨重，但总体上对美军有利，可以说是一种精神上的鼓舞。然而，在战斗中日军设法让增援部队登陆，使其总兵力达到2.2万人。与此同时，美军的兵力也达到2.3万人，图拉吉岛的兵力超过4500人。

即便如此，10月中旬对美军来说仍然是战役中最关键的时期，尤其是两艘日本战列舰的炮击摧毁了亨德森机场，烧掉了燃料库，使他们在那里的飞机数量从90架减少到42架，同时日军还迫使美国陆军的重型轰炸机飞回新赫布里底群岛。日军的反复轰炸带来压力，而湿热的环境和营养不足的饮食也给美军造成严重减员。

10月24日，日本陆军发动由于暴雨和茂密的丛林而延迟的陆上攻势。主要的进攻来自南部，但海军陆战队在防御阵地上部署得当，炮火控制得很好。日军被击退，损失了数千人，而美军仅损失数百人。到26日，日军被迫撤退，留下约2000具尸体。

与此同时，山本海军大将领导的日本联合舰队——2艘舰队航空母舰、2艘轻型航空母舰、4艘战列舰、14艘巡洋舰和44艘驱逐舰——巡航到所罗门群岛东北部，等待着预期中的陆军占领亨德森机场的消息。在美国方面，尽管有新的"南达科他"号战列舰和几艘巡洋舰抵达，但海军力量还不到对手的一半。就战列舰而言，是1∶4。但现在，"大黄蜂"号航空母舰已经得到了修复后的"企业"号航空母舰的增援，从现代海军角度来看，这一点更为重要。哈尔西海军上将被任命接替疲惫不堪的戈姆利海军中将，也为海军注入了新的活力。两支舰队于10月26日在圣克鲁斯群岛海战中碰撞在一起，这场战役再次以双方的空战为主导。"大黄蜂"号被击沉，"企业"号受损，而另一方的"翔鹤"号舰队航空母舰和"瑞凤"号轻型航空母舰也被严重损坏，双方舰队于27日撤离战场。但在飞机方面，日本损失更大，有70架未能返回。在以这场战役为顶点的十天内，他们损失了200架飞机，自8月最后一个星期以来，他们已经损失了300架。此外，美军很快得到增援，包括超过200架飞机以及美国海军陆战队第2师的其余部分和亚美利加师的一部分。

然而日本人也得到了足够的增援，得以继续行动——既出于自尊心，也因为受到他们给美军造成严重损失这种乐观得近乎荒谬的报告的欺骗。随后发生了两次被称为"瓜达尔卡纳尔海战"的冲突。第一次发生在11月13日星期五凌晨，虽然只持续了半个小时，但美国有两艘巡洋舰被击沉，而日本"比睿"号战列舰受损严重，无可奈何地在第二天自沉——这是日本在战争中损失的第一艘战列舰。

这场海战的第二阶段发生在 14 日晚上，双方角色互换，日军试图运送 1.1 万名官兵组成的增援部队上岛，并有一支由大型驱逐舰组成的护航队护航（该护航队由"坚不可摧的"田中赖三海军少将指挥），由近藤信竹海军中将的重型军舰掩护。七艘运输船在接近瓜达尔卡纳尔岛时被击沉，尽管其他四艘抵达该岛，但它们在早上被空袭摧毁，因此只有 4000 名士兵登陆，急需的补给很少。

在随后的海战中，美国驱逐舰遭受重创，但午夜时分，近藤剩下的"雾岛"号战列舰也遭到重创。美国"华盛顿"号战列舰的雷达控制火炮在 8400 码的距离上向"雾岛"号开火，"雾岛"号遭到重创，在七分钟内就失去了战斗力，很快就沉没了。

与此同时，在陆地上，海军陆战队和其他美军部队在补给上拥有优势，他们转而进攻，并扩大了他们的防御范围。到月底，岛上的美国飞机已增至 188 架，日本人再也不敢用缓慢的护航队运送增援部队和补给物资。12 月，他们只能用潜艇少量运送兵员与补给。

日本海军损失惨重，其首脑敦促放弃瓜达尔卡纳尔岛，但陆军首脑们已经在拉包尔集结了 5 万人的部队，仍希望派他们增援岛上的 2.5 万名官兵。然而，与此同时，到 1943 年 1 月 7 日，美军已经在瓜达尔卡纳尔岛增兵超过 5 万人，补给充足，而日军的口粮已减少到正常标准的三分之一，饥饿和疟疾使他们虚弱不堪，他们无法指望发动进攻——尽管他们仍然在顽强地防守。

1 月 4 日，日本帝国大本营不情愿地面对现实，下令逐步撤离。美国人不知道这一决定，谨慎地向前推进，因此日本人得以分三批撤退，从 2 月 1 日夜间开始，到 2 月 7 日夜间完成，在此过程中只损失了一艘驱逐舰。

然而，总的来说，争夺瓜达尔卡纳尔岛的长期战斗对日本来说是一次非常惨重的失败。日军损失了大约 2.5 万人，其中 9000 人死于饥饿和疾病，而美军的损失要小得多。更糟糕的是，日军损失了至少 600 架飞机和大量训练有素的飞行员。与此同时，随着美国对人力和工业的动员进入高潮，美国在各个领域的实力不断增强。

缅甸：1942年5月至1943年5月——反击失败

到1942年5月，随着英军从缅甸撤退到印度，日军在东南亚的扩张已经达到计划的极限，因此他们转向防御并企图巩固其征服成果。与此同时，英军制订了在下一个旱季（1942年11月）到来时卷土重来的计划。由于后勤方面的困难，这些计划都不可行。唯一一次尝试，即规模非常有限的若开攻势，以灾难性的失败告终。

从后勤的角度来看，至关重要的阿萨姆和孟加拉从未被视为或被规划为军事基地。机场、仓库、公路、铁路和管道都必须修建，港口必须扩建，整个地区必须重组。

印度英军司令部面临的第一个主要困难是航运，因为其需求的大部分物资都必须来自海外。但是，其他所有战区都具有更高的优先级，在为大西洋和北极护航队、地中海和太平洋战区提供船只后，即使印度受到入侵威胁，留给它的也所剩无几。分配给印度的运输吨位仅为将它建成该地区进攻跳板需求量的三分之一左右。

国内运输也是一个主要困难。印度东北部的公路和铁路系统老旧且杂乱无章，需要进行重大改进，才能将加尔各答和其他港口的物资运送到前线。各种物资的短缺阻碍了工程的进展，雨季同样是拦路虎，造成了山体滑坡，还有桥梁被冲毁。日军的空袭也造成麻烦，而劳工问题和政治动乱是更严重的障碍——尤其是1942年夏末克里普斯使团未能完成任务后，印度国大党发起了一场非暴力不合作运动，引发了广泛的混乱和风险。亲日分子和印度日益恶化的经济形势为这场运动煽风点火。最大的障碍是缺乏火车头——韦维尔曾请求至少要185台，但只得到了4台！

然而，由于决定将印度建设为一个基地，容纳34个师和100个空军中队，后勤问题成倍增加了。超过 100 万人被雇用来建造 220 个新机场，从而大大减少了可用于其他项目的劳动力——其中最重要的是道路建设。此外，由于需要为来自缅甸的 40 万平民难民提供食物，供应问题也加剧了。

尽管印度英军司令部编有大量的师，但其中大多数都是印度陆军部队在战时扩充时新组建的，他们缺乏装备和训练，也缺乏经验丰富的军官和士官。少数有战斗经验的师因缅甸战役和疟疾肆虐而精疲力竭，撤退时还失去了大部分装备。名义上可用的 15 个师中，只有 3 个师在近期内适合作战。

指挥问题加剧了行政管理问题，尤其是对撤退到印度的中国军队、美国陆军第 10 航空队和脾气暴躁的史迪威中将来说。

另一个关键因素是需要空中优势，从而保护印度自身，确保持续为中国提供补给物资，并为任何成功夺回缅甸的尝试提供必需的空中掩护。幸运的是，1942 年 5 月雨季一来，日军就派出大量飞机去支援西南太平洋的战事，并让其余飞机休整了一段时间。这使盟军能够在相对平静的情况下建立自己的空军力量。到 1942 年 9 月，印度共有 31 个英国和印度空军中队。然而其中 6 个不适合作战，9 个用于保卫锡兰，5 个用于运输和侦察任务，这样只剩下 7 个战斗机中队和 4 个轰炸机中队在印度东北部作战。但从英国和美国来的飞机每月都在增加，到 1943 年 2 月，将有 52 个飞行中队。此外，飞机本身也升级为更新式的机型——"米切尔""飓风""解放者""英俊战士"。它们中的大多数可以直接飞往阿萨姆和孟加拉的新机场，因为在珊瑚海和中途岛海战之后，日本从海上入侵印度的可能性已经很小了。

1942 年 4 月，韦维尔上将重组了印度英军司令部。中央司令部总部目前设在阿格拉，负责训练和补给；另设三个地区陆军司令部——西北陆军司令部、南部陆军司令部和东部陆军司令部，最后一个是作战司令部。

收复缅甸的计划需要与中国部队合作，包括当时在阿萨姆邦和中国云南的部队。中方1942年10月的计划是来自云南的15个师、来自阿萨姆邦的3个师和大约10个英国或印度师一起向缅甸发起联合进攻。后者在中国的计划中的作用不仅是攻进缅甸北部，而且还要对仰光发动海上攻击。韦维尔原则上同意该计划，尽管他怀疑自己认定的两个基本要求能否得到满足——一是有足够强大的空军来控制缅甸上空，二是有一支强大的包括4—5艘航空母舰的英国舰队，来控制印度洋并掩护仰光的进攻。事实上，考虑到海军在其他地方的任务，第二个要求是不可能满足的。蒋介石认为这些基本条件只是韦维尔的推托之词，也表明英国人不会认真努力，于是在1942年底愤怒地放弃了这份作战计划。

若开攻势，1942年12月至1943年5月

尽管如此，韦维尔还是决定发动一场有限的攻势，朝着梅宇半岛前进100英里，收复若开沿海地区，同时从海上攻击下一个半岛顶端的阿恰布①岛，夺回那里的机场——日军飞行中队可以由此攻击印度东北部的大部分地区。如果盟军飞行中队能够在那里重新建立，他们就可以覆盖整个缅甸北部和中部。然而，由于缺乏登陆艇，计划的这一重要部分被放弃了。

即便如此，韦维尔还是坚持从陆路向若开推进，而不是无所作为。印度第14师于1942年12月开始推进，但行动缓慢，这样日本第15集团军司令饭田祥二郎中将得以向那里派出增援部队，并在1月底挡住了英国军队的推进，他在2月份又派出了更多增援部队。然而，韦维尔坚持必须继续推进，尽管东部集团军司令诺埃尔·欧文中将提出了反对意见和抗议，警告韦维尔部队因疟疾已严重减员，士气低落。结果日军得以袭击印度第14师的后方，并于3月18日到达梅宇河畔的提兹韦，从而让印军暴露了

---

① 今称实兑。——译者注

侧翼并迫使其撤退。印度第 14 师现在被第 26 师取代,但日军的反击仍在继续,他们越过梅宇河,于 4 月初到达了因丁海岸。日军随后向北推进,目标是在 5 月雨季到来时占领孟都—布迪一线,从而打乱英军在下一个旱季(从 1943 年 11 月到 1944 年 5 月)再次向缅甸进军的计划。

4 月 14 日,印度第 15 军军长威廉·斯利姆中将接管了若开邦部队的指挥权,他震惊地发现,因疟疾肆虐和正面攻击日军阵地造成的战斗损失,部下们的身体和精神状态十分糟糕。他虽然希望守住大海和梅宇河之间的孟都—布迪一线,但也计划在必要时再往北撤退 50 英里,越过边境,据守从科克斯巴扎尔向内陆延伸的一条防线。这里的地形相对开阔,因此比起梅宇半岛的丛林和沼泽,英军在火炮和坦克方面的优势更明显,而日军通往海边的交通线将拉得更长,因此也更加脆弱。

但这两个计划都没有奏效。因为日军迫使英军在 5 月 6 日天黑后放弃了布迪当,而侧翼威胁导致英军放弃了在海岸的孟都。然后,日军决定在新占领的战线上停下来,因为雨季即将来临。总之,英军试图夺回阿恰布及其机场——通过陆路推进,没有海上援助——结果被证明是一次彻底而惨淡的失败。日军展示了他们侧翼进攻和丛林渗透的技巧,而英军因为代价高昂的正面攻击和愚蠢地忽视间接进攻而挫伤了部队的士气。到 1943 年 5 月,他们又回到了去年秋天坚守的战线上。

"钦迪特"

战争阴云密布的这一阶段,缅甸战场北部的第一次"钦迪特"行动带来了一线曙光。行动发起人奥德·温盖特[①]将这一行动命名为"钦迪特",

---

[①] 奥德·温盖特(1903—1944),1941 年任英国(东非)"吉迪恩部队"司令,1942 年任英国(缅甸)游击战协调员,1942 年 6 月至 1943 年 6 月任印度第 77 步兵旅旅长,1943 年 9 月至 1944 年 2 月任英国缅甸"钦迪特"特种部队司令。1944 年 3 月 24 日因空难丧生。——译者注

名称源于一种神话中半狮半鹰的野兽，缅甸的宝塔中有许多这种野兽的雕像。这种狮鹫般的野兽象征着此类行动需要地面和空中部队的密切配合，这激发了他的想象力。第一次行动是在缅甸北部的钦敦江两岸及附近地区进行的，这可能有助于将这个名字铭刻在公众的大脑中。

1938 年秋，当时离开巴勒斯坦休假的奥德·温盖特上尉会见了许多有影响力的人物，并给他们留下了深刻印象——正如他当年早些时候会见当时的巴勒斯坦英军司令部司令韦维尔中将和负责北部地区的约翰·埃维茨准将一样。① 但 12 月返回巴勒斯坦后，他发现他在犹太复国主义圈子里的政治活动使他成为英军官方怀疑的对象，以至于韦维尔的继任者——最初批准组建"特种夜间小队"的海宁中将，决定解除他的指挥权，并任命他在自己的司令部担任一份无足轻重的工作。然后，在 1939 年 5 月，应海宁的要求，他被送回国，在防空司令部得到一个小小的参谋职位。

但在 1940 年秋天，他从这座冷宫里被拯救出来，并被派往埃塞俄比亚组织游击战，反抗意大利对东非的控制。这项任命是由已加入内阁的利奥·埃默里提出的，韦维尔迅速接受了这一提议。1941 年 5 月，东非战役成功结束，温盖特的个人命运却再次陷入低谷。他陷入抑郁状态，在疟疾发作期间试图自杀。但在家休养时，他被一个新的机会所拯救，这次机会来自英军在远东的灾难。韦维尔再次提供了这个机会，他本人在 6 月夏季攻势失败后被从中东英军司令部调离，并被派往印度（担任印度英军司令部总司令）。年底，当日本人相继入侵马来亚和缅甸时，韦维尔发现自

---

① 他来找过我几次，讨论"特种夜间小队"的训练问题——他被允许在春天组织这支小队，队员从"地下"犹太防御力量哈加纳的年轻而精干的成员中挑选，以对付在巴勒斯坦制造很多麻烦的阿拉伯武装团伙。他告诉我，他是如何将我的战术思想运用到这种游击式行动中的，并给了我一套他关于这个主题的论文。当时，他还自豪地强调，他是托马斯·劳伦斯的远房表亲——尽管他成名后总是贬低劳伦斯。应温盖特的要求，我写信给温斯顿·丘吉尔介绍他。

已陷入了更大的危机。1942年2月，当缅甸的情况也显得不乐观时，韦维尔要求将温盖特派到他那里，以便在缅甸开展游击行动。

温盖特抵达后，敦促组建所谓的"远程渗透大队"，训练队员在缅甸丛林中行动，打击日军交通线和前哨。他认为，这支部队必须足够大，才能产生强有力的打击效果，同时又要足够小，才能躲开敌人。旅的规模被认为是合适的，印度第77旅为此进行了重组。这些"钦迪特"必须比日本人更擅长丛林作战，他们需要熟悉此类战斗的专家，尤其是爆破和无线电通信方面的专家。他们还必须发展地空合作，因为他们将依赖空中补给。因此，每个纵队都配备了一支小型皇家空军分队。在纵队中，驮畜负责运输。

温盖特要求尽早采取行动，既是为了通过展示他们打击敌人士气的能力来恢复英军的士气，也是为了测试这种远程渗透大队的运作情况。韦维尔更倾向于在英军发起一次全面进攻之前和进攻期间使用他们，但为了满足温盖特的愿望，他决定提前进行一次试验，因为可以获得经验和情报，所以冒一点险也值得。

该旅由七个纵队组成，在计划的行动中分成两个大队——北方大队由五个纵队组成，共有2200人和850头骡子；南方大队由两个纵队组成，共有1000人和250头骡子。在正规部队的掩护下，这两个大队于1943年2月14日夜间渡过钦敦江。继续向东移动时，两个大队按预案分成多支纵队，然后对日本前哨发动一系列袭击，同时切断铁路、炸毁桥梁并在公路上设伏。3月中旬，纵队渡过了钦敦江以东100英里处的伊洛瓦底江。然而，这时日军已经意识到了威胁，并部署了驻缅甸五个师中的两个师的大部分来对付他们。面对日军的压力和其他困难，各纵队被迫撤退，到4月中旬，他们返回印度，但已损失了三分之一的兵力并丢弃了大部分装备。

这次行动几乎没有取得什么战略成果，日军的伤亡也很少，但它确实表明英国和印度部队可以在丛林中作战，并且为空投补给积累了实用经验，同时也凸显了空中优势的重要性。

这场行动也让日本第 15 集团军司令牟田口廉也中将认识到，他不能把钦敦江视为一道安全屏障，为了阻止英军的反攻，他必须继续向前推进。因此，这导致日军 1944 年越过印度边境，引发了至关重要的因帕尔战役。

未来规划

1942—1943 年旱季，英军发动了一次重大攻势，但由于行政上的困难和资源匮乏而未能成功。1943 年 1 月卡萨布兰卡会议决定，下一个旱季（1943—1944 年）的主要计划是，继英国和中国部队在缅甸北部发动攻势并占领海岸关键点之后，对仰光发动海上攻击（称为"阿纳基姆行动"）。要完成这些目标意味着必须取得空中优势，组建一支强大的海军力量，配备充足的登陆艇，以及解决行政和陆上运输问题。

显然，满足所有这些要求的难度非常大。于是在 1943 年春天，韦维尔倾向于放弃缅甸，转而支持对苏门答腊采取行动，以此间接击败日军。4 月，他前往伦敦，与丘吉尔和参谋长委员会会谈，说服他们必须推迟或放弃"阿纳基姆行动"，用代号为"长炮"的苏门答腊行动取而代之。这一间接行动对丘吉尔很有吸引力，但由于与放弃"阿纳基姆行动"相同的原因，以及美国坚持认为尽快重新打开通往中国的陆路补给线十分重要，丘吉尔不得不放弃这一行动。因此，南方的作战行动被搁置，但计划仍在继续。如果要在这个战场上做任何事情，那一定是在缅甸北部。

第 24 章　大西洋战役

大西洋战役最关键的时期是 1942 年下半年和 1943 年上半年，但其漫长而动荡的进程与这场历时整整六年的战争并存。事实上，大西洋战役可以说在战争开始之前就已经开始了，因为第一艘远洋 U 型潜艇于 1939 年 8 月 19 日从德国驶往大西洋战场。到当月底，在德国入侵波兰前夕，已有 17 艘德国海军潜艇在大西洋航行，而大约 14 艘近海 U 型潜艇在北海航行。

尽管德国在重新装备潜艇方面起步较晚，但战争爆发时，德国海军总共拥有 56 艘潜艇（尽管有 10 艘尚未完全投入使用），仅比英国海军少一艘。其中 30 艘是"北海鸭子"，不适合在大西洋航行。

德国取得的第一项战绩是 9 月 3 日晚上击沉了英国远洋客轮"雅典娜"号，当天英国对德国宣战，也就是德国入侵波兰两天后。实际上，这艘客轮未经警告就被鱼雷击中，这违背了希特勒的明确命令，即潜艇战只能按照《海牙公约》进行。潜艇艇长为自己的行动辩解说，他认为这艘客轮是一艘武装商船。在接下来的几天里，又有几艘船被击沉。

然后在 17 日，德国取得了更重要的胜利，"勇敢"号航空母舰在不列颠群岛西部航道附近被 U-29 号潜艇击沉。三天前，"皇家方舟"号航空母舰险些被 U-39 号潜艇击沉——然而，U-39 号很快遭到护航驱逐舰的反击并被击沉。明显的风险导致舰队航空母舰退出了对潜艇的追击行动。

德国海军潜艇对商船的攻击也取得了相当大的成功。在战争开始的第一个月（9 月）里，共有 41 艘盟军和中立国船只被击沉，总吨位达 15.4 万吨；到年底，共损失船只 114 艘，总吨位超过 42 万吨。此外，10 月中旬，普里恩海军上尉指挥的U-47号潜艇潜入斯卡帕湾的舰队锚地,击沉了"皇家橡树"号战列舰,导致该主要基地暂时被废弃,直到防御得到改善。

然而,值得注意的是,在11月和12月,商船的损失还不到最初两个月的一半,而且被水雷击沉的商船数量比被潜艇击沉的更多。此外,有9艘德国海军潜艇被击沉,占总兵力的六分之一。空袭对商船造成了麻烦,但并不严重。

在战争初期,德国海军对其潜艇和水面战舰寄予厚望,但这种希望并没有得到实战的证实。战争爆发时,"施佩伯爵海军上将"号袖珍战列舰在大西洋中部,其姊妹舰"德意志"号战列舰(后来改名为"吕佐夫"号)在北大西洋——尽管希特勒直到9月26日才允许它们对英国商船发起攻击。它们都没有取得多大成就——"施佩伯爵海军上将"号被困在普拉塔河口,于12月被迫自沉。新型战列巡洋舰"格奈森瑙"号和"沙恩霍斯特"号在11月进行了短暂的出击,但是,在冰岛—法罗群岛航道击沉一艘武装商船后,它们迅速返航了。根据1917—1918年的战斗经验,盟军舰艇已经开始护航,尽管护航舰不足——而且仍然有太多舰艇没有获得护航——但此举被证明是一种非常有效的威慑。

1940年6月法国沦陷后,英国航线面临的危险变得更加严重。所有经过爱尔兰南部的船只现在都暴露在德国潜艇、水面舰艇和空中的攻击之下。除非甘冒极大的危险,否则唯一剩下的进出路线就是绕过爱尔兰北部的西北航道。甚至这条路线德国的远程轰炸机——四引擎的福克-沃尔夫"秃鹰"轰炸机(FW-200)——也还是能到达,这些飞机从挪威的斯塔万格和法国的波尔多附近的梅里尼亚克起飞。1940年11月,这些远程轰炸机击沉了18艘船只,吨位共计6.6万吨。'此外,潜艇造成的损失也大幅增加——10月共击沉了63艘船只,总吨位超过35万吨。

威胁变得如此严重,以至于大量英国军舰从反入侵行动中撤出,被派往西北航道。即便如此,水面和空中的护航力量仍然非常薄弱。

6月,即战略形势发生变化的第一个月,德国海军潜艇击沉的船只数量猛增至 58 艘，总吨位 28.4 万吨，尽管 7 月份略有下降，但在接下来的几个月里，平均每月击沉吨位超过 25 万吨。

在东海岸航线上，1939 年最后几个月，空中布雷造成的破坏比潜艇造成的还要大。1940 年春德国入侵挪威和低地国家后，这一威胁进一步加剧。

此外，到了秋天，"舍尔海军上将"号袖珍战列舰悄悄潜入北大西洋，并于 11 月 5 日袭击了从新斯科舍省哈利法克斯返程的船队，击沉 5 艘商船和唯一的护航舰"杰维斯湾"号武装商船巡洋舰——"杰维斯湾"号牺牲了自己，为其他船只逃脱争取了时间。"舍尔海军上将"号突然出现在这条重要的航线上，暂时扰乱了整个大西洋航运，导致其他船队停航了两个星期，直到人们得知"舍尔海军上将"号已经进入南大西洋。在这里，它发现的目标较少，但当它于 4 月 1 日在"巡航"超过 4.6 万英里后安全返回基尔时，一共击沉 16 艘船，总吨位 9.9 万吨。"希佩尔海军上将"号巡洋舰也在 11 月底突入大西洋。在圣诞节黎明时分，它袭击了一支护航队，但很快发现这是一支前往中东的部队护航队，拥有强大的护航力量。"希佩尔海军上将"号遭到护航巡洋舰驱离，自己的设备也出了问题，不得不撤回布雷斯特。次年 2 月，它从这里进行了第二次出击，这次稍微成功一些，击沉了一支在非洲海岸航行的无护航船队中的 7 艘船，但它自己的燃料快用完了，因此船长决定返回布雷斯特。3 月中旬，德国海军总司令部命令它返回德国本土进行更彻底的整修，于是在"舍尔海军上将"号之前回到了基尔。"希佩尔海军上将"号的低续航能力，除了机械缺陷外，也证明这一类军舰不适合劫掠商船。

除了潜艇和布雷系统，德军在海战中最有效的武器是经过改装用于突袭的伪装商船。自 1940 年 4 月起，这些商船被派出去进行长途巡航。到那年年底，第一波 6 次袭击共击沉了 54 艘商船，总吨位 36.6 万吨——大部分是在远海。它们的现实存在或可能存在，与它们击沉商船一样引起了忧虑和混乱，而德国人在秘密会合点巧妙地为它们加油和补给物资，使得这种威胁倍增。这些突袭舰操作巧妙，目标也经过精心选择——其中只有一艘卷入战斗,而且没有受到严重损坏。伪装突袭舰的舰长,除一人外,都表现得很人道,让被攻击船只的船员有时间上船,并体面地对待他们的俘虏。

面对众多威胁,尤其是大西洋通往英国的航道上来自德国潜艇的威胁,英国皇家海军的护航资源非常紧张,甚至过度紧张。从法国大西洋港口(布雷斯特、洛里昂和拉罗谢尔附近的拉帕利斯)出发,德国海军潜艇可以巡航到西经25°,而1940年夏天,英国只能提供护航到西经15°左右,即爱尔兰以西约200英里处,出了这个范围船队必须分散,或在没有护航的情况下继续航行。即使在10月,近距离护航也只延伸到西经19°左右,即爱尔兰以西约400英里处。此外,通常的护航只有一艘武装商船,直到年底,平均护航数量才增加到两艘。只有前往中东的船队得到了更强大的保护。

这里应该提到,新斯科舍省的哈利法克斯是大西洋护航队在西部的主要终点站,回程的船队(载有食品、石油和弹药)由加拿大驱逐舰护送前三四百英里,然后由海上护航队接替,直到船队到达西部航道保护更好的区域。

1940年春,轻型护卫舰的出现为解决护航问题提供了宝贵的帮助。这些小型船只排水量只有925吨,在恶劣天气下会让船员精疲力竭,而且速度不够快,无法超越甚至无法跟上在海面行驶的德国海军潜艇,但它们在各种天气条件下都英勇地执行了护航任务。

经过两个月的竭力说服,丘吉尔于9月与罗斯福总统达成协议,美国向英国提供更大的援助。根据协议,美国海军以50艘第一次世界大战中剩余的旧驱逐舰来交换大西洋彼岸8个英国基地的99年租借权。虽然这些驱逐舰已经过时,必须安装阿斯迪克潜艇探测装置才能投入使用,但它们很快就能对护航和反潜战作出重要贡献。此外,这场交换不仅使美国得以筹建军事基地以保护其远洋和近海航运,更标志着这个伟大的中立国迈出了参与大西洋战役的第一步。

冬天到来,恶劣的天气自然增加了护航的难度,但也减少了德国潜艇的活动。到1940年7月，德国的数据显示，潜艇的实力自战争开始以来增加了50%，27艘被摧毁，还剩51艘。到次年2月，总数下降到21艘。但是，有了法国的基地，德国人可以在总兵力减少的情况下，让更多的潜艇在海上航行，还可以在远洋航线上使用较小的近海型潜艇。

另一方面，意大利海军对这场战争的贡献微不足道。虽然他们的潜艇从8月开始在大西洋上行动，到11月，至少有26艘潜艇在海上，但他们几乎没有取得任何战果。

虽然由于恶劣天气，潜艇战的压力在冬季有所减弱，但在1941年初又重新开始，同时因邓尼茨①海军上将引入"狼群战术"——由几艘潜艇协同作战，而不是单独行动——而倍增。这些新战术于1940年10月推出，并在随后的几个月内得到发展。

他们的操作方式是，当护航队的位置大致确定后，岸上的德国海军潜艇司令部总部会通知最近的潜艇群，派出一艘潜艇寻找并跟踪这个护航队，并通过无线电"引导"其他潜艇赶来。当它们在现场集合后，它们会从水面发动夜间攻击，最好是在护航船队的上风处，这种攻击会持续几个晚上。在白天，德国海军潜艇会远离商船队及其护航舰艇。在水面发动攻击时，它们在速度上比大多数护航舰船都有优势。第一次世界大战中曾进行过夜间水面攻击，邓尼茨本人在第二次世界大战前曾在一本书中描述过他将如何进行夜间水面攻击。

这些新战术让英国人措手不及，因为他们主要考虑的是水下攻击，并将信心寄托在潜艇探测装置阿斯迪克上，该装置探测范围约为1500码。阿斯迪克无法探测到在护航队附近像鱼雷艇一样在水面上活动的德国海军潜艇，而且当这些潜艇在夜间出动时，护航船实际上和被蒙住双眼差不

---

① 卡尔·邓尼茨（1891—1980），德国海军元帅。1943年任德国海军总司令，1945年5月按照希特勒的遗嘱，成为希特勒的继承人，并组成新政府，不久通告全国投降。1946年被纽伦堡国际军事法庭判处10年徒刑。——译者注

多。德国人利用潜艇在水面上进行夜间攻击，使英国对潜艇战做的准备化为泡影，这场潜艇战沦为不对等的交锋。

对抗新战术的最佳机会在于尽早定位跟踪德国海军潜艇，即"接触保持者"，并将其驱离。如果护航舰能够让潜艇下潜，那么这些潜艇就会受到限制，因为它们的潜望镜在夜间毫无用处。对付夜间袭击的一个非常重要的措施是照亮大海。起初，这依赖于照明弹和火箭弹，但这些都被一种更有效的照明物"雪花"所取代，这种照明物在将黑夜变成白昼方面发挥了很大作用，而一种强大的探照灯，以其发明者的名字将之命名为利氏探照灯，被安装在用于护航和反潜巡逻的飞机上。更重要的是雷达的发展，为目视观测提供了补充。随着新式仪器设备的出现，护航舰艇和护航大队得到了更全面的培训，情报组织也得到了显著改善。

所有的改进都需要时间，幸运的是，在这一时期德国海军潜艇数量较少，限制了新"狼群战术"的使用。战前，邓尼茨海军上将曾估计，如果英国采用全球护航系统，德国将需要300艘潜艇才能取得决定性战果，而1941年春天，德国的作战实力只有这个规模的十分之一。

这是比较幸运的，因为其他军舰和飞机对商船的袭击在3月达到了新的高峰。"舍尔海军上将"号袖珍战列舰和"沙恩霍斯特"号、"格奈森瑙"号战列巡洋舰击沉或俘获了17艘船只，远程轰炸机击沉了41艘，潜艇也击沉了41艘——由于各种原因，共有139艘船只被摧毁，总吨位超过50万吨。

然而，战列巡洋舰在3月22日抵达布雷斯特后，在4月份英国对该港口的空袭中被炸伤，停在那里无法行动。

5月中旬刚过，德国新战列舰"俾斯麦"号在新巡洋舰"欧根亲王"号的陪同下驶入大西洋以增加威胁。英国情报工作进展顺利，5月21日清晨，伦敦收到了这两艘军舰在卡特加特海峡的警告。同一天晚些时候，海岸司令部的飞机在卑尔根附近发现了它们。"胡德"号战列巡洋舰和"威尔士亲王"号战列舰在兰斯洛特·霍兰德海军中将的指挥下，立即从斯卡帕湾起航，去拦截预计会绕过冰岛北部的这两艘军舰。第二天晚上，

安装在皇家空军海岸司令部"解放者"轰炸机上的利氏探照灯

当空中侦察显示它们已不在卑尔根地区后，主力舰队（由约翰·托维海军上将指挥）也从斯卡帕湾起航向同一方向驶去。23 日晚，"诺福克"号和"萨福克"号巡洋舰在冰岛西部和格陵兰岛东部冰原边缘之间的丹麦海峡发现了这两艘德国军舰。那时，霍兰德海军中将的舰队已经接近海峡的南端。

从理论上讲，这支舰队拥有巨大的优势，因为排水量 4.2 万吨的"胡德"号名义上是两支海军中最大的军舰，装备了 8 门 15 英寸火炮，同时还有新战列舰"威尔士亲王"号（排水量为 3.5 万吨，装备了 10 门 14 英寸火炮）随行。但是"胡德"号建造于 1920 年，即《华盛顿条约》签署之前，从未进行过彻底的现代化改造——1939 年 3 月，英国海军部已决定为该舰提供更好的水平和垂直装甲防护，但由于战争爆发，这个方案被迫取消——而"威尔士亲王"号太新了，它的武器装备尚未经过全面测试。① 尽管德国军舰应该符合条约的限制——战列舰排水量为 3.5 万吨，重型巡洋舰排水量为 1 万吨——但实际排水量分别约为 4.2 万吨和 1.5 万吨，这使它们能够获得比表面上更厚重的装甲防护。此外，虽然它们在主要武器方面处于劣势地位——"俾斯麦"号有 8 门 15 英寸火炮，"欧根亲王"号有 8 门 8 英寸火炮——但因为"威尔士亲王"号火炮有缺陷，而德国方面有更先进的测距设备，加之英国军舰的作战方式不妥，因而产生了抵消作用。

凌晨 5 时 35 分，即日出前一小时，德国人（在晨光中）被发现了。5 时 52 分，双方的四艘军舰都开火了——距离约为 2.5 万码（14 英里）。在英国方面，"胡德"号处于领先地位，两艘德国军舰都集中火力攻击它。除了是旗舰外，它也是最脆弱的，尤其容易受到高角度射击——这是尽快缩小射程的原因。这次攻击几乎是正面对决，因此英国人无法使用后炮塔，而德国人可以使用其整个舷侧的火炮。德国人第二或第三轮齐射产生

---

① 事实上，船上还有一些克莱德赛德造船公司的工人。

了效果，效果如此之好，以至于"胡德"号在早上 6 时爆炸，并在几分钟内沉没了——船上 1400 多名舰员中只有三人幸存。这让人想起了 25 年前英国战列巡洋舰在日德兰海战中的命运。

现在被两艘德国军舰集中攻击的"威尔士亲王"号在几分钟内遭到了"俾斯麦"号的重击，还吃了"欧根亲王"号的三发炮弹。因此，早上 6 时 13 分，"威尔士亲王"号舰长明智地决定中止战斗，并在烟幕的掩护下转身驶离。交战双方的距离现在缩小到 1.46 万码。指挥两艘巡洋舰的韦克-沃克海军少将——自从霍兰德阵亡后，整个部队由他指挥——确认了这一决定，并决定在托维指挥的主力舰队抵达现场之前，只与敌人保持接触。主力舰队现在距此约 300 英里，抓住德国人的希望不大，因为早上能见度变得更差了。因此，当托维在下午早些时候听说"俾斯麦"号已经改变航向并将速度降至约 24 节时，他松了一口气。

因为在早上短暂的交战中，"威尔士亲王"号两次击中"俾斯麦"号，其中一次导致其漏油，降低了它的续航能力，这迫使德国吕特晏斯海军上将放弃了对大西洋的突袭，撤往法国西部港口——而没有选择在几支正在向现场聚集的英国部队拦截他之前返回德国。

那天下午，托维派出柯蒂斯海军中将指挥的第 2 巡洋舰中队和"胜利"号航空母舰——当时"胜利"号正准备载着战斗机前往地中海——前往距离"俾斯麦"号 100 英里以内的位置，这一位置近到足以使用"胜利"号上的 9 架鱼雷轰炸机。这些轰炸机在晚上 10 时后不久起飞，天气非常恶劣，很难找到"俾斯麦"号，但最终在午夜后不久对它进行了连续攻击。一次命中，但没有对这艘装甲厚重的战列舰造成严重损坏。此外，"俾斯麦"号在 25 日一大早摆脱了追踪者。当天剩余的时间，英国人都在徒劳地寻找它的下落。

直到 26 日上午 10 时 30 分，英国皇家空军海岸司令部的一架"卡特琳娜"水上巡逻飞机才发现它，当时它距离布雷斯特约 700 英里。托维的舰队分布广泛，当时部署不力，无法在它到达避难所之前抓住它，而且舰队的燃料也快用完了。但萨默维尔海军上将的 H 舰队从直布罗陀赶来，此时的距离已经足够近，可以拦截"俾斯麦"号了。此外，这支部队还包括大型"皇家方舟"号航空母舰。第一次袭击失败了，但晚上 9 时左右的第二次袭击比较成功。发射的 13 枚鱼雷中有 2 枚击中了目标。虽然一枚鱼雷击中了"俾斯麦"号的装甲带后没有造成太大影响，但另一枚鱼雷击中了"俾斯麦"号的右后部，损坏了它的螺旋桨，毁坏了它的操舵装置，卡住了舵。这一击起了决定性作用。

当维安海军上校的驱逐舰守住包围圈并在夜间进一步发动鱼雷袭击时，"乔治五世国王"号和"罗德尼"号战列舰也赶到了现场，用重炮发射穿甲弹轰击受损的"俾斯麦"号长达一个半小时。到 10 时 15 分，"俾斯麦"号已经是一片火海。在托维的命令下，英国战列舰在德国海军潜艇或德国空军的重型轰炸机构成威胁之前撤退，只剩下巡洋舰来对付这艘正在下沉的德国军舰。"多塞特郡"号重型巡洋舰用三枚鱼雷完成了这一任务，"俾斯麦"号战列舰于 10 时 36 分沉没。

在"俾斯麦"号最终走向末路之前，它至少遭受了 8 次，甚至可能是 12 次鱼雷袭击，还遭受了更多的重炮袭击，但幸存了下来。这对它的设计师来说是一种非凡的荣誉。

"欧根亲王"号巡洋舰于 24 日离开"俾斯麦"号，前往大西洋中部加油，但加油后，它的发动机出现了故障，因此舰长决定放弃远航，前往布雷斯特。虽然"欧根亲王"号在接近布雷斯特港口时被发现，但它还是在 6 月 1 日安全抵达。

然而，1941 年 5 月的这些戏剧性事件，最终标志着德国试图以水面舰艇赢得大西洋战役的计划和努力达到高潮并最终失败。

潜艇战持续了很长时间，并成为一个严重的威胁，尽管它的发展过程起伏不定。

5 月，德国海军潜艇击沉船只的数量急剧上升，6 月被击沉船只的总吨位再次达到 30 多万吨的高点——确切地说，有 61 艘船只，总吨位 31

万吨。这相当于一支大型船队的船只数量。令人惊奇的是，水手们没有被吓倒，船员也从未短缺过。

然而，那年春天，一些重要的有利因素开始发挥作用。3月11日，美国《租借法》成为法律，同月，由驱逐舰和水上飞机组成的美国"大西洋舰队支援大队"成立。4月，由美国海军巡逻的美洲"安全区"从西经60°向东扩展到西经26°。

同样在3月，美国在格陵兰岛东海岸开设了空军基地，并在百慕大设立了基地。5月，美国海军接管了位于纽芬兰东南部的阿根夏租借基地。7月初，美国海军陆战队接替冰岛雷克雅未克的英国驻军，从那时起，美国海军部队开始保护往返冰岛的美国航运船只。美国在大西洋的"中立"立场明显变得越来越不中立。4月，英国船只在美国船厂整修的计划已经获得批准，而根据《租借法》建造军舰和商船也已开始。

与此同时，加拿大在大西洋战役中成为英国的救星。6月，加拿大护航部队成立，基地设在纽芬兰的圣约翰斯。加拿大皇家海军自此负责向东到冰岛南部一个会合点的海上反潜护航。因此，英国海军部的持续护航计划成为可能。

1941年夏天，加拿大和英国的护航队在西经35°左右的中大西洋会合点会合，并交换了护航任务。冰岛护航队和西部航道护航队在西经18°左右的东大西洋会合点会合并交接。

从7月起，一个近距离护航大队全程护送直布罗陀运输船，塞拉利昂运输船也得到持续护航，直到抵达西非海岸。

现在，每支运输船平均可以配备5艘护航舰。一支由45艘船组成的运输船需要保护的周长超过30英里。即便如此，每艘护航舰的潜艇探测器只能扫过一英里的弧线——因此仍然有很大的空隙，德国海军潜艇可以穿过而不被发现。

至于空中掩护，从春季开始，《租借法》提供的"卡特琳娜"水上飞机的数量有所增加，这就将掩护范围扩大到距离不列颠群岛约700英里

（迫使德国海军潜艇远离西部航道），距离加拿大 600 英里，距离冰岛南部 400 英里。但大西洋中部仍存在一个约 300 英里宽的缺口，可以覆盖这个缺口的远程美国"解放者"轰炸机直到 1943 年 3 月底才开始定期投入使用，到 4 月中旬，只有 41 架在服役。

与此同时，德国海军潜艇的数量不断增加。到 1941 年 7 月，有 65 艘投入使用，到 10 月则增加到 80 艘。9 月 1 日，德国潜艇总数为 198 艘，而迄今为止已损失了 47 艘。总而言之，新潜艇的服役速度比被击沉的速度快得多。此外，潜艇建造得更加坚固。事实证明，德国的焊接耐压船体比英国的镀层铆接船体更难被击破，深水炸弹必须在比以前更近的地方爆炸才能将其击穿。

9 月，四支运输船损失惨重，全部是因为缺乏空中掩护。

然而，罗斯福与丘吉尔在 8 月举行会晤后，两国海军之间的合作因总统批准了精心策划的"第 4 号西半球防御计划"而在 9 月进一步加强。根据该计划，美国海军被允许护送非美国船只的运输船，并开始为某些大西洋运输船队向东提供护航至中大西洋会合点，而这个会合点已向东移至西经 22° 左右。

这有助于缓解英国无法在不列颠群岛和中大西洋会合点之间提供足够护航力量的问题。到年底，英国护航队已增至 8 个大队，每个大队有 3 艘驱逐舰和约 6 艘轻型护卫舰。另外还有 11 个大队，每个大队有 5 艘驱逐舰，名义上作为后备力量，以增援可能遇到麻烦的护航队，或应对潜艇的集结，但这些大队主要还是忙于例行任务。

10 月，德国海军潜艇击沉的船只数量下降到 32 艘，总吨位 15.6 万吨。值得注意的是，在英国皇家空军海岸司令部基地 400 英里范围内没有船只被击沉。这表明德国海军潜艇不愿进入远程侦察机和轰炸机覆盖的区域，不过数量下降也是因为有部分德国海军潜艇被派往地中海支援隆美尔在北非的行动。

11 月，德国海军潜艇击沉的船只数量再次下降——仅略高于 10 月

1941年10月,英国护航驱逐舰舰桥上的军官们正在监视敌方潜艇

1941年11月27日,一架来自美国海军的侦察轰炸机在前往开普敦途中对护航队进行反潜巡逻

总数的三分之一——12月，在北大西洋击沉的船只数量更少。但日本参战后，远东地区损失惨重，沉没的船只总数达到282艘，总吨位近60万吨。

在西方，1941年下半年，德军远程轰炸机构成的威胁比德国海军潜艇更大，尤其是对直布罗陀运输船队而言。这导致人们意识到需要战斗机来近距离支援运输船队，因此在6月，第一艘"无畏"号护航航空母舰投入使用，该航空母舰搭载了弹射式战斗机。12月，它为成功保卫一支直布罗陀运输船队发挥了关键作用，尽管它自己在为期九天的战斗中沉没了。

到那一年年底，用于作战的德国海军潜艇总数为86艘，另有约150艘正在接受训练或试航。但是，由于当时有50艘潜艇位于地中海或其附近海域，只有36艘潜艇留在北大西洋。英国海军6月在那里对补给船进行了扫荡，导致9艘补给船被拦截，德国海军潜艇也撤出了南大西洋。在1941年4月至12月的9个月内，德国和意大利潜艇击沉的船只共计328艘，总吨位157.6万吨，但其中只有三分之一是护航运输船队船只。此外，轴心国损失的30艘潜艇中有20艘是被护航队击沉的。很明显，更强大的护航力量和规避路线导致德国海军潜艇暂时处于下风。

这里对1942年初的护航情况作一个总结可能会有所帮助。海军上将珀西·诺布尔爵士领导的英国海军西部航道司令部的三大作战基地是利物浦、格里诺克和伦敦德里，控制着25个护航大队——总共约70艘驱逐舰和95艘小型舰艇。

这些护航舰艇分为四类：（1）短程驱逐舰，用于保护中东和北极运输船第一段航程，以及运送美军部队的运输船；（2）远程驱逐舰和轻型护卫舰，用于保护北大西洋运输船（从大西洋会合点到英国）和直布罗陀运输船队；（3）远程单桅帆船、驱逐舰和快艇，用于保护塞拉利昂运输船队主要航程；（4）防空大队，用于在德国轰炸机航程范围内为运输船队提供支援，以及为北极和直布罗陀运输船队提供支援。

在直布罗陀还有两个同等规模的护航大队，负责当地护航。弗里敦护航部队拥有一个驱逐舰舰队和大约 24 艘轻型护卫舰。纽芬兰护航部队的舰只主要由加拿大海军提供，包括 14 艘驱逐舰和大约 40 艘轻型护卫舰和 20 艘用于当地护航的其他舰艇。

但是，大西洋战役中不断改善的前景在 1942 年初遭遇了重大障碍，原因之一是飞机短缺。空军上将菲利普·茹贝尔·德拉费尔泰爵士在去年夏天接管英国皇家空军海岸司令部时，曾评估其需要大约 800 架各种类型的飞机，并特别强调了远程轰炸机的重要性。但在新的一年，海岸司令部的轰炸机被转移到轰炸机司令部，所有新造的轰炸机也都分配给该司令部，用于对德国的空袭。优先级冲突变得激烈起来。此外，舰队航空兵想要为订购的 31 艘新护航航空母舰配备战斗机也遇到了困难。

另一个障碍是，美国为英国建造的新护卫舰并没有像预期的那样快速投入使用——主要是因为美国优先考虑了跨英吉利海峡作战行动所需的登陆艇，美国人仍然希望这场行动即便不在 1942 年发起，也要在 1943 年实施。这一优先考虑极大程度上导致英国在大西洋上的行动持续疲软，并进一步造成了严重的船只损失。

第三个障碍出现在 1942 年的头几个月，来自美国自身的海上麻烦——麻烦不仅来自太平洋的珍珠港袭击，也来自大西洋的德国海军潜艇活动的扩大和美国自身随之而来的船只损失。

1942 年 5 月，邓尼茨海军上将和他的参谋们估计，要击败英国，他们平均每月必须击沉 70 万吨的船只。他们知道 1941 年还没有达到这一平均水平——尽管他们不知道月平均值实际上不超过 18 万吨。但他们认为，美国参战将使他们在西大西洋拥有更大的行动自由，并有更多机会发现无人护航的运输船队。

只有少数德国海军潜艇被派往美国海岸附近作战，但这些潜艇取得了不成比例的巨大战果。因为美国海军将领们开展护航行动迟缓且勉强——就像英国海军将领们在第一次世界大战中所做的那样。美国人在采取其他预防措施方面行动也很迟缓。发光的航道标志和船上无线电的无限制使用为德国海军潜艇提供了他们想要的所有帮助。像迈阿密这样的海滨度假胜地，在夜间数英里长的霓虹灯仍然照亮着海滨——在霓虹灯的照射下，船只的轮廓清晰可见。德国海军潜艇白天潜伏在近海，晚上则浮出水面，用火炮或鱼雷实施攻击。

尽管在美国海岸附近活动的德国海军潜艇从未超过12艘，但到4月初，它们击沉了总吨位近50万吨的船只，其中57%是油轮。

这给英国局势带来了十分严重的后果。美国海军不得不将护航舰艇和飞机撤回到自己的沿海水域，而英国商船在横渡大西洋幸存下来后，在美国水域却成为容易被攻击的目标。

这种战果让邓尼茨海军上将深受鼓舞，他想把所有能派出的德国海军潜艇派往美国海岸。对盟军来说幸运的是，希特勒的"直觉"在这个关键时刻帮了他们大忙。在1月22日的会议上，希特勒宣布他坚信挪威是"命运之区"，并坚持要求所有可用的水面战舰和潜艇都派往那里，以抵御盟军的入侵。三天后，邓尼茨接到了一个完全出乎意料的命令，要求他派遣首批8艘潜艇来掩护通往挪威的海上通道。新战列舰"提尔皮茨"号也在1月被转移到挪威，随后是"舍尔"号、"欧根亲王"号、"希佩尔"号和"吕佐夫"号。

他的远见不无道理，因为丘吉尔在4月确实要求英国参谋长委员会研究在挪威登陆的可行性，目的是减轻德国对北极运输船队的压力——但是美国人加深了他们的疑虑，这个计划从未成熟过。

对盟军来说，另一件好事是1941—1942年的严冬推迟了德国海军潜艇在波罗的海的训练，结果1942年上半年只有69艘潜艇做好了作战准备。其中，26艘最终被派往挪威北部，2艘被派往地中海，12艘用于补充损失，因此大西洋的净增潜艇只有29艘。

即便如此，轴心国潜艇造成的船只沉没数量每月都在增加——2月总吨位接近50万吨，3月超过50万吨，4月下降到43万吨，但5月达到

60万吨，6月达到可怕的70万吨。截至6月底，半年内因各种原因沉没的船只总吨位414.7406万吨，被潜艇击沉的超过300万吨，其中近90%的船只沉没发生在大西洋和北极海域。直到7月，由于反潜方法的全面改进和美国采用护航措施，潜艇造成的每月损失量才降至略低于50万吨。

1942年夏，情况的改善被证明是虚幻的。到8月，德国新建造的潜艇开始服役，其潜艇总数增加到300多艘，其中约有一半可以作战。这些潜艇被分为许多群组，分别在格陵兰岛、加拿大海岸、亚速尔群岛、西北非、加勒比海和巴西附近的水域活动。8月份，德国海军潜艇击沉的船只总吨位再次超过50万吨。在接下来的几个月里，他们在特立尼达附近又发动了一次规模特别大的劫掠行动，当时仍有许多船只在该海域独自航行。从政治和大战略的角度来看，德国在8月中旬击沉5艘巴西船只的行为有些莫名其妙，这导致巴西立即对德国宣战。盟军使用巴西基地，能够对整个南大西洋实施更强有力的控制，并从那时起开始驱逐水面袭击者。

然而，这已经没有以前那么重要了，因为在远洋用于突袭商船的德国武装商船，正被尺寸更大的新式潜艇（即所谓的"U型巡洋舰"）取代，其排水量为1600吨，续航力为3万英里。

德国海军潜艇现在能够下潜得更深，达到600英尺的深度，在紧急情况下甚至可以下潜得更深——然而，这一优势很快就被深水炸弹能在更深的水下爆炸的事实所抵消——而且产量也更大。德国海军潜艇战斗力提升还受益于可以提供海上加油的新的U型油轮，以及越来越高效的无线电情报。此外，德国人现在能够再次破译许多英国加密的护航控制信号，就像他们在1940年8月之前所做的那样。

另一方面，新的10厘米波长雷达装置——德国海军潜艇无法拦截——是英国科学家所有成就中最重要的。1943年初它在飞机上全面投入使用，与利氏探照灯相配合，恢复了盟军在夜间或能见度低时的主动权，并成功反制德国海军潜艇使用的1.5米波长雷达搜索接收器。

1942年8月，英国皇家海军正在召开护航会议

邓尼茨这段时间的战争日记表明，他对英国这种新式定位装置的效果及东大西洋上英国飞机数量的增加感到非常担忧。

在整个战役中，邓尼茨表现出他是一个非常有能力的战略家。他总是寻找敌人的弱点，并在敌人防御薄弱时集中攻击。他从一开始就掌握了主动权。盟军反潜部队总是落后一步。

1942年下半年，邓尼茨的计划是重点关注格陵兰岛南部的空中护航缺口，企图在盟军护航队到达该缺口之前找到他们，在他们穿越时集中力量进行攻击，并在空中掩护恢复前撤退。

此外，到了秋天，邓尼茨已经拥有足够的潜艇，一有机会就可以让"狼群"主动出击。

因此，德国海军潜艇的绞杀压力从7月起持续加剧，至11月，盟军商船被击沉的数量已上升到119艘，总吨位72.9万吨。不过，其中很大一部分是脱离护航队单独航行在南非或南美洲海域时被潜艇击沉的。

当年秋天，美英在西北非登陆的"火炬行动"增加了海军对护卫舰的需求。直布罗陀、塞拉利昂和北极的护航队不得不暂时停止。从冰岛向英国运送美军部队的运兵船队也需要护航。这些快速运输船队至少需要4艘驱逐舰来护送3艘运兵船。

唯一不需要护航的是那两艘由8万吨级的巨型客轮"玛丽王后"号和"伊丽莎白女王"号改装成的运兵船。它们可运载1.5万人甚至更多——相当于一个师的大部分人员。它们的速度超过28节，除了在航程开始和结束时，任何驱逐舰都无法跟上它们，因此，这些巨型客轮的安全只能依靠速度，再加上曲折多变的航行线路。这项冒险的政策非常成功，从8月起，它们多次横渡大西洋航行，没有一艘潜艇拦截过它们。

总的来说，海军护航舰艇和空中掩护力量的增加，没有也不可能克服因德国海军潜艇产量增加而不断加剧的威胁。平均每月有17艘德国海军潜艇投入使用，到1942年底，德国海军一共有393艘潜艇，其中212艘参与作战——而年初时，共有249艘潜艇，只有91艘参与作战。被摧毁的德国潜艇有 87 艘，意大利潜艇有 22 艘，这个数字远远不足以抵消新增加的产量。

在这一年中，轴心国潜艇在所有水域击沉了 1160 艘船只，总吨位达 626.6 万吨，而其他武器装备导致盟国的总损失达到 1664 艘船只，总吨位超过 779 万吨。

尽管约有 700 万吨（总吨位）新的盟军船只投入使用，但自战争爆发以来，每年累计亏损了近 100 万吨（总吨位）。英国当年的进口量下降到 3400 万吨（总吨位）以下——比 1939 年的进口量少了三分之一。最严重的是，英国的商船燃料储备量下降到岌岌可危的低位——只有 30 万吨，而每月的消耗量为 13 万吨。虽然可以从海军的储备中弥补不足，但除非在紧急情况下，否则应避免这样做。

因此，当 1943 年 1 月在摩洛哥海岸的卡萨布兰卡召开盟国会议，确定盟军下一步战略时，面临着一张令人不安的商船吨位损失清单。在克服德国海军潜艇的威胁和赢得大西洋战役之前，有效入侵欧洲是不切实际的。这场战役已经变得和 1940 年的不列颠战役一样重要，结果如何基本上取决于哪一方能在物质上和心理上坚持更长时间。

指挥权的变更影响了反潜战役的进程。11 月，海军上将珀西·诺布尔爵士被任命为英国海军驻华盛顿代表团团长，从而成为联合参谋长会议的英国第一海务大臣代表。在担任英国海军西部航道司令部总司令的 20 个月期间，珀西·诺布尔为改进反潜措施作出了巨大贡献，并通过充分了解护航海空人员所面临的问题及与他们建立密切的个人联系来鼓舞他们的士气。幸运的是，珀西·诺布尔的继任者选得很好。这位继任者就是海军上将马克斯·霍顿爵士；第一次世界大战期间，他是一位出色的潜艇指挥官；自 1940 年初以来一直指挥英国的本土潜艇部队。霍顿为反潜战役带来了关于潜艇和潜艇人员的专业知识，再加上他充沛的活力和想象力，这些素质的结合使他成为与邓尼茨相匹敌的合适人选。

霍顿的计划是对德国海军潜艇进行更有力、更集中的反击。轻型护卫舰和其他小型船只的速度不足以在与德国海军潜艇的战斗中紧追不舍，因为如果它们追击到很远的地方，就无法再赶上其护航的船队了。需要更多驱逐舰和护卫舰单独行动，以援助护航舰队，一旦与敌方潜艇发生接触，要一直追击到将其击沉。为此目的，支援大队已于9月开始组建，但霍顿就职后立即大力发展，甚至削减了近距离护航大队的兵力。他打算在大西洋中部对敌人发动一次协同反击，届时将出动几个新的支援大队和舰载飞机，与护航大队和远程飞机协同作战。他强调，支援大队不应该浪费时间广泛搜寻德国海军潜艇——这是过去的错误。潜艇出没的地方就在护航舰队附近，支援大队应该与护航大队密切合作。每支运输船队进入格陵兰岛空中掩护力量缺口时，都应派一个支援大队去增援，只要有可能，就派飞机增援。他认为，德国海军潜艇习惯于来自护航队方向的攻击，当支援大队从四面八方发起攻击时，德国海军潜艇会措手不及。

在德国方面，希特勒大发雷霆，因为从阿尔滕峡湾驶出的"希佩尔"号、"吕佐夫"号和6艘驱逐舰，在新年前夜对一支北极护航队发动的攻击毫无成效，这产生了重大影响。他愤怒地表达了"坚定不移的决心"，要遣散这些大船。这导致一个月后雷德尔海军元帅辞职，邓尼茨接替他担任德国海军总司令，同时兼任德国海军潜艇部队司令。邓尼茨更善于与希特勒打交道，最终他获得希特勒的同意，将"提尔皮茨"号、"吕佐夫"号和"沙恩霍斯特"号作为"一支相当强大的特遣部队"留在挪威。

12月和次年1月，大西洋上出现了一段平静期，德国海军潜艇击沉的船只总吨位仅有20万吨。这主要是暴风雨天气所致。但是，这一喘息之机被风暴对护航船队的破坏效应所抵消——尤其是那些动力较弱的商船。

2月，德国海军潜艇击沉的船只数几乎翻了一番；而3月，击沉船只达到108艘，总吨位62.7万吨——再次接近1942年6月和11月的峰值。最令人担忧的是，近三分之二的船只是在护航队中被击沉的。3月中旬，38艘德国海军潜艇集中攻击两支离得很近的返航船队，在20日空中掩护恢复之前，击沉了21艘总吨位14.1万吨的船只，而德国海军仅损失了一艘潜艇。这是整个战争期间规模最大的一场护航战。

英国海军部事后记录道："德国人从未像 1943 年 3 月的前 20 天那样几乎切断新世界和旧世界之间的联系。"此外,英国海军参谋部甚至开始怀疑是否能将护航继续视为一种有效的防御系统。

但在 3 月的最后 11 天——这个决定命运的月份的下旬——情况发生了巨大变化。北大西洋只有 15 艘船被击沉,而上旬和中旬有 107 艘船被击沉。4 月的损失减少了一半,5 月的损失则更少。马克斯·霍顿的协同反攻已经奏效——并且在极短的时间内达到了预期效果。

在 3 月最关键的时刻,美国人要求退出北大西洋护航体系,由他们负责南大西洋航线,特别是地中海航线。他们还非常关注太平洋。然而,实际效果并不好。美国政府将第一支支援航空母舰大队交给英国指挥,并提供了至关重要的超远程"解放者"轰炸机。因此,从 4 月 1 日起,英国和加拿大全面接管了美洲大陆和英国之间的所有船队及其护航任务。

1943 年春,德国海军潜艇在一系列破交战中失败,损失惨重。5 月中旬,邓尼茨敏锐地向希特勒报告:"我们正面临潜艇战的最大危机,因为敌人使用了新的定位装置……使我们无法战斗,并给我们造成了重大损失。"5 月份德国海军潜艇的损失增加了一倍多,达到海上总潜艇数的 30%——这种损失率是无法长期承受的。因此,5 月 23 日,邓尼茨将潜艇撤出北大西洋,直到他有了新的武器装备可用。

到 7 月,盟军建造的商船数量比被击沉的还多。这是问题的关键,也是德国海军潜艇攻势已然失败的证据。

然而,回过头来看,很明显,英国自己在 3 月险些失败,它陷入危险的主要原因是缺乏保护船队的远程飞机。从 1 月到 5 月,在有空中护航的情况下,大西洋的护航船队中只有两艘船被击沉。一旦为船队提供了足够的空中掩护,尤其是有远程"解放者"轰炸机提供空中掩护,德国海军潜艇"狼群战术"就变得越来越困难。他们现在随时可能会突然发现上空有一架飞机,正在指引一个支援大队前往他们的位置。

但正如邓尼茨所意识到并强调的那样，采用德国潜艇无法侦测的10厘米波长新型雷达是一个非常重要的因素。新型武器，诸如反潜火箭"刺猬弹"和更重的深水炸弹，也作出了贡献。为研发出应对德国潜艇的最佳战术体系，1942年初成立了西部航道司令部战术分队，该分队所做的分析工作，以及帕特里克·布莱克特教授对护航部署的作战分析，也发挥了作用。此外，1943年5月底盟军启用了一套控制船只的新密码，这使德国人失去了他们最宝贵的情报来源。

然而，这场胜利最重要的因素可能是护航舰官兵和飞机训练水平的提高，以及水兵和飞行员之间合作的加强。

在个人方面，正如上文所强调的，海军上将马克斯·霍顿爵士在击败德国海军潜艇方面发挥了突出作用。空军中将约翰·斯莱瑟爵士也功不可没，1943年2月，也就是战役的关键时期，他成为英国皇家空军海岸司令部总司令。在优秀的护航部队司令中，有两位的功绩值得特别提及——1941年的弗雷德里克·沃克海军上校和1942—1943年的彼得·格雷顿海军中校（后来的海军中将彼得爵士）。

1943年6月，北大西洋没有船队遭到袭击，而7月对德国海军潜艇来说代价高昂，尤其是在比斯开湾，海岸司令部的空中巡逻收获颇丰。在那个月，有86艘德国海军潜艇试图穿越比斯开湾，其中55艘被发现，17艘被击沉（除一艘外全部被飞机击沉），另有6艘被迫返航。正如邓尼茨沮丧地向希特勒报告的那样，他们唯一的出海路线只剩比斯开湾紧贴西班牙海岸的一条狭窄航线。不过，英国反潜巡逻队为他们的成功付出了相当大的代价，损失了14架飞机。

1943年6月至8月，德国海军潜艇在除地中海以外的所有水域只击沉了58艘盟国商船，其中近一半是在南非沿岸和印度洋击沉的。他们以79艘潜艇为代价获得了这一非常平常的战果——其中至少有58艘是被飞机击沉的。

为了重新获得优势，邓尼茨向希特勒施压，要求在大西洋进行更多远程空中侦察，并在运输航线上加强空中掩护——戈林不愿提供空中合作，邓尼茨据理力争，相比雷德尔，他确实更成功地获得了元首的倾听。邓尼茨还获得批准，将潜艇的产量从每月30艘增加到40艘，并优先考虑新型潜艇，这种潜艇在水下行驶时速度更快。但是，非常有前途的"沃尔特"型潜艇由柴油和过氧化氢混合驱动，初期遇到了太多问题，以至于在1945年战争结束之前，没有一艘潜艇准备好服役。然而，德国人取得了一项新的重要发展，为潜艇安装了导入新鲜空气、排出柴油引擎废气的"通气管"。荷兰人1940年前发明的这种设备，使潜艇能够在保持潜望镜深度时充电。到1944年中期，30艘德国潜艇安装了这种设备。

1943年中期，德国又拥有了两种新武器：一种是通过声音追踪船只螺旋桨的"自导"鱼雷，另一种是滑翔炸弹。但在9月和10月，即重新开始潜艇战的头两个月，盟军只损失了9艘商船——在64个北大西洋船队中总共有2468艘商船——而德国有25艘潜艇被击沉。在这次惨败之后，邓尼茨放弃了大型机动编队。

10月8日，根据与葡萄牙的协议，英国接管了亚速尔群岛的两个空军基地，此后这两个基地便可以为整个北大西洋提供空中掩护。

1944年的前三个月，德国海军潜艇遭受了更严重的损失。在盟国穿越北大西洋的105支护航队，共计3360艘商船中，只有3艘被击沉，而德国海军潜艇有36艘被击沉。邓尼茨现在取消了所有针对护航队的进一步行动，并告诉希特勒，除非有新型潜艇和新型防御设备，并且有更好的空中侦察，否则他们无法继续行动。

1944年3月底，邓尼茨奉命组建一支由40艘德国海军潜艇组成的舰队，以便在盟军入侵西欧时进行近海作战。到5月底，他已将70艘潜艇集中在比斯开湾的港口，只留了3艘在北大西洋，其任务只是预报天气。

德国放弃在北大西洋的潜艇战，让英国皇家空军海岸司令部松了一口气。截至1944年5月，海岸司令部第19飞行大队的飞机在41个月的反潜作战中击沉了50艘德国海军潜艇，击伤了56艘（进出比斯开湾基地的航次数为2425）。在此期间，第19飞行大队在比斯开湾损失了350架飞机。如果海岸司令部能够分配到与其任务重要性相匹配的更大规模的飞机，其损失可能会更小，而影响会更大。

这一时期的其他事件包括两次对停泊在挪威北部的"提尔皮茨"号战列舰的破坏性袭击——第一次是1943年9月三艘微型潜艇的袭击，第二次是1944年3月舰队航空兵的袭击——这艘战列舰最终于同年11月被英国皇家空军的重型轰炸机击沉。它的主炮只在一次对斯匹次卑尔根岛的突袭中发射过一次，它伤痕累累但没有沉没，体现了德国海军设计建造舰艇的实力。此外，它作为一艘"现存舰船"继续存在并构成威胁，对英国的海上战略产生了巨大影响，同时牵制了英国大量的海军力量。

"沙恩霍斯特"号战列舰的威胁在去年12月就结束了，当时它试图拦截一支北极船队，被英国本土舰队的一支强大舰队包围并击沉。

1944年上半年，英国在本土水域的主要麻烦来自德国人研制的小型鱼雷快艇，被称为E型鱼雷快艇。虽然数量从未超过36艘，但它们可以迅速从一条航线转到另一条航线，并且善于把握合适的时机，成为令人头疼的麻烦。

当时集结在法国西部港口以抵御盟军横渡英吉利海峡行动的德国潜艇收效甚微。不过，1944年6月诺曼底登陆时这些潜艇已经安装了"通气管"装置，因此不易受到空袭的影响，从而在一定程度上发挥了作用。

8月中旬，美国第3集团军从诺曼底实现突破，抵达这些西部港口（布雷斯特、洛里昂和圣纳泽尔）附近，大部分德国海军潜艇被转移到挪威。从那时起，往返英国的船只又可以使用绕过爱尔兰南部的传统航线，以及绕过北海岸的航线。

从8月下旬开始，一支德国海军潜艇开始从挪威和德国出发，绕过苏格兰和爱尔兰北部，在靠近海岸、交通繁忙的拐角处活动——最南到达英格兰南部海岸的波特兰比尔。但是，它们在这次近海战役中收获甚微——不过由于经常潜入水中并使用"通气管"，所以损失比以前要小。在1944年9月至12月的四个月里，它们在英国沿海水域只击沉了14艘船。

北极船队

1941年9月底，英国船队开始向苏联北部进发。冬天，冰雪封冻了阿尔汉格尔斯克港，因此改用摩尔曼斯克港，这是苏联唯一一座重要的不冻港。德国人未能通过大规模的陆上行动占领该港口，这是个奇怪的战略失误，因为他们失去了趁这条北方补给线最脆弱之际切断它的机会。

当德国人意识到英国（后来还包括美国）的船只通过这条航线向苏联大规模运送援助物资时，他们赶紧加强了在挪威的海军和空军力量，并在1942年3月、4月和5月对盟军的北极护航队发动了一系列猛烈的攻击。受创最严重的是6月底启航向东行驶的PQ-17船队。英国海军部认为，船队及其护航队即将被德国军舰击溃，于是命令船队于7月4日在巴伦支海分散开。无助的商船遭到飞机和潜艇的袭击，36艘商船中只有13艘幸存。船队运送的飞机损失210架，只运达了87架；坦克损失430辆，只运达了164辆；非战斗车辆损失3350辆，只运达了896辆；其他货物损失三分之二，约9.9316万吨。

在那场灾难之后，下一支前往苏联的船队直到9月才派出，并得到了更强大的护航部队护航。雷德尔海军元帅接到无线电情报的警告，谨慎起见，他没有派出大型军舰——如果用了，很有可能击败船队的护航力量。事实上，PQ-18护航队的40艘商船中有27艘安全抵达阿尔汉格尔斯克，而德国飞机和潜艇遭受重创。此后，德国人再也没有在遥远的北方部署过如此强大的空军力量。

经过又一段间歇期后，英国在冬天又向苏联派出了一些较小的船队。

苏联人虽然一再要求派出更多的船队,但没有在这条漫长的海上航线中提供保护,在终点港口提供的保护也很少。从1943年3月起,随着白昼变长,英国皇家海军本土舰队总司令托维海军上将不愿再冒险派出更多护航队。大西洋的危急局势结束了这场争论,北极护航队被调往大西洋,并在那年春天击败德国海军潜艇的决定性战役中发挥了重要作用。

到11月,当北极护航船队恢复时,护航舰队更加强大,其中包括新的护航航空母舰。这给日渐衰弱的德国空军和德国海军潜艇造成了重大损失,同时也使大量货物得以安全运往苏联。

自1941年起,经北极水域驶往苏联的40支船队,共有811艘船,其中58艘被击沉,33艘因各种原因返航,720艘安全抵达,向苏联运送了大约400万吨货物。运送的货物包括5000辆坦克和7000多架飞机。在运送大规模援助物资时,盟军损失了18艘战舰和98艘商船(包括返航船队里的商船),而德国人为了拦截这些船队,损失了"沙恩霍斯特"号战列巡洋舰、3艘驱逐舰和38艘潜艇。

最后阶段

1945年头几个月,由于新潜艇继续生产和损失减少,德国海军潜艇舰队的规模仍在扩大。损失减少要归功于"通气管"装置的采用及在大西洋停止了远程作战。1月有30艘新潜艇投入使用,而最近每月平均只有18艘。其中一些是改进过的新型号,续航距离更长,水下速度更快——21型远洋潜艇排水量为1600吨,23型近海潜艇排水量为230吨(其中约三分之二为较大型号)。3月,德国海军潜艇舰队的实力达到顶峰,共计463艘潜艇。

直到3月,盟军的轰炸行动才开始对德国的生产造成严重影响。对盟军来说幸运的是,波罗的海的空中布雷虽然没有造成什么实质性的破坏,但产生了重大影响——比他们的海军将领意识到的还要严重——它阻碍了德国海军潜艇的试验和训练,从而阻碍了新型潜艇的大规模投入使用。如果新型潜艇能够大规模出海,很可能会恢复德国潜艇1943年构成的严重威胁。

但是,一旦盟军在3月渡过莱茵河,与从东部推进的苏军一起逼近柏林,一切形式的压力都能够而且确实得到了加剧——其影响是毁灭性的。

在战争的最后几个星期,德国海军潜艇的活动主要集中在英国东部和东北部海岸。虽然它们没有取得什么战果,但值得注意的是,没有一艘新型潜艇在这片水域被击沉。

5月德国投降后,159艘潜艇随之投降,但另有203艘潜艇被艇员凿沉。这体现了德国海军潜艇艇员骄傲的自尊和坚定的意志。

在五年半的战争期间,德国建造并交付了1157艘潜艇,还接管了15艘原本属于其他国家的潜艇,其中一共损失了789艘(包括3艘原本属于其他国家的潜艇)。他们还交付了大约700艘微型潜艇。战争期间,在海上被击沉的潜艇有632艘,其中被英国或英国控制的部队击沉的有500艘,占比最大。另一方面,德国、意大利和日本的潜艇击沉了2828艘船只,总吨位接近1500万吨。这个庞大的总数中,很大一部分是被德国潜艇击沉的,德国潜艇还击沉了175艘盟军战舰,其中大部分是英国战舰。在盟军遭受的潜艇袭击损失中,61%是独立航行的船只,9%是船队中掉队的船只,只有30%是护航队中的船只——在有空中掩护的情况下,护航队中损失的船只非常少。

德军占领比斯开湾的法国海军基地长达四年之久,而爱尔兰拒绝让盟军使用其西部和南部海岸线,尽管爱尔兰自己在很大程度上依赖船队带来的补给。这些因素加剧了盟军在大西洋的损失。正是由于盟军牢牢控制着北爱尔兰和冰岛,才使得通往英国仅剩的一条航线得以保持畅通。

第二次世界大战战史

History of the Second World War

第六编　退潮，1943

PART VI THE EBB, 1943

第 25 章　肃清非洲

1942 年 12 月，盟军未能攻占突尼斯，其第一个后果就是放弃了最初的想法，即让新组建的第 1 集团军从突尼斯向东进击，与追击德军的英国第 8 集团军会合后围困住隆美尔。现在，这两个集团军不得不暂时分别对付隆美尔①在的黎波里塔尼亚的部队和阿尼姆②在突尼斯的部队，而随着隆美尔的部队越来越接近阿尼姆的部队，这两支部队将享有中心位置的战略优势——他们能够集中力量攻击其中一方。

盟军圣诞节前在突尼斯受阻，艾森豪威尔预见到雨季将带来持续的泥泞困境，因此他计划向南部的斯法克斯港方向实施突击，企图切断隆美尔的补给线与撤退路线。对于这项代号为"缎带行动"的作战计划，艾森豪威尔计划主要使用美军部队，将他们集中在泰贝萨周围，组成美国第 2 军，由弗雷登道尔少将指挥。1 月中旬，美英联合参谋长会议成员跟随罗斯福和丘吉尔一起前往非洲，在卡萨布兰卡举行新的盟国会议，以确定今

---

① 埃尔温·隆美尔（1891—1944），德国非洲军团司令，德国 B 集团军群司令，德国元帅。1941 年 2 月至 9 月任德国非洲军团司令（德国非洲军军长），1941 年 9 月至 1942 年 3 月任德国非洲装甲集群司令，1942 年 3 月至 9 月任德国非洲装甲集团军司令，1942 年 10 月至 11 月、1942 年 12 月至 1943 年 2 月任德意非洲集团军司令，1943 年 2 月至 3 月任德意非洲集团军群司令，1943 年 7 月至 1944 年 7 月任德国 B 集团军群司令。1944 年 10 月 14 日，因涉嫌参与 1944 年 7 月 20 日刺杀希特勒事件而被迫服毒自杀。——译者注

② 汉斯-于尔根·冯·阿尼姆（1889—1962），德意非洲集团军群司令，德国上将。1941 年 11 月至 1942 年 11 月任德国第 39 装甲军军长，1942 年 12 月至 1943 年 2 月任德国第 5 装甲集团军司令，1943 年 3 月至 5 月任德意非洲集团军群司令。1943 年 5 月被盟军俘获。——译者注

后的作战目标。当艾森豪威尔向美英联合参谋长会议汇报他的这一计划时，会议讨论强调，由缺乏经验的新部队向隆美尔的老兵即将抵达的区域发动攻势，此举过于冒险，尤其是艾伦·布鲁克[①]上将，他反对得最为激烈，艾森豪威尔被迫取消了该计划。

这个决定遂将下一步行动留给了蒙哥马利，他的部队早在12月中旬就在诺菲利亚附近集结，准备休整后向140英里外的布埃拉特阵地发起攻势。隆美尔当时刚把从埃及长途撤退的残余部队撤到了那里。

蒙哥马利于1月中旬发动新的攻势。他延续先前的战术：对敌军前线发动牵制攻击，同时通过内陆沙漠实施侧翼包抄，以切断敌军的撤退路线。但这一次，他避开了任何可能暴露其意图并"吓退敌人"的初步试探。此外，蒙哥马利仅使用装甲车掩护力量来监视敌军阵地，其主力部队则留在后方，直到进攻的前一天，他们才开始进行长途接敌行军，并于15日上午直接投入战斗。第51师在装甲部队的支援下沿海岸公路发起进攻，而第7装甲师和新西兰师则执行计划中的包抄任务。行动初期并未遇到任何抵抗，到布埃拉特以西才遭到来自德军后卫部队的阻击。隆美尔已经从布埃拉特阵地溜走，再次逃脱了预设的陷阱。正如亚历山大在电报中以略显责备的语气指出的那样："新西兰师和第7装甲师在敌军反坦克屏障阵地的南端行动有些谨慎。"

隆美尔面对的主要对手还是轴心国的最高统帅部。此时，在安全的大后方罗马的墨索里尼再次脱离了战场实际，于圣诞节前一个星期下达了在布埃拉特阵地"全力抵抗"的命令。为此，隆美尔通过无线电请示最高统帅部总参谋长卡瓦列罗元帅，如果英军不理会这个极易绕过的防御点继续西进，他该如何应对？卡瓦列罗没有回答这个问题，但他强调，意大利部

---

① 艾伦·布鲁克（1883—1963），即阿兰布鲁克子爵，英国元帅。1941年12月至1946年6月任英帝国总参谋长。是丘吉尔的主要军事顾问，参与重大战略计划制订和一系列重大战时国际会议。始终受到丘吉尔的器重。——译者注

队绝不能像在阿莱曼那样再次落入敌军的陷阱。

隆美尔向巴斯蒂科元帅指出墨索里尼的命令和卡瓦列罗的指示之间存在的明显矛盾。和大多数极权体制下的官员一样，巴斯蒂科试图避免做出选择，不愿为可能违背领导人期望的行动方案承担责任。但在隆美尔的坚持下，巴斯蒂科最终同意将意大利非机动部队撤退到130英里之外、距离的黎波里更近的塔尔胡纳—胡姆斯防线。随后，在1月的第二个星期，卡瓦列罗要求将一个德国师派回加贝斯隘口，以应对美军在那里的进攻威胁——正如前面所述，美军没能发起此次攻击。这个要求正合隆美尔酝酿已久的计划，他欣然同意并派出了德国第21装甲师。至此，隆美尔只剩下德国第15装甲师的36辆坦克和意大利"半人马座"装甲师的57辆老式坦克，而要应对蒙哥马利新进攻中投入的450辆坦克。隆美尔无意与如此强大的敌军进行一场毫无希望的战斗，因此当他通过无线电拦截系统得知英军部队将于1月15日发动攻击时，他立即撤出了布埃拉特阵地。

前两日的阻滞行动卓有成效——英军因大面积雷区而行动谨慎，更在突破防线时损失了约50辆坦克。1月17日，隆美尔命令他的摩托化部队撤退到塔尔胡纳—胡姆斯防线，并立即命令已经在那里的意大利步兵部队继续向的黎波里撤退。虽然塔尔胡纳—胡姆斯防线比布埃拉特阵地更具防御价值，但蒙哥马利在其内陆侧翼部署的装甲部队让隆美尔在19日意识到，长期坚守这道防线毫无希望，还会危及自己的撤退路线。于是，隆美尔在当日夜间开始撤出剩余部队，同时炸毁了的黎波里的港口设施。

次日清晨，卡瓦列罗发来电令，转达了墨索里尼对撤退行动的强烈不满，并坚持要求防线必须坚守至少三周。当天下午，卡瓦列罗亲临现场重申了这一指令。隆美尔尖锐地指出，在缺乏足够增援以应对敌军的情况下，任何坚守时限都取决于敌方的行动。最后，他向卡瓦列罗指出了问题的关键，就像他在11月向巴斯蒂科提出坚守卜雷加港防线的要求时所说的那样："您要么再坚守的黎波里几天，代价是葬送整个部队；要么提前几天放弃的黎波里，以保留兵力守卫突尼斯。您来做决定吧。"卡瓦列罗避免做出明确的决定，但间接地暗示隆美尔，这个集团军的实力必须保存，同时的黎波里应尽可能坚守。隆美尔立即着手撤回意大利的非机动化部队，以及大部分可移动的物资。于是在22日夜间，隆美尔将剩余部队撤出塔尔胡纳—胡姆斯防线，退至的黎波里以西100英里处的突尼斯边境，继而退守80英里外的马雷斯防线。

正如蒙哥马利本人所描述的那样，英军越过布埃拉特防线后的追击行动"步履迟缓"。这不仅是因为地雷和道路的损毁，更因为英军在攻击敌方后卫掩护力量时极其谨慎。蒙哥马利在回忆录中强调，沿海公路的推进"普遍表现出缺乏主动性与活力"，他还引用了20日日记中的一句话来加强这一评论："（我）召见第51（高地）师师长，对其进行严厉训斥，这立即产生了效果。"但事实上，隆美尔已于此前撤退到塔尔胡纳—胡姆斯防线，真正迫使其于22日下令放弃该防线、撤往突尼斯边境的并非沿海方向的强攻，而是内陆侧翼逐渐集结的装甲部队的压力。当第51师借助月光向前推进时，领头的步兵坐在坦克顶上，他们发现敌人已经消失了。到1月23日拂晓，会合后的英军各纵队的先头部队，未遇抵抗便进入了的黎波里。

自1941年以来，的黎波里一直是英军连续数次进攻的目标，他们在从阿莱曼发起长达1400英里追击隆美尔的行动后，这一目标终于达成。这一天距离发起进攻已经整整三个月了。对于蒙哥马利和他的部队来说，这无疑是令人振奋的成就，但蒙哥马利本人却如释重负——正如他所写的："这是我自担任第8集团军司令以来第一次真正感到焦虑。"在1月份的第一个星期，一场大风给班加西港口造成了严重破坏，导致物资的接收量从每天3000吨减少到不足1000吨，迫使蒙哥马利不得不使用距离的黎波里近800英里的图卜鲁格港，这意味着本已漫长的陆路补给线被进一步拉长。为了获得额外的补给，蒙哥马利将英国第10军转入后勤运输，但他仍忧心忡忡，除非他能在新一轮进攻开始后的10天内到达的黎波里，否则他将不得不暂停进攻。

对蒙哥马利而言，幸运的是，敌人没有意识到他在时间和补给方面的问题。而敌人清楚地知道，蒙哥马利在坦克方面拥有压倒性的优势，其坦克数量是德国第 15 装甲师的 14 倍，而第 15 装甲师是他们唯一真正有效的坦克部队。如果德国第 21 装甲师没有被调去迎战美军向加贝斯瓶颈发起的进攻（该攻势在第 21 装甲师调离两天后的 1 月 13 日被取消），德军原本可能在塔尔胡纳—胡姆斯防线进行有效抵抗。在这种情况下，根据蒙哥马利自己的陈述，他可能不得不停止进攻并撤退到布埃拉特，因为当他的部队进入的黎波里时，距离他原定的 10 天期限仅剩两天了。

蒙哥马利在的黎波里停留了几个星期，以修建和清理被爆破封锁的港口。直到 2 月 3 日，第一艘船才得以进入，第一批航运船队直到 2 月 9 日才抵达。只有轻装部队跟踪追击撤退的敌军，蒙哥马利的先头师直到 16 日才越过突尼斯边境——而此时隆美尔的后卫部队已于前一天晚上撤退到马雷斯防线的前沿阵地，这条防线最初是法国人为阻止意大利从的黎波里塔尼亚入侵突尼斯而建造的。该防线是由一连串古老的碉堡组成的，隆美尔认为在其间隙地带新建野战防御工事更为可靠。事实上，在侦察了马雷斯防线后，隆美尔敦促将通往突尼斯的这条路线的防御设在阿卡里特河沿岸——该阵地西移 40 英里据守加贝斯以西 15 英里处——这条路线因其内陆侧翼位于杰里德盐沼地区而无法被迂回包抄。但是，隆美尔的提议并不被那些仍然满怀希望地建造"空中楼阁"的远方独裁者所接受，他本人的声望此时也已跌入谷底。

墨索里尼因的黎波里的失守而怒不可遏，他召回了巴斯蒂科，解除了卡瓦列罗的职务——由安布罗西奥[①]上将接替。与此同时，隆美尔在 1 月 26 日收到一封电报，这封电报通知他，鉴于他健康状况不佳，在巩固马

---

① 维托里奥·安布罗西奥（1879—1958），意大利最高统帅部总参谋长，意大利上将。面对轴心国的节节失利，主张摆脱德国，在国王同意下与盟国开始接触，并试图召回派往欧洲各地的意军。曾参与策划推翻墨索里尼政权的七月政变。——译者注

雷斯防线的新阵地后将解除其指挥权，他的集团军[1]将更名为意大利第 1 集团军，由乔瓦尼·梅塞[2]上将担任集团军司令。不过，隆美尔获准自行选择移交指挥权及离职的日期——他充分利用了上级的这一让步，最终给盟军带来了不利后果。

隆美尔本就是个病人，而近三个月的劳累当然不会让他的病情有所改善，可他在 2 月仍然表现出旺盛的活力。

隆美尔并没有因为美国人逼近其突尼斯南部的撤退路线而陷入沮丧，反而从中嗅到了绝佳的战机——他决定在蒙哥马利再次追上他之前，在那里发动攻击。尽管马雷斯的防御工事简陋，但作为一道抵御装甲部队的天然屏障，至少能拖延蒙哥马利的进攻。此时，隆美尔的实力也正在恢复。向西撤退使他离补给港更近了，长途撤退中的损失已通过兵员补充获得弥补，其总兵力现已恢复到阿莱曼秋季会战之初的规模：进入突尼斯时，他的集团军总共有近 3 万名德军官兵[3]和大约 4.8 万名意军官兵——尽管这个数字包括被派回加贝斯—斯法克斯地区的德国第 21 装甲师，以及正被调往埃尔盖塔尔隘口以应对加夫萨美军阵地的意大利"半人马座"装甲师。然而，在装备方面，情况就不那么好了——德军部队的坦克约占总兵力的三分之一，反坦克炮占四分之一，火炮占六分之一。此外，在大约 130 辆坦克中，只有不到一半的坦克适合作战。尽管如此，整体形势还是比蒙哥马利充分利用的黎波里港并在突尼斯边境集中优势兵力后可能出现的形势要好。隆美尔迫切渴望抓住这个战略窗口期。

因此，隆美尔现在计划以拿破仑的双重打击战术实施作战，该策略旨在运用战略家所谓的内线作战理论——利用两支合围敌军之间的中心位

---

[1] 即德意装甲集团军。——译者注
[2] 乔瓦尼·梅塞（1883—1968），意大利第 1 集团军司令，意大利总参谋长，意大利元帅。1943 年 5 月 13 日率部向盟军投降，9 月意大利投降后获释回国。战后曾为参议员。著有回忆录《非洲战争是如何结束的》等。——译者注
[3] 按规模计算，这大约是他们全部兵力的一半——与阿莱曼战役开始时的兵力相同。

置优势，抢在敌军相互支援前各个击破。如果他能击溃身后准备就绪的美军，就可以腾出手全力对付蒙哥马利的英国第8集团军，由于补给线过度延伸，该集团军现在兵力严重分散。

这是一个绝妙的计划，但隆美尔在实施过程中面对的最大障碍是，该计划不得不依赖大量不受他指挥的部队。他从马雷斯防线抽调的兵力只够组成一个大型战斗群，规模不到半个师，由冯·利本施泰因上校[①]指挥。隆美尔麾下著名且值得信赖的德国第21装甲师早些时候被派回突尼斯，此刻正处在他想要攻击的位置，但该部已经划归冯·阿尼姆上将的集团军[②]管辖。因此，作战初期将由阿尼姆决定主攻方向及兵力配置，而隆美尔只能在其权限范围内提供有限支援。

美国第2军（包括一个法国师）是这次反击的目标。盟军的战线长达90英里，但实际防御重点集中于通往地中海的三条山地走廊：加夫萨、法伊德和丰杜克附近的山口——盟军在那里与科尔茨中将指挥的法国第19军会合。这些通道非常狭窄，守军认为很安全，而盟军高级司令部的注意力正被轴心国部队在丰杜克以北地区发起的一系列试探性进攻所牵制。

但在1月底，久经沙场的德国第21装甲师突然对法伊德山口发起进攻，在美军驰援抵达前便击溃装备薄弱的法国守军，从而为后续的大规模进攻赢得跳板。这次突袭虽使盟军高级指挥官怀疑敌人正在策划这样的进攻，但他们没有料到敌军将从何处而来。他们认为法伊德山口的初步袭击是一种转移注意力的手段，攻击将在丰杜克附近进行。正如奥马尔·布拉

[①] 原文如此。应为冯·利本施泰因少将。——译者注
[②] 德国第5装甲集团军。——译者注

德莱①五星上将在回忆录中所说:"这种看法后来被证明是一个几乎致命的假设。"这种想法同时存在于艾森豪威尔的司令部和安德森指挥的英国第1集团军司令部。亚历山大到来前,安德森②负责指挥整个突尼斯盟军前线。根据卡萨布兰卡会议决议,亚历山大被任命为艾森豪威尔麾下新组建的第18集团军群司令,该集团军群由英国第1集团军和进入突尼斯的第8集团军合编而成。为了防范预期中的进攻,安德森将拥有半数美军装甲力量的B战斗群留在丰杜克后方作为预备队。这一错误判断为敌人的进攻铺平了道路。

到2月初,突尼斯的轴心国部队总数已增至10万人,其中德军部队7.4万人,意军部队2.6万人,与盟军兵力的比率比去年12月时更为有利,或者说,与盟军完成集结后的兵力相当。其中约有30%是行政人员。装甲部队方面几乎完全依赖德军装备,只有280多辆坦克,包括德国第10装甲师的110辆,以及德国第21装甲师的91辆(按照现行建制标准,仅达满编数量的一半),另有一支特种部队配备了12辆"虎"式坦克。此外,隆美尔还派遣利本施泰因战斗群的一个营(26辆坦克)驰援加夫萨公路上的"半人马座"装甲师,这个师目前还剩23辆意大利坦克。这一总数远远低于盟军的兵力,即使动用全部兵力,也无法在突尼斯南部的预定进攻战线上取得数量优势。因为驻守该地区的美国第1装甲师虽然仍未达到满员,却拥有约300辆可用坦克(包括90辆"斯图亚特"轻型坦克)

---

① 奥马尔·布拉德莱(1893—1981),美国第12集团军群司令,美国参谋长联席会议主席,美国五星上将。1943年任美国第2军军长,1944年1月至8月任美国第1集团军司令,1944年8月至1945年8月任美国第12集团军群司令(率部参加了盟军在欧洲实施的历次重大战役)。战后历任美国陆军参谋长、美国参谋长联席会议主席等职。——译者注

② 肯尼思·安德森(1891—1959),英国第1集团军司令,英国上将。——译者注

和36辆坦克歼击车，其炮火远强于德国的装甲师。[①]但令隆美尔失望的是，仅有德国第10装甲师的部分兵力（包括一个中型坦克营和一个由4辆"虎"式坦克组成的连队）被派去增援德国第21装甲师，而且仅限战役的初期阶段，因为阿尼姆计划使用德国第10装甲师进行他预备在北部战线发动的进攻。

2月14日，德军发动了真正的攻势。第21装甲师与第10装甲师的特遣队一起从法伊德再次发起进攻。阿尼姆的副司令齐格勒中将直接指挥这次进攻。当第10装甲师的两个小型战斗群从法伊德山口冲出，以钳形攻势合围美国第1装甲师（A战斗群）的先头部队时，第21装甲师的另外两个战斗群（每个战斗群都有一个坦克营作为核心）在夜间向南展开了更大范围的包围圈，以包抄和围困美军。虽然在西迪布齐德合围之前有残部逃出，但美军仍损失了大量装备，战场上到处都是燃烧的美国坦克，在这次行动中共损失了40辆坦克。第二天早上，C战斗群被匆忙派往前线进行反击，并迅速陷入德军的包围圈，最终只有四辆坦克成功逃脱。因此，在德军以劣势兵力巧妙集中优势的战术下，美军两个精锐的中型坦克营在这些零星的交战中被各个击破。对盟军来说幸运的是，德军的后续行动进展缓慢。

14日，隆美尔敦促齐格勒抓住开局优势连夜实施追击——"美军缺乏实战经验，而我们应该从一开始就让他们产生深深的自卑感"。但齐格

---

① 根据档案中的这些数据，可以有力地表明仅从交战双方投入的"师"的数量来比较同盟国与轴心国的实力的做法是多么荒谬——而盟军指挥官和许多官方历史学家在战史叙述中恰恰惯用这种比较方式。在这个时期，一个美国装甲师的坦克编制（390辆坦克）是普通德国装甲师（180辆）的两倍多。但实际比例通常更高，因为德军在补充装备缺口方面面临更大困难。可以看出，即使是兵力受损的美国第1装甲师，其坦克数量也达到了与之对抗的德军装甲师平均数量的三倍。英国装甲师的编制最近已缩减到大约270辆坦克（不包括特种坦克），而美国装甲师（除部分例外）也在当年晚些时候按类似规模进行了重组。但到1944年，英国装甲师的规模扩大到310辆，其侦察部队装备的是坦克而不是装甲车——此时盟军装甲师实际可投入作战的坦克数量，通常是德国装甲师的两到三倍。要想维持平衡，德国人就只能依靠其在素质方面的优势。

勒坚持要等到获得阿尼姆下达的正式指令，直到17日，他才向美军集结地斯贝特拉推进了25英里。结果，德军在那里遭遇了更猛烈的抵抗，因为B战斗群（现在由保罗·罗比内特准将领导）已匆匆南调。该部队成功阻滞了德军的进攻，直到下午晚些时候，在掩护其他两个战斗群残部撤退后，自身也根据安德森的命令，随盟军南翼部队撤退到西多萨尔山脉防线。尽管德军攻占斯贝特拉的行动被推迟，但他们缴获的坦克总数已增至100多辆，抓获近3000名俘虏。

与此同时，隆美尔调来的战斗群瞄准了盟军在加夫萨最南端的侧翼，当盟军于15日撤出后，德军迅速占领了这个交通枢纽。这股德军加快了行军速度并转向西北方向，截至17日已推进了50英里，穿过费里亚纳，占领了位于特莱普特的美军机场。至此，这支德军几乎与第21装甲师齐平，位于更西侧35英里处，因此更接近盟军的交通线。亚历山大于17日抵达前线，并于19日接管了两个集团军的指挥权，在其电报中指出："溃退中的混乱导致美国、法国和英国部队乱作一团，既没有协调的防御计划，指挥权也模糊不清。"隆美尔听说盟军放火烧毁了泰贝萨的补给站，这个补给站位于下一道山脉后方40英里处。在隆美尔看来，这显然是盟军"陷入恐慌"的证据。

此刻真正的转折点已然到来——尽管盟军指挥官三天后才意识到这点。隆美尔企图集中所有可用的机械化部队，借助盟军的混乱与恐慌直取泰贝萨。他认为，对盟军主要交通线进行如此深入的攻击将迫使英军和美军将大部分部队撤回阿尔及利亚——这也正是那些焦虑不安的盟军指挥官们所能想到的前景。

然而隆美尔发现此前已撤回第10装甲师的阿尼姆不愿意进行这样的冒险。隆美尔遂将方案呈交意大利最高统帅部——他相信墨索里尼亟须"通过胜利来巩固他在国内的政治地位"。同时，拜尔莱因成功说服了驻突尼斯的德国空军司令，争取到了他对该计划的支持。

时间一分一秒地过去，直到18日午夜时分，罗马才发来电报，授权继续进攻，令隆美尔全权指挥此次行动，并将两个装甲师都交给他指挥。但命令要求进攻应向北推进至塔莱和卡夫，而不是向西北穿过泰贝萨。在隆美尔看来，这种改变是"令人震惊和难以置信的短视行为"——因为这意味着联合进攻"过于接近前线，必然会遭到敌军强大的后备力量的阻挡"。

因此，德军的进攻地点正如亚历山大所预料的那样，他早已命令安德森"集中装甲部队保卫塔莱"——尽管他错误地认为，隆美尔会优先寻求"战术胜利"，而非迂回实现战略目标。事态发展证明，这个错误预估最终因意大利最高统帅部的干预而让盟军受益——但如果允许隆美尔按照他希望的方式进攻，盟军将陷入严重的混乱。大部分匆忙南调的美军和英军增援部队都被派往塔莱及其东部的斯比巴地区，泰贝萨仅由美国第1装甲师的残余部队提供掩护。

英军的主要增援部队是英国第6装甲师。该师的装甲力量——第26装甲旅驻守塔莱，新抵达的美国第9步兵师的炮兵及更多步兵部队也前往增援。该师的车载步兵部队，也就是第1近卫旅，则与美国第1步兵师和第34步兵师的三个团级战斗队共同守卫斯贝特拉正北方向的斯比巴峡谷。

2月19日凌晨，隆美尔在获得意大利最高统帅部批准后数小时内就发起了进攻。但由于此前的延误，以及阿尼姆将德国第10装甲师北调的行动，这场进攻成功的机会大为降低，因此该师不得不折返，却已无法赶上新攻击的第一阶段。面对这样的不利局面，隆美尔命令他的非洲军团战斗群绕道塔莱向卡夫进发，同时让德国第21装甲师利用穿过斯比巴的交会道路向卡夫进发，这样一来，两条进攻线就相互接应支援。

通往塔莱的道路需经过卡塞林山口，此地正处于斯贝特拉和费里亚纳之间，由斯塔克上校率领的美国混编部队驻守。德军起初试图通过突袭穿过这个山口，但未能成功。当天下午，随着多批援军抵达，斯塔克的部队规模已大大超过了进攻的德国非洲军团（包括3个小型营——1个坦克营和2个步兵营）。但由于防御方缺乏良好的协调，到傍晚时分，德军已在某些地点成功渗透，入夜后取得了进一步的突破。与此同时，德国第 21 装甲师向斯比巴的推进被一片雷区及雷区后方的强大盟军部队所阻——防御方 11 个步兵营对阵进攻方的 2 个营，防御方火炮和坦克也享有数量上的优势。此时，德国第 21 装甲师只有不到 40 辆坦克可用。因此，隆美尔决定在夜间集中兵力攻占防守似乎更薄弱的卡塞林山口，并将姗姗来迟的第 10 装甲师部署在那里。然而，因为该师只有 1 个坦克营、2 个步兵营和 1 个摩托车营，成功的前景愈发渺茫。阿尼姆几乎扣留了该师近半数的兵力及配属的"虎"式坦克营，隆美尔一直将这个坦克营视为手中的王牌。

隆美尔对卡塞林山口的集中进攻直到 20 日下午才得以实施，因为第 10 装甲师辖内部分部队直到那时才抵达——这一延误让他"非常愤怒"。当天上午的进攻被守军的火力遏制，但下午 4 时 30 分，他亲临前线，将所有可用的步兵——5 个营（包括意大利第 5"神射手"步兵营）——同时发起进攻，并迅速实现了突破。但随后，德军遭到了阿德里安·戈尔中校指挥的一支小规模英国支队（包括 1 个装甲中队、1 个步兵连和 1 个野战炮兵连）的顽强抵抗，这支部队本是被派来支援卡塞林山口防御的。直到一个德军装甲营赶到才突破防线，但该装甲营的 11 辆坦克全部被击毁。美国官方战史以各国官方战史中罕见的坦诚态度，不仅特别强调了这支部队异常顽强的抵抗，更意味深长地指出德军在其他防线轻易达成的突破："敌人惊讶于缴获美国装备的数量之多、质量之优，且多数完好无损。"[①]

隆美尔占领山口后，派出侦察支队分别沿着通往塔莱和泰贝萨的道路前进，这既是为了让盟军在调动预备队时陷入两难境地，也是为了探查继续实现其原始作战目标的可能性，即夺取美军存放在泰贝萨的庞大补给物资。隆美尔取得进展的消息传开后，第一个目标实现了，也产生了相应的影响。因为弗雷登道尔在上午刚命令罗比内特的 B 战斗群从最右翼转

[①] 乔治·豪：《地中海战区：西北非：夺取西线主动权》，第 456 页。

向塔莱，后来又令其改道掩护从卡塞林到泰贝萨的岔路。与此同时，由查尔斯·邓菲准将率领的英国第26装甲旅——该旅下辖2个装甲团和2个步兵营——已从塔莱向南移动，并在距离卡塞林山口约10英里处构筑阵地，等待B战斗群前来增援。对盟军来说幸运的是，进攻方的兵力远比他们想象的要弱。

第二天早上，即2月21日，隆美尔起初按兵不动，等待盟军为夺回卡塞林山口而发起的反攻。这种停顿让隆美尔的对手颇感意外，他们尚未意识到，隆美尔的实际兵力相较盟军此时集结的力量是多么单薄。当发现盟军未采取行动后，隆美尔便率领麾下的德国第10装甲师的部分部队沿公路向塔莱推进——实际投入的兵力仅相当于一个战斗群，包括30辆坦克、20门自行火炮和2个装甲掷弹兵营（摩托化步兵营）。面对德军，邓菲旅级战斗群逐步后撤，他们依托起伏的山脊实施抵抗，直至受到迂回和侧击为止。但是，当德军的坦克在黄昏时分撤退到预先准备好的塔莱阵地时，一队德军坦克紧随其后——德军使用巧计，以一辆俘获的"瓦伦丁"坦克打头阵，令守军误以为是英军的掉队部队。就这样，德军冲进了这个阵地，击溃了部分步兵分队，摧毁了众多车辆，引发了防线混乱。经过三个小时的混战，德军攻势虽被遏止，但他们在撤退时仍带走了700名战俘。在从卡塞林出发的一系列战斗中，德军虽损失了12辆坦克，但击毁了近40辆盟军坦克，其中包括一支在次日黎明反攻中迷失方向、误闯德军坦克阵地的英军坦克中队。

隆美尔预计接下来会有更大规模的反击，因此决定暂缓行动，待击退对方攻势后乘势反击。然而，晨间空中侦察显示，盟军大批增援部队已经抵达战场，而且还有更多部队正在赶来。显然，随着轴心国部队左翼面临的处境越来越危险，通过攻占塔莱进一步扩张的希望已然破灭。前一天下午，非洲军团战斗群沿着泰贝萨岔路推进，意图夺取该地山口为塔莱攻势提供侧翼掩护，但被美军部署在高地上的炮兵阵地以密集火力阻止。22日上午，德军再次发起进攻，收效甚微，却使德军部队遭受了难以承受的惨重损失。因为在这一地区，美军所集结的兵力远超德军，包括罗比内特的 B 战斗群和特里·艾伦的美国第 1 步兵师。

当天下午，隆美尔和乘飞机前来的凯塞林达成共识：继续向西实施反击已难获益，应当掉转矛头撤回突击部队，转而对英国第 8 集团军实施反攻。根据这一决定，轴心国部队奉命在当晚开始撤退——第一步先撤退到卡塞林山口。

与此同时，艾伦从清晨就开始筹划对轴心国侧翼的反击，但由于与罗比内特的通信不畅，行动被推迟，直到下午晚些时候才展开。此举迫使非洲军团匆匆向卡塞林山口撤退，而意大利部队的撤退更是混乱不堪。美军部队在这里展现出的战术技巧日趋娴熟，炮火射击的精准度也很高，武器装备也非常充裕，这些给隆美尔留下了深刻的印象。如果发生更大规模的反击，隆美尔相对单薄的兵力将面临重大威胁。

然而盟军司令部的高层并没有意识到隆美尔的弱点与战场形势的变化。正如美国官方战史所言，弗雷登道尔"在指挥应对敌军撤退的地面作战时，表现得异常犹豫不决，而此时正是敌军最脆弱的时候"。安德森同样如此，他也在考虑防御问题。事实上，盟军部署在斯比巴的大规模部队因担心隆美尔可能突破塔莱防线并威胁后方，竟于当晚向北撤退了大约10 英里。出于同样的担忧，盟军正在考虑撤离另一侧的泰贝萨。即使在23 日早上发现敌军从塔莱撤退时，盟军也没有发起追击，直到深夜才下令发动总反攻——原定 25 日发动。此时，敌人已安全撤出卡塞林山口，盟军意图"歼灭"敌军、"夺回"山口的作战，最终沦为一场列队行军，沿途唯有敌方撤离时布设的地雷与炸毁的道路在静候他们。

如果充分考虑到双方的兵力对比，以及盟军不断增强的抵抗能力，就会发现轴心国停止进攻的决定是非常正确的。面对盟军方面已集结起占据绝对优势的兵力，继续强攻无异于以卵击石。从物质层面上讲，轴心国这场进攻的战果远大于损失——抓获了 4000 多名俘虏，击毁了约 200 辆盟军坦克，而德军的伤亡人数只有 1000 多，坦克的损失更少。因此，作为一场目标有限的行动,这场进攻堪称战果辉煌。但轴心国终究未能达成迫使盟军撤出突尼斯的战略目标,尽管已经非常接近了。如果当时能将整个第10装甲师都派去进行反攻,并且隆美尔从一开始就全权指挥并将主攻方向直指泰贝萨,那么这个战略目标是有可能实现的。倘若轴心国能迅速夺取美国的主要基地和机场,以及囤积在那里的大量补给物资,盟军将无法守住他们在突尼斯的阵地。

2月23日,从罗马发来一道命令,将突尼斯境内所有轴心国部队都划归隆美尔指挥,这真是命运的讽刺。隆美尔出任新组建的"非洲集团军群"司令表明,反击战的震撼效果使他在墨索里尼和希特勒心中的地位得以恢复,但对隆美尔来说,不无苦涩意味,因为这道任命是在撤退开始后的第二天早上才抵达的——已经太晚了,无法挽回失去的机会。

此时要取消阿尼姆在北方的进攻也为时已晚——为实施这一计划,阿尼姆保留了预备队,这些兵力本可以更高效地支援隆美尔在南线作战。按照计划,攻占迈贾兹巴卜仅为有限目标,将于26日由两个装甲营和另外六个营共同发起进攻。但24日拂晓,阿尼姆派遣一名参谋将这一有限计划告知隆美尔后,旋即飞赴罗马会见凯塞林。当天晚些时候,他们讨论出了一个更为激进的作战方案。根据这个方案,德军将在北部海岸至法赫斯桥之间长达70英里的战线上,从八个不同地点向英国第5军(第46师、第78师和Y师,以及海岸附近的法国团级战斗群)发起攻击。主要攻击由一个装甲集群发起,目标是巴杰(突尼斯以西60英里)的道路中心,配合短程钳形攻势来占领迈贾兹巴卜。尽管投入了所有的可用兵力,但兵力的增加远不及进攻范围的扩大。用于进攻巴杰的装甲群由两个装甲营组成,最终兵力达到77辆坦克(包括14辆"虎"式坦克),但即使是这么小的规模,也是通过挪用原计划经突尼斯中转、准备前往南部第21装甲师的15辆坦克才勉强达成。隆美尔得知新计划后大吃一惊,称其"完全不切实际"——尽管他错误地将该计划的制订归咎于意大利最高统帅部,而事实上意大利最高统帅部在得知这一消息时和他一样震惊。

阿尼姆的作战命令于2月25日正式下达，第二天便发起攻势——从而确保了原先较小规模的作战启动日期不变。这充分证明了德国制订作战方案时的高效性与灵活性，但对于如此大规模的调整而言，准备时间显然过于仓促。即便如此，曼陀菲尔师在战线最北端实施的新增攻势，还是表现得非常出色，他们的部队几乎到达了盟军在杰贝勒艾卜耶德的主要交通线，并俘获了驻守该地区的法国和英国部队中的1600名战俘。但德国装甲集团的主攻部队，在攻占了西迪恩西尔附近的英军前沿阵地后，却在距巴杰10英里处的狭窄沼泽地中陷入困境，遭到英军野战炮与反坦克炮的重创。除6辆德国坦克外，其余坦克都无法使用，推进势头逐渐减弱。以迈贾兹巴卜为目标的助攻，在初期曾取得了一些进展，但仍以失败告终，德国人在南方的其他攻势亦未达预期。阿尼姆的这场进攻共俘虏了2500名战俘，自身损失仅1000多人，但此战果被损毁71辆坦克（英方损失不足20辆）的惨重代价所抵消——此时德军已陷入坦克短缺且难以补充的困境。

更糟糕的是，这次失败的进攻耽误了隆美尔发动第二次攻势所需兵力的调度——此次进攻是为了打击位于梅德宁的正对马雷斯防线的蒙哥马利阵地。因为凯塞林此前要求第10装甲师和第21装甲师必须长时间驻守美军侧翼附近，以阻止美军向北派遣预备队，协助应对阿尼姆的进攻。这次拖延对隆美尔东进反攻的前景产生了重大影响。截至2月26日，蒙哥马利在梅德宁仅部署了一个师的兵力。他坦言自己曾为此感到担忧，其幕僚们正日夜不休地调配兵力，试图在隆美尔发起进攻前扭转劣势。到3月6日，当攻击来临时，蒙哥马利的兵力增加了3倍——相当于4个师，拥有近400辆坦克、350门火炮和470门反坦克炮。

因此，在这段时间，隆美尔也就丧失了以优势兵力发动攻击的机会。他的3个装甲师（第10装甲师、第15装甲师和第21装甲师）只调集了160辆坦克——不足一个满编师的规模——除了驻扎在马雷斯防线的那些实力虚弱的意大利师外,在进攻中仅得到了 200 门火炮和 1 万名步兵的支援。此外,蒙哥马利还有 3 个战斗机联队在前方机场作战,因此可以确保空中优势。3 月 4 日,即德军发起进攻的两天前,英军发现并上报了德国装甲师的前进行动,隆美尔的突袭机会也就化为了泡影。

在这种情况下,蒙哥马利充分发挥自己的才能,精心策划了一套组织完善的防御,使得这次进攻比六个月前在阿拉姆海法的行动更有成效。前进的德军很快就被英军密集的火力压制,并遭受了重大损失。隆美尔意识到继续进攻毫无意义,于是在当晚下令停止进攻。但到那时,德军虽说只伤亡 645 人,但已经损失了 40 多辆坦克,守军的损失小得多。

这场挫败彻底打消了轴心国以劣势兵力在被合围前击溃盟军两个集团军中任何一个的合理希望。早在一个星期前,隆美尔就向凯塞林提交了一份清醒而又沮丧的战局评估报告,这份报告代表了他本人和两位集团军司令阿尼姆与梅塞的看法。隆美尔在报告中强调,轴心国部队正在一条长达 400 英里的战线上,面对着远胜于己的部队——兵力是己方的两倍,坦克是己方的 6 倍①——兵力的分散已经到了非常危险的程度。他敦促将战线缩短为一条覆盖突尼斯和比塞大的 90 英里长的弧线,但强调只有将补给增加到每月 14 万吨才能做到这一点,并明确要求上级司令部提供突尼斯战役的长期计划。经过几次催问,他收到的答复只是,元首不同意他对战局的判断。回电还附上了一张表格,列出了双方部队的数量,而不考虑实际兵力和装备——这与盟军指挥官在当时和后来为说明他们的战绩时所使用的错误对比如出一辙。

---

① 隆美尔估计盟军的兵力为 21 万人,拥有 1600 辆坦克、850 门火炮和 1100 门反坦克炮——该数据明显低于实际。3 月初,盟军的实际兵力超过 50 万人,尽管其中只有不到一半是战斗部队。坦克总数接近 1800 辆,火炮超过 1200 门,反坦克炮超过 1500 门。轴心国的战斗部队有 12 万人,可用坦克只有 200 辆。

在梅德宁战役失败后，隆美尔得出结论，德意联军若继续留在非洲将"无异于自杀"。因此，隆美尔于3月9日请了拖延已久的病假，将非洲集团军群的指挥权移交给阿尼姆，然后飞往欧洲，试图让他的上司了解实际情况。事实证明，此行的结果只是终止了他与非洲战役的联系。

飞抵罗马后，隆美尔见到了墨索里尼，发现其"似乎完全缺乏在逆境中认清现实的能力，整个会面过程都在寻找论据来证明他的观点"。随后，隆美尔又见到了希特勒，希特勒对隆美尔的论点无动于衷，并直言他"已经变成了一个悲观主义者"。希特勒禁止隆美尔即刻返回非洲，并告诉他安心静养，这样就能"以最佳状态指挥进攻卡萨布兰卡的战役"。鉴于卡萨布兰卡地处大西洋沿岸的偏远位置，显然希特勒仍然幻想着他能将盟军彻底赶出非洲战场——这表明他处于极端妄想的状态。

与此同时，盟军正在以绝对优势兵力发动攻势，以夺取突尼斯的南部门户，促成英国第8集团军与第1集团军会师，并合围梅塞的意大利第1集团军——原隆美尔的非洲装甲集团军。（拜尔莱因名义上只是梅塞的德方参谋长，但他实际上全权掌控所有德军部队。）

德军的反击在梅德宁遭到重创后，蒙哥马利并没有乘胜追击或利用敌人的动摇之机立即进行后续行动，而是有条不紊地继续集结兵力和补给物资，准备对马雷斯防线发动周密攻势。这次攻击计划于3月20日进行，即梅德宁战役两个星期后。

为策应这场攻势并威慑敌军后方，美国第2军于3月17日提前三天在突尼斯南部发动了一次进攻。这次进攻的目标由安德森指定并得到亚历山大的认可，包括三个方面：（1）吸引可能用于阻击蒙哥马利的敌军；（2）夺回泰莱普特附近的前方机场以协助蒙哥马利推进；（3）在加夫萨附近建立前方补给中心，保障蒙哥马利在推进时的补给。但是，进攻部队并没有被要求通过沿海公路切断敌军的退路。之所以限制进攻目标，是因为他们怀疑美军是否有能力进行如此深入的进攻——从出发点到海边有160英里——并且希望避免像2月份那样再次遭受德军的反击。但是，这种克制激怒了满怀进攻热情的巴顿,他刚接替弗雷登道尔担任美国第2军军长。第2军现在由四个师组成,兵力为8.8万人,大约是轴心国部队的四倍。此外,在目标地区,估计只有800名德军和7850名意军,后者主要与加夫萨附近的"半人马座"装甲师一起行动。①

美军的攻势开局很顺利。17日,艾伦的第1步兵师兵不血刃占领了加夫萨,意军撤退了近20英里,来到埃尔盖塔尔以东的一个防御阵地,横跨通往加贝斯和马雷斯沿海城镇的岔路。20日,沃德的第1装甲师从卡塞林地区向加夫萨通往海岸的第三条路线的侧翼进发,第二天早上占领了塞内德车站,然后向东穿过马克纳西前方山口。当天,亚历山大放宽了对巴顿的约束,让他准备一支强大的装甲部队来切断海岸公路,以更好地协助蒙哥马利刚刚发起的对马雷斯防线的进攻。但是,驻扎在那里的德军小分队顽强地守住了山口和周围的高地,鲁道夫·朗上校指挥的部队令他们的进攻陷入僵局。23日,连续进攻322高地均被阻挡,守卫该高地的只有约80名士兵,他们曾是隆美尔的卫队成员。第二天,在三个步兵营、四个炮兵营和两个坦克连支援下的新攻势再度受挫,尽管守军人数只增加到350人。25日,由沃德亲自指挥,巴顿通过电话下达命令,坚持进攻必须成功。但依旧无功而返,面对敌人增援部队日益增多,不得不放弃进攻。巴顿此前已抱怨该师"拖拖拉拉",沃德随后被解除了指挥权。但巴顿过于注重进攻,以至于他没有意识到防守的固有优势,即使面对人数占优的对手也一样能够成功——尤其是由训练有素的部队对付缺乏经验的攻击者时。

与此同时,防御优势在埃尔盖塔尔地区再度显现,此次表演者竟是那些相对缺乏经验但训练有素的美国第1步兵师。艾伦的部队于21日突破了意军防线,第二天取得了进一步的进展,但在23日突然遭到了德军的

---

① 即使这样,这个数字仍然被高估了——在2月战役之前,"半人马座"装甲师只有5000人,经此役后部队人数进一步减少。

反击。这次反击是由从海岸急调的、兵力不足的德国非洲军团的主要预备力量第 10 装甲师发动的（该师由 2 个坦克营和 2 个步兵营，以及 1 个摩托化营和 1 个炮兵营组成）。进攻者占领了美军前沿阵地，但随后被雷区阻挡，继而遭到艾伦的炮兵和坦克歼击车的重创。这削弱了德军进攻的力度，晚上发起的第二次进攻也同样失利——正如美国步兵报告所言："我们的炮兵用高爆弹将他们钉在十字架上，他们像苍蝇一样倒下。"虽然德军在第二次进攻中的损失并不像文字渲染的那样惨重，但当天大约有 40 辆坦克毁于炮火或触雷。

通过诱使敌军的主要装甲预备队投入到这次代价高昂的反击中，美军有限的进攻挽回了自己在马克纳西失利的影响。它不仅牵制了敌军对抗蒙哥马利的重要力量，而且消耗了敌军本已有限的坦克力量。盟军最终的胜利更多地归功于敌军于 2 月中旬在法伊德发动有力反击之后的三次失败反攻，而不是盟军自己的进攻。只有在敌人过度消耗自身战力后，盟军才有可能掌握主动权。如果不是敌军继续在失败的反击中消耗残存力量，战争本可能继续拖延。

蒙哥马利于 3 月 20 日晚对马雷斯防线发起进攻。为此，他调集了第 10 军和第 30 军共约 16 万人、610 辆坦克和 1410 门火炮。虽然梅塞的集团军名义上有 9 个师，而蒙哥马利的集团军只有 6 个师，但梅塞的兵力不到 8 万人，只有 150 辆坦克（包括加夫萨附近的德国第 10 装甲师的坦克）和 680 门火炮。因此，进攻方在人员、火炮方面的优势是对方的 2 倍以上——在飞机方面也是一样——在坦克方面的优势更是对方的 4 倍。

此外，马雷斯防线从大海一直延伸到马特马塔山脉，绵延 22 英里，在这个山脉后方有一片开阔的沙漠侧翼。在这种情况下，相对薄弱的轴心国部队更明智的做法是仅以机动部队在马雷斯防线实施迟滞防御，并在加贝斯以北的瓦迪阿卡里特阵地建立主防线——这是大海和盐沼之间不到 14 英里宽的咽喉要道。自 11 月从阿莱曼撤退以来，隆美尔一直主张这一方案。当他于 3 月 10 日见到希特勒时，他成功地说服希特勒同意，并指示凯塞林将马雷斯防线的非机动意大利师撤回瓦迪阿卡里特,并在那里构筑工事。但意大利领导人坚持固守马雷斯防线,持相同立场的凯塞林又说服希特勒取消了新命令。

蒙哥马利最初的作战计划代号为"拳击手疾驰"。按照该计划,主要的进攻是正面进攻,由奥利弗·利斯指挥的英国第30军的三个步兵师发起,目的是突破海边的防线并打开缺口,让布赖恩·霍罗克斯指挥的英国第10军的装甲部队乘胜追击。与此同时,临时组建的新西兰军在伯纳德·弗赖伯格①的率领下,向内陆25英里处的埃尔哈马发起大范围的包抄,以威胁敌军后方,并牵制其后备力量。

正面进攻失败了。一个步兵旅和一个由50辆步兵坦克组成的团在海岸附近的一个狭窄区域发动了进攻,但只在敌军阵地上造成了一个浅浅的缺口——敌军阵地被200英尺宽、20英尺深的齐格扎乌河谷所覆盖,河谷后面是一条防坦克壕沟。松软的河床和埋设的地雷阻碍了坦克和支援火炮的推进,而敌军阵地上的步兵立足点则成为炮火的集中打击目标。第二天晚上,英军部队再次加强进攻,扩大了桥头堡。当英军部队冲入敌军防御阵地时,许多意军趁机投降。但是,反坦克炮仍因途中必须穿越沼泽地而迟迟未能到达。下午,前线步兵在得不到充分支援的情况下遭到德军反击②,在夜幕的掩护下,英国人撤退到河谷对面。因此,到22日晚,正面进攻不仅未能充分突破敌军防线,还放弃了在敌军防御中已获得的驻扎点。

在此期间,侧翼包抄一开始进展顺利,但随后受阻。新西兰军从第8集团军后方出发,穿过一片复杂的沙漠,在20日晚间,新西兰军将2.7

---

① 伯纳德·弗赖伯格(1889—1963),新西兰将领,英国第10军军长。第二次世界大战爆发后,指挥新西兰第2远征军赴欧洲作战。1941年春参加巴尔干战役,在希腊和克里特岛率部抵抗德军入侵。后又转战北非和意大利等地,曾参加阿莱曼战役。在西非沙漠数度与隆美尔交战。战后于1946年任新西兰总督。——译者注

② 这次进攻是由德国第15装甲师的近30辆坦克和两个步兵营发动的。

万名士兵和200辆坦克带到了名为"普拉姆"的山口附近——该山口位于加贝斯以西30英里、埃尔哈马西南15英里处——随后，海岸进攻开始。但在清理完前进道路后，他们在这个山口遭遇了长时间的阻击，意大利守军先后得到了德国第21装甲师预备队的增援，然后又得到了从马雷斯防线右侧调回的非洲第164轻装师的4个营的增援。

3月23日凌晨，当海岸攻势明显没有机会恢复时，蒙哥马利决定重新制订计划，将所有资源集中在内陆侧翼，因为在那里，有更好的理由相信，再次发起更大规模的进攻可能会突破埃尔哈马。他命令霍罗克斯率领英国第10军军部和英国第1装甲师（师长雷蒙德·布里格斯少将，拥有160辆坦克）当晚开始向内陆进发，并绕行沙漠以增援新西兰部队。与此同时，印度第4师（师长弗朗西斯·图克少将）将从梅德宁向内陆进发，并清理哈卢夫山口，穿过马特马塔山，这将使向沙漠侧翼推进的机动部队的补给路线缩短100多英里。攻克山口后，图克将沿着山顶向北推进，越过马雷斯防线的侧翼，从而对敌方侧翼造成额外威胁，并开辟另一条进攻路线，以防通过"普拉姆"缺口的迂回运动被阻断。

新计划构思高明，转换巧妙。它表明蒙哥马利能够灵活地改变进攻点，并在受阻时创造新的突破点，这甚至比在阿莱曼战役中表现得更好——尽管，按照蒙哥马利的习惯，他后来倾向于掩盖这种灵活性的功劳，而这种灵活性是将帅的标志，他总是说一切都"按计划进行"。从许多方面来看，马雷斯的行动都是蒙哥马利在战争中表现最出色的一次，尽管他的最初计划引发了诸多麻烦，即试图在海岸附近一个狭窄的沼泽地区强行突破，但没有投入足够的兵力来确保迅速完成，因而暴露了沙漠迂回行动的可能性。

这种过早的暴露，成为新攻击计划的主要障碍，新攻击计划代号为"增压II"——这个名字是对最终在阿莱曼取得胜利的那份方案的纪念。轴心国部队司令部20日得到新西兰部队抵达"普拉姆"附近的警告后，山地观察员在23日晚至24日发现了朝同一方向进行的军队调动，迅速推断出蒙哥马利的计划将发生变化，他的主攻方向将转移到沙漠侧翼。因此，德国第15装甲师在英军增援部队到达该地区的两天前就被调回埃尔哈马附近，准备支援德国第21装甲师和第164轻装师——刚好赶上3月26日下午计划发动的进攻。

因为丧失了奇袭的机会，"增压Ⅱ"的前景暗淡，但这一损失被其他四个因素所弥补。首先是阿尼姆在24日决定将梅塞的集团军撤回瓦迪阿卡里特阵地以免被围，并否决了梅塞坚守马雷斯防线的意见——这使得山隘守军只需坚持足够长的时间，以解救马雷斯防线中的非机动师。其次是空军采用了"弹幕"战术——由16个战斗轰炸机中队以炸弹和炮火连续低空攻击，每次由两个中队以15分钟为间隔接力进行。这种震慑防御者的战术效法德国"闪电战"，由沙漠空军司令哈里·布罗德赫斯特空军少将组织，尽管英国皇家空军高层对此不以为然，认为这违反了空军准则，但此举效果显著。第三个因素是英军大胆决定在夜间推进装甲部队——这是德军经常采取的战术，但英军一直不愿意尝试。第四个因素是好运——一场沙尘暴袭来，掩护了英军装甲部队的集结行动和第一阶段的推进，使他们能安全穿过两翼布满敌方反坦克炮的山隘。

攻击于26日下午4时发起，太阳落在英军的后方，有助于遮蔽守军的视线。第8装甲旅和新西兰步兵率先推进。随后，雷蒙德·布里格斯的英国第1装甲师在下午6时左右穿过了这些地区，在尘土和暮色的掩护下前进了5英里，至7时30分天黑时停了下来，并在午夜月亮升起之前以"坚实的方阵"继续向前推进。到3月27日黎明时分，他们安全地穿过了瓶颈地带，到达了埃尔哈马的边缘。

但在这里，英军被德军的反坦克屏障阻挡了两天，德国第15装甲师的大约30辆坦克从侧翼发动了反攻。这段时间足够让大部分马雷斯防线守军（尽管是徒步行军）逃脱被包围的命运，并撤退到瓦迪阿卡里特阵地。大约有5000名意军被俘，主要是在战斗的早期阶段；1000名德军在埃尔哈马附近的战斗中被俘——但他们的牺牲很有价值，他们掩护了沿海撤退走廊，使主力得以安全撤退且几乎没有损失装备。若英军及时改变进攻方向，则也许能够冲到海岸并切断他们的后路，但机会已经错过了。蒙哥马利筹划对敌军新防线的进攻之前，休整了一个多星期。

与此同时，巴顿再次向海岸线与敌军后方发起进攻，为此他获得了美国第9步兵师和第34步兵师的增援。虽然主攻方向是从埃尔盖塔尔向加贝斯推进，美国第1步兵师和第9步兵师为第1装甲师开路，但第34步兵师要占领100英里以外的丰杜克山口，从而开辟通往沿海平原的另一条路线。但3月27日对丰杜克山口的进攻很快被德军的薄弱防线所阻，第34步兵师第二天就放弃了进攻。第34步兵师随后向西撤退了4英里，以脱离敌军射程并进行重组，这次撤退导致他们的对手在一份战场报告中得出结论："美国人一旦受到攻击就会放弃战斗。"

主攻于28日从埃尔盖塔尔发动，但在经过激烈战斗后也遭遇挫败。那时蒙哥马利已在埃尔哈马突破防线并抵达加贝斯，因此亚历山大指示巴顿在步兵扫清道路之前，立即派出装甲纵队向海岸推进。敌军严密的反坦克炮链式防御体系阻碍了这一尝试，经过三天无效的努力，不得不再次调用步兵开路——尽管巴顿一再敦促，他们的进展仍不明显。然而，由于敌军后方可能被突破，德国第21装甲师被派往该区域支援第10装甲师，敌军装甲预备队的进一步分散，对蒙哥马利即将向阿卡里特阵地发动的正面攻击大有裨益。此役他集结了570辆坦克和1470门火炮，形成绝对火力压制。

阿卡里特阵地天生易守难攻，平坦的海岸地带只有4英里宽，被该阵地的深谷所覆盖，而在这个收窄的地方，一排坡度较大的低矮山岭从平原升起，一直延伸到盐沼带的边缘。但轴心国决定退出马雷斯防线的这一决定过于仓促，以至于没有足够的时间来加固阵地并构筑纵深工事。更致命的是守军弹药极度匮乏——由于过早在前沿实施抵抗而消耗了大部分有限弹药。

蒙哥马利的最初计划就像在马雷斯一样，是在海岸附近一个狭窄的地带突破敌军的阵地,然后投入装甲部队扩大战果。第51(高地)师负责打开突破口,而图克领导的印度第4师将占领山地屏障的东端以掩护其侧翼。但图克建议扩大进攻面,并向西延伸以占领中央制高点——遵循"次高地形毫无价值"的山地作战准则。图克相信他的部队拥有训练有素的山地作战和夜战技能,足以攻克险要。蒙哥马利接受了这个建议,扩大了进攻阵线,派出英国第30军的三个步兵师进行突破攻击。此外,蒙哥马利没有再等一个星期后的月明期,而是大胆决定在暗夜发动进攻,以夜幕掩护抵消混乱的风险。

4月5日夜幕降临,印度第4师开始前进,6日黎明前已深入山地,俘虏了大约4000名以意军为主的战俘。凌晨4时30分,第50师和第51师在近400门火炮的支援下发动了进攻。第50师在防坦克壕沟防线上被阻,但第51师很快就突破了敌人的防线,尽管突破的纵深没有印度第4师那么大。这次双管齐下的突破为霍罗克斯指挥的第10军的装甲部队提供了迅速进攻的机会,该军的装甲部队为此一直驻扎在前线后方。

上午8时45分,霍罗克斯来到图克的司令部,一份官方记录显示:"印度第4师师长向第10军军长指出,我们已击溃敌军;第10军的进攻通道已畅通;立即采取进攻行动将结束北非战役。现在是拿出行动的时候了,不惜一切代价。第10军军长在电话中与集团军司令通话,请求投入第10军以保持进攻势头。"但不幸的是,第10军投入战斗太晚,扩大战果的时候又耽搁得更久。亚历山大的电报称:"蒙哥马利将军于12时下令投入第10军。"此时,德国第90轻装师已发起反击,并将英国第51师赶出其占领的部分阵地,部分填补了防线缺口。下午,当霍罗克斯第10军的装甲部队开始突破防线时,他们被敌军唯一可用的第15装甲师预备队的部署和反击所阻拦。与此同时,当天并没有采取任何措施以利用第10军重装部队去扩大印度第4师打开的突破口。

蒙哥马利以其一贯的谨慎方式计划第二天早晨发动总攻,并投入大规模的空袭和炮火轰炸以协助突破防线。但到了早晨,敌军已经不见踪影,他原本打算发动的致命一击变成了对逃脱之敌的尾追。

虽然蒙哥马利错失全胜良机，但他的对手也失去了封堵突破口和维持在瓦迪阿卡里特防线上位置的机会，因为他们的三个装甲师中的两个，即第 10 装甲师和第 21 装甲师先后被调去阻截美军对他们后方的威胁。因此，在前一天晚上，梅塞告诉阿尼姆，在没有增援的情况下，不可能在瓦迪阿卡里特再坚持一天，并获准撤往北面 150 英里以外的昂菲达维尔阵地——那里的沿海平原很狭窄且有山丘屏障。

轴心国军队在 6 日天黑后不久就开始撤退，尽管他们中的大多数人不得不徒步行军，可还是于 11 日安全到达昂菲达维尔阵地。第 8 集团军的先头部队采取两个军齐头并进的形式追击，尽管他们已经完全摩托化，而且与偶尔设伏以阻止他们追击的薄弱的德军后卫相比，他们拥有压倒性的优势，但直到两天后他们才到达那里。

为了切断敌军退路，亚历山大派出英国第 9 军（英国第 1 集团军所辖）进攻丰杜克山口，然后向东推进 50 英里，穿过凯鲁万，到达昂菲达维尔以南约 20 英里的沿海城镇苏塞。这支新编军由约翰·克罗克指挥，由英国第 6 装甲师、第 46 师的一个步兵旅和美国第 34 步兵师组成，拥有 250 辆坦克。步兵的任务是夺取山口两侧的制高点，为装甲部队开路。这次仓促发动的进攻将于 4 月 7 日至 8 日夜间开始。但是，第 34 步兵师的部队出发晚了将近三个小时，失去了夜幕的掩护后，迅速遭到敌军火力压制，他们更倾向于停下来寻找掩护，因为在 10 天前的上一次攻击中受到挫折。他们裹足不前，敌军便将火力转向北方，以遏制在夺取山口北侧高地中进展较好的第 46 师的一个旅。鉴于整个攻击的关键在于迅速突破沿海平原，克罗克决定投入装甲部队强行通过，而不是等待步兵开路。

第二天，即 4 月 9 日，由凯特利少将指挥的英国第 6 装甲师发动了强攻，损失了 34 辆坦克（仅 67 人阵亡）——这个损失看似很惨重，但与穿越雷区，还要在 15 门反坦克炮的夹击下前进的困难相比，这个损失还是小得惊人——15 门反坦克炮都被击毁了。然而，装甲部队直到下午才得以突破，因此克罗克决定将进攻推迟到第二天早上，并召集部队返回山口入口处设防过夜。这一决定与他之前的强攻命令形成了鲜明的对比。但轮式运输车辆仍需清理雷区通道，而且有报道称，拜尔莱因麾下从南部撤退的德国装甲部队已经接近凯鲁万。4月10日拂晓，第6装甲师恢复向东进发，但当它到达凯鲁万时，敌军撤退的纵队已经安全通过该交通枢纽。驻守丰杜克的小股德军部队（由两个步兵营和一个反坦克连组成）也悄然撤离，他们执行了拜尔莱因的命令，即在4月10日早晨之前必须阻击英国第9军，以掩护梅塞的军队沿海岸走廊撤退。他们前后都受到巨大优势兵力的威胁，最终全身而退，实为非凡壮举。

此时两支轴心国部队已合兵据守从北海岸到昂菲达维尔的百英里弧形防线。虽然此举暂时改善了他们的处境，但这种优势却被己方遭受的损失所抵消——尤其是装备方面的损失，因此，即使缩短后的防线对实力不断下降的轴心国部队来说也太长了，因为盟军在人数和装备方面的优势越来越大，并集中力量攻击这条弧形防线。此外，阿尼姆2月反击在迈贾兹巴卜以北所取得的地盘，大部分被英国人在3月底和4月初由奥尔弗里中将的英国第5军发动的攻击中夺回——因此，盟军处于有利位置，可以从东面对突尼斯和比塞大发动新一轮的攻击。

政治和心理因素强烈影响着盟军选定决战区域的考量。艾森豪威尔在3月23日写给亚历山大的信及后续的文件中强调，主要攻势应集中在北方第1集团军战区，并将巴顿的部队调往那里参与决定性的进攻，以提振美军士气。亚历山大在作战计划中采纳了这一建议，并于4月10日指示安德森筹备在22日左右发动主要进攻。同时亚历山大还对巴顿强烈反对再次被置于第1集团军之下的抗议做出让步，并安排美国第2军直接接受自己的指挥。同时，亚历山大拒绝了蒙哥马利提出的将刚刚与第8集团军会合的第6装甲师纳入麾下的要求——同时通知蒙哥马利，第8集团军现在的任务是助攻，他必须派出两个装甲师中的一个（第1装甲师）来增援第1集团军。

此番战略部署恰与政治需求一致。北部地区为盟军发挥优势提供了更大的空间，因为进攻路线更宽，补给线更短，而南部昂菲达维尔方向因为对装甲部队的部署更加不利而使盟军难有作为。

美国第2军按照计划从突尼斯南部调往北部，每天约有2400辆车穿越英军后方，这是一项复杂的参谋工作（奥马尔·布拉德莱此时从巴顿手中接管了该军的指挥权，巴顿又回到了筹划美军进攻西西里岛的任务中）。英国第9军也向北调动，此番战术回缩距离较短，如钢楔般楔入英国第5军和法国第19军之间的右翼中心地带，法军此时与盟军右翼的英国第8集团军相邻。

根据亚历山大4月16日发布的"最终计划"，总攻将以四路分进合击展开。4月19日晚，第8集团军与霍罗克斯的第10军一起，通过昂菲达维尔向北进攻哈马马特和突尼斯，目的是切断卡本半岛的咽喉，封锁通往该半岛的通道，以防止轴心国残部撤退到那里长期驻扎。要实现这一目标，必须通过一个非常险要的瓶颈地区，向前推进至少50英里。接下来，法国第19军将保持威胁状态，并利用友邻部队向前推进带来的一切机会。英国第9军拥有一个步兵师和两个装甲师，将于4月22日清晨在蓬杜法赫斯和古拜拉特之间发动进攻，目的是为装甲部队在那里的突破开路。左翼的英国第5军拥有三个步兵师和一个坦克旅，将承担主攻任务，并于当天夜幕降临时在迈贾兹巴卜附近对德国第334师的两个团把守的15英里防线发动攻击。美国第2军则延后一日在北部区域发动进攻，那段40英里长的防线由曼陀菲尔师的三个团和第334师的一个团把守——他们的兵力不足8000人，而美国第2军有9.5万人。

这种几乎同时对每个区域发动的全面进攻，看起来成功的可能性很大。盟军方面现在有20个师，作战力量远远超过30万人，外加1400辆坦克。盟军情报部门正确地估计，构成百里弧线防御主力的9个德国师的总兵力只有6万人，总共只有不到100辆坦克——一份德国报告称，总共只有45辆坦克可供作战。此外，阿尼姆于4月20日夜间在迈贾兹巴卜以南发动了一次突击，尽管在黑暗中深入了大约 5 英里，但在天亮时即遭击退——未能阻止英军在这一地区的进攻。

虽然盟军的总体攻势如期发动，但进展却不如预期。在防守方面，德军仍然非常顽强，并且善于利用复杂的地形来阻挡盟军优势兵力。因此，亚历山大的"最终计划"失败了，他不得不重新制订计划——原先的计划成了倒数第二个计划。

英国第 8 集团军的三个步兵师在昂菲达维尔发动进攻，在海岸地带边缘的山丘上遭遇了顽强抵抗，付出了惨痛代价——蒙哥马利和霍罗克斯认为可以把敌人从这个瓶颈地带中逐出的乐观想法终成虚妄。意军在这里与德军一样顽强地战斗。在更远的内陆，英国第 9 军所集结的大量装甲部队成功突破了敌人的防线，深入蓬杜法赫斯西北的库尔齐亚地区 8 英里，但随后因遭到阿尼姆唯一的机动预备队的阻击而停滞，这个预备队就是兵源不足的第 10 装甲师，现在该师的坦克兵力还不到进攻方的十分之一（英军有 360 辆坦克可用于作战）。英国第 5 军的主要进攻在保卫这一中心地区的两个德国步兵团的顽强抵抗下进展缓慢，经过 4 天的艰苦战斗，仅推进 6—7 英里。随后，一支由非洲装甲集群残部组成的临时装甲旅介入，彻底阻止了英国第 5 军的进攻，并在一些地方将英国第 5 军击退。美国第 2 军在北部崎岖不平的地区进攻的前两天，几乎没有取得进展，然后在 4 月 25 日发现敌军已经悄悄撤至几英里外的另一道防线。总之，盟军的进攻处处受阻，没有在任何地方取得决定性的突破。

但是，轴心国部队为挫败此次攻势，已耗尽最后气力。到 4 月 25 日，轴心国军队的燃料只剩下四分之一，也就是说，仅够行进 25 公里，而剩下的弹药估计也仅够继续战斗三天。决定防御战成败的弹药、燃料补给几近断绝，这正是盟军下一次进攻成败的决定性因素。粮食供应也变得极度短缺——阿尼姆后来坦言："即使没有盟军的进攻，我也最迟在 6 月 1 日就不得不投降，因为我们没有食物了。"

2 月底，隆美尔和阿尼姆报告称，如果要守住突尼斯，则每月至少需要14万吨补给来维持轴心国军队的战斗力。罗马当局敏锐地意识到了航运的困难，将这一数字压缩至12万吨，同时预估其中的三分之一可能会在运输途中沉没。但实际上，3月份只有2.9万吨物资抵达轴心国部队手中，其中四分之一是通过空运抵达的。反观美军，当月仅凭一己之力就将大约40万吨物资安全运抵北非港口。4月份，轴心国的补给减少到2.3万吨，5月的第一个星期更是减少到2000吨。这就是盟军空军和海军（主要是英国）在对敌方航运动向进行出色情报评估的帮助下，牢牢控制住地中海补给线的直接结果。这些数字充分说明了轴心国军队抵抗力量突然瓦解的原因，远比盟军任何一位领导人做出的解释更有说服力。

亚历山大新的"最终计划"间接地从昂菲达维尔瓶颈地带的阻击中浮现出来。4月21日，当三个师在那里发动的进攻失败已成定局时，蒙哥马利因损失惨重而被迫中止进攻——这一中止使阿尼姆得以将他的残存装甲部队向北转移，以阻止英军在迈贾兹巴卜以东的主力突破，正如前面所述。蒙哥马利计划在29日重启攻势，将进攻集中在狭窄的沿海地带，放弃夺取内陆的高地。尽管霍罗克斯接受了这一指令，但两位主要师长图克和弗赖伯格却强烈反对。事实证明，他们的警告不无道理，因为新一轮攻击很快就遭到阻击。第二天，即4月30日，亚历山大亲临前线与蒙哥马利讨论情况，然后下令将英国第8集团军的两个精锐师调至英国第1集团军，在迈贾兹巴卜地区发起新的进攻。在昂菲达维尔进攻失败之前，图克就建议采取这一替代方案。如果这一建议能够早些被采纳，昂菲达维尔进攻不至于未能实现牵制轴心国军队和阻止中部地区敌军增援的有限目标。

决议既下，调防迅即展开。两个精锐师，即印度第4师和第7装甲师，在当天天黑之前开始了向西北的长距离行军。作为预备队的第7装甲师需要沿着崎岖的道路绕行近300英里，但坦克装载在运输车上两日即达目的地。这两个师被转移到承担主攻任务的英国第9军，该军向北集结，于英国第5军防区后方完成战役集结。霍罗克斯本人也被调动，接管英国第9军的指挥权，因为克罗克在展示新型迫击炮时意外受伤，丧失了行动能力——这是他个人在大好战机之际的不幸。

与此同时，布拉德莱的美国第2军于4月26日晚重启北线攻势。经过四天的激战，他们试图通过这个丘陵地区的努力被敌军的顽强抵抗所阻碍。但美军持续施加的压力使敌军的弹药严重短缺，以至于他们被迫撤退到马特尔以东一条新的、更难防守的防线。撤退在5月1日和2日夜间顺利进行，没有受到阻挠，但新的防线距离比塞大港只有15英里，因此防御严重缺乏纵深——就像突尼斯对面的迈贾兹巴卜地区一样。

缺乏纵深防御使得守军补给严重不足，致使守军难以抵挡盟军拟于5月6日发动的决定性攻势。一旦美军突破防线，德军就不可能通过弹性防御和机动撤退来延长抵抗时间。尽管轴心国军队成功挫败了盟军之前的进攻，但代价是几乎耗尽了库存，所余弹药仅能短暂抵挡进攻方压倒性的火力，燃油也只够进行最短距离的反击。此外，他们没有空中掩护，因为突尼斯的机场已经无法守住，残余战机多已撤回西西里岛。

轴心国指挥官们对即将到来的打击并不感到意外，因为他们截获了盟军的无线电信息，这些情报显示英国第8集团军主力已调往英国第1集团军。但是他们缺乏应对的手段，即便意识到打击的到来也无能为力。

在亚历山大的新计划"火神"中，突击将由英国第9军发起，穿过第5军作战区域，在迈杰尔达河以南河谷的一条非常狭窄的战线（不到2英里宽）上发起突击。进攻由英国第4师和印度第4师组成的庞大方阵实施，并有4个支援的步兵坦克营，紧随其后的是第6装甲师和第7装甲师。装甲力量包括470多辆坦克。两个步兵师突破防线约3英里后，2个装甲师穿过防线，第一波冲锋将到达距离出发线12英里、距离突尼斯一半路程的圣西普里安地区。亚历山大在指示中强调"首要目标是占领突尼斯"，以阻止敌人任何集结的可能，并且绝不能停下来"扫荡敌人固守据点"，可以留待以后再去扫荡。

作为英国第9军进攻的前期行动，英国第5军奉命在5月5日晚上占领杰贝尔布奥卡兹的侧翼高地——经过一番激烈的战斗，这一任务得以完成。此后，第5军的主要任务转为"保持第9军推进的通道畅通"。事实证明这没有问题，因为敌军已失去反击能力。

如果英国第9军的进攻按照原计划在白天发起，第9军的进攻可能会更加困难，因为英国第1集团军缺乏夜间作战的经验。但在图克的坚持下，总攻时刻改为凌晨3时，以便充分利用无月之夜提供的隐蔽性。在他的敦促下，传统的弹幕射击被连续集中射击取代，集中射击所有已知的敌方据点，火炮弹药配给也增加了一倍，每门炮有1000发炮弹。400门重炮集群轰击的火力覆盖，平均每2码就打下一发炮弹，因此对防御工事的覆盖密度是去年秋天阿莱曼炮击的5倍。密集射击的瘫痪性压制效果因黎明开始的200多次猛烈空袭而进一步增强。

到上午9时30分，印度第4师以百余伤亡的代价撕开纵深缺口，报告说前方没有任何实质性抵抗的迹象，并告知军部装甲部队现在可以"全速任意突进"。上午10时之前，英国第7装甲师的先头部队开始涌入步兵占领的防线。在右翼，英国第4师虽延迟出发、进展缓慢，但得益于左翼友军的冲锋，在中午之前抵达目标。装甲师终于获准继续前进。然而，下午3时左右，他们在马西考特附近停下来过夜——此处距离进攻的起点仅6英里，距离步兵占领的防线3英里，而距离突尼斯尚有四分之三的路程。第7师的师战史中解释了这种极端谨慎，指挥官"认为更明智的做法是让每个旅都坚守阵地，而不是放松对两处阵地的控制，继而导致长期补给任务的复杂化"——这一解释清楚地表明他们未能掌握作战的基本原则，完全违背突击作战要义。就像在瓦迪阿卡里特一样，霍罗克斯和装甲师的指挥官们再次贻误战机，继续以步兵行动的节奏作战，而不是发挥机械化部队的机动性潜力。

此种谨慎实无必要。遭到攻击的迈杰尔达河以南8英里的区域，正面宽2英里，由2个薄弱的步兵营和第15装甲师的一个反坦克营把守，并由不到60辆坦克的混编部队支援——这几乎是轴心国装甲部队所剩的全部坦克。这道非常薄弱的屏障被支援这次攻击的大量火炮震碎了。此外，由于缺乏燃料，阿尼姆无法按照计划将德国第 10 装甲师和第 21 装甲师的非装甲残部向北推进。为了让敌人相信英军会在库尔齐亚地区再次发动进攻，英国人精心设计了欺骗计划，可事实证明，致命的燃料短缺比英军精心设计的欺骗计划更能有效地牵制他们。

5 月 7 日拂晓，英国第 6 装甲师和第 7 装甲师继续推进，但再次表现出过度谨慎，以致被德军残部（拥有 10 辆坦克和几门火炮）挡在圣西普里安直到午后。直到下午 3 时 15 分，才下令攻入突尼斯。半小时后，第 11 轻骑兵团的装甲车进入城内，恰如其分地发挥了该团自近三年前北非战役开始以来一直保持的主导作用。德比郡民兵团，也就是第 6 装甲师的装甲车团，几乎同时进入突尼斯。坦克与摩托化步兵随后展开全面占领。在此过程中，民众的狂热情绪让英军部队倍感尴尬和困扰，他们向部队抛撒鲜花和飞吻，这比混乱无序的德军部队的零星抵抗更让英军难以应对。当晚，有相当多的德军被俘，第二天早上又有更多的士兵被围捕，而大批残部试图从城市向北或向南逃走。在突尼斯的进攻中，外围残存的敌军部队在突尼斯城遭分割后，也向不同方向撤退。

与此同时，美国第 2 军在北部地区重启攻势，以配合英军的进攻。5 月 6 日的进展缓慢，敌军的抵抗似乎仍然很顽强，但到第二天下午，美国第 9 步兵师的侦察部队发现道路畅通，并于下午 4 时 15 分驶入比塞大。敌军已撤离该城并向东南撤退。正式进入比塞大的只有法国非洲军团，他们于 8 日抵达。从马特尔推进的第 1 装甲师在头两天受阻。更南边的第 1 步兵师和第 34 步兵师也是如此。但至 8 日，第 1 装甲师发现敌军的防御已经崩溃，进展顺利，因为敌人的弹药和燃料已耗尽。此外，英国第 7 装甲师正从突尼斯出发，沿敌军后方的海岸向北追击。

敌军被困在英美先头部队中间，既无抵抗又无撤退，于是开始成批投降。第 11 轻骑兵团的某中队到傍晚时分就俘获了约 1 万名战俘。第二天一早，另一个中队驶向比塞大以东 20 英里的法里纳角附近的法里纳港，接收了9000多名投降者。这些残兵败将挤在海滩上，有些人可怜巴巴地试图搭建木筏——所幸该中队把这群战俘交给了随后赶到的美国装甲部队。上午9时30分，德国第5装甲集团军司令兼北部地区指挥官冯·瓦尔斯特向阿尼姆致电："我们的装甲部队和大炮被摧毁了，没有弹药和燃料。我们将战斗到最后。"最后这句话听上去很壮烈，但其实有点荒谬，因为没有弹药，部队就无法战斗。瓦尔斯特很快得知，他的部队意识到这些英勇命令是多么荒谬，于是纷纷投降。所以到了中午，瓦尔斯特同意率残部正式投降，这使该地区的战俘总数增加到近4万人。

盟军分割敌军后，轴心国部队的主力驻扎在突尼斯南部地区。这个地区更容易防守，盟军指挥官预计敌军会在那里抵抗更长时间。但在那里，敌军的弹药和燃料耗尽，在短暂的抵抗后迅速崩溃。普遍的绝望感加速了这种崩溃，因为即使在一些地方还有剩下的补给，轴心国部队也知道不可能得到补给——出于同样的原因，他们逃生无望。

亚历山大现在的战略重心是防止梅塞的集团军（轴心国部队的南翼）撤退到广阔的卡本半岛，并在那里建立牢固的"最后防线"。因此，在占领突尼斯后，第6装甲师立即奉命转向东南，向半岛基线附近的哈马姆利夫进发，而第1装甲师也朝同一方向突击。在哈马姆利夫，山丘离大海如此之近，以至于平坦的沿海地带只有300码宽。德军在此构筑隘口防线，得到从机场防御中撤出的88毫米火炮的支援，在两天内，它阻挡了盟军所有强行通过的努力。但最终，通过盟军精心配合，这一障碍被克服了。第6装甲师的步兵占领了俯瞰城防的高地，炮兵逐个街区系统清剿，然后一队坦克沿着海滩前进，顺利避开德军唯一仍在使用的火炮的射击。到10日夜幕降临，坦克部队已经穿过半岛基线到达哈马马特，彻底合围残敌。由于缺乏燃料，这股敌军无法撤退到半岛。第二天，第6装甲师向南推进，进入正在昂菲达维尔附近牵制英国第8集团军的轴心国部队的后方。尽管这些部队尚有弹药储备，但被困且没有逃脱希望的实际情况促使他们迅速投降。

到 5 月 13 日，所有轴心国指挥官及其部队都投降了。除了 4 月初以来撤离的 9000 名伤病员之外，只有几百人经海路或空运逃往西西里。至于最终的俘虏人数，目前尚不确定。5 月 12 日，亚历山大司令部向艾森豪威尔报告称，自 5 月 5 日以来，俘虏人数已升至 10 万，估计清点完毕后，俘虏人数可能会达到 13 万。后来的一份报告称"俘虏总数约为 15 万"。但亚历山大在战后电报中称总数是"25 万"。丘吉尔在回忆录中给出了相同的确切数字，但用了"几乎"一词来修饰，而艾森豪威尔则说"24 万，其中约 12.5 万是德国人"。但非洲集团军群 5 月 2 日向罗马报告称，4 月份集团军群口粮数量在 17 万至 18 万之间——这还是在战役最后一个星期激战之前。因此，很难想象俘虏的数量怎么会超过这一数字近 50%。要知道，负责给部队提供食物的行政人员往往不会低估他们的人数。这里值得注意的是，在战争的最后阶段，已知的最后德军口粮数量与盟军声称的俘虏数量之间存在更大的差异。

但无论在突尼斯被俘虏的确切人数是多少，这肯定是一个非常大的数字。最重要的是，它使轴心国在地中海战区失去了大部分久经沙场的主力部队，这些部队原本可以用来阻止盟军即将对西西里岛发起的进攻——这是盟军重返欧洲的第一阶段，也是最关键的阶段。

第 26 章　重返欧洲——经由西西里岛

事后看来，盟军于1943年征服西西里岛看似一件轻而易举的事情。但实际上，首次重返欧洲是一次危险的飞跃，充满了不确定性。它的成功很大程度上归功于一系列长期隐藏的因素。首先是希特勒和墨索里尼共同试图在非洲"挽回面子"的盲目自大。其次是墨索里尼对他的德国盟友的嫉妒和恐惧，不愿让他们在保卫意大利领土方面发挥主导作用。最后是希特勒与墨索里尼意见相左，希特勒认为西西里岛不是盟军的真正目标——这一错误信念部分源于英国"植入"欺骗计划的巧妙诡计。

第一个因素最为重要。整个战争中最大的讽刺之一是希特勒和德国总参谋部——他们一直害怕在英国海上力量的打击下进行海外远征——没有向隆美尔派遣足够的部队来延续他的胜利，但在最后阶段又派遣了如此多的部队到非洲，以至于丧失了保卫欧洲的前景。

具有讽刺意味的是，他们之所以做出这种致命的愚蠢行为，是因为他们出人意料地阻止了艾森豪威尔对突尼斯的第一次进攻，1942年11月，英美进攻法属北非时打了他们一个措手不及。当盟军的先头部队从阿尔及利亚小心翼翼地向东推进时，德国人迅速对这一威胁作出反应，开始空运部队穿越地中海，希望阻止盟军占领突尼斯和比塞大港口。他们成功地守住了山路，造成了长期的僵局。

但是，这一先发制人的行动成功地让希特勒和墨索里尼相信他们可以无限期地守住突尼斯。因此，他们决定大规模增派援军，以对抗艾森豪威尔日益增长的实力。他们投入得越多，就越觉得撤退会失去威望。与此同时，随着盟军的优势海军和空军开始控制西西里岛和突尼斯之间的海峡，撤退或守住的难度也随之增加。

在突尼斯建立的德意桥头堡整个冬天都阻挡了盟军的进攻，并在隆美尔从阿莱曼撤退 2000 英里后为残余部队提供了庇护。尽管盟军未能夺取突尼斯，但从长远来看，这对他们来说却是巨大的优势。因为希特勒和墨索里尼不会在还有时间和机会的时候听从任何关于从非洲撤出德国和意大利部队的建议。

为了说服希特勒相信撤离的必要性，隆美尔于 1943 年 3 月 10 日飞往东普鲁士的希特勒元首大本营。隆美尔的日记记录了这是多么徒劳无功："我尽可能强调，'非洲'部队必须在意大利重新装备，以便他们能够保卫我们的南欧侧翼。我甚至向他保证——这是我通常非常不愿意做的事情——有了这些部队，我将击退盟军在南欧的任何入侵。但是，一切努力都是徒劳的。"[1]

当盟军"准备一举击溃"桥头堡时，轴心国部队只能以日益低落的士气固守阵地，等待着即将到来的攻击——他们错失了 4 月雾天所带来的机会，如果允许他们撤退的话，这场大雾本可以为其登船和运输提供掩护。在 4 月 20 日至 22 日，他们设法阻止了盟军第一次突破他们防御的企图，但在 5 月 6 日的再一次大规模攻击中，他们的防线被突破，接着就全面崩溃了。随后的彻底崩溃主要是由于桥头堡纵深太浅，轴心国部队也清楚地意识到他们是背水一战，而盟军控制着他们身后的大海。

盟军在突尼斯俘虏了 8 个师，其中包括隆美尔的大部分老兵和意大利军队的精锐部队，这使得意大利本土及其岛屿几乎没有任何防御。这些部队本可以铸就御守欧陆门户之铁壁，盟军成功进攻的机会将变得非常渺茫。然而，盟军并没有准备好立即利用这个机会——尽管他们在 1 月就决定下一步应该登陆西西里岛，而且占领突尼斯的时间也接近预期。所幸

---

[1] 埃尔温·隆美尔：《隆美尔文件》，第 419 页。

敌国统帅部发生的争执和意见分歧，为盟军赢得了有利战机。

这里我们需要提到另一个证据，首先是韦斯特法尔①骑兵上将提供的，他当时是身处意大利的南线德军总司令凯塞林元帅的参谋长。由于意大利没有机械化部队，其军事首脑恳求德国人提供强大的装甲师增援。希特勒当时被感动，想要满足这一迫切需要，于是亲自给墨索里尼送了一封信，表示愿意提供5个师。但是墨索里尼没有告诉凯塞林，而是给希特勒回信说他只需要3个师——也就是说，除了从调往非洲的士兵中临时组建的2个师之外，他只需新增1个整编师。他甚至表示希望不再派遣德军。

这是5月中旬的事情，墨索里尼不愿接受希特勒提供的帮助，是出于骄傲和恐惧。他不能忍受让世界和自己的人民看到他依赖德国的援助。正如韦斯特法尔所说："他希望意大利由意大利人自己来保卫，但事实上他的军队已经残破不堪，这种想法完全不切实际。"更深层的原因是，他不想让德国人在意大利占据主导地位。他急于阻止盟军，也急于阻止德国人。

新任意大利陆军参谋长罗阿塔上将（此前指挥西西里岛意军部队）最终说服墨索里尼，要成功保卫意大利及其岛屿前哨，德国必须增派更多援军。于是，墨索里尼才同意更多德国师开入意大利——但条件是这些师必须服从意大利指挥官的战术指挥。

意大利在西西里的驻军只有4个野战师和6个静态海岸防御师，装备和士气都很差。当溃败发生时，原计划运往非洲的德国新兵被编成一个师，并被命名为"第15装甲掷弹兵师"，但它只有一个坦克分队。以类似方式重建的"赫尔曼·戈林"装甲师于6月底被派往西西里岛。但墨索里尼不允许这两个师编为一个军，由一名德军将领指挥。他们被直接置于

---

① 西格弗里德·韦斯特法尔（1902—1982），德国骑兵上将，因在隆美尔的"沙漠风暴"之战中表现出色而被提拔为最年轻的将军。1943年被调到意大利任凯塞林的参谋长，次年被调到西线任伦德施泰特的参谋长。——译者注

意大利集团军司令古佐尼上将的指挥下,并被分成五个大队,作为机动预备队,沿着岛屿150英里长的直径进行部署。德国高级联络官冯·森格尔·埃特林中将配备了一个小型作战参谋部和一个通信连,以便他能够实施紧急指挥。

当墨索里尼愿意接受更多德国援助时,希特勒却对是否提供援助越来越犹豫,而且希特勒对危险点的看法也发生了变化。一方面,希特勒怀疑意大利人会推翻墨索里尼并达成和平协议——这一怀疑很快就被证实了——因此,他犹豫是否要将更多的德国师派到如此深处,如果意大利盟友崩溃或改变立场,这些师可能会孤军悬危。另一方面,希特勒开始认为墨索里尼、意大利最高统帅部和凯塞林误以为盟军在非洲的下一步行动将是登陆西西里岛。在这一点上,希特勒错了。

希特勒在应对盟军重返欧洲时最大的战略劣势在于他所征服的广阔范围——从法国西海岸的大西洋到希腊东海岸的爱琴海。他很难判断盟军会在哪里发动攻击。盟军最大的战略优势在于,他们拥有众多的备选目标和通过海上力量分散敌人注意力的能力。希特勒一方面要一直警惕英国的跨海峡攻击,另一方面他也担心北非的英美军队可能会在西班牙和希腊之间的南部战线的任何地方登陆。

希特勒认为,盟军更有可能在撒丁岛而不是西西里岛登陆。撒丁岛将为盟军进入科西嘉岛提供一块轻松的垫脚石,也是其跳上法国或意大利大陆的绝佳跳板。同时,希特勒预计盟军将在希腊登陆,所以他希望保留后备力量,以便能够迅速向那个方向增援。

这些想法是在收到纳粹安排在西班牙的特工提供的关于一名"英国军官"的文件后产生的,这名军官的尸体被冲上了西班牙海岸。除了身份证件和个人来往信函,这些文件还包括一封私人信件,死者就是这封信的持有人。这封信是由帝国总参谋部副总参谋长、陆军中将阿奇博尔德·奈爵士写给亚历山大上将的。这封信提到了关于即将开展的行动的官方电报,其补充评论表明,盟军打算在撒丁岛和希腊登陆,同时通过"掩护计划"

让敌人相信西西里是他们的目标。

尸体和信件是英国情报机构某一部门设计的巧妙骗局的一部分。这个骗局设计得如此巧妙，以至于德国情报部门的负责人都相信这是真的。虽然这并没有改变意大利军方首脑和凯塞林对西西里将是盟军下一个目标的看法，但似乎给希特勒留下了深刻的印象。

根据希特勒的命令，德国第1装甲师被从法国派往希腊，以支援那里的三个德国步兵师和意大利第11集团军，而新组建的德国第90装甲掷弹兵师则增援撒丁岛的四个意大利师。由于补给困难，对撒丁岛的进一步增援受到阻碍，因为那里只有极少几个港口，大部分码头均已被轰炸摧毁，但为了加强防御措施，希特勒将施图登特空军中将的德国第11航空军（由两个降落伞师组成）调往法国南部，准备对盟军在撒丁岛的登陆发动空中反击。

与此同时，盟军的计划进展缓慢。登陆西西里岛的决定是妥协的结果，双方并没有就进一步的目标达成任何共识。1943年1月，美国和英国的参谋长们在卡萨布兰卡会议上会面时，他们最初的观点分歧与他们共同的头衔"联合参谋长会议"形成鲜明对比。美国人（金海军上将、马歇尔上将和阿诺德上将）希望在北非被肃清后结束所谓的地中海转移行动，并重新回到对德国的直接作战线上。英国人（布鲁克上将、庞德[①]海军上将、波特尔[②]空军上将）认为，直接跨海峡进攻的条件尚未成熟，1943年的这种尝试将以灾难或徒劳告终——回顾历史，这一估计几乎不会受到质疑。但是，所有人都同意必须采取进一步行动，以保持对敌军的压力

[①] 达德利·庞德（1877—1943），英国第一海务大臣兼海军总参谋长，英国海军元帅。第二次世界大战期间在制订和实施海军战略上发挥重要作用。1943年10月因患肿瘤在伦敦去世。——译者注

[②] 查尔斯·波特尔（1893—1971），英国皇家空军总参谋长，英国空军元帅。参加过在卡萨布兰卡、华盛顿和魁北克召开的研讨和确定盟军战略的国际会议。战后曾主持英国的原子弹研制工作。——译者注

并将德军从苏联前线引开。英国方面，联合计划参谋部主张在撒丁岛登陆，但英国和美国参谋长们都倾向于西西里岛——丘吉尔也偏爱西西里岛——因此双方很快就这条路线达成了一致。最有力的论据是，占领西西里岛将有效扫清地中海海上通道，从而节省大量航运成本——因为自1940年以来，大部分前往埃及和印度的部队及补给车队都被迫绕道南非。

1月19日，联合参谋长会议决定向西西里岛进军，其目标确定为："（1）使地中海交通线更加安全；（2）将德国的压力从苏联前线转移；（3）加大对意大利的压力。"至于如何扩张战果的问题则悬而未决。试图决定下一个目标可能会重新引发意见分歧——但在这种事情上，若采取避重就轻的手段，则很容易导致战略准备不足。

西西里袭击计划缺乏一种强烈的紧迫感。尽管假设征服突尼斯可能在4月底完成，但联合参谋长会议将7月有月亮的那段时间定为登陆西西里的目标日期。英国于1月20日为这次"爱斯基摩行动"制订了纲要计划——分别从东地中海和西地中海调遣部队，实施集中的海上登陆与进攻。双方一致同意由艾森豪威尔担任最高司令，亚历山大担任副司令。（这是对美军作为联盟高级伙伴的重大认可，因为英军总司令在军衔和经验上都比美军将领资深，且在战役中英军仍将提供大部分兵力。）2月初，特别计划参谋部在阿尔及尔成立，但其部门分布松散，空军的分离不仅体现在空间上，更存在于战略思想层面——导致西西里岛登陆战役期间空中行动与陆海军需求协同不紧密，也不能很好地配合。计划草案经长期推敲，艾森豪威尔、亚历山大及两位集团军司令蒙哥马利与巴顿因北非战事无暇考虑下一步行动。蒙哥马利4月下旬研究草案后要求对其进行大量修改。该计划于5月3日重新拟订，并于5月13日获得联合参谋长会议的最终批准——这一天距离德意在突尼斯的战线崩溃已经过去一个星期，也正是最后一批敌军投降的日子。

计划的延误更加令人遗憾，因为在北非战役的最后阶段，只有10个师参与了对西西里岛的进攻，其中7个师是新近加入的。如果轴心国在北非崩溃后不久盟军即在西西里岛登陆,该岛将几乎毫无防御。如果不是丘吉尔在卡萨布兰卡会议和随后的会议上敦促在 6 月登陆,敌人可能还会有更长的时间来增援西西里岛的防御。丘吉尔获得了联合参谋长会议的支持,但地中海的指挥官们还没有准备好在 7 月 10 日之前发动进攻。

计划的主要变化是,原定要在西西里岛西端巴勒莫附近登陆的巴顿集团军(西部特遣部队),现在改在东南部靠近蒙哥马利集团军的地方登陆,蒙哥马利的登陆点也将更加集中。考虑到敌军可能前一段时间已经获得增援,这种更为密集的进攻部队集结不失为一种合理的预防措施——尽管事实证明这是不必要的预防措施。但是,此举却失去了一开始就占领巴勒莫港的机会——如果不是新式两栖车辆与坦克登陆舰相结合解决了海滩补给问题,这种损失将产生严重影响。修改后的计划也丧失了原有计划所具有的分散敌人注意力的效果,从而使敌军在盟军登陆后得以集中其分散的后备力量,并阻止盟军越过岛屿山区中心。如果巴顿在西北海岸的巴勒莫附近登陆,他就会顺利前往墨西拿海峡,这是敌军的增援或撤退路线——这样就可以困住西西里岛上的所有敌军。事实上,德国师的撤退对盟军的进一步行动产生了深远的负面影响。

这是盟军重回欧洲的首次行动,也是他们第一次对敌人控制的海岸进行大规模海上攻击,因此过分谨慎是一种很自然的趋势。值得注意的是,8 个师同时进行的突击登陆规模甚至比 11 个月后在诺曼底的登陆规模还要大。第一天和接下来的两天,大约有 15 万名士兵登陆,最终兵力约为 47.8 万人——25 万名英军,22.8 万名美军。英军沿着岛屿东南角 40 英里长的海岸线登陆,美军沿着南海岸 40 英里长的海岸线登陆,英军左翼和美军右翼之间有 20 英里的间隔。

海军方面在海军上将安德鲁·坎宁安①爵士的指导下策划并实施了此次行动。它涉及了复杂的行动模式，并且在夜间登陆，但整个行动从始至终都非常顺利，这为他们的规划者和执行者都赢得了极大的赞誉。作为一项两栖行动，它比去年11月在法属北非的登陆"火炬行动"效果好得多，从中我们学到了很多东西。

东部海军特遣部队（英国）由海军中将伯特伦·拉姆齐爵士指挥，由795艘舰艇组成，另外还携带715艘登陆艇。英国第5师和第50师（以及第231步兵旅）乘船从地中海东端驶来——从苏伊士、亚历山大和海法出发，他们将在锡拉丘兹和帕塞罗角之间的西西里岛东海岸南部登陆。英国第51师乘船从突尼斯出发，部分在马耳他集结，他们将在西西里岛的东南角登陆。将在西西里岛东南角西侧登陆的加拿大第1师搭乘两支运输船队从英国出发——第二支运输船队速度更快，载着大部分部队，于登陆日前12天（6月28日）从克莱德湾启航。这支船队会在美国运输船队前方穿过比塞大附近有水雷防护的水道。

西部海军特遣部队（美国）由H.肯特·休伊特②海军中将指挥，由580艘舰艇组成，还配备了1124艘登陆艇。美国第45步兵师分成两支运输船队穿越大西洋，在奥兰短暂停留后，在比塞大附近搭载登陆舰和小型舰艇，作为右翼力量在斯科利蒂登陆。美国第1步兵师和第2装甲师从阿尔及尔和奥兰出发，负责在杰拉登陆。美国第3步兵师负责左翼，在利卡塔登陆，从比塞大出发，完全由登陆舰和登陆艇运送。

这支庞大的舰队运输船队在海空掩护下顺利通过并集结，没有受到

---

① 安德鲁·坎宁安（1883—1963），英国第一海务大臣兼海军参谋长，英国海军元帅。第二次世界大战开始时，以海军上将衔任英国地中海舰队司令。曾指挥塔兰托袭击战和马潘角海战，给意大利舰队以重创。1942年11月参加"火炬行动"。——译者注

② H.肯特·休伊特（1887—1972），美国第12舰队（即美国欧洲海军部队）司令，美国海军上将。1942年11月参加北非登陆战役，率特混舰队运送和掩护美军在摩洛哥西海岸登陆。1943年7月和9月先后参与指挥在意大利西西里岛和萨莱诺的两栖陆战。——译者注

盟军在西西里岛登陆

任何严重干扰。运输船队中只有四艘舰艇和两艘登陆舰因潜艇袭击而损失。在接近西西里岛的过程中，空袭没有对其造成明显损坏，敌机被牢牢控制住，大多数运输船队甚至都看不见敌机。盟军在这个战场上的空中优势非常大——超过 4000 架作战飞机对抗大约 1500 架德国和意大利飞机——以至于敌军轰炸机于 6 月撤退到意大利中北部的基地。从 7 月 2 日起，西西里岛的机场遭到猛烈而持续的攻击，以至于当盟军登陆时，岛上只剩几条辅助着陆跑道仍可使用，大多数未受损的战斗机都已撤退到大陆或撒丁岛（尽管整个战役中被摧毁的飞机实际数量不超过 200 架，而盟军声称被摧毁的飞机数量有 1100 架）。

7 月 9 日下午，运输船队陆续抵达马耳他东西两侧的集结地，但此时，风势猛烈，汹涌的海浪危及小型船只，并威胁着登陆行动。幸运的是，午夜时分，风势减弱，虽然还是有令人不安的浪头，但只有一小部分突击艇迟迟未能抵达海滩。

受影响最严重的是海上登陆前的空降——由英国第 1 空降师和美国第 82 空降师的部分部队执行的行动。这是盟军第一次尝试这种大规模的空降，由于缺乏经验，而且是在夜间进行的，无论如何都很艰难。大风增加了运输机和牵引机到达目标的导航难度，再加上防空火力，干扰了降落。美国伞兵分成小队，散布在 50 英里宽的区域内。英国滑翔机部队也非常分散，134 架滑翔机中有 47 架坠入大海。尽管如此，这些意外分散开来的空降部队，却在敌方战线后方造成了普遍的恐慌和混乱，一些部队也因此取得了更为具体的成效，他们夺取了关键的桥梁和道路交叉口。

这场突如其来的暴风雨给进攻方造成了麻烦，但同时也使防御者疏于戒备，总体看来，对盟军利大于弊。尽管德军下午发现有 5 支运输船队从马耳他向北推进，天黑前也收到了一系列报告，但上级司令部发出的警告要么没有到达下级司令部，要么到达了但没有引起他们的注意。虽然所有德军预备队在第一次报告后一小时就收到了警报，但是，海岸上的意大利人却认为呼啸的风和波涛汹涌的大海至少能保证他们再休息一晚——坎宁安海军上将在他的电报中恰当地指出，不利的条件"让疲惫不堪的意大利人——他们已经警惕了许多个夜晚——在床上翻身时庆幸地说'无论如何，他们今晚不能来了'。但是，他们就是来了"。

意大利人的疲倦不仅仅体现在身体方面。他们中的大多数人厌倦了战争，很少有人像墨索里尼那样充满好战的热情。此外，海岸防御部队大部分是西西里人，意大利军方之所以选择西西里人，是认为保卫自己的家园更能激发他们的斗志。但这种假设并没有考虑到他们长期以来对德国人的明显厌恶，也没有考虑到他们务实的认识，即他们战斗得越激烈，家园受到的破坏就会越严重。

7月10日天亮时，他们看到海面上布满了巨大的舰船阵列，一直到海平线都看不见的尽头，还有不断涌上岸的登陆艇和增援部队，以支援凌晨涌上岸的突击部队，他们不抵抗的意愿更加坚定了。

海滩防御工事很快就被攻占，尽管许多突击部队因晕船而感到苦恼，但他们抵达岸上时发现敌人的火力使他们所受的损伤是如此轻微，因此又精神大振。亚历山大用两句话总结了进攻的第一阶段："意大利海岸师的价值从未被高度评价，几乎未费一枪一弹就瓦解了，而野战师在遇到我军时也像风中的谷壳一样被击退。集体投降随处可见。"因此，从第一天起，几乎整个防御重担都落在了两个德国师的肩上，后来他们又得到了两个师的增援。

在进攻部队在岸上站稳脚跟前的关键时期，有一次危险的反击。这次反击是由"赫尔曼·戈林"师发起的，该师连同一支配备56吨重的新型"虎"式坦克的支队驻扎在卡尔塔吉罗内，该城位于俯瞰杰拉平原的山区，距离海岸20英里——美国第1步兵师就在那里登陆。幸运的是，这次反击直到第二天才到来。第一天早上，一小队意大利老式轻型坦克发起了一次英勇的小规模反击，他们攻入了杰拉镇，但很快被美军驱离，而德军主力部队在途中被耽搁了，直到第二天早上才抵达战场。即便如此，也只有少数美国坦克登陆——因为在巨浪中卸货困难，海滩拥挤不堪。岸上也缺少反坦克炮和火炮。德国坦克成群结队地穿过平原，击溃了美军的前哨，一直到达了海滩边缘的沙丘地带。进攻者很可能会被赶回海里，但精准的海军炮火在千钧一发之际帮助击退了来袭的德军。另一支德军部队在一个"虎"式坦克连的支援下向第45师左翼发起了一次极具威胁性的进攻，但同样被阻止了。

第二天，德国第15装甲掷弹兵师的两个战斗群从西西里岛西部匆忙抵达美军前线，但那时"赫尔曼·戈林"师已调往英军作战区，以阻止那里不断扩大的进攻，当时那片地区的情况看起来最为紧急——因为它已经接近东海岸中部的港口城市卡塔尼亚，而美军的三个滩头阵地仍然很浅，且尚未连接起来。

英军登陆遇到的抵抗与美军登陆一样少，而且由于没有早期反击，进展顺利。虽然卸货过程出现麻烦和延误，但总体而言，情况比暴露的西部海滩要好得多。第一天之后，空袭更加频繁，但盟国提供的空中掩护也更为有力，因此航运损失几乎与美军防区一样小。事实上，对于目睹地中海战役早期情形的人来说，坎宁安海军上将认为，"庞大的舰队能够停泊在敌人的海岸上，而只遭受了很小的空袭损失，这简直是不可思议的"。这种免疫程度是两栖攻击取得成功的关键因素。但在下一阶段，另一种空袭阻碍了两栖攻击的进展。

在最初三天，英军部队已经肃清了该岛的整个东南部。然后蒙哥马利"决定从伦蒂尼地区全力突破卡塔尼亚平原"，并下令"在7月13日晚上发动大规模攻击"。关键问题是夺取卡塔尼亚以南几英里的锡梅托河上的普里马索莱桥。为此，一支伞兵旅被派去执行任务。虽然只有大约一半的兵力空投到了正确的位置，但这些士兵完好无损地夺得了普里马索莱桥。

下一阶段的描述集中体现在德国第11航空军（由德国空降部队组成）军长施图登特中将的叙述中。他的两个师被希特勒置于法国南部，如果盟军如希特勒所料降落到撒丁岛，他们就准备飞往那里增援。正如施图登特的案例所示，空降部队形成了一个非常灵活的战略预备队，可以轻松切换以应对不同的情况：

> 当盟军于 7 月 10 日在西西里岛登陆时，我马上提议用我的两个师在那里进行空降反击。但希特勒拒绝了，约德尔尤其反对。因此，第 1 伞兵师首先只是从法国南部飞往意大利——一部分飞往罗马，一部分飞往那不勒斯——而第 2 伞兵师则留在尼姆和我一起。然而，第 1 伞兵师很快就被派往西西里岛——作为地面部队增援那里为数不多的德军，此时岛上的意大利军队开始大规模溃败。该师的（部分）部队通过分批空运的方式降落在卡塔尼亚以南的东部战线后方。我原本希望他们被空投到盟军战线后方。第一批伞兵被空投到我军战线后方约三公里处，巧合的是，它几乎与空投到我军战线后方以占领锡梅托河大桥的英国伞兵团同时降落。我们的伞兵击败了这些英国伞兵团，并从他们手中夺回了这座桥。这是在 7 月 14 日发生的事情。①

英军主力部队开抵后，经过三天的激战，成功夺回桥梁，重新打通了通往卡塔尼亚平原的道路。但他们向北推进的企图被德国预备队不断增强的抵抗所阻拦。德军预备队现在正集中力量掩护这条直达 60 英里外墨西拿东海岸的路线，墨西拿位于西西里岛东北角，靠近意大利的脚趾。

这使快速肃清西西里岛的希望成为泡影。蒙哥马利被迫将英国第 8 集团军的兵力向西转移，以便更迂回地穿过丘陵内陆并绕过埃特纳火山，同时美国第 7 集团军向东推进——第 7 集团军于 7 月 22 日到达北海岸并占领了巴勒莫，但为时已晚，无法阻止敌方机动部队向东撤退。新计划给巴顿的集团军带来了重要的任务变化。原本是指定由英国第 8 集团军主攻墨西拿，第 7 集团军掩护其侧翼，同时分散敌人的兵力，但现在第 7 集团军

---

① 利德尔·哈特：《山的那一边》，第 355 页。

逐渐变成了攻击的主力。

为了在8月1日开始新一轮进攻，从非洲调来两个新的步兵师（美国第9师和英国第78师）——使盟军兵力总数达到12个师。与此同时，德军得到了德国第29装甲掷弹兵师和德国第14装甲军司令部（军长胡贝装甲兵上将）的增援，胡贝现在负责指挥战斗。他的任务不是保卫西西里，而只是进行拖延行动并掩护轴心国部队撤离——这是古佐尼和凯塞林在墨索里尼于7月25日被推翻后不久，盟军再次发动攻势之前做出的决定。

这种阻滞行动得益于西西里岛东北部的形状和崎岖地形——那是一个多山的三角形地区。地形不仅有利于防守，而且每后退一步都会缩短战线，因此需要的防守人员更少，而盟军在部署其全部优势兵力时，空间却变得越来越局促。巴顿三次尝试通过小规模的两栖突袭来加快进展——8月7日至8日夜间在圣阿加塔登陆，10日至11日在布罗洛登陆，15日至16日在斯帕达福拉登陆——但每次都为时已晚，无法发挥作用。蒙哥马利在15日至16日尝试了一次小规模的突袭，但那时敌人的后卫已经向北移动——大多数敌军已经越过海峡进入大陆。

撤退行动组织得井然有序，主要在六天七夜内完成，盟军空军和海军未进行任何重大拦截，也未使敌军遭受重大损失。近4万名德国士兵和6万多名意大利士兵安全撤离。意大利部队只带走了大约200辆车辆，而德国部队带走了近1万辆车辆、47辆坦克、94门火炮和1.7万吨补给和装备。8月17日早上6时30分左右，美军巡逻队先头部队进入墨西拿，不久之后，一支英军小队也出现在那里，他们兴高采烈地喊着"你们这些游客去哪儿了"。

这场精心策划的"大逃亡"成功了，这让亚历山大当天向首相报告战役完成情况时所说的话显得毫无说服力："截至1943年8月17日10时，最后一名德国士兵被逐出了西西里岛……可以推定，7月10日岛上的所有意大利部队都已被歼灭，尽管少数几支遭到重创的部队可能已经逃到了大陆。"

根据记录推算，西西里岛的德军人数略多于 6 万，意军人数为 19.5 万（亚历山大当时估计德军人数为 9 万，意军人数为 31.5 万）。德军中有 5500 人被俘，撤退前有 1.35 万名伤员撤离到意大利，因此死亡人数不会超过几千人（英军估计德军阵亡人数为 2.4 万）。英军的损失为 2721 人阵亡，2183 人失踪，7939 人受伤——总计 12843 人。美军的损失为 2811 人阵亡，686 人失踪，6471 人受伤——总计 9968 人。因此，盟军总损失约为 2.28 万人。这场战役带来了巨大的政治和战略成果，导致墨索里尼垮台，意大利投降，但代价并不大。可盟军如果充分利用两栖侧翼进攻，本可以俘获更多的德军，从而为后续行动铺平道路。这是坎宁安海军上将的观点，在开战几天后，他在电报中尖锐地指出：

> 英国第 8 集团军没有利用两栖作战的机会。小型步兵登陆艇一直待命……登陆艇随时待命……毫无疑问，有充分的军事理由不利用这种在我看来是无价的海上力量和机动灵活性。但值得考虑的是，在未来的情况下，即使是小规模的侧翼进攻，也能节省大量时间并避免代价高昂的战斗，而这必然会让敌人感到不安。

令凯塞林松了一口气的是，盟军最高司令部没有试图在撤出西西里岛的轴心国部队背后登陆意大利的脚趾卡拉布里亚，从而切断他们撤退到墨西拿海峡的退路。在整个西西里战役中，凯塞林一直担心盟军采取这种行动，而他没有可用的兵力来应对。在他看来，"对卡拉布里亚的二次攻击将使西西里登陆成为盟军的压倒性胜利"。在西西里战役结束、在那里参战的四个德国师成功逃脱之前，凯塞林只有两个德国师来掩护整个意大利南部。[①]

[①] 安德鲁·坎宁安：《作战电令》，第 2082 页。

第 27 章　进攻意大利——投降与受阻

"一事成功万事顺"是一句名言，源自一句古老的法国谚语。但从更深层次的意义上讲，"失败是成功之母"这句话往往是正确的。被统治当局镇压的宗教和政治运动经常在其领导人获得殉道光环后复兴，并在长时期内取得胜利。被钉在十字架上的基督比活着的基督更有力量。败军之将往往让征服者黯然失色——汉尼拔、拿破仑、罗伯特·E.李和隆美尔的不朽名声就是明证。

在国家历史上也可以看到同样的情况，尽管方式更微妙。每个人都知道一句谚语，那就是在战争中"英国人只赢一场战役——最后一场"。这句话表达了他们以灾难开始但以胜利结束的典型倾向。这种习惯是危险的，而且代价高昂。然而，具有讽刺意味的是，最终结果往往可以追溯到英国及其盟友最初遭受的失败，这些失败致使敌人过于自信，因而做出自不量力的举动。

此外，即使情况发生了变化，未能立即取得成功有时也会带来非常有利的结果，因为这有助于取得更大的成功，并使最终的成功更加牢靠。更令人惊异的是，在第二次世界大战的地中海战役中，这种情况就发生过两次。

由于盟军在 1942 年 11 月从阿尔及尔向突尼斯的最初推进受挫，希特勒和墨索里尼决定跨海向那里派遣一支增援部队。盟军最终在 6 个月后将他们困住，并击溃了 2 个轴心国集团军——从而消除了盟国军队从非洲跨海进入南欧的主要障碍。

下一个因祸得福的案例，是进攻意大利本土。在迅速占领西西里岛，墨索里尼垮台之后，第二次对意大利的较短的进攻看起来相对容易。意大利投降是秘密安排的，德国人对此一无所知，且准备在盟军主要部队登陆时宣布，因此前景更加光明。当时，意大利南部只有6个弱小的德国师，罗马附近有2个师，他们要应对双重负担，既要迎战盟军的进攻，又要压制自己的意大利前盟友。

然而，凯塞林元帅在解除意大利军队武装的同时，设法控制住了进攻者，使盟军在距罗马100英里的一条战线上停滞。8个月后，盟军才成功到达意大利首都，此后他们又被阻拦了8个月，才得以从狭窄多山的半岛突入意大利北部的平原。

然而，1943年9月看似已近在眼前的结局却被长期推迟，这对盟军的前景来说具有重要的积极意义。希特勒最初打算从意大利南部撤军，并在北部建立山地封锁线，但凯塞林出人意料地成功防御，这促使希特勒不顾隆美尔的建议，将资源投入南部，目的是尽可能长时间地守住意大利。这一决定是以牺牲资源为代价的，希特勒很快就需要这些资源来应对更大的威胁，因为苏军从东部、盟军从诺曼底向德国两线推进。

相对于自身实力，身处意大利的盟军消耗的德军资源比例高于其他战线。此外，意大利战线是德国人最容易让步且风险最小的战线，而他们越是竭尽全力在各处守住一条过长的战线，就越有可能因战线过度拉伸而导致致命的溃败。这种反思有助于安慰亚历山大指挥下的驻意大利盟军，因为他们迟迟无法实现早日获胜的希望。

即便如此，我们也应该认识到，即使最终可能从失败中获利，但伟大的远征最初并不是希望失败。渴望和寻求失败不是人的本性。因此，值得探究发生了什么，以及它是如何发生的。

盟军受挫的第一个重要因素是他们没有利用意大利推翻墨索里尼的反战政变提供的机会。这场政变发生在7月25日，盟军6个多星期后才进入意大利。之所以发生延误，既有军事原因，也有政治原因。5月底，在华盛顿举行的英美联合参谋长会议上，美国反对从西西里岛进军意大利，担心此举会干扰进攻诺曼底和在太平洋击败日本人的计划。直到7月20日，西西里的意军表现出投降的迫切心情，美国参谋长联席会议才同意向意大利发起后续进攻。但这个决定为时已晚，盟军没有做好采取后续行动的准备。

罗斯福总统和丘吉尔首相1月在卡萨布兰卡会议上提出的"无条件投降"的政治要求也是一个障碍。巴多里奥元帅领导的新意大利政府自然是希望能从与盟国政府的谈判中取得比较有利的条件，但他发现很难与盟国政府取得联系。梵蒂冈的英国和美国公使本应是现成的沟通渠道，但据巴多里奥回忆，双方竟因异乎寻常的短视而错失良机："英国公使告诉我们，不幸的是，他的密码非常古老，几乎可以肯定德国人完全知道。他不建议我们用这套密码来与他的政府进行秘密通信。美国代办则回答说，他没有密码。"因此，意大利人不得不等到8月中旬，才找到一个合理的借口，派一位特使访问葡萄牙，特使在那里会见了英国和美国的代表。即便如此，这种迂回的谈判方式也进一步拖延了解决问题的进程。

相比之下，希特勒则毫不犹豫地采取措施，以应对意大利新政府寻求和平并放弃与德国联盟的可能性。7月25日，罗马政变当天，隆美尔抵达希腊接管指挥权，但午夜前，他接到电话，获悉墨索里尼已被废黜，他必须立即飞回东普鲁士森林的希特勒元首大本营。第二天中午，他"接到命令，在阿尔卑斯山集结部队，准备进入意大利"。

这场进军很快就开始了，但采取了半伪装的方式。隆美尔担心意大利人可能会在盟军伞兵的帮助下突然采取行动封锁阿尔卑斯山口，因此于7月30日命令德国先头部队越过边境占领各山口。德国人的借口是保护通往意大利的补给线，使其免遭破坏或伞兵袭击。意大利人提出抗议，一度威胁要抵抗，但对开火一事犹豫不决，担心与德国人发生冲突。德军的渗透行动随后以减轻意大利军队北部防御压力，以便他们能够增援南部为借口展开，因为盟军显然随时可能在南部登陆。从战略上讲，这个论点非常合理，意大利首脑们很难拒绝，否则就会表现出改变立场的意图。因此，到9月初，隆美尔在意大利的阿尔卑斯山边境内部署了8个德国师，作为对凯塞林驻守在意大利南部部队的潜在支持或增援力量。此外，第2伞兵师——一支特别强大的部队，从法国飞往罗马附近的奥斯蒂亚，随行的还有德国空降兵部队总司令施图登特空军中将。战后接受审讯时，他说道：

> 意大利最高统帅部事先并未收到该师抵达的任何消息，只被告知该师将前往增援西西里岛或卡拉布里亚。但我从希特勒那里得到的指示是，我要将该师部署在罗马附近，并将已经调往那里的第3装甲掷弹兵师纳入我的指挥之下。我奉命率领这2个师，随时准备解除罗马周边意大利军队的武装。①

这些师的到来使盟军的计划化为泡影，盟军原本计划将他们的一个空降师，即美国第82空降师（师长马修·李奇微②少将）空降罗马，以支援意大利人保卫首都。如果增援部队来了，凯塞林的总部就会处于危险之中，因为它位于弗拉斯卡蒂，距离罗马东南仅10英里。

即便如此，在事件发生之前，施图登特所承担的任务看起来还是非常艰巨。尽管德国人努力劝说巴多里奥元帅派遣一些意大利师去帮助保卫南部海岸，但巴多里奥元帅仍将5个意大利师集中在罗马地区。除非解除这些师的武装，否则凯塞林将陷入尴尬的境地：他必须面对2个英美进攻集团军，而第三个敌方集团军已经切断了意大利南部6个德国师的补给线和撤退线。这些师刚刚组建成由菲廷霍夫指挥的德国第10集团军，其中包

---

① 利德尔·哈特审讯。另见利德尔·哈特：《山的那一边》，第356—357页。
② 马修·李奇微（1895—1993），美国陆军参谋长，美国上将。第二次世界大战期间，任空降兵师长、军长，参加过意大利境内的战争和诺曼底登陆战，并在荷兰、比利时、德国境内作战。1945年8月任驻菲律宾美军司令。著有回忆录《士兵》等。——译者注

括4个从西西里撤出的师，这些师在战役中损失惨重。

9月3日，蒙哥马利的英国第8集团军从西西里岛穿过狭窄的墨西拿海峡，登陆意大利的脚趾部，开始了进攻。同一天，意大利代表秘密与盟军签署了停战协议。但双方商定，在盟军发动第二次主要登陆前，这一消息必须保密，这场登陆计划将在意大利胫部位置那不勒斯南部的萨莱诺实施。

9月8日午夜，马克·克拉克[①]中将率领的英美第5集团军开始在萨莱诺湾登陆——几个小时前，英国广播公司刚刚播送了意大利投降的官方公告。意大利领导人没有想到登陆会来得这么快，他们直到下午晚些时候才收到广播通知。巴多里奥抱怨说，他的准备工作尚未完成，无法配合盟军行事，他的这一说法不无道理。但是，艾森豪威尔秘密派往罗马的马克斯韦尔·泰勒[②]少将已经清楚地意识到意大利人的准备不足和惶恐不安，艾森豪威尔当天早上收到泰勒发出的警告，称前景不佳，于是取消了原定的李奇微空降罗马的计划。当时，恢复原计划已经太迟了，原计划是将李奇微的部队空降在那不勒斯北边的沃尔图诺河沿岸，以阻止敌军增援部队向南进发到萨莱诺。

意大利投降的广播公告也让德国人措手不及，尽管盟军同时在萨莱诺登陆在南部引发了紧急情况，但德国人在罗马的行动迅速而果断。

---

① 马克·克拉克（1896—1984），盟军第15集团军群司令，美国上将。1917年毕业于西点军校。参加过第一次世界大战。1942年11月，为制订和实施盟军北非登陆计划，秘密潜往法属阿尔及利亚，会见当地法国官员。后协助艾森豪威尔指挥北非登陆战役。1943年9月率部在意大利萨莱诺登陆。1944年初为突破德军阻击，下令炸毁卡西诺山修道院，率部通过安齐奥，并在同年6月解放罗马。战后曾任驻奥地利美军司令、侵朝"联合国军"总司令。著有回忆录《有算计的冒险》《从多瑙河到鸭绿江》。——译者注

② 马克斯韦尔·泰勒（1901—1987），美国参谋长联席会议主席，美国上将。1943年参加西西里登陆战役。1943年9月曾代表盟军冒险秘密飞往罗马，同意大利巴多里奥政府军事当局商讨盟军空降突袭近郊德军以占领罗马的计划。后参加意大利本土的作战。1944—1945年任第101空降师师长，参加诺曼底登陆战役和比利时、德国境内的战争。——译者注

第 27 章　进攻意大利——投降与受阻　471

如果意大利的行动与其演技同样出色，结果可能会大不相同。在过去的几天，意大利的表演还在很大程度上掩盖了自身意图并打消了凯塞林的疑虑。凯塞林的参谋长韦斯特法尔骑兵上将所做的记载中对此曾有生动的描述：

> 9月7日，意大利海军大臣、海军上将德·库尔唐伯爵拜访凯塞林空军元帅，告诉凯塞林意大利舰队将于8日或9日从斯佩齐亚出发，与英国地中海舰队展开战斗。他眼含热泪地说，意大利舰队要么获胜，要么灭亡。然后，他详细描述了其拟订的作战计划。①

这些庄严的保证给人留下了深刻的印象。第二天下午，韦斯特法尔骑兵上将和图桑步兵上将驱车前往驻蒙特罗通多（位于罗马东北16英里处）的意大利陆军总部。

> 罗阿塔上将非常热情地接待了我们。他和我详细地讨论了意大利第7集团军和德国第10集团军在意大利南部进一步联合行动的情况。在我们谈话的时候，冯·瓦尔登堡上校打来电话，说意大利向盟军投降的消息已经广播出去了。……罗阿塔上将向我们保证，这只是一个拙劣的宣传策略。他说，联合斗争将按照我们之间的安排继续进行。②

韦斯特法尔并不完全相信这些保证，当他深夜回到位于弗拉斯卡蒂的德军总部时，他发现凯塞林已经向所有下属司令部发出了代号为"轴心国"的信号——这是事先约定好的密语，意味着意大利已经退出轴心国，必须立即采取行动解除意大利人的武装。

---

① 利德尔·哈特：《山的那一边》，第359页。
② 利德尔·哈特：《山的那一边》，第359页。

各下属司令部根据实际情况和自己的意愿,采取了说服和武力相结合的手段。在罗马地区,形势对施图登特非常不利,他采用了突击战术。

> 我试图从空中投下炸弹,攻占意大利总部。此举只取得部分成功。虽然意大利总部有30名将军和150名其他军官被俘,但其他人员却坚持顽强战斗。意军总参谋长已在前一天晚上随巴多里奥和国王逃走了。①

意军司令没有试图战胜施图登特的几个师,而是匆忙撤退,带着他们的部队向东撤退到蒂沃利,把首都留给了德国人。这也为谈判铺平了道路,凯塞林采用了一种更温和的说服方式,提议只要意大利军队放下武器,就允许他们立即返回家园。这一提议与希特勒要求所有意大利士兵都成为战俘的命令相悖,但事实证明,它更有效,减少了不少人员伤亡,节省了时间。其结果可以用韦斯特法尔的话来描述:

> 当意军司令完全接受德国的投降建议时,罗马周围的局势完全平静了下来。这消除了对第10集团军补给线的危险……
>
> 让我们松了一口气的是,罗马不再需要成为战场了。在投降协议中,凯塞林空军元帅承诺将罗马视为一座开放城市。他承诺只由两个连的警察部队驻守罗马,以守卫电话通信等设施。直到德军占领期结束,这项承诺始终得到遵守。通过达成投降协议,我们现在又可以恢复自8日以来中断的与德国最高统帅部的无线电通信联络。不流血消灭意军部队的另一个结果是,可以立即通过公路从罗马地区向南部的第10集团军增援。……因此,在最初的许多担忧之后,罗马周围的

---

① 利德尔·哈特:《山的那一边》,第360页。

局势得到了缓解，而其结果几乎比人们所希望的还要好。①

在那之前，希特勒和他在德国最高统帅部的军事顾问倾向于认为凯塞林的部队注定要失败。韦斯特法尔在这方面提供了重要证据：

> ……从8月起，我们几乎完全失去了人员的补充和武器装备的补给。当时，所有要求都被最高统帅部以"以后再说"为由置之不理。这种异常悲观的态度可能也影响了隆美尔的B集团军群在意大利北部的部署。B集团军的任务是将设法逃脱盟军和意军联合攻击的我方残余部队带到亚平宁山脉防线。
>
> 同样，凯塞林空军元帅也对形势持严肃态度。但他认为，在某些情况下，形势还是可以控制的——预计盟军大规模登陆的位置越靠南，这种机会就越大。但如果敌人通过海上登陆和空降罗马附近地区，德军几乎不可能指望第10集团军不被切断。我们在罗马附近的两个师远远不足以完成消灭强大的意军和击退盟军登陆行动的双重任务——此外我们还要设法保持德国第10集团军后方交通畅通。早在9月9日，意大利军队就封锁了通往那不勒斯的道路，从而切断了德国第10集团军的补给线，这令人不快。在这种情况下，集团军不可能长久地坚持下去。因此，当9日和10日罗马周围的机场没有发生空降时，总司令松了一口气。在这两天里，我们无时无刻不在担心盟军会在意军的配合下实施这一登陆行动。这样的空降无疑会给意大利部队和对我们怀有敌意的当地居民带来极大的鼓舞。②

凯塞林本人对此进行了简明扼要的阐述，他说："如果盟军在罗马进

---

① 利德尔·哈特：《山的那一边》，第360—361页。
② 利德尔·哈特：《山的那一边》，第361—362页。

行空降，并在附近进行海上登陆，而不是在萨莱诺登陆，那么必然会迫使我们自动撤离意大利南部的一半地区。"①

即便如此，盟军在萨莱诺登陆后的几天里，德国人仍然处于高度紧张的状态，而且由于对那里的情况一无所知，他们就更加紧张了。"战争迷雾"从未如此浓厚——这是因为德国人正在一个突然抛弃他们的盟友的国家作战。再次引用韦斯特法尔的叙述可以最好地表达这种影响：

> 总司令最初对萨莱诺的情况知之甚少。电话通信中断——因为这依赖意大利的邮政网络。由于我们不被允许研究意方的通信技术，因此无法轻易恢复通信。起初无法安排无线电通信，因为新成立的第10集团军司令部的通信人员不熟悉南方特殊的气候环境。

对德国人来说，幸运的是，盟军的主要登陆点就在他们预期的地区，而凯塞林可以极为方便地集中他有限的兵力来迎战。英国第8集团军向意大利脚趾的推进也符合预期，而且距离太远，不会对凯塞林的部队造成直接威胁。盟军指挥官不愿冒险越过空中掩护的范围，这让凯塞林受益匪浅——据凯塞林估计，盟军会始终遵守这种常规限制。结果，盟军在萨莱诺的登陆——被乐观地称为"雪崩行动"——却遭受了代价高昂的挫败。事实上，马克·克拉克本人也称其为"近乎灾难"。②登陆部队以微弱优势阻止了德军的反击，免于被赶回海里。

在最初的计划中，马克·克拉克曾提议登陆那不勒斯北部的加埃塔湾，那里的地形更为开阔，没有像萨莱诺那样的山地阻碍他们从海滩向内陆推进。但当盟军空军总司令特德告诉他，如果将空中支援延伸到加埃塔地区，效果就不会那么好时，克拉克让步并同意选择萨莱诺。

---

① 利德尔·哈特：《山的那一边》，第360—361页。
② 克拉克：《有算计的冒险》，第179页。

第 27 章 进攻意大利——投降与受阻

盟军方面,有人主张,要让德国人措手不及并陷入混乱,最有效的方法是在这些限制地区之外实施登陆;有人认为,在意大利的脚后跟,即塔兰托和布林迪西地区登陆将是"最意想不到的路线",因此风险也较小——有望尽早占领两个优质港口。

这样的登陆行动是在最后一刻作为辅助行动加入到计划中的,但塔兰托部队只有英国第 1 空降师,他们匆忙从突尼斯的休整营地集结,乘坐当时可用的海军舰艇仓促赶来。这个师没有遇到任何抵抗——但他们到达时既没有坦克,也几乎没有火炮和机动运输工具。事实上,他们缺乏扩大已获战果所需要的一切工具。

在对盟军进攻作战进行了概括的评述后,我们可以更仔细地研究一下盟军作战的经过。进攻行动始于 9 月 3 日蒙哥马利的英国第 8 集团军穿越狭窄的墨西拿海峡。

这次在卡拉布里亚登陆的命令,即"贝城行动",直到 8 月 16 日才下达,当时德国最后一支后卫部队正在撤出西西里岛。即便如此,命令中也没有明确"目标"——正如蒙哥马利在 19 日给亚历山大的电报中尖刻指出的那样。作为回应,亚历山大在回电中终于把作战目标确定下来,他告诉蒙哥马利:

> 你的任务是守住意大利脚趾部的桥头堡,以便我们的海军部队能够通过墨西拿海峡作战。
>
> 如果敌人从脚趾部撤退,你应尽你所能地追击。记住,你牵制越多的意大利南端的敌军,你对"雪崩行动"(萨莱诺登陆)的援助就越强。

对于身经百战的第 8 集团军而言,这是一个微不足道的目标,而且相当模糊。蒙哥马利在回忆录中说道:"没有试图对我的行动和在萨莱诺登陆的第5集团军的行动进行协调……"为了协助这个集团军，英国第8集团军在最不合适的地方登陆——卡拉布里亚，距离萨莱诺300多英里，需要沿着一条非常狭窄且多山的路线行进，却非常适合敌人设伏阻拦。半岛脚下只有两条好路，一条沿着西海岸，另一条沿着东海岸，因此只能部署两个师，每个师由一个旅打头，而且在两条前进线上部署一个营以上的兵力往往很困难。因此，敌人没有必要在这个地区驻扎大部队，更没有动力这样做，他们确信，大部分盟军会在其他地方登陆。一旦英国第8集团军进入卡拉布里亚半岛，第5集团军发动突然袭击的机会就会减少，因为敌人需要防备的可能性减少了。半岛脚趾部是最不利于牵制敌军的地方。敌人可以安全地从那里撤回部队，让进攻方遭受行动受限的阻碍。

尽管不太可能遇到任何强烈抵抗，蒙哥马利在半岛脚趾部的登陆行动仍以他惯常的谨慎和彻底性进行。在英国第30军的指挥下，近600门火炮被集结起来，在西西里海岸实施了压倒性的弹幕射击，以掩护迈尔斯·登普西①中将的英国第13军穿越海峡并在雷焦附近的海滩登陆。集结如此大规模火炮的过程使进攻比预定日期推迟了几天。此外，又有120门海军火炮也加入了轰炸行动。

在前几天，军情报告显示，德国人在半岛脚趾部附近留下了"不超过两个步兵营"，而且这些步兵营也部署在距离海滩10多英里的地方，以掩护半岛上的道路。敌人撤退的消息让挑剔的观察家评论说，预备性炮击是"用大锤砸核桃"的例子。这个评论很恰当，但不准确——因为连一个可以砸的核桃都没剩下。这是对弹药的极大浪费。

9月3日凌晨4时30分，参与进攻的两个师（英国第5师和加拿大第1师）在空旷的海滩上登陆，那里甚至没有地雷和铁丝网。一名加拿大

---

① 迈尔斯·登普西（1896—1969），英国第2集团军司令，英国上将。1940年率部在法国作战。后去北非。1942年12月率部参加在利比亚、突尼斯、西西里和意大利的作战。在准备和实施诺曼底登陆战役中，任第2集团军司令，在指挥卡昂地区的作战中表现出色。随后在盟军左翼行动，穿越比利时，入荷兰，转战德国北部。——译者注

士兵开玩笑地记录道:"当天最顽强的抵抗来自一只从雷焦动物园逃出来的美洲狮,它似乎对旅长产生了好感。"进攻的步兵没有伤亡,到了晚上,半岛的脚趾部分已经被占领了 5 英里多,没有遇到任何抵抗。3 名德国散兵和 3000 名意大利人被俘虏。意大利人主动帮助英国人卸下登陆艇。随后几天,进攻者向内地推进至滩头,没有遇到任何激烈的抵抗,仅与敌方后卫部队有短暂接触。但是,德军在撤退时巧妙地实施了多次爆破,一再阻碍英国第 8 集团军的前进。到第四天,即 9 月 6 日,英国第 8 集团军距离登陆的海滩仅向前推进了 30 英里,直到 10 日才到达半岛最窄的部分。该地距萨莱诺尚不足全程的三分之一。

然而,根据蒙哥马利的说法,9 月 5 日,亚历山大视察英国第 8 集团军时"极为乐观",并带来了意大利人在两天前秘密签署停战协议的消息。蒙哥马利评论说,亚历山大"是以意大利人会说到做到为基础来考虑他的计划的",但蒙哥马利对这种信心提出了质疑:"我告诉他,我的看法是,当德国人发现正在发生的事情时,他们会对意大利人进行镇压。"蒙哥马利的日记中记录的事件证实了这一评论。

亚历山大对"雪崩行动"前景的信心更加令人惊讶,因为在"雪崩行动"开始前两个星期,德国军事评论员"塞多留"曾播报称盟军主要登陆点将在那不勒斯—萨莱诺地区,辅助登陆点将位于卡拉布里亚半岛。

一个星期前,即 8 月 18 日,希特勒已下达应对威胁的命令,这些命令意义重大:

1. 在盟军的压力下,意大利迟早会投降。

2. 为此做好准备,第 10 集团军必须保持撤退路线畅通。意大利中部,特别是罗马地区,将由南线德军守住。

3. 在最受威胁的地区,即从那不勒斯到萨莱诺之间的海岸,将由第 10 集团军至少 3 支机动部队组成的强大兵力在此集结。所有非机动的集团军都应转移到该地区。首先,完全机动的部队可以留在卡坦扎罗和卡斯特罗维拉里之间参加机动作战。第1伞兵师的部队可用于保护福贾。如果敌人登陆，必须守住那不勒斯—萨莱诺地区。在卡斯特罗维拉里隘口以南，只能采取拖延行动。

………

凯塞林将8个师中的6个部署在南方，交给冯·菲廷霍夫上将新组建的德国第10集团军——第10集团军司令部设在萨莱诺东南部的内陆小镇波拉。希特勒在9月22日亲自告诉菲廷霍夫，要把萨莱诺视为"重心"（正如该集团军的战争日志中所记录的那样）。凯塞林的另外2个师被留在罗马附近，准备夺取首都的控制权，并在"意大利背叛的情况下"确保第10集团军撤退路线畅通。南方的6个师包括2个新抵达意大利的师，即德国第16装甲师和德国第26装甲师，以及4个从西西里撤出的师。其中损失最严重的2支部队，"赫尔曼·戈林"装甲师和第15装甲掷弹兵师，被带回那不勒斯地区进行整补，第1伞兵团前往阿普利亚，而第29装甲掷弹兵团则留在意大利的脚趾处，应对蒙哥马利的进攻。为了帮助该师阻挡蒙哥马利，第26装甲师（没有任何坦克[①]）抵达后被暂时派往卡拉布里亚。第16装甲师是这些部队中装备最精良的，被派往萨莱诺湾，这是最有可能进行大规模登陆的地区，同时也便于其他师迅速增援。即便如此，它只有1个坦克营[②]和4个步兵营，不过炮兵实力却相当强大。

这是一支规模较小的部队，用于迎战驶向萨莱诺湾的舰队——这支舰队约有700艘舰船和登陆艇，首次登陆时载有约5.5万名士兵，后续行

[①] 与当时的大多数德国装甲师一样，该师只有两个坦克营——一个配备"豹"式坦克，一个配备较轻的"马克IV"型坦克——其中"豹"式坦克营没有被派往意大利，而另一个则留在罗马附近，以帮助震慑意大利人。

[②] 该营拥有大约80辆"马克IV"型坦克。其所欠缺的"豹"式坦克营已被一个装甲突击炮营取代，该营有40辆自行火炮——从远处看可能会被误认为是坦克。即便如此，还是很难理解马克·克拉克上将在他的战争回忆录《有算计的冒险》中如何得出德国人"最初在萨莱诺可能有大约600辆坦克"（第199页）的计算结果——这几乎是实际数量的8倍。

动中还会投入 11.5 万名士兵。

这次登陆，美国第 36 步兵师在右翼，英国第 46 师和第 56 师在左翼，而美国第 45 步兵师的一部分则充当侧翼预备队。这些师分别归美国第 6 军（军长欧内斯特·道利少将）和英国第 10 军（军长理查德·麦克里里中将）指挥。后者将在萨莱诺南部一段 7 英里长的海滩登陆，靠近通往那不勒斯的主要道路，这条道路有一段低矮又难走的隘路，通过卡瓦峡，再穿过多山的索伦托半岛的颈部。因此，第 10 军尽早成功至关重要，既能打通到那不勒斯大港口的北部道路，也能阻止来自北方的德国增援部队的到来。为协助该军完成任务，2 支英国突击队和 3 个美国游骑兵营被派去迅速占领这条隘路和邻近路线上的奇恩齐山口。

英军主力突击运输船队于 9 月 6 日从的黎波里启航，美军主力突击运输船队于 9 月 5 日晚上从奥兰启航。其他运输船队则分别从阿尔及尔、比塞大和西西里岛北部的巴勒莫和泰尔米尼港口启航。虽然这些船的目的地严加保密，但考虑到空中掩护的实际可达范围和尽早占领一个大型港口的需要，推断或猜测并不困难，这两个条件合在一起提供了一个非常明显的线索。的黎波里的一艘供水船上的中国厨师在告别时喊道"那不勒斯见"，这让人有些不安。① 事实上，他只是重复了海员和士兵之间的日常谈话而已。促成这一结果的另一个因素是，北方和南方的攻击部队不幸地使用了"N 部队"和"S 部队"的名称。这也不只是猜测的问题，因为一项广为流传的行政命令提到了萨莱诺及其周边的许多地方。

由于目标如此明显，更大的障碍是集团军司令马克·克拉克坚持依赖突袭的想法，以至于克拉克禁止对岸上的防御工事进行任何初步的海军轰炸，尽管护送和支援登陆部队的海军特遣部队司令 H. 肯特·休伊特海军中将强烈反对。休伊特清楚地指出，"认为我们能够获得战术突袭的想法

---

① 林克莱特：《意大利战役》，第 63 页。

简直是异想天开"。① 但另一方面,也可以说,登陆前用海军炮火削弱滩头防御将暴露预定的登陆地点,则削弱海岸防御的优势可能会被敌人后备力量的更快集中所抵消。

运输船队绕过西西里岛的西海岸和北海岸,8日下午早些时候,德国人发现了这一情况并向德国总部报告,下午3时30分,德军部队进入警戒状态,准备迎接即将到来的登陆。傍晚6时30分,艾森豪威尔通过阿尔及尔电台播报了与意大利停战的公告。晚上7时20分,英国广播公司的新闻重播了这一公告。运输船队上的盟军士兵听到了其中的某一个广播。尽管一些军官警告盟军士兵仍需对付德国人,但不幸的是,这一消息让盟军士兵觉得登陆将是轻而易举的。盟军士兵很快就失望了。那些乐观地预测第三天就能占领那不勒斯的盟军规划人员也是如此——这一目标在经过三个星期的苦战,整个行动差点沦为一场灾难后才得以实现。

8日下午,逼近的船队曾多次遭到空袭,天黑德军轰炸机又向船队投掷降落伞式照明弹,但幸运的是,船队没有遭受重大损失。午夜刚过,领头的运输船队抵达距离海岸8—10英里处的投放点,开始放下登陆艇。凌晨3时30分,这些船队按照规定的时间到达海滩。两个小时前,德军接管的一座海岸炮台向接近北翼的盟军登陆艇开火,但被护航驱逐舰的还击所压制。最后阶段,盟军海军炮火和火箭艇对海滩防御进行了短暂但猛烈的轰炸——火箭艇是首次亮相的新武器。但在南部水域,没有提供这样的火力支援,因为美军师长坚持执行集团军司令的"绝不开火"指令,仍然希望通过悄无声息的登陆实现局部突袭。结果当登陆艇快要接近滩头时,遭到了来自岸上炮火的猛烈袭击,部队伤亡惨重。

鉴于攻占那不勒斯的关键在于夺取从萨莱诺向北穿过山脉的道路,因此有必要从北翼开始,由左向右叙述登陆行动的过程。在这里,美军游骑兵在马约里的一小片海滩上登陆,他们没有遭到任何阻拦,并在3个小时

---

① 塞缪尔·莫里森:《第二次世界大战中的美国海军作战史》第九卷,第249页。

内占领了奇恩齐山口，同时在俯瞰萨莱诺—那不勒斯主要道路的山脊上站稳了脚跟。英军突击队也在维耶特里轻松登陆，公路从维耶特里离开海岸通往山区。但敌军迅速作出反应，阻滞了英军对该镇的肃清行动，英军突击队随后被困在该镇以北卡瓦峡谷入口处低矮的拉莫利纳通道内。

在萨莱诺以南数英里的海滩上，英军主力登陆部队从一开始就遭遇了顽强的抵抗，他们的进展也受到了不利影响，因为第 46 师的部分部队被错误地部署在其右邻第 56 师的海滩上，造成了混乱和拥堵。虽然一些先头部队向内陆推进了 2 英里，但他们伤亡惨重，未能实现登陆第一天的重要目标——夺取萨莱诺港、蒙特科尔维诺机场及巴蒂帕利亚和埃博利的公路交叉口。此外，到当天结束时，塞莱河以北的英军右翼和该河以南的美军左翼之间仍有 7 英里宽的缺口。

美军在靠近帕埃斯图姆著名的希腊神庙附近的四个海滩登陆。在没有舰船支援的情况下，美军冒着猛烈的炮火逼近海岸，登陆后又遭遇了更多的火力攻击，在海滩上还遭到了德军连续的空袭。这对第 36 师来说是一次严峻的考验，因为他们之前没有战斗经验。幸运的是，他们现在得到了海军炮火的有力支援，那些驱逐舰勇敢地穿过雷区前来援助他们，这对阻止德军坦克小股部队的反击特别有帮助——这些坦克是盟军最大的威胁。到夜幕降临时，美军左翼已经向内陆推进了大约 5 英里，到达了山城卡帕乔，但右翼仍然被困在海滩附近。

第二天，即 9 月 10 日，美军作战区一片平静，因为德国第 16 装甲师已将其微薄兵力的大部分向北调往英军作战区，从战略上讲，英军作战区对德军控制萨莱诺地区构成的威胁更大。美军趁机扩大了桥头堡阵地，并让第 45 师（他们的海上机动预备队）的大部分部队登陆。与此同时，英国第 56 师在清晨占领了蒙特科尔维诺机场和巴蒂帕利亚，但后来被两个德军摩托化步兵营和一些坦克的猛烈反击击退——这在当地引起了恐慌，甚至连部分近卫旅也陷入了恐慌，直到皇家苏格兰灰骑兵团的坦克赶来提供同等强度的增援，情况才得以缓解。

当晚，第 56 师发动了一次由 3 个旅组成的进攻，试图夺取埃博利山的制高点，但只取得了微小的进展，并再度进入巴蒂帕利亚。第 46 师占领了萨莱诺，并派出一个旅来接替突击队，但没有向北推进。在美军作战区，新组建的第 45 师通过佩尔萨诺向塞莱河东岸内陆推进了大约 10 英里，接近蓬特塞莱的道路中心，即预想中滩头阵地的顶点。但是，德军一个摩托化步兵营和 8 辆坦克随后从英军登陆区调来，渡河后发起反击，阻止了美军的推进，迫使美军撤退。因此，在第三天结束时，已经登陆的 4 个盟军师及相当于五分之一的额外部队仍然被困在两个浅而独立的滩头阵地中，而德军则控制着周围的高地和通往平坦海岸地带的通道。盟军在第三天到达那不勒斯的希望破灭了。德国第 16 装甲师的战斗力还不到盟军师的一半，但他们成功遏制了盟军的进攻，为德军增援部队的到来争取了时间。

最先到达的是德国第 29 装甲掷弹兵师，该师当时已经从卡拉布里亚返回，此外还有一个战斗群（包括 2 个步兵营和大约 20 辆坦克），由重新整编的"赫尔曼·戈林"师组建。这个战斗群来自那不勒斯地区，他们发起反攻，突破了拉莫利纳山口上方的英军防线，直逼维耶特里。直到 13 日，英军突击队重新投入战斗，才抵挡住了敌人的进攻。即便如此，山口现在已被牢牢封锁。很明显，英国第 10 军被困在萨莱诺附近非常狭窄的沿海地带，德军则驻扎在周围的高地上。与此同时，南部战事的发生更动摇了马克·克拉克最初的信心。德国第 29 装甲掷弹兵师和第 16 装甲师的部分兵力已经突入了英军和美军之间的缺口。9 月 12 日晚上，英军右翼再次被赶出巴蒂帕利亚，损失惨重，还有部分官兵被俘。13 日，德军利用两个盟国军之间不断扩大的空隙，对美军左翼发动攻击，将其赶出佩尔萨诺，并迫使美军全面撤退。在随后的混乱中，德军在几个地方突破了防线，一度距离海滩只有半英里之遥。

当晚形势十分严峻，南部地区所有商船都停止卸货。更严重的是，马克·克拉克向休伊特海军中将发出紧急请求，要求他为第 5 集团军司令部重新登陆做好准备，还要求他调集所有可用的船只，以便将美国第 6 军从滩头撤离，转至英国战区重新登陆，或者将英国第 10 军调往南方。① 如此大规模的紧急转移几乎不可行，这一建议引起了麦克里里和他的海军同僚奥利弗海军准将的强烈抗议，而当这一建议上报给艾森豪威尔和亚历山大时，高层也感到惊慌失措。但这有助于加快援兵运抵的速度，为此还提供了额外的登陆艇，将 18 艘正在前往印度的坦克登陆舰调来增援。第 82 空降师交由马克·克拉克调遣，马修·李奇微迅速响应了克拉克下午的紧急要求，当晚成功将第一批空降部队空投到南部滩头阵地。英国第 7 装甲师于 15 日开始在北部滩头阵地登陆。但此时危机已经过去，这主要归功于盟军海上和空中力量迅速提供紧急支援。

9 月 14 日，地中海战区所有可用的飞机，包括战略和战术空军，都转向轰炸德军部队及其近后方的交通线。他们在白天出动了 1900 余架次。海军炮火的猛烈攻击在阻止德军攻往海滩方面起到了更为有效的作用。菲廷霍夫在回忆录中说道：

> 今天早上的进攻遭遇了德军的顽强抵抗，但最重要的是，前进的部队必须经受迄今为止最严重的猛烈炮火——来自停泊在锚地上的 16—18 艘战列舰、巡洋舰和大型驱逐舰的海军炮火。这些舰艇以惊人的精确度和机动自由度，对发现的每一个目标都进行了极其猛烈的射击。

在如此强大的支援下，美军成功守住了他们前一天晚上撤退到的后方防线。

---

① 安德鲁·坎宁安：《一个水兵的冒险：海德霍普子爵坎宁安海军元帅自传》，第 569 页。塞缪尔·莫里森《第二次世界大战中的美国海军作战史》第九卷中只提到了这些紧急措施中的最后一项。

9月15日，德军在增援部队的帮助下，重组了他们遭到炮弹和炸弹袭击的部队，准备发起新的进攻。德国第26装甲师仍未配备坦克，他们现在已从卡拉布里亚赶来，该师按照菲廷霍夫在萨莱诺登陆当天的命令，从蒙哥马利的防线溜走。德国第3装甲掷弹兵师和第15装甲掷弹兵师的支队也已抵达，他们分别来自罗马和加埃塔。但即使有了这些增援，德军的兵力也只相当于4个师，只有100多辆坦克，而到16日，盟军第5集团军在岸上的兵力相当于7个规模更大的师，大约有200辆坦克。因此，盟军司令部唯一需要担心的是，在他们发挥多重优势之前，士气可能会崩溃。此外，英国第8集团军此时已近在咫尺，这增强了上述优势并威胁敌人的侧翼。

亚历山大当天上午乘驱逐舰从比塞大驶来，来到克拉克的司令部视察滩头阵地。亚历山大以自己一贯的圆滑方式，否决了撤离其中任何一方的提议。上午10时左右，英国"厌战"号战列舰和"勇敢"号战列舰抵达，为部队提供了新的物资增援。这两艘战列舰于前一天下午从马耳他启航，随同6艘驱逐舰一起抵达。由于与前方观察员的通信发生延迟，它们直到7个小时后才开始行动，但随后轰炸了内陆十几英里内的目标，其15英寸火炮发射的重炮给敌方造成了巨大的物理和精神打击。

当天上午抵达的另一批人员是英国第8集团军的战地记者。他们觉得第8集团军增援第5集团军的推进速度太慢，而且过于谨慎，所以前一天他们就开着几辆吉普车独自前进，走小路以避开主干道上被炸毁的桥梁，穿过了长达50英里的敌占区，没有遇到任何德军。27个小时后，英国第8集团军的先头侦察部队抵达，与第5集团军取得联系。

16日早晨，德军发起了新的攻势，首先从英军战区开始，一股力量从北部向萨莱诺发起进攻，另一股力量向巴蒂帕利亚发起进攻。这些进攻被盟军的炮火、舰艇火力和坦克的联合攻击击退。进攻的失败和英国第8集团军的逼近让凯塞林得出结论：将进攻者赶回海里的可能性已经消失。因此，当晚凯塞林批准"撤离海岸前线"，并逐步向北撤退。第一阶段是撤退到那不勒斯以北20英里的沃尔图诺防线——他规定要在这条防线上坚守到10月中旬。

鉴于盟军海军炮火帮助挫败了德国人的反击——尽管主要是在大型舰艇出现之前——对德国人来说，当日下午"厌战"号战列舰被他们的一枚新型FX-1400无线电波控制滑翔炸弹直接击中而失去战斗力，这多少让他们感到安慰。当9月9日德国前盟友意大利的主力舰队从斯佩齐亚启航加入盟军海军时，他们也用同样的新手段对其进行了致命一击——用其中一枚无线电波控制炸弹击沉了其旗舰"罗马"号。

对战事进行分析后可以明显看出，一旦德军将进攻者赶回大海的企图被遏制，德军从萨莱诺撤退就不可避免了。尽管凯塞林努力利用他所说的"蒙哥马利行军过分谨慎"所提供的机会，但很明显，当英国第8集团军走出狭窄的卡拉布里亚半岛向内陆推进，从他的阵地包抄时，他就无法守住西海岸的这一段了。他的兵力太少，无法覆盖如此宽阔的战线。但威胁发展得还不够快，不足以危及或阻止德军撤退。因为直到9月20日下午，英国第8集团军的加拿大先头部队才开进波坦察，这是意大利脚踝上的主要道路中心，距离萨莱诺湾内陆50英里。前一天下午，100名德国伞兵赶赴波坦察，迫使加拿大部队暂停攻势一整夜。加拿大部队发动了一次旅级攻击，人数是德军的30倍，以克服德军的抵抗——这是在形势不明朗的情况下，以巧妙防御阻滞敌军力量的一个显著例子。这次攻击迫使这支小分队撤退，只俘虏了16名德国人，但近2000名意大利居民在对该镇的初步空袭中丧生。加拿大巡逻队在接下来的一个星期里小心翼翼地向北推进到40英里外的梅尔菲，只与敌军后卫部队有短暂的接触。与此同时，英国第8集团军的主力部队由于补给不足而停了下来，他们将补给线转移到意大利东南角的塔兰托和布林迪西。

盟军在意大利的脚跟登陆是在没有遇到任何抵抗的情况下完成的。6月份，在参谋长联席会议指示艾森豪威尔制订攻占西西里岛的后续计划后，塔兰托曾是考虑的登陆点之一。但该计划被否决，主要是因为它不符合艾森豪威尔参谋部当时制订的基本原则,即在战斗机掩护范围之外不得进行任何有抵抗的登陆。塔兰托和那不勒斯一样,都位于西西里岛东北部机场喷火式战斗机 180 英里的作战半径之外,而萨莱诺则位于该半径之内。塔兰托计划直到 9 月 3 日与意大利签署停战协议后才得以恢复。随后,该计划作为一项临时的辅助行动被纳入进攻计划之中——代号为"闹剧行动",这是因为盟军获悉,只有少数德军部队驻扎在意大利的后方,而且后来才意识到,即使能够占领并使用那不勒斯港,也不足以维持盟军在亚平宁山脉东侧和西侧的进攻。

主动提出这一行动的坎宁安海军上将告诉艾森豪威尔,如果为此目的派出部队,他将提供运输舰船。当时,英国第 1 空降师在突尼斯,但由于缺乏足够的运输机用于空降作战,因此匆忙在比塞大登上 5 艘巡洋舰和一艘布雷舰,于 9 月 8 日晚上启航前往塔兰托。第二天下午,当运输船队接近塔兰托时,它遇到了驻扎在塔兰托的意大利舰队,该舰队正驶往马耳他投降。黄昏时分,运输船队进入港口,发现大部分设施完好无损。两天后,胜利进一步扩大,英国第 1 空降师占领了布林迪西(维克托·埃马努埃莱三世国王和巴多里奥元帅已从罗马逃到那里),以及沿海岸向上 60 英里处的巴里——位于意大利的脚踝后面。因此,盟军在这一地区已经夺取了 3 个大型港口,以维持向东海岸的推进。实现这一战果,远比在西海岸夺得类似港口要早得多。很明显,盟军从萨莱诺的进攻迟迟无法推进到那不勒斯,这将使德国人有充足的时间在放弃港口之前将其摧毁。

但是,由于缺乏远见,事后又没有做出足够的努力来挽回,盟军在东海岸的绝好机会就这样白白浪费了。代号"闹剧行动"变得非常贴切。英国第 1 空降师将此行动设想为一场占领港口的行动,因此他们出发时,除了 6 辆吉普车外,未携带运输车辆,这种情况一直持续到 14 日。在这 5 天里,几支乘坐吉普车和征用的汽车的巡逻队向北推进到巴里,却没有在广阔的海岸地带发现任何敌军。因为兵源不足的德国第 1 伞兵师是该地区唯一的部队,其中一部分已被调往萨莱诺地区,其余的则被命令撤退到塔兰托以北120英里处的福贾，以掩护凯塞林的东部纵深侧翼。然而，即使运输工具抵达，恢复了英军部队的机动性，他们仍然奉命滞留原地，而英军大规模向东海岸推进的计划和准备工作仍在有条不紊地进行着。在这样一个机会无限的时期，坚持这种谨慎的习惯就更加不幸了，因为德国第1伞兵师的位置太远，根本无法发动反击，且这个师的战斗兵力只有1300人，而英军的战斗实力已经是他们的4倍，而且还有更多增援部队正在赶来。但是，习惯还是占了上风。

这里的行动由英国第5军军长奥尔弗里中将负责——他曾负责去年12月对突尼斯发动的过于谨慎并以失败告终的进攻——亚历山大将他的任务确定为"在意大利的脚跟处建立一个基地，以掩护塔兰托和布林迪西的港口，如果可能的话，还要掩护巴里，以便实施后续的进攻"。13日，奥尔弗里的军队被划归英国第8集团军，因为蒙哥马利总是集结兵力，确保在进攻前准备足够的物资，因此任何超出上述限制早早向前推进的可能性都降低了。

9月22日，英国第78师开始在巴里登陆，随后是印度第8师在布林迪西登陆，而登普西的英国第13军则被调往东海岸。但直到9月27日，一支从巴里派出的探查敌情的小型机动部队才占领了福贾，当英国人接近时，德国人迅速撤离了福贾——因此，英国人不战而胜，夺取了他们梦寐以求的机场。即便如此，蒙哥马利仍坚持他先前的命令，即在10月1日之前不让主力部队前进，当他开始进攻时，只使用了第13军的两个师，而让第5军的三个师留在后面，以确保一个"稳固的基地"并掩护第8集团军的内陆侧翼。

德国第1伞兵师此时正守卫着比费尔诺河沿岸的一条防线，也掩护着小港口泰尔莫利——相对于其单薄的兵力而言，这条防线过于宽阔。蒙哥马利对这条防线的攻击经过精心设计，打算从后方发动海上攻击来突破防线。10月3日凌晨，一个特别勤务旅在泰尔莫利港外登陆，他们借助夜间突袭的优势，在倾盆大雨中迅速占领了港口和城镇，然后与正面攻击部队在河岸上所建立的桥头堡连成一体。在接下来的两天里，英国第78师的另外两个步兵旅从巴莱塔经海路抵达泰尔莫利，以增援桥头堡并继续前进。

但是，德国集团军司令菲廷霍夫从英国迟迟未向东海岸推进的计划中获益，他已经于10月2日从西海岸的沃尔图诺河防线抽出了第16装甲师来增援薄弱的伞兵防线，这支伞兵一直在掩护德国第10集团军撤退的远方左翼。他们匆匆穿过意大利的山脊，于5日清晨抵达泰尔莫利附近，并迅速发动反攻，将英国人赶回了该镇的边缘，几乎切断了英国人向南的交通线。但是，随着英国第78师的海上增援部队投入战斗，并得到英国和加拿大更强大的坦克部队的支援，德军受到牵制并被击退。

德军随后摆脱战斗，撤退到北面12英里处、掩护特里尼奥河防线的阵地。德军的猛烈反攻给蒙哥马利留下了深刻印象，他暂停了两个星期，进一步增强兵力和补给，然后才攻克特里尼奥河防线。

与此同时，马克·克拉克的第5集团军从萨莱诺向西海岸缓慢推进，试图迫使菲廷霍夫的德国第10集团军撤退。第一阶段是最棘手的，因为德国右翼顽强地坚守着萨莱诺北部的山地屏障，以掩护左翼从巴蒂帕利亚和帕埃斯图姆附近的南部海岸撤退。撤退开始后近一个星期，英国第10军于9月23日发动攻势，强行从萨莱诺进入那不勒斯。在这次进攻中，英国第10军不仅动用了第46师和第56师，还动用了第7装甲师和一个额外的装甲旅，以对抗守住山口的由3—4个营组成的小型德军部队。直到9月26日，英军才取得一点进展，当时英军发现德军在前一天晚上已经撤离了——他们完成了为南方战友撤退争取时间的任务。此后，被摧毁的桥梁成为盟军前进的主要障碍。9月28日，英国第10军进入诺切拉平原，但直到10月1日，其先头部队才进入20英里外的那不勒斯。

与此同时，美国第6军沿着遭爆破后发生堵塞的内陆道路缓慢前进，平均每天只前进3英里，与英国第10军并驾齐驱，于10月2日进入贝内文托。美国第 6 军现在有了一位新军长——约翰·卢卡斯少将,他被派来接替道利。

第 5 集团军在登陆萨莱诺后用了三个星期才到达最初的目标那不勒斯,伤亡人数接近 1.2 万——其中英军士兵接近 7000,美军接近 5000。他们仅仅因为萨莱诺正好在空中掩护的范围内,就选择过于明显的进攻路线和登陆地点,以致丧失了突袭的机会,这是他们应得的惩罚。

又过了一个星期,第 5 集团军才接近德军撤退到的沃尔图诺河防线。泥泞的道路和湿透的地面阻碍了盟军前进,因为 10 月的第一个星期,雨天就来了,这比预期早了一个月。第 5 集团军对沃尔图诺河防线的进攻是在 10 月 12 日晚上发起的,比原计划推迟了 3 个晚上,当时沃尔图诺河防线由 3 个德国师把守。美国第 6 军在卡普阿河上建立了桥头堡,英国第 10 军右翼在那不勒斯—罗马这条主要道路上的卡普阿河强行渡河,结果遭遇失败,致使美国第 6 军未能继续扩大战果。其他两个英国师在靠近海岸的地方分别进行小规模渡河,也被快速反击所遏制。因此,按照凯塞林的命令,德国前锋部队在这条河道上驻扎到 16 日,然后开始撤退到北边 15 英里处的下一条防线——一条临时匆忙修建的防线,这条防线从加里利亚诺河河口附近开始,穿过掩护入口的崎岖山丘群,沿着 6 号公路和米尼亚诺隘口,到达加里利亚诺河的上游及其支流拉皮多河和利里河的河谷。凯塞林希望在巩固这条前哨防线的同时,为长期防御精心规划一条沿加里利亚诺河和拉皮多河的防线,以卡西诺隘口为中心。这个稍微靠后的位置被称为"古斯塔夫防线"或"冬季防线"。

恶劣的天气和德军爆破桥梁的破坏使第 5 集团军对第一条防线的进攻推迟了 3 个星期,直到 11 月 5 日才发动。而德军的抵抗非常顽强,盟军经过 10 天的斗争,除了海岸侧翼外,几乎没有取得任何进展,马克·克拉克被迫撤回疲惫不堪的部队,准备进行重组以发起更强大的攻势。直到 12 月的第一个星期,这一行动才准备就绪。截至 11 月中旬,第 5 集团军的损失已上升到 2.2 万人,其中近 1.2 万人是美国人。

在这漫长的停顿期间，希特勒的观点发生了重大的变化。盟军从萨莱诺和巴里的推进非常缓慢，希特勒因此感到，也许没有必要撤退到意大利北部。10月4日，希特勒发布指令称"加埃塔—奥托纳一线必须坚守"——他向凯塞林承诺，将从隆美尔在意大利北部的德国B集团军群中调出3个师，帮助凯塞林尽可能长时间地坚守罗马南部。希特勒越来越倾向于支持凯塞林的长期坚守主张，但直到11月21日，他才明确承诺要坚持这一方针，将意大利境内的所有德军都交由凯塞林指挥。隆美尔的集团军群被解散，其剩余部队现在由凯塞林指挥。即便如此，凯塞林仍必须将部分部队留在北部，以守卫和控制那片广大的地区，同时将最好的4个师（其中3个是装甲师）派往苏联，代替他们的是3个需要休整的精疲力竭的师。

德国第90装甲掷弹兵师的到来为凯塞林提供了规模较小但价值不菲的增援。意大利停战时，该师驻扎在撒丁岛，随后穿过狭窄的博尼法乔海峡被疏散到科西嘉岛，之后又通过空运和海运，在2个星期内分批成功抵达意大利大陆的里窝那港。他们避开了盟军空军和海军的拦截，盟军的干预力度很小且断断续续。尽管该师直到6个多星期后才交由凯塞林调遣，凯塞林立即将其调往南方，帮助阻止英国第8集团军在意大利东海岸拖了很久才发动的进攻。

希特勒决定将所有驻扎在意大利的德军置于凯塞林的指挥下，并将其改编为德国C集团军群。这一决定是在蒙哥马利开始对桑格罗河沿岸的德军阵地发动试探性攻击的第二天早上做出的，该阵地掩护奥托纳和古斯塔夫防线在亚得里亚海的延伸段。

10月的第一个星期，蒙哥马利在渡过比费尔诺河时遭遇了顽强的抵抗，此后他调集英国第5军接管了沿海地区，并将英国第13军调往内陆的丘陵地区，德军后卫部队在那里不断阻拦加拿大部队的前进。经过这次重组后，英国第5军向特里尼奥河（位于比费尔诺河岸12英里处）推进，并于10月22日晚上建立了一个小型桥头堡，27日夜间又发动了一次更大规模的攻击，扩大了桥头堡的规模。但第 5 军很快就被泥浆和火力攻击所阻止，直到 11 月 3 日晚才突入敌人的主阵地。德军随后撤退到北面 17 英里外的桑格罗河。

随后又是长时间的停顿，蒙哥马利正在准备进攻，他调来了刚刚抵达的新西兰第 2 师，这是一支强大的增援部队，他进攻桑格罗的力量因之得以增加到 5 个师和 2 个装甲旅。与此同时，与英国第 8 集团军对抗的德国第 76 装甲军已经接收了第 65 步兵师，以接替被派往苏联的第 16 装甲师防守沿海地区。但除此之外，它只有第 1 伞兵师的残部和第 26 装甲师的一个战斗群，随着盟军第 5 集团军带来的压力减弱，该师才一点一点地返回亚得里亚海一侧。

蒙哥马利在桑格罗攻势中的目标是摧毁德军的冬季防线，然后前进 20 英里到达佩斯卡拉，从那里切断通往罗马的东西向道路，以威胁正在阻拦第 5 集团军的德军后方。因为亚历山大仍希望依照两个月前（9 月 21 日）下达的指示行事，该指示规定了盟军要分四个阶段实现的目标：第一阶段是"巩固"萨莱诺—巴里防线；第二阶段是占领"那不勒斯港和福贾机场"；第三阶段是占领"罗马及其机场和特尔尼重要的公路、铁路中心"；第四阶段的目标是攻占位于罗马以北 150 英里处的"里窝那和佛罗伦萨与阿雷佐的交通中心"。迅速攻占罗马是亚历山大收到艾森豪威尔于 11 月 8 日下达的新指令的重点，此前艾森豪威尔也给他下达过类似的指令。

蒙哥马利的进攻计划于 11 月 20 日发起，但天气恶化和河水上涨迫使他将最初的攻击减少到有限的规模，经过几天的战斗，他获得了一个宽约 6 英里、深约 1 英里的桥头堡。在巨大的困难下，英军坚守登陆场，一直坚持到 28 日晚上发动大规模进攻，这比计划晚了一个星期。然而，蒙哥马利仍然对结果充满信心，并在 25 日向其部队训话时宣布："现在是将德国人赶出罗马北部的时候了……事实上，德国人正处于我们所期望的状态。我们现在要给德国人来个猛烈的攻击。"但当他从大篷车上下来，撑着一把大伞站在雨中向部队训话时，即已预示这似乎是个不祥的征兆。

这次进攻开局顺利，进攻是在庞大的空中突击和猛烈的炮火掩护下进行的，而且盟军在人数上也以5∶1占有绝对优势。敌方第65师——一支由不同国籍的人组成的、装备简陋的师——在这样的冲击下即刻溃败，到30日，桑格罗河对岸的山脊已被肃清。但德军撤退到更远的主战线后又重新集结，而追兵遵从的是蒙哥马利一再强调的建立"坚固基地"的命令，这为德军的反攻提供了机会。12月2日至3日，英军在内陆侧翼的奥尔索尼亚错失了一个特别好的进攻机会。这样，德军就有足够的时间让凯塞林从北方调来的第26装甲师和第90装甲掷弹兵师的其余部队开抵战场。因此，英军的进攻变得越来越艰难。他们总是要"越过一条又一条河"。直到12月10日，第8集团军才成功越过桑格罗河8英里外的莫罗河，到了12月28日，他们才又越过莫罗河2英里外的奥托纳。然后，他们在里乔被阻拦，里乔距离佩斯卡拉、佩斯卡拉河和通往罗马的支线公路只有一半的路程。这就是当年年底出现的僵局，当时蒙哥马利将英国第8集团军的指挥权移交给奥利弗·利斯①，并返回英国接管第21集团军群，准备横渡海峡进攻诺曼底。

与此同时，马克·克拉克于12月2日在亚平宁山脉以西发起了新的攻势。此时，第5集团军的兵力已增至相当于10个师的规模，但其中两个师，即英国第7装甲师和美国第82空降师，正撤回英国，准备发动即将到来的跨海峡攻击。凯塞林的兵力也增加了，现在有4个师据守着亚平宁山脉以西的战线，还有一个师作为后备力量。

在新攻势的第一阶段，目标是6号公路以西的山脊和米尼亚诺峡谷。

---

① 奥利弗·利斯（1894—1978），英国第8集团军司令，英国中将。1940年从印度奉召回国参加英国远征军赴法作战，曾任远征军副参谋长。1942年在阿莱曼战役中任英国第8集团军辖下的第30军军长。以后率部参加突尼斯战役、西西里岛登陆战役并攻入意大利本土。1944年1月继蒙哥马利任第8集团军司令，率部在意大利作战。同年11月调任东南亚盟军地面部队司令，指挥英、印、美、中和非洲军队，收复缅甸。1946年退役。——译者注

第 27 章 进攻意大利——投降与受阻 493

英国第 10 军和新抵达的由杰弗里·凯斯少将指挥的美国第 2 军参与了这次攻击，得到了 900 多门火炮的支援，在头两天向德军阵地发射了超过 4000 吨炮弹。12 月 3 日，英国人几乎到达 3000 英尺高的卡米诺山峰，但被敌人的反击击退，直到 12 月 6 日才再度占领该山峰。他们到达了加里利亚诺河防线。与此同时，右翼的美国人占领了拉迪芬萨山和马焦雷山，这两座山地势较低，但靠近穿过缺口的公路。第二阶段从 12 月 7 日开始，美国第 2 军和第 6 军在更宽阔的战线上向拉皮多河发起进攻，希望通过在 6 号公路两侧的纵深推进，肃清 6 号公路以东山脊上的敌军。但他们遇到了越来越大的抵抗，在接下来的几个星期里，他们不断努力却只取得了几英里的"缓慢"进展。到 1 月的第二个星期，这场进攻逐渐减弱，但盟军仍未到达拉皮多河和古斯塔夫防线的前沿。第 5 集团军的战斗损失已上升到近 4 万人——远远超过敌军的损失。此外，在这场持续两个月的严冬山区战斗中，仅美军就损失了 5 万人。

进攻意大利的后续结果令人非常失望。在四个月的时间里，盟军只向萨莱诺前进了 70 英里——大部分是在最初几个星期——而且距离罗马还有 80 英里。亚历山大本人将这一过程描述为"艰难地攻占意大利"。但在那年秋天，一个更通用的描述是"缓慢前进"。考虑到这个国家的地理形状与腿相似，"啃咬"可能是一个更恰当的说法。

即使充分考虑到复杂的地形和恶劣的天气，回顾这场战役也能明显看出，由于盟军指挥官过分强调"巩固"每次进攻并在继续前进之前建立"稳固的基础"，同时他们最关心的是确保在进攻之前有足够的兵力和补给，因此他们一再错失快速推进的有利时机。他们一次又一次因为担心"太少"而导致"为时已晚"。

在评论这场战役时，凯塞林意味深长地指出：

> 盟军的计划自始至终都表明，盟国最高统帅部的主导思想是确保

成功，这种思想导致他们使用正统的方法和物资。因此，尽管侦察手段不足，获得的情报也很少，我几乎总是能够预见对手的下一步战略或战术行动——从而在资源允许的范围内采取适当的反制措施。①

但盟军遭遇麻烦的根源在于他们选择萨莱诺和意大利的脚趾作为登陆点——根据他们一向谨慎的习惯，这一选择与对手的预期非常吻合。凯塞林和他的参谋长韦斯特法尔是这一过于明显的决定的受益者，他们认为，盟军为确保战术安全免受空袭而付出了沉重的战略代价，而且鉴于当时德国空军在意大利南部兵力不足，这一决定是一种过度的保险措施。他们还认为，盟国最高统帅部习惯于将其打击范围限制在有空中掩护的范围内，这简化了许多防御问题，给守军助了一臂之力。

至于盟军应该采取的路线，韦斯特法尔表示：

> 如果将登陆萨莱诺的部队改用在奇维塔韦基亚（位于罗马以北30英里处），结果将更具决定性……罗马只有2个德国师……没有其他师能够迅速赶来提供援助。配合驻扎在罗马的5个意大利师，海空联合登陆将在72小时内占领意大利首都。这样一场胜利，除了获得政治影响之外，还将导致从卡拉布里亚撤退的5个德国师的补给线被一举切断。……这样一来，罗马—佩斯卡拉线以南的整个意大利都将落入盟军手中。②

韦斯特法尔还认为，让蒙哥马利的第8集团军登陆意大利的脚趾是一个错误，在那里盟军必须沿着整个脚部向上推进，而意大利暴露在外的脚后跟和亚得里亚海沿岸的更大机会却被浪费了。

---

① 利德尔·哈特：《山的那一边》，第364页。
② 利德尔·哈特：《山的那一边》，第364—365页。

英国第8集团军应该在塔兰托地区全力登陆，那里只有一个伞兵师（仅配备了3个师属炮兵连）驻扎。事实上，如果在佩斯卡拉—安科纳地区登陆，效果会更好。……由于我们缺乏可用的兵力，罗马地区无法抵抗这次登陆。同样，我们也无法从波河平原（位于意大利北部）迅速调集大量兵力。①

如果盟军第5集团军的主要登陆点在塔兰托而不是萨莱诺，那么凯塞林的部队也不可能迅速从西海岸转移到东南海岸。

总之，盟军最初或随后都未能从他们最大的优势——两栖作战——中获益，而忽视这一优势成为他们最大的障碍。凯塞林和韦斯特法尔的证词在更大程度上支持了丘吉尔于12月19日从迦太基发给英国参谋长委员会的电报中所表达的严厉结论：

意大利战线的整个战役的停滞不前正变得令人震惊。……完全忽视在亚得里亚海一侧进行两栖作战，未能对西线进行任何类似的打击，这是灾难性的错误。

地中海的登陆艇三个月来没有实施任何以进攻为目的的行动。……即使在这场战争中，如此有价值的力量被如此彻底浪费的例子也很少。②

丘吉尔没有看到的是，盟军的战争理论是有问题的——因为它遵循了谨慎的银行家的原则——"没有担保，就不能预支"。

---

① 利德尔·哈特：《山的那一边》，第365页。
② 温斯顿·丘吉尔：《第二次世界大战》第五卷，第380页。

第 28 章　德军在苏联的退潮

1943 年初，高加索地区的德军部队似乎遭遇了与斯大林格勒地区的德军部队相同的命运。他们比斯大林格勒的德军部队陷得更深。然而，在斯大林格勒被包围后，他们被迫在那里待了一个多月，天气越来越冷，危险也在扩大。对于组成德国 A 集团军群的德国第 1 装甲集团军和德国第 17 集团军来说，前景十分严峻。正在此时，克莱斯特上将接替利斯特元帅指挥该集团军群。

1 月的第一个星期，德国 A 集团军群的危险处境因多重包围威胁的加剧而更加严峻。最直接感受到威胁的是该集团军群伸入高加索山脉的先头部队。苏军首先袭击了德国 A 集团军群先头部队在莫兹多克附近的左翼，然后袭击了在纳尔奇克附近的右翼，收复了这两个地方。更危险的是，苏军又同时越过卡尔梅克草原，从其左翼后方 200 英里处向左翼和德国顿河集团军群交界处进发。占领埃利斯塔后，苏军从马内奇湖的尽头向阿尔马维尔进发——克莱斯特部与罗斯托夫的交通就是通过那里进行的。最危险的是，苏军突然从斯大林格勒方向沿着顿河向南直逼罗斯托夫。苏军的先头部队之一距离这个瓶颈只有 50 英里。

克莱斯特收到这个令人震惊的消息的同一天，也收到了希特勒的明确命令，要求他在任何情况下都不得从前线后撤。当时，克莱斯特的第 1 装甲集团军驻扎在罗斯托夫以东近 400 英里处。第二天，他收到了新的命令——带上所有装备，撤离高加索。这一要求不仅要与时间赛跑，还要克服距离上的障碍。

为了让德国第1装甲集团军畅通无阻地使用罗斯托夫通道，德国第17集团军奉命沿库班河向西撤退至塔曼半岛，必要时该集团军可从那里通过刻赤海峡返回克里米亚。这次撤退路程不太远，近期在图阿普谢周围沿海地带被围困的苏军部队实力不足以对撤退的德国第17集团军构成严重威胁。

相比之下，德国第1装甲集团军的撤退面临着直接和间接的危险。最危险的阶段是从1月15日到2月1日，那时该集团军的大部分已经抵达罗斯托夫。即便如此，其继续撤退的路线，尽管没有那么狭窄，但接下来的200英里仍受到苏联一系列攻击的威胁。

1月10日，在苏军要求德军部队投降的最后通牒遭到拒绝后，罗科索夫斯基①上将向被围困在斯大林格勒的德军发动了一场向心攻击。保卢斯的部队（德国第6集团军）因饥饿、寒冷、疾病、沮丧和弹药短缺而虚弱不堪，无法进行激烈或持久的抵抗。他们更无法突破包围圈。因此，苏军能够抽出部分兵力前往南面增援，以切断德军在高加索的部队的后路。随着包围圈不断缩小，苏军有更多的部队可用于调遣。

当斯大林格勒的最后行动开始时，克莱斯特的部队已经从高加索突出部的前端撤出，驻扎在皮亚季戈尔斯克和布琼诺夫斯克之间的库马河上。10天后，苏军从埃利斯塔向南的进攻已经到达了库马防线后方100多英里的地方。但那时克莱斯特的撤退纵队已经接近阿尔马维尔，从而跨越了紧迫危险的地带。

然而，在更远的后方，苏军更加强大的部队沿顿河两岸向罗斯托夫进发，危险正在加剧。在东岸，苏军已经接近马内奇河和萨尔斯克铁路枢

---

① 康斯坦丁·罗科索夫斯基（1899—1968），苏联陆军将领，苏联元帅。1929年毕业于伏龙芝军事学院首长进修班。1941年苏德战争爆发后率部在西方方向作战。参加过斯摩棱斯克战役和莫斯科会战。在斯大林格勒会战中，与斯大林格勒方面军、西南方面军协同，围歼德军33万人于顿河与伏尔加河之间。1943年2月任中央方面军司令。在沃罗涅日方面军协同下取得库尔斯克会战的胜利。——译者注

纽。在西岸，他们已经到达顿涅茨河，距离该河与顿河下游的汇合处不远。克莱斯特的后卫部队要到达罗斯托夫，还得比苏军多走3倍的路程。此外，曼施泰因疲惫不堪的部队（德国顿河集团军群）正努力掩护克莱斯特撤退走廊的侧翼，现在他们被压得喘不过气来，似乎快要崩溃了。然而，撤退的部队赢得了比赛，并设法逃脱了陷阱。10天后，当克莱斯特的后卫部队接近罗斯托夫时，苏军的拦截计划落空了。对德军来说幸运的是，这片荒凉的白雪覆盖的地区甚至限制了苏军向遥远的铁路终点站推进的速度，以及集结足够的兵力封闭缺口的能力。但是，德军逃脱的机会也非常渺茫。曼施泰因的部队长期坚守在暴露的阵地上，以至于他们撤退的机会也几乎断送，克莱斯特的一些师不得不匆忙撤回，以提供增援并协助曼施泰因的部队撤退。

当在斯大林格勒的德军部队崩溃的时候，从高加索撤出的德军部队在罗斯托夫安全地渡过了顿河。保卢斯本人和他们中的一大部分于1月31日投降。最后一批残余力量于2月2日投降。自三个星期前进攻开始以来，共有9.2万人被俘，而总损失几乎是这个数字的3倍。投降的人中有24名将军。尽管东线战场的德国将军们已经配备了毒药，以防落入苏军手中，但似乎很少有人使用这些毒药，直到1944年7月20日刺杀希特勒失败后，他们才开始这样做，以免落入盖世太保之手。但从此以后，"斯大林格勒会战"就像一剂毒药，在各地的德军指挥官心中发挥作用，削弱了他们对自己奉命执行的战略的信心。斯大林格勒会战对德军造成的影响在精神上甚至比物质上更大，德军从此一蹶不振。

然而，希特勒为安抚民心而发表的声明是有道理的，即德军在斯大林格勒的牺牲为德国最高统帅部采取反制措施争取了时间，而整个东线战场的命运都依赖于这些措施。如果斯大林格勒的德军部队在被包围后的头七个星期内投降，其他德军部队可能就会遭遇更大的灾难。因为曼施泰因的薄弱兵力不可能抵挡住从顿河涌向罗斯托夫的苏军洪流，所以高加索德军部队的后路就会被切断。如果斯大林格勒的德军部队成功突围并向西撤退,他们的命运也可能已成定局。此外,虽然1月下半月的抵抗不足以阻止苏军大举向罗斯托夫推进,但它仍然阻拦了苏军的一部分兵力,高加索德军部队能及时到达罗斯托夫,穿过这一瓶颈地带顺利退却,第6集团军功不可没。

即使有这样的帮助,从高加索撤退也只是以微弱的优势完成的。从时间、空间、兵力和天气条件来看,这是一次惊人的表现——克莱斯特因此被晋升为元帅。诚然,这场撤退的战术和毅力值得肯定,但其最大的意义在于它证明了只要指挥官和部队保持冷静的头脑和坚强的意志,现代防御就具有非凡的抵抗力。

接下来的几个星期进一步证明了这一点。因为撤退的德军部队在安全通过罗斯托夫瓶颈后,仍然必须应对撤退线上正在出现的危险。1月中旬,瓦图京①上将的左翼从顿河中部向南推进到罗斯托夫后面的顿涅茨河。除了导致德军在米列罗沃的兵力崩溃之外,他们还在绕过这个艰难的障碍后,在卡缅斯克以东渡过了顿涅茨河。

同一个星期,苏军又发动了两次新的攻势。一次是在列宁格勒地区,这场攻势打破了这座大城市长达17个月的包围,解除了围城的压力。虽然此次进攻没有深入到足以消灭德军在拉多加湖的突出部,但穿过城市后方,它沿着湖岸切开了一条通往施吕塞尔堡的缺口——这一战略性气管切开术创造了一条通风管,让该城的守军和居民可以更自由地呼吸。另一次新的攻势威胁到了德军在南方的喘息空间。它于1月12日由戈利科夫上将的部队从沃罗涅日下方的顿河西岸发动,突破了德国第2集团军和匈牙利第2集团军的防线。在一个星期之内,它就深入了100英里——即从顿河到哈尔科夫这段距离的一半。瓦图京将军的右翼沿着顿河和顿涅茨河之间的走廊向东发动了一次集中进攻。

---

① 尼古拉·瓦图京(1901—1944),乌克兰第1方面军司令,苏联大将。1944年4月因身负重伤而牺牲。——译者注

1月的最后一个星期，进攻再次扩大。当德军的注意力集中在向西南方向的哈尔科夫进攻时，苏军从沃罗涅日向西发动了大规模进攻，打乱了德军在那里进行的局部撤退，并将这场撤退转化为全面的崩溃。仅仅三天时间，苏军就向库尔斯克推进了一半的路程——库尔斯克是德军发动夏季攻势的跳板。

2月的第一个星期，苏军将右翼向前推进，在库尔斯克和奥廖尔之间的铁路和公路上形成了一个楔形阵。然后，他们又在库尔斯克和别尔哥罗德之间形成了一个楔形阵。这样，他们就从两边包抄了库尔斯克，并于2月7日突然向前推进，占领了这座城市。同样，他们形成的第二个楔形阵在两天后被用来攻占别尔哥罗德。这一进展反过来又对哈尔科夫的北翼构成了威胁。

与此同时，表面上对哈尔科夫的直接进攻已经向西南发展，攻往亚速海和罗斯托夫的撤退线。2月5日，瓦图京的部队占领了伊久姆——德军春天时已经在这里建立了决定性的侧翼优势——并利用渡过顿涅茨河的机会在反方向形成优势。在穿过顿涅茨河以南的铁路后，瓦图京部向西扩展，并于11日占领了重要的铁路枢纽洛佐瓦亚。

这些新的进展破坏了哈尔科夫本身的局势，哈尔科夫于2月16日落入戈利科夫手中。这是一场胜利，但对德军整体局势而言，更直接的威胁来自苏军继续从顿涅茨河向南推进到亚速海方向的态势。四天前，一支机动部队已经抵达克拉斯诺阿梅斯克，这是从罗斯托夫通往第聂伯罗彼得罗夫斯克的主要路线。这一进展有可能切断刚刚从高加索包围中逃脱的德军部队的撤退路线。

苏军攻势的交替模式和节奏比早期更加明显。考虑到德国人必须用不断减少的后备力量掩护广阔的战线，不难看出苏军的攻势对德军的抵抗力量和已经过度紧张的资源造成了多大的压力。苏军利用德军的弱点所采取的渐进和多变的方式，充分展示了苏军在技术上的进步，以及他们学会了如何利用自身新优势。研究苏军占领关键地点的过程，可以看出，每一次占领——即使是在附近地区推进之后实现的——都是间接行动的结果，这种间接行动实际上使相关城镇难以防守，或者至少削弱了这些城镇的战略价值。这一系列间接手段的影响，可以在苏军的作战模式中清楚地看出。苏军最高统帅部可能被比作一位双手在键盘上上下移动的钢琴家。

虽然苏军进攻的这种交替节奏与1918年福煦元帅的进攻类似，但这种战略方法的应用更加巧妙，也更加迅速。每次进攻的打击点都更具迷惑性，而且进攻过程中停顿的时间更短。尽管准备行动从未直接瞄准他们打算威胁的地方，但最终行动往往是在地理意义上直接实现的——因此具有心理上的间接性，因为这些行动总是在最意想不到的方向展开。

但在2月的最后两个星期，形势发生了戏剧性的变化。当苏军越过顿涅茨河向亚速海和第聂伯河湾进发，以期切断南部德军部队的后路时，他们的优势开始消失。苏军的目标现在很明显了，他们要进入的正是德军正在进攻的同一地区。因此，下一阶段变成了一场竞赛，问题的关键在于：苏军能否在德军到达并集中兵力阻止他们这场南下进攻之前，先切断德军的退路。

不幸的是，对于苏军来说，一场提前到来的解冻阻碍了他们的行动，并加剧了他们长时间推进的困难。当苏军计划冬季攻势时，发现计划的后勤方面与战略方面不相符，因为没有足够的运输工具来运送这样一场远距离进攻所需的汽油、弹药和食物的最低补给的一半。苏军以特有的大胆做出决定，不修改计划，而是寄希望于从敌人那里获得大部分必需品！这一政策取得了成功，因为每次突破都会有大量补给仓库和物资储备点被占领。但当敌人的抵抗愈演愈烈，缴获的物资越来越少时，苏军越是远离铁路终端向前推进，运输障碍就越严重。因此，过度延伸的规律再次发挥作用，这一次对苏军不利。顿河—顿涅茨走廊的铁路很少，而且这些铁路与苏军向西南的推进路线呈直角。相比之下，顿涅茨河以南东西走向的铁路线较多，这让德军加快了在危险地段集结。德军也开始从收缩战线中获益——现在他们的战线比秋天缩短了600英里。

受这些因素影响，苏军陷入了非常尴尬的境地。他们已经渡过顿涅茨河，向第聂伯河方向形成了一个深入80英里的大楔形，但在距离第聂伯河30英里处的巴甫洛格勒停了下来。苏军又在顿涅茨河以南70英里处向克拉斯诺阿尔梅斯克推进了一个狭窄的楔形阵，穿过了顿涅茨河和亚速海之间的走廊。德军聚集了所有可用的兵力，在曼施泰因的指挥下迅速发动了一场三路齐下的反击。这场反击的目的是利用苏军突出部位置不规则的特点，将攻势重点指向这片阵地的两个突出部。德军从第聂伯河向西南端发起了左突击，向东南端发起了右突击，又朝着洛佐瓦亚方向向两者之间凹陷的战线中央发起了突击。两个突出部都被击溃，德军的装甲楔形阵深深地刺入了突出部内。2月最后一个星期的反击发展成为一场总反攻，因为德军从罗斯托夫向西撤退，获得了更多的增援。到3月的第一个星期，德军再次进至顿涅茨河，在伊久姆周围形成了一个宽阔的正面阵地，苏军突出部几乎被切断，大部分苏军部队被困在哈尔科夫以南。

如果德军能够迅速渡过顿涅茨河，切断向西推进的苏军部队的后方，他们可能会给苏联带来一场堪比斯大林格勒战役的灾难。但德军的尝试受阻，因为他们没有足够的兵力来攻破任何坚固的障碍。在这次阻击之后，德军重心转移到了西北，他们于3月15日再次将苏军赶出了哈尔科夫。四天后，德军迅速从哈尔科夫以北夺回了别尔哥罗德。但是，这就是德军成功的极限。在接下来的一个星期，德军的反攻在春季解冻的泥泞中逐渐减弱。

当德军在苏联南部发动进攻时，他们的部队在北部却不断撤退。这是一年多以来德军的首次大规模撤退。在1941—1942年的冬季战役之后，德军面对莫斯科的战线呈紧握的拳头形状，苏军围着手腕——斯摩棱斯克就在手腕部。8月，苏军猛烈攻击了德军的左翼，即勒热夫的防御中心，试图通过破坏敌人的中央战线来转移注意力，以支援斯大林格勒。苏军的进攻被勒热夫的顽强抵抗所阻挡，尽管他们切入了勒热夫的侧翼，但还使其防御枢纽暴露在外。11月的一次新尝试加剧了勒热夫的暴露程度，它看起来像一个只有狭窄地峡的半岛。年底，苏军从德军突出部以北一个大突出部的尖端发起进攻，占领了莫斯科至里加线上勒热夫正西150英里处的大卢基。结果，不仅仅是勒热夫，整个拳头显然也陷入危险境地。

一个月后，斯大林格勒被围困的德军部队的投降间接加剧了这种危险，而德军随后在苏联南部的溃败表明，试图守住过度扩张的战线是要付出代价的。蔡茨勒终于说服了希特勒，这是他在与希特勒打交道时取得的唯一重要的成果。尽管这位领袖讨厌任何撤退，尤其是从莫斯科方向哪怕一步的撤退，但他还是被说服，同意必须在该地区拉直战线，以避免崩溃，同时还能抽出后备力量。3月初，正当苏军发起新一轮进攻时，德军从勒热夫撤离，到3月12日，整个阵地被放弃，包括重要的交通中心维亚斯马。德军撤退到一条掩护斯摩棱斯克的防线上。位于大卢基和伊尔门湖之间的杰米扬斯克的一个小型突出部也在3月初被放弃。（西方人对这一撤退的意义并不了解，因为一年多来英国和美国报纸上的地图一直显示这里是一条直线，并将杰米扬斯克草率标注于苏军防线内。）

然而，德军部队通过缩短北部战线所获得的好处，却被他们在南部反攻成功所带来的新的战线延伸和诱惑所抵消。德军将领的希望破灭了，他们原本希望希特勒会同意他们后退很长一段距离，以便他们可以在远离苏军攻击范围的地方进行整合和重组。这场反攻赢得的胜利，提供了若干新旧不一的进攻跳板，在希特勒看来，前景大有可为。他有一种偏爱进攻的本能，很不愿意放弃一场仍有可能扭转整个态势的进攻豪赌的想法。

反攻的成功消除了德军撤离顿涅茨盆地的迫切性。希特勒认为，通过坚守去年在顿涅茨河以南、靠近塔甘罗格的防线，可以保住该地区的工业资产，同时也保住再次争夺高加索地区的希望。因德军近期回到顿涅茨河西岸，在哈尔科夫和伊久姆之间，希特勒认为可以在那里发动一次新的侧翼攻击。通过重新夺回别尔哥罗德并保住奥廖尔，他拥有了极佳的侧翼位置，可以对库尔斯克及其周围的苏军占领的阵地形成钳形攻势。一旦切断这个巨大的突出部，希特勒将在苏军前线打开一个大缺口，只要把他的装甲师从此处投入，取得任何结果都不足为奇。苏军的实力比希特勒此前估计的要强，但苏军的损失非常惨重。只有"老将军们"才会认为苏军的资源取之不尽，用之不竭。希特勒本能地遵循这种思路，他越来越觉得，库尔斯克突破战可能会再次扭转局势，解决他面临的所有问题。他很容易就说服自己，目前遇到的麻烦是由于苏联正处于冬天，而他总是可以指望在夏天占上风。这个前景成了他仲夏夜的梦想。

虽然主要攻势是在库尔斯克地区，但希特勒的夏季计划还包括对列宁格勒的攻击，这一攻击曾两次被推迟——奇怪的是，他的计划与1942年计划中的路线和地点是如此相似。一个由两个师组成的伞兵军已经组建，将用于对列宁格勒进行突袭，为陆地攻击开辟道路。随着机会的减少，希特勒变得越来越大胆，一年前他还犹豫着是否接受施图登特空军中将对斯大林格勒进行空降攻击的提议。但在突尼斯溃败后，这个伞兵军被派往法国南部，准备对登陆撒丁岛的盟军进行空降反击。随后，库尔斯克攻势的失败导致进攻列宁格勒的计划被彻底放弃。

将军们对"库尔斯克计划"意见不一。越来越多的人开始怀疑东线能否取胜，今年的怀疑者中包括克莱斯特这样的猛将。但他这次并没有直接参与进攻。在冬季战役的重组中，曼施泰因被任命为南部战线主要部分的指挥官。德国第1装甲集团军在年初被编入曼施泰因的集团军群，而克莱斯特只负责克里米亚和库班桥头堡。对库尔斯克突出部的进攻将由曼施泰因的左翼攻击突出部南翼，由克卢格元帅的中央集团军群的右翼攻击突出部北翼。这两位集团军群司令事先都说过，似乎他们对此次行动成功的机会充满希望。但是，建功之望，多寄于用武之机。敏锐的士兵总是对自己负责的事业满怀信心，并且不愿表达怀疑，因为这可能会削弱上级对他们能力的信心。

军事教育的整个趋势也有助于抑制疑虑。虽然许多将军现在赞成长期撤退以摆脱苏军，正如伦德施泰特一年多前所提倡的那样，但希特勒禁止采取任何此类措施。由于德军部队在冬季末期所处的防线不适合防御，将军们更倾向于依靠他们所学的原则——"进攻是最好的防守"。通过进攻，他们可能会消除阵地的缺陷，并打乱敌人恢复进攻的部署。因此，所有的努力都集中在使进攻取得成功上，而不考虑失败的后果，也不考虑德国新积累的后备力量的消耗将使其任何后续防御措施都面临破产。

德军实力严重下降的真相被极端的内部保密政策和部队、兵团的日益稀释所掩盖。德国师的数量几乎维持在原有水平，因此，作为衡量实力指标的数字不太能看出兵力的虚实。到1943年春，他们的人员和武器平均只比编制的一半多一点，但许多师的人数和武器数量远远低于该水平，而其他师则几乎与标准持平。在保密政策下，指挥官们被隔绝在如此严密的环境中，以至于他们中很少有人清楚总体情况，他们被告知最好不要打听。但是，稀释部队和兵团的政策，除伪装动机之外，还有其他因素。

希特勒对数字着迷，也陶醉其中。在他那诡异的头脑里，数字就是力量。由于师是军事计量的标准单位，他痴迷于拥有尽可能多的师——尽管他在1940年的胜利基本上是靠机械化部队的质量优势获得的。在入侵苏联之前，他坚持稀释部队数量政策，以便组建尽可能多的师，后来他又进一步稀释部队数量，以避免出现误导性的数字。这种稀释政策的后果是军事经济领域出现了危机四伏的通货膨胀。

1943年，通货膨胀的程度已经远远抵消了德国装备质量改进带来的优势，尤其是新式"虎"式坦克和"豹"式坦克的生产。每当一个师遭受重大损失时，先头部队往往会缩减开支，因为损失主要由战斗部队承担。在装甲师中，坦克和坦克组员通常承担最高比例的损失，步兵部分承担的比例较低，行政部队承担的比例最低。因此，将师（尤其是装甲师）的战斗力维持在低于其编制的水平是不经济的。除非迅速弥补损失，否则与其所能产生的打击力相比，这些师的规模仍然过于庞大，不具效益。

德军部队的这些劣势更加突出，因为苏军部队现在的质量和数量都比1942年要好得多。苏军作战表现出的提升得益于乌拉尔地区新建和扩建的工厂，以及西方盟友提供的源源不断的技术装备。苏军的坦克至少与其他国家部队的坦克一样好——大多数德国军官认为苏联的更好。虽然它们缺乏无线电设备等辅助装备,但它们在性能、耐久性和武器装备方面都达到了很高的标准。苏军火炮质量优异,火箭炮也得到了大规模发展,效果显著。苏军步枪比德军步枪更先进,射速更快,而大多数重型步兵武器也同样出色。

苏军主要的不足是汽车运输,而这一迫切需求现在正由越来越多的美国卡车来满足。对机动性来说,大量美国罐头食品的涌入也同样重要,因为它们还有助于解决补给问题,而苏军由于部队规模庞大,通信手段匮乏,补给问题成了制约苏军发挥实力的最大制约因素。如果苏军部队不习惯在比西方部队更低的补给标准下生活和战斗,这个问题会更加严重。虽然红军从未达到过和西方军队同等的机动性水平,但相对于其技术手段而言,他们的机动性比西方部队更强,因为他们可以在需求较低的情况下作战。红军的原始性既是优点,也是缺点。苏联士兵可以在其他人可能饿死的地方生存。因此,红军的先头部队现在可以获得更纵深的突破,因为现在拥有更充足的资源,而其主力部队也可以跟进,因为他们需要的运输和食物很少。

红军的战术能力也得到了极大提高。由于在1941年损失了大部分训练有素的部队,1942年苏军的战力有所下降。然而,随着战斗经验的增加,到1943年,这一缺陷已基本得到弥补,新编部队的战术素养甚至超过了战前受训的老兵。战力的提升始于高层。原有领导人的大量流失为一代年轻将领的快速崛起腾出了空间,这些将领大多不到40岁,比他们的前辈更专业,政治色彩也更淡。现在,苏军高级指挥官的平均年龄比德军年轻了近20岁,年龄的降低提高了效率和行动力。更年轻的领导层和日趋成熟的战斗经验的综合作用反映在参谋工作和部队的战术能力上。

如果不是将军们出于恐惧或为取悦上级,倾向于在遭到强烈抵抗的地方继续发动毫无收益的进攻,这种改进可能会更加有效。他们的部队不愿承认失败,而是一次又一次地向坚不可摧的阵地发起进攻,付出的代价越来越大。由于等级制度和军事纪律的双重影响,这种失败的进攻在部队中很常见,但由于苏联的条件及俄罗斯的传统和资源的影响,这种趋势在红军中自然更加严重。在这样的制度下,只有最优秀的指挥官才敢因地制宜地采取行动,而庞大的兵源则助长了兵力挥霍的风气。毫不留情地牺牲部下的性命,毕竟比激怒上级的风险更小。

总的来说,广阔的空间在很大程度上平衡了这种盲目蛮干的倾向。战场上通常都有回旋余地,苏联最高统帅部已经能熟练地在敌人的长距离战线上选择其他防御薄弱的地带进攻。由于红军现在在人数上占了总体优势,苏联最高统帅部可以指望在它决定集中兵力发动进攻的任何地区享有超过4∶1的兵力优势,而且一旦取得突破,机动空间将进一步扩大。徒劳的正面进攻和浪费兵力的反复进攻在北方更为常见,因为北方的德军防御更为紧密,也更为稳固。在南方,苏军拥有最好的指挥官和部队,以及施展才能的空间。

尽管如此,德国人在如此不利的情况下仍然坚守阵地,这证明——即使在战争延长两年后点——要想超越德军的技术,苏军还有很长的路要走。1943年春天,苏德双方都意识到了这种技术优势。这鼓舞了希特勒和他的军事顾问,他们认为如果能避免过去的错误,天平或许仍会向德军倾斜。但这让苏联领导人对从冬季胜利中获得的信心产生了怀疑,因为他们无法忘记,去年冬季因胜利所获得的希望在随后的夏季战局中破灭了。另一个夏天即将到来,他们无法确定自己能否取得胜利。

战争开始前出现的一段重要的外交插曲,证实了这种潜在的不确定性。6月,莫洛托夫在当时位于德国防线内的基洛夫格勒会见了里宾特洛甫,他们讨论了结束战争的可能性。据以技术顾问身份出席会议的德国军官称,里宾特洛甫提出的和平条件是苏联未来的边界应沿着第聂伯河延伸,而莫洛托夫则坚持要求恢复其原有的边界线。谈判因弥合这一分歧的难度而陷入僵局,并在相关消息泄露给西方列强后中断。双方只得重回战场一决高下。

夏季战役开始得比前两年都晚。冬季战役结束后有三个多月的停顿。出现这一拖延至少部分是由于德军越来越难以重新整顿部队并集结发动另一次进攻所需的后备力量。但德军也越来越希望看到苏军率先发动进攻，以此引诱苏军上钩，这样德军的进攻就能产生反击的效果。这种愿望落空了——与其说是因为希特勒对漫长的等待越来越不耐烦，不如说是因为苏军这次决定采用类似的钓鱼策略。

德军领导人事后认为，如果进攻部队在六个星期前就准备好发动进攻，他们的进攻可能会取得巨大成功。当德军的钳形攻势陷入一系列纵深层雷区时，他们发现苏军已经将主力撤退到后方很远的地方，德军把自己的挫败感归咎于苏军在此期间已经知道了他们的准备工作，苏军因此能够做出适当的部署。这种观点忽视了库尔斯克突出部作为进攻目标过于明显的事实。它对于德军的钳形攻势具有一种明显的吸引力，就像德军毗邻的奥廖尔突出部之于苏军一样。因此，双方对攻击地点几乎没有任何疑问，主要问题是哪一方先发动攻击。

苏军方面一直在争论这个问题。有人主张先发制人，理由是苏军的防御已经连续两个夏天被德军的进攻攻破；而从斯大林格勒会战以来，苏军多次进攻取得成功，这让他们的领导人更渴望在夏天采取主动。另一方面，也有人表示，1942年5月铁木辛哥实际上率先发动了哈尔科夫攻势，而6月苏军在哈尔科夫和库尔斯克之间的溃败则是这场攻势的灾难性后果。

5月底，英国军事代表团第一次与苏联总参谋部举行会议，英国军事代表团新任团长吉法德·马特尔中将的印象是，苏方主张主动发动进攻。马特尔坦率地说，如果苏军在德国装甲部队重新集结时贸然发动进攻，那他们就是自找麻烦，而苏军"如果尝试任何类似的事情，肯定会被打得落花流水"。

几天后，有人问马特尔英军在北非的战术，他"向他们解释说，我们在阿莱曼的成功很大程度上是因为我们让德国人的装甲部队在我方的防御上耗尽实力，或者至少削弱了他们的防御力量。当他们投入战斗并受到严重打击时，就是发起进攻的时候了"。在下一次会议上，马特尔有这样的印象，苏联总参谋部倾向于这个计划。马特尔借此机会向他们传授了英国经验的另一个教训：在敌方坦克突入时，防守两侧的侧翼很重要，并且使用所有可用的后备力量来加强突破口的侧翼，作为一种间接的制衡，而不是正面迎战。①

在追溯任何一项计划的起源时，通常很难评估决定该计划的影响因素，即使所有文件都可供审查，因为文件很少记录真正的起因。它们没有显示那些想法是如何在实际规划者的头脑中萌芽和成形的。虽然一些播种想法的人倾向于高估他们的特定种子的影响力，但那些接受这种观念的人更倾向于低估这种影响力，无论这种影响力有多大。这在官方场合尤其适用，特别是在涉及民族自豪感的地方。在盟国之间，每个国家都尽量将其所获得的有形或无形的帮助贬低到最低程度，把自己给予别国的帮助夸大到最大程度，这都是很正常的。因此，历史不太可能更清楚地揭示苏军1943年计划的制订方式，而很明显，他们的战略规划者从自己的战役中获得了丰富的经验，可以得出他们最终采用的计划中隐含的结论。

更重要的意义在于遵循"防御—进攻"这一方法取得了具有决定性的结果。

7月5日拂晓，德军对库尔斯克突出部的两翼发动进攻。库尔斯克突出部的正面宽近100英里，南面纵深约50英里，北面则超过150英里，因为它与伸向相反方向的德军奥廖尔突出部的侧翼重合。突出部的主要部分由罗科索夫斯基的部队据守，而瓦图京的右翼则包围了突出部的南角。

曼施泰因的南部钳形攻势和克卢格的北部钳形攻势在实力上大致相当，但曼施泰因的装甲部队比例更大。总共有18个装甲师和装甲掷弹兵师参与了这次进攻。他们占了参战总兵力的近一半——几乎动用了东线

---

① 参见马特尔：《一个直言不讳的士兵》，第211—254页。

1943年7月5日,德国"豹"式坦克的进攻揭开了库尔斯克会战的序幕

德国"虎"式坦克进入进攻出发阵地,准备突向库尔斯克

德军可用的所有装甲兵力。希特勒在豪赌。

最初几天，南部的钳形攻势在某些地方突破了大约 20 英里——这不算一场快速突破。德军被他们遇到的深雷区拖慢了速度，发现大批防守部队已经撤退到后方，因此他们抓获的战俘少得令人失望。此外，他们推进的楔形攻势因后方顽强的防守而无法扩大。克卢格在北部的钳形攻势突破得更加有限，并没有成功突破苏军的主要防御阵地。经过一个星期的斗争，德军各装甲师的兵力大大削弱。克卢格对自己侧翼即将受到威胁的迹象感到震惊，开始撤出他的装甲师。

与此同时，7月12日，苏军发动了进攻——针对北翼和奥廖尔突出部的正面。北面的进攻在3天内深入奥廖尔后方30英里，而另一支进攻部队距离奥廖尔也只有15英里。但克卢格派出的4个装甲师及时赶到，阻止了苏军北翼在从奥廖尔通往布良斯克的铁路上建立据点的企图。此后，苏军的进攻变成了艰难的推进过程，完全依靠优势兵力迫使德军撤退。这是一次代价高昂的努力，但罗科索夫斯基的部队从库尔斯克突出部转向南翼进攻，这对进攻大有裨益。8月5日，德军终于被赶出了奥廖尔。奥廖尔不仅是自1941年以来德军前线的主要堡垒之一，也是最强大的堡垒之一，而且只要它还控制在德军手中，德军对莫斯科的威胁就有可能再次出现。奥廖尔的战略价值和其已证实的实力使其成为一个军事象征——因此德军的撤离挫伤了德国人的士气，同时又鼓舞了苏联人的士气。

与此同时，瓦图京的部队紧追后撤的德军，从库尔斯克突出部南侧的突破口一路追击到原来的防线。8月4日，瓦图京对这条被削弱的防线发动了攻击，并于次日占领了别尔哥罗德。瓦图京利用敌人的疲惫，在接下来的一个星期内深入了80英里，向哈尔科夫的后方及其与基辅的通信线路进发。这一镰刀式的打击使德军整个南部战线都有崩溃的危险。10天后,瓦图京左翼的科涅夫①的部队越过哈尔科夫东南部的顿涅茨河,构成完全包围这座城市的威胁。科涅夫大胆地选择柳博廷沼泽作为渡过顿涅茨河的地点,为这一威胁创造了机会。

如果任何一次袭击到达波尔塔瓦交界处,那么不仅会困住哈尔科夫的驻军,还会使沿顿涅茨河延伸的所有德军右翼陷入混乱。当时,德国第3装甲军几乎是唯一剩下的重要后备军。它与3个党卫军装甲师一起被派往塔甘罗格附近的米乌斯河,应对突出部遭受的威胁。现在,它又被紧急调回右翼,及时遏制了波尔塔瓦周围的危险。这使得哈尔科夫的大部分部队能够在8月23日该城沦陷之前安全撤出。在其他地点,耗尽兵力的装甲师也表明,尽管他们已经没有什么攻击力了,但他们仍然能够遏制苏军的进攻。最终,危机得以平息,局势趋于稳定——尽管并非一成不变。苏军继续前进,但进展缓慢。在发动进攻后的6个星期内,他们俘虏了2.5万名德军官兵。对于这样一场涵盖众多战区的庞大战役而言,这个数字实在不算多,而且也表明任何防御的崩溃都不过是局部的和有限的而已。

8月下半月,苏军的进攻范围更加广泛。当波波夫②的部队从奥廖尔逐渐向布良斯克推进时,右翼的叶廖缅科的部队开始向斯摩棱斯克推进。在他们的左翼,罗科索夫斯基向基辅附近的第聂伯河发起了更深入的进攻,而瓦图京的部队也朝那里进发。在最南端,托尔布欣③渡过米乌斯河,迫使德军放弃塔甘罗格。在9月初,马利诺夫斯基向南越过顿涅茨河

---

① 伊万·科涅夫(1897—1973),苏联卫国战争期间历任加里宁方面军、西北方面军、草原方面军、乌克兰第2方面军和乌克兰第1方面军司令。参与指挥莫斯科会战、库尔斯克会战、柏林战役等。1944年获苏联元帅衔。战后历任苏联陆军总司令、国防部第一副部长兼华约武装部队总司令、国防部总监组成员、驻德苏军总司令等职。——译者注

② 马尔基安·波波夫(1902—1969),苏联大将。苏联卫国战争期间,先后参加列宁格勒、莫斯科、斯大林格勒和库尔斯克等会战。战后曾任军区司令、陆军第一副总司令兼参谋长。1953年获大将衔。著有《在斯大林格勒以南地区》。——译者注

③ 费奥多尔·托尔布欣(1894—1949),乌克兰第3方面军司令,苏联元帅。1934年毕业于伏龙芝军事学院。参加斯大林格勒会战。1949年10月17日因糖尿病在莫斯科去世。——译者注

朝着斯大林诺进攻,这种侧翼优势使得德军从顿涅茨河以南的犄角阵地迅速撤退。然而,值得注意的是,德军设法守住了那些掩护他们长距离撤退侧翼的据点和铁路线,直到他们的大部分部队安全为止。位于侧翼位置的洛佐瓦亚枢纽直到9月中旬才被苏军攻占。

苏军行动的模式和节奏似乎更接近福煦1918年的全面进攻——在不同地点交替发动一系列攻击,每当遭遇敌军激烈抵抗,使攻击势头减弱时,都会暂时停止,但每次进攻都旨在为下一次进攻铺平道路,并且所有进攻都在时机方面相互配合。1918年的这种打法导致德军将预备队迅速调往被攻击的据点,同时限制了他们及时调遣预备队以应对下一次攻击的能力。这样一方面瘫痪了他们的行动能力,另一方面又逐渐耗尽了他们的预备兵力。25年后,苏军在更为有利的条件下,以一种改进的形式重复了这一策略。

对于一支机动性有限但拥有总体兵力优势的部队来说,选择这种方法合情合理。当横向交通线过于稀疏,无法迅速将预备队从一个地区调到另一个地区以取得特定的胜利时,这种方法就更加合适了。此举意味着每次都要开辟新的战线,因此这种"横向"扩张所付出的成本往往高于"纵深"扩张的成本。它也不太可能迅速取得决定性结果,但只要采用这种方法的部队拥有足够的物质优势来维持这一进程,则其成功就更加确定无疑了。

在那次进攻过程中,苏军的损失自然比德军更惨重,但德军的损失超出了自身所能承受的限度。对德军来说,消耗意味着毁灭。希特勒不愿意批准任何大幅度的后撤行为,这延缓了他们的撤退进程,却加速了他们的衰竭。

9月,德军防线日趋薄弱,后备力量逐渐减少,这从苏军加快的前进速度中可以看出。瓦图京、科涅夫和罗科索夫斯基等经验丰富的指挥官迅速利用了德军宽阔战线中的薄弱环节。美国卡车的不断涌入也增强了他们的进攻势头。月底前,苏军不仅抵达了第聂伯河东侧的大拐弯处,还抵达了基辅以北的普里皮亚季河大部分河段。苏军迅速在多处渡河，并建立了桥头堡。这对德军来说是一个不祥之兆，他们无法在这道宽阔河堤的掩护下休整和重组，而军方发言人曾漫不经心地将其描述为"冬季防线"。苏军之所以能如此轻易地渡河，得益于指挥官们的技巧和大胆，他们善于利用空间的潜力。在波尔塔瓦西南的克列缅丘格周围建立的重要桥头堡，很大程度上要归功于科涅夫的决定，他决定不把兵力集中在一条线上，而是分别在许多地点渡河——在 60 英里的范围内总共选择 18 个渡河点。这种精心策划的分散行动的奇袭效果又因渡河是在大雾的掩护下进行而进一步加强。瓦图京也利用类似的方法在基辅以北获得了一系列立足点，这些立足点随后连成一片。

然而，造成这种情况的根本因素是，即使德军稀疏分布，也没有足够的兵力覆盖整条战线，他们不得不依靠反击来阻止敌人立足点的扩张。当他们自己的后备力量如此稀少，而攻击者人数众多时，这注定是一个不稳定的策略。

9 月 25 日，德军在基辅以北 300 英里处放弃了斯摩棱斯克，而在一个星期前他们已被赶出了布良斯克。德军正沿着第聂伯河上游的一系列堡垒城镇缓慢撤退——日洛宾、罗加乔夫、莫吉列夫和奥尔沙，一直撤到西德维纳河畔的维捷布斯克。

在遥远的南方，德军已撤离了库班的桥头堡，撤过刻赤海峡退入克里米亚半岛，而克里米亚半岛现在正面临被苏联从大陆推进的攻势孤立的危险。克莱斯特接到命令，要他的部队从库班撤回，接防亚速海和扎波罗热第聂伯河湾之间的地区。这个决定晚了两个星期。当克莱斯特的部队在 10 月中旬开始抵达新阵地时，苏联人已经在梅利托波尔突破了防线，整个地区处于动荡之中。

在最初渡过第聂伯河之后，10 月上半月，这一地区相对平静，而苏军则在调集增援部队、积累补给并建造桥梁以利前进。这些桥梁大多是桩桥或栈桥，都是用渡口附近砍伐的树木迅速搭建起来的。苏联人是这种即兴搭桥艺术的大师——就像谢尔曼的部队在穿越佐治亚州和卡罗来纳州时所做的那样。苏军在这条宽阔的河流上搭建一座桥梁平均需要四天时间，而这种桥梁可供最重型的运输车辆使用。

当人们的注意力都集中在基辅，以为风暴会在那里爆发时，苏军下一阶段的攻势却在第聂伯河弯道和基辅之间的漫长路段展开。科涅夫突然从波尔塔瓦西南的克列缅丘格桥头堡冲出，向南穿过大突出部的基线，形成一个巨大的楔形。一开始，那里几乎没有德军迎战苏军，但曼施泰因迅速将预备队调到那里，减缓了苏军的前进速度，从而为撤回困在弯道内的德军赢得了时间。这有助于阻止苏军在克里沃罗格城外前进，克里沃罗格位于苏军出发线以南70英里处，处于突出部的中间位置。

但第聂伯河弯道以南的溃败也只是德国人付出的部分代价，因为在克莱斯特的部队赶来接替他们之前，曼施泰因就被迫从该地区撤出部队。利用在梅利托波尔的突破，苏军于11月第一个星期横扫诺盖斯克草原，直抵第聂伯河下游，切断了克里米亚的咽喉，孤立了留在那里的敌军。

然而，结果并没有应验"100万人"被困在第聂伯河以东的乐观假设。在追击最快的两天里，只俘获了6000人，而德军的大部分——远远少于苏联人预想的规模——不得不撤过第聂伯河。在战役开始后的整整四个月里，苏军总共只俘虏了9.8万人，其中半数以上都是伤员。尽管盟军评论员很少指出这一点，但一个明显的矛盾是，苏军声称在同一时期有90万敌军阵亡，170万敌军受伤。因为在任何突破中，大部分伤员通常都会落入进攻方手中，而失败越严重，撤离的伤员比例就越低。更引人注目的是斯大林在11月6日发表的声明，他称德国在过去一年中损失了400万人。如果这个数字是真的，哪怕只有一半是真的，那么这场战争早就结束了。实际上，战争还要持续很长一段时间，只不过已经走下坡路了而已。

10月下半月，基辅地区几乎没有消息传来，但苏军正在将桥头堡延伸到城市北部，直到形成一个宽阔的跳板——宽度足以发动一场强大的迂回攻击。11月的第一个星期，瓦图京发起了这场进攻。他们在德军当时已经过度伸展的正面找到了薄弱之处，向西突围，然后向内转动，切断了通往基辅的道路，从后方攻克了这座城市。德军再次成功逃脱了陷阱，只留下6000人落入苏军手中，但德军无法阻止苏军的猛攻，因为大多数装甲师都被科涅夫在第聂伯河湾的进攻引向南方。

攻占基辅的第二天，苏军装甲部队到达西南方向40英里处的法斯托夫。这是一次追击行动。在克服了这条线上的抵抗后，苏军在接下来的五天内前进了60英里，占领了日托米尔枢纽，这是普里皮亚季沼泽以东仅存的一条支线铁路。随后他们向北推进，并于11月16日占领了科罗斯坚枢纽。当时，德军的抵抗濒临崩溃，这可能使斯大林11月6日宣布的"胜利在望"提前实现，因为曼施泰因手头没有任何预备力量。

在这种紧急情况下，曼施泰因要求第7装甲师干劲十足的师长曼陀菲尔，尽可能在其残余部队中调集一切能用的兵力，从别尔季切夫向上发动猛攻。曼陀菲尔大胆地采用"之"字形路线，轻装上阵，成功地突破了苏军侧翼，在11月19日的夜袭中重新夺回了日托米尔，之后又向科罗斯坚进发。曼陀菲尔把部队分成许多小装甲群，行动时分散得很开，以造成德军实力强大的假象。他们从苏军纵队之间穿过，切入其后方，袭击了苏军的指挥部和通信中心，前进途中一路制造瘫痪性混乱。

为了利用由此创造的机会，曼施泰因现在对基辅以西仍然诱人的大型苏军突出部发动了明确的反攻。西线的几个新的装甲师也赶来支援他。计划是进行钳形突击——装甲部队从西北方向向法斯托夫发动突击，另一股力量则从南面助攻。前者是由巴尔克率领的3个师的装甲军实施的，其中包括曼陀菲尔的师。但瓦图京的先头部队现在已经获得了越来越多的炮兵和反坦克炮的增援，这些炮兵和反坦克炮从第聂伯河大桥涌入，同时还得到了预备部队的增援。德国的这场反攻没有取得像最初的反击那样惊人的效果。它在地图上看起来比在地面上更危险。因为德军不再享有突袭的优势，无法弥补其兵力方面的不足，而且恶劣的天气进一步阻碍了他们的行动。12月初，这场反攻逐渐消失在泥泞之中。在随后的间歇期，瓦图京集结了他的部队，准备进一步加大攻势。

希特勒无意中对这一情况做出了最恰当的评论，为了表达对曼陀菲尔挽救颓势的赞赏之情，他邀请曼陀菲尔到安格尔堡与他共度圣诞节，并说："作为圣诞礼物，我会给你50辆坦克。"这是希特勒能想到的最好的奖励，且相对于他当时的资源来说，这是一个很大的奖励。因为当时最强大、最受青睐的装甲师也只有180辆坦克，坦克数量能超过这个数字一半的装甲师屈指可数。

秋季，德军防线的北部也遭受了严重而持久的压力。但在这里，苏军的反复进攻未能突破第聂伯河上游的这道防线，德军撤离斯摩棱斯克后就退守此处。苏军在这里的挫败是由于现代防御工事的固有力量，加上这里的机动空间比在南部小，导致苏军的进攻方向过于明显。

在这些战役中，由于受到冰雪的阻碍，空军未能发挥太大作用。这一阻碍缓解了防御方的空中压力，否则这种压力可能会使他们在地面上的作战更加困难。虽然冰雪也限制了防御者的空中侦察，但他们还是能够推断出苏军的主要进攻方向，并通过大力使用突击巡逻加以证实。

进攻的重头戏由海因里希的德国第4集团军承担，该集团军以10个实力受损的师守住了奥尔沙和罗加乔夫之间长达100英里的战线。10月到12月间，苏军对奥尔沙发动了5次进攻，每次持续5—6天，而每天要进攻好几次。第一次进攻时，苏军动用了大约20个师，而德军当时刚刚占领了一个匆忙构筑的阵地，该阵地只有一条战壕。第二次进攻时，苏军动用了30个师，但那时德军已经强化了他们的防御体系。随后的几次进攻，苏军每次投入大约36个师的兵力。

苏军进攻的主要兵力集中在奥尔沙，该阵地横跨莫斯科—明斯克公路沿线一条12英里长的正面防线。作为进攻点，奥尔沙在补给和扩大战果方面具有明显的优势。但是，这种明显优势也促使德军集中兵力迎战奥尔沙。德军在这里采取的防御战术值得研究。海因里希在这个非常狭窄的地区部署了 3.5 个师，另外 6.5 个师用于掩护其广阔战线的剩余部分。因此，他在关键点投入的兵力密度相当大。海因里希的炮兵几乎完好无损，他集中了 380 门火炮来掩护防线的关键地区。该部队由德国第 4 集团军司令独立指挥，能够集中火力攻击该地区任何受到威胁的点。同时，集团军司令习惯于"榨干"战线平静部分的各师，以便在战役期间每天为每个参与激烈战斗的师提供一个补充营。这通常可以弥补前一天的损失，同时保证该师拥有一个完整的局部预备队用于反击。通过在各师之间实施轮换制度，混合编队的弊端得以减少——现在该师由 3 个团组成，每个团有 2 个营。在会战的第二天，赶来增援的是前一天调来的那个营的姊妹营，由团部随行；两天后，第二个全新的团已加入战斗；到第六天，原先据守防线的师被彻底接替，他们撤出战斗去守卫平静的地段，而替换部队就是从那里调去的。

在攻守两方超过 6：1 的人数优势下，守方却屡屡获胜，这是一项了不起的成就。这表明，如果防御战略与战术相匹配，战争将可能无限地延长而使苏军的实力消耗殆尽。但是，希特勒坚持未经他的许可不得撤退，而他又根本不愿意给予撤退许可，结果便断送了这一前景。集团军司令们如果擅自行动，就会受到军法审判的威胁，哪怕是从危险的孤立阵地撤出一小支分队也不行。禁止撤退令极为严厉，以至于下级军官更加无所适从，甚至有人说营长不敢"把哨兵从窗户移到门口"。德国最高统帅部鹦鹉学舌地重复"每个人都必须在原地死战到底"。

这一僵化的原则帮助德军部队度过了在苏联的第一个冬天令人精神崩溃的危机，但从长远来看，它却具有致命的危险——当德军部队克服了对苏联冬天严重畏惧的心理，他们的兵力却日渐减少，不足以覆盖苏联广阔的空间。这种原则限制了指挥官在战地躲避攻击、重组部队和遵循"退却是为了更好地战斗"原则的基本灵活性。

1943 年，僵化政策在南部战线就已产生灾难性后果。1944 年，同样的后果在北部战线重演，而且就发生在以往德军防御难以攻克的地段。

第 29 章　日本在太平洋的衰落

太平洋战争的第一阶段，日本占领了整个太平洋西部和西南地区——包括那里所有的岛屿——以及东南亚的国家。第二阶段，日本试图将其控制范围扩大到夏威夷群岛和澳大利亚的美、英军事基地，但在中途岛，以及通往澳大利亚的瓜达尔卡纳尔岛（属所罗门群岛）发生的海空战中，日本却遭受了决定性的挫败。

第三阶段，日本处于守势——正如日本在给其西南太平洋指挥官们的命令中所强调的那样，他们"必须守住所罗门群岛和新几内亚的所有阵地"。只有在缅甸，他们仍继续对西方盟军发动进攻，而这些行动本质上还是防御性的——遏阻英军从印度发动的反攻。日军在中途岛损失了四艘航空母舰，在瓜达尔卡纳尔岛损失了两艘战列舰和许多小型舰艇，并且在这两场关键战役中损失了数百架飞机，因此他们采取有效行动的可能性已经荡然无存。西方盟军重新获得了优势，现在真正的问题是他们能否及如何利用这一优势。

日军的进攻计划和行动极大地得益于日本地理位置的战略优势。无论是在进攻还是防守上，他们的方案和行动都利用了这一基本优势。他们迅速征服的结果是，他们用同心圆防御掩护了日本本土，当西方盟军试图对日本发动任何反攻时，这种防御圈制造了巨大的障碍。

从地图上看，似乎有很多条路线可供选择，但仔细分析后就会发现真正能用的并不多。从地图上自北向南看，北太平洋的进攻路线被排除在外,因为缺乏足够的基地,而且沿途风暴和大雾频发。从苏联远东地区发动反攻也不可能,因为斯大林不愿在苏联西线受到德国攻击的重创时与盟军合作,参与对日作战。在现有情况下,由于补给困难无法解决,加上中国国民党军不可靠,盟军也不可能通过中国进行反攻。取道缅甸这条更远的反攻路线也行不通,因为英军被打得节节败退,退回了印度,而且他们显然没有足够的资源,无法进行反击。

因此,很快就可以看出,任何有效的反攻都必须依靠美国人,并且所采取的路线也需要他们的配合。当时主要有两个选择——从新几内亚攻往菲律宾的西南太平洋路线,或者穿过中太平洋的路线。道格拉斯·麦克阿瑟上将——作为西南太平洋战区总司令——当然力主前一条反攻路线。他认为这是剥夺日本新近获得的南部领地的最快方法,而日本正是依赖这些领地获取其战争所需的原材料。在他看来,中太平洋路线更容易受到日本占领的托管岛屿群的攻击,因为日本已在这些岛屿上迅速建立了海上和空军基地。此外,如此遥远的反攻路线显然无法缓解澳大利亚人的担忧。

然而,美国海军首脑们更倾向于中太平洋路线。他们认为,与新几内亚周围更加狭窄的水域相比,这条路线能让他们更有效地利用数量庞大且不断增长的快速航空母舰——而且也能更好地实现他们使用航空母舰特遣舰队孤立并控制一群岛屿的新概念。这也符合他们关于海上补给系统的新想法,而不必经常将航空母舰调回港口基地。他们还辩称,这样可以避免南部航线遭受托管岛屿中日军侧翼攻击的风险,而南部航线的推进目标更为明显,敌人也更容易预料到,本身可能会遭遇更强烈和更持续的抵抗。一个更有力但更个人的原因是,海军将领们不想让麦克阿瑟控制他们大部分的新航空母舰力量——他们希望海军力量摆脱麦克阿瑟的垄断倾向。

1943年5月在华盛顿举行的"三叉戟①会议"最终决定实施双管齐下的进攻，沿两条路线同时推进，这将使日本处于无所适从的状态，并使其部队分散，同时阻止日本将后备力量从一条路线集中或转移到另一条路线。两条路线最终将在菲律宾会合。这一决定实现了威胁不同目标的目的，这是间接进攻战略概念中的一个重要优势。但这种折中的决定并没有充分考虑到现实和历史教训。两路进军给敌军造成的威胁，单线作战也可以实现，且更为经济。敌军急于守住的每一个目标，本身就是一条单线作战线路。

　　两路并进的作战计划无疑需要规模更大、时间更长的准备——包括部队、船舶、登陆艇、海军基地和机场。这段漫长的准备期让日军有更多时间进行防御准备，也使美军的任务较难达成，特别是在登陆和陆地作战方面。

　　在这段漫长的平静期，唯一重要的行动是美军远征收复北太平洋的阿留申群岛。从战略上讲，这一行动距离遥远，不能对战争进程产生有利影响。这是一场次要作战行动，起不到辅助或牵制作用。它唯一的价值是心理上的。去年6月，一支日本小型登陆部队占领了基斯卡岛和阿图岛，这显然对阿拉斯加的安全构成了威胁，也让美国公众大感恐慌，而收复阿留申群岛的消息给他们吃了一颗定心丸。但这是通过大量而不经济地使用美国有限的资源换取的。

　　日军占领这两座岛屿后，美国人快速作出反应。先是在8月初对基斯卡岛的日军进行轰炸。8月底，美军登陆基斯卡岛以东约200英里的埃达克岛，并在那里修建了一座机场，以协助对被日军占领的岛屿发动进攻。1943年1月，美军出于同样的目的占领了基斯卡岛以东90英里的阿姆奇特卡岛。但当地的美军指挥官决定攻打阿留申群岛最西端的阿图岛，因为

---

　　① 第三次"英美首脑华盛顿会议"的代号。——译者注

他们发现那里的防御比基斯卡岛更弱。3月底，海军封锁部队的行动一度受阻，他们遇到了一支实力稍强的日本舰队，后者当时正在护送三艘运兵船前往阿留申群岛。经过3个小时的远距离战斗，日军撤退了。双方都没有损失舰船，但增援日军的运输船却被迫折返了。

5月11日，美军借助浓雾掩护，在3艘战舰的支援下，以一个师的兵力登陆阿图岛。该师以超过4：1的兵力优势，在两个星期的艰苦战斗中逐渐将日本守军（约2500人）逼退至山中。最后日军对美军阵地发动自杀式攻击，在进攻中几乎全军覆没——仅有26人被俘。美军随后集中兵力进攻基斯卡岛。空中和海上的持续压力使这个孤岛陷入困境，日军被迫于7月15日晚在浓雾的掩护下撤离基斯卡岛（约5000人）。美军继续对基斯卡岛进行了两个半星期的轰炸，并派遣了一支约3.4万人的大规模部队登陆——他们花了五天时间搜索该岛，最终确信岛上空无一人。

这样，阿留申群岛就被肃清了，但美军在这项微不足道的任务中总共动用了10万部队，并得到了大量海军和陆军航空部队的支援——这是肆意浪费兵力的明显例子，也是仅用少量部队主动实施牵制性行动以分散敌人注意力的一个很好的例子。

西南太平洋的明显僵局一直持续到1943年夏天。

对美国人及其盟友来说，幸运的是，由于日本陆军和海军首脑之间意见严重分歧，妨碍了日军的先发制人击退盟军的行动。虽然双方都决心保住日本的所有占领地，但他们对最佳做法存在严重分歧。陆军首脑倾向于在新几内亚实施陆地行动，他们认为这是一个前沿阵地，对于保障他们在荷属东印度群岛和菲律宾占领的领土的安全至关重要。海军首脑希望优先考虑所罗门群岛和俾斯麦群岛，以此作为位于加罗林群岛以北1000英里处的特鲁克大型海军基地的战略掩护。在战略决策方面，陆军一如既往地占了上风。

最终商定的防线是从所罗门群岛的圣伊莎贝尔岛和新乔治亚岛（瓜

达尔卡纳尔岛以西），延伸至新几内亚的莱城——即巴布亚半岛以西的地区。海军负责所罗门群岛地区，陆军负责新几内亚地区。

拉包尔陆军司令部①是整个地区的总部，指挥所罗门群岛第17集团军和新几内亚第18集团军的行动——第7航空师团隶属于前者，第6航空师团隶属于后者。海军部队包括第8舰队和第11航空舰队，均由拉包尔海军司令部指挥。这股海军力量较弱，由巡洋舰和驱逐舰组成，但可以从特鲁克调来重型舰船进行增援。

战区内的陆军力量规模较大——在新几内亚有第18集团军的3个师团，共计5.5万名官兵，在所罗门群岛和俾斯麦群岛有第17集团军的2个师团和1个旅团及其他部队。虽然日本空中力量在瓜达尔卡纳尔岛之战中被严重消耗，但陆军仍有170架飞机，海军仍有240架飞机。据估计，在6个月内，该战区可以得到10—15个师团和850架以上飞机的增援。因此，日军有理由相信，采取控制或"遏制"战略是完全可行的。

美国早先决定将该战区以所罗门群岛为分界线，划分为太平洋战区和西南太平洋战区，这使他们的作战方案变得复杂。为了使这一计划更加切实可行，美国参谋长联席会议下令，由麦克阿瑟负责整个新几内亚—所罗门群岛战区的战略指挥，南太平洋司令部司令哈尔西海军上将负责战术指挥，而在该地区作战的珍珠港海军部队仍将接受尼米兹海军上将领导的太平洋战区司令部指挥。

美国的战略目标是打破俾斯麦群岛的屏障，占领日军设在拉包尔的主要基地。这一目标将通过交替推进两条进攻路线来实施，从而让日军"措手不及"。在第一阶段，哈尔西的部队将占领瓜达尔卡纳尔岛西侧的拉塞尔群岛，以此作为空军和海军基地。然后，将占领新几内亚东部特罗布里恩群岛中的两个岛屿，为进攻拉包尔提供空军基地——这些基地也是将航空部队从一条战线转移到另一条战线的中转站。在第二阶段，哈尔西将

---

① 即日本第8方面军总司令部，司令为今村均中将。——译者注

推进到瓜达尔卡纳尔岛以西所罗门群岛的新乔治亚岛,并占领蒙达的主要机场,而麦克阿瑟将占领新几内亚北海岸莱城周围的日军据点。到那时,人们希望哈尔西已经占领了所罗门群岛西端的布干维尔岛。在第三阶段,麦克阿瑟的部队将转身向北,越过海峡到达俾斯麦群岛的新不列颠岛,拉包尔就位于这个大岛的北端。然后,在第四阶段,盟军将对拉包尔发起攻击。即使按照计划进行,这也是一个非常缓慢的过程——预计对拉包尔的攻击将在战役开始后 8 个月内发起。

麦克阿瑟在西南太平洋战区有 7 个师(包括 3 个澳大利亚师),大约有 1000 架飞机(其中四分之一是澳大利亚飞机)——有 2 个美国师即将抵达,还有 8 个澳大利亚师正在接受训练。哈尔西有 7 个师(包括 2 个陆战师、1 个新西兰师)和 1800 架飞机(其中 700 架是美国陆军航空兵的飞机)。海军实力不一,因为虽然每次进攻都要集结一支两栖部队,但大量战舰都是从尼米兹在珍珠港的庞大部队中短期借调而来的。起初,哈尔西有 6 艘战列舰、2 艘航空母舰及许多小型舰艇。总之,现在有足够的实力取胜,即使它没有像麦克阿瑟希望的那样强大——麦克阿瑟曾要求配备大约 22 个师和 45 个航空大队。

在准备或"僵持"阶段,哈尔西于 2 月 21 日派遣一股力量在拉塞尔群岛登陆,但没有发现任何据信驻扎在那里的日本守军的踪迹。此外,他的海军部队挫败了日本人沿"槽海"的突袭行动。在新几内亚,日本人试图夺取休恩湾附近瓦乌的机场,但被澳大利亚人挫败,澳大利亚人往那里空运了一个旅;当日军派遣一个师团的大部分兵力前往增援时,这支由 8 艘驱逐舰和 8 艘运输船组成的护航船队立即被盟军在新几内亚的空军发现并截击,最终所有的运输船和一半的驱逐舰被击沉,日军还损失了 3600 多名士兵(占援兵总数的一半)。在这场灾难性的"俾斯麦海战役"之后,日军只敢用潜艇或驳船向新几内亚的部队运送补给物资。

山本五十六海军大将随后试图扭转日军在空中的不利局面,他派遣日本第 3 舰队的舰载机从特鲁克飞往拉包尔,希望通过不断袭击盟军的基地来削弱其空中力量。但这次袭扰行动（不祥地始于 4 月 1 日）实际上在两个星期内使日军损失的飞机数量几乎是守军的两倍——这与执行攻击的飞行员提交的乐观报告相反。随后，山本本人乘机飞往布干维尔岛视察，美国情报部门事先得到了这一消息，派出战机伏击，致使山本坠机身亡。接替山本出任日本联合舰队总司令职务的是古贺峰一海军大将，但事实证明，他并没有山本那么强大。

美国筹划已久的进攻行动将于 6 月 30 日以三路攻势展开：克鲁格[①] 中将率领的美国陆军部队将在特罗布里恩群岛的基里维纳群岛和伍德拉克岛（或穆鲁阿岛）登陆；赫林中将指挥的新几内亚部队（主要是澳大利亚部队）将在休恩湾的萨拉马瓦附近登陆；哈尔西海军上将麾下的部队将在新乔治亚岛登陆。

特罗布里恩群岛的登陆很顺利，因为没有遇到任何抵抗，机场的建设随即展开。新几内亚的新一轮行动开局顺利，美国为支援澳大利亚而进行的登陆没有遇到任何严重的抵抗，但这一地区的日军（约 6000 人）直到 8 月中旬才被击退到萨拉马瓦郊区——此时美国先头部队接到命令，在进攻主要目标莱城之前，要等待计划中在休恩半岛实施的主要登陆的完成。而哈尔西的部队对新乔治亚岛展开的第三次进攻则更加困难。

新乔治亚岛有大约 1 万名日本士兵驻扎，山地丛林和潮湿的气候更令防守优势倍增。日本帝国大本营下令尽可能长时间地坚守，这让美军面临的困难更为严重。此外，东北海岸的礁石，南部与西部环绕的岛屿带也增加了美军进攻的难度。

美军计划进行三次登陆。主要登陆是师级规模的登陆，将在西海岸的伦多瓦岛进行，他们计划从那里穿过 5 英里宽的海峡，在蒙达角的重要机

[①] 沃尔特·克鲁格（1881—1967），美国第 6 集团军司令，美国上将。生于德国，1889 年移居美国。参加过美西战争和第一次世界大战。多次入军事院校学习。率部参加收复新不列颠岛、新几内亚和菲律宾等地的战斗。1945 年率军占领日本南部。1946 年 1 月退役。——译者注

场附近登陆。一旦完成这次跳跃，另一支较小的部队将在距离蒙达10英里的新乔治亚岛北岸登陆，从而切断日军的海上增援通道。南部还将进行三次辅助登陆。海军掩护部队包括5艘航空母舰、3艘战列舰、9艘巡洋舰和29艘驱逐舰，而陆军航空部队则分配了大约530架飞机。

海岸观察员报告称，日军正在向新乔治亚岛南部进发，这促使哈尔西将原定于6月30日的登陆行动提前至6月21日在该区域展开。首次登陆没有遇到抵抗，该地区的其他辅助登陆于6月30日成功完成。

至于在伦多瓦岛的主要登陆，部署在那里的6000名美国士兵很快就击败了只有200人的日本驻军。7月的第一个星期，他们在蒙达附近登陆。此后两周，就像在瓜达尔卡纳尔岛战役中一样，日本小规模的海军部队进行了几次反击，并设法对巡洋舰造成了相当严重的损伤，同时，大约3000名日本士兵悄悄上岸。

陆战方面，尽管获得了强大的空中战机、炮火和海军炮火支援，但缺乏经验的美国师从伦多瓦岛渡过海峡后，在蒙达岛丛林中的推进非常缓慢。有关该部队士气低落的报告促使盟军又增派了1.5个师前往新乔治亚岛。到8月5日，美军终于攻占了蒙达及其周边地区，大多数日本驻军撤退到北部毗邻的科隆邦阿拉岛。此外，在后续的海上行动中，美国掌握制空权导致日本海军遭受了严重的损失。

到目前为止，美国在新乔治亚岛进展缓慢所产生的最重要影响是，它让哈尔西和其他美国领导人认识到这种逐步推进的弊端，并意识到这种策略给了敌人充足的时间来加强下一道防线，也使得己方正在丧失空中和海军的巨大优势。因此，他们决定撤出驻扎着1万多名日本士兵的科隆邦阿拉岛，让其"自生自灭"，同时将兵力转向面积大但防卫薄弱的韦拉拉维拉岛，日本人仅以250人的驻军就守住了该岛。（这是有计划的"迂回"行动，较之阿留申群岛的行动有所改进。）此外，在韦拉拉维拉岛上建立机场将使美军基地推进至距离所罗门群岛最西端的布干维尔岛不到100英里。

8月15日，美军在韦拉拉维拉岛登陆，此时新乔治亚岛的占领工作尚未完成。此外，当地日军部队司令佐佐木登少将希望在科隆邦阿拉岛进行长期抵抗，但上级命令他放弃中所罗门群岛，撤退到布干维尔岛，这一希望也破灭了。9月底和10月初，科隆邦阿拉岛的大规模驻军和韦拉拉维拉岛的小规模驻军悉数撤离。

总之，日军在新乔治亚岛战役中阵亡了约2500人，损失了17艘军舰，而盟军阵亡了约1000人（因疾病死亡的人数更多），损失了6艘军舰。此外，在空中，日军的损失更为惨重。

盟军在8月对萨拉马瓦施加压力，主要是为了掩盖他们进攻莱城和休恩半岛的准备工作并转移日军的注意力——盟军需要这些港口和机场，以便向北进军新不列颠岛，并在进军期间掩护其侧翼。

在攻打休恩半岛时，麦克阿瑟的计划是将两栖登陆、空降作战和陆上进攻结合起来。这三路出击使进攻行动变得复杂，如果需要，他有足够的资源可以依赖其中一种作战行动。9月5日，麦克阿瑟的两栖部队将澳大利亚第9师的主力部队送至莱城以东登陆。第二天，美国第503伞兵团被空投到莱城西北部废弃的纳扎布机场——这是盟军在太平洋战场的首次空降行动——这个机场投入使用后，澳大利亚第7师便乘运输机飞抵该机场。与此同时，澳美联军继续从陆路向萨拉马瓦推进。

双方的联合攻击几乎没有遇到抵抗。日本帝国大本营意识到他们在该地区的一个师很可能会被切断，因此批准这个师经由多山的半岛，向莱城后方50英里的基亚里方向撤退。于是，日军于9月11日撤离萨拉马瓦，于15日弃守莱城。但是，日本人企图守住半岛顶端芬什港的希望却因9月22日澳大利亚两栖部队的一个旅在芬什港登陆而破灭。尽管日军又调来一个师增援，但沿海防线仍节节败退。与此同时，澳大利亚第7师从莱城向马克姆河谷推进，速度更快，10月初到达了敦普，距离下一个战略要地——位于莱城西北方向160英里处的港口马当——仅剩50英里。

到1943年底，盟军准备在马当沿海岸和内陆发动双管齐下的攻势——尽管他们的进展落后于计划。

到1943年9月，日本帝国大本营终于明白，必须修正他们此前对形势和前景的乐观估计。日军部队散布在过于庞大的区域，而美军竟以出乎意料的速度从早期的失败中恢复过来。无论是在空中还是在海上，美军都占了上风。日本人很清楚，他们必须收缩防线，缩短其防御弧线。因为除了侧翼所承受的压力之外，它还面临着珍珠港腹心处的潜在威胁，尼米兹海军上将在那里聚集的舰队规模甚至比第一次世界大战期间杰利科海军上将的大舰队还要大。

日本岌岌可危的军事形势因其薄弱的经济基础而更加恶化。其生产的飞机不足以应对美国的挑战，而且事实证明，日本根本无力保护其商船。

日本帝国大本营于9月中旬制订的"新作战政策"是基于对实现日本战争目标所必需的最小区域的估计。这个最低限度被称为"绝对国防圈"，从缅甸沿着马来屏障延伸到西新几内亚，从那里延伸到加罗林群岛、马里亚纳群岛，直到千岛群岛。防御弧的收缩意味着新几内亚的大部分地区、整个俾斯麦群岛（包括拉包尔）、所罗门群岛、吉尔伯特群岛和马绍尔群岛现在都被视为非必要地区——尽管他们在这些地区还会继续坚守6个月。到那时，人们希望，这个最低限度的"绝对国防圈"将发展成为一道坚不可摧的屏障，日本的飞机生产将增加3倍，日本联合舰队将有足够的力量再次挑战美国太平洋舰队。

与此同时，西南太平洋的日军部队奉命遏制盟军的兵力。盟军目前已拥有约20个师，并得到近3000架飞机的支援。日本在新几内亚东部有3个师团，在新不列颠有1个师团，在布干维尔有1个师团，而第六个师团正在赶来的途中。在中国大陆，东北地区驻守了15个师团以防范苏联可能发起的进攻，其他地区还部署了26个师团。因此，在陆军方面，日本的弱点不在于数量不足，而在于兵力部署不当。

在盟军方面，进展缓慢使得麦克阿瑟更加渴望继续前进，尤其是他知道美国参谋长联席会议现在倾向于优先考虑从中太平洋进攻，因为这条路线距离更短，耗时可能也更短。他们表示，占领拉包尔并非必要，这个防守严密的据点完全可以绕道而行，任其孤立，这更增加了麦克阿瑟的紧迫感。哈尔西海军上将也是一个天生喜爱进攻的将军，他的许多舰船及第2陆战师都被调去协助中太平洋的进攻，这更促使他加快了在所罗门群岛的进军。

布干维尔岛战役

布干维尔岛是所罗门群岛最西端的大型岛屿，当时驻扎着近4万名日军士兵和2万名水兵，其中大部分兵力部署在该岛的南部地区。哈尔西的舰船和登陆艇已经减少，因此他一开始只能派遣一个加强师登陆。登陆地点选择得非常巧妙，位于防御薄弱的西海岸奥古斯塔皇后湾，那里的地形非常适合修建机场。

在美军对布干维尔的日本空军基地进行猛烈空袭，并夺取了通往布干维尔岛沿途的岛屿之后，登陆于11月1日进行，这让日本人感到意外，因为他们确信攻击将发生在海浪较小的南部。日本空军和海军的反击被击退，而给美国人造成的损失还不及自身的损失。美国航空母舰部队及驻扎在新几内亚的盟军航空兵对拉包尔的空袭也发挥了巨大作用，抵消了最近在拉包尔增援的日本空军力量的干预。对未来而言，一个重要的教训是，快速航空母舰部队能够在日本陆基飞机严密覆盖的地区作战。

在陆地上，美军部队得到了另一个师的增援，逐渐将他们的滩头阵地扩大为一个宽十多英里的大型桥头堡，到12月中旬，已有4.4万人登陆据守。日军的反应很慢，因为他们仍然相信美国的主要力量会来自其他地方。即使他们意识到奥古斯塔皇后湾登陆已构成主要威胁，其反击也因主力部队需从南部的主要阵地穿越50英里丛林回撤而进一步推迟。结果，1944年2月底之前，日军几乎没有采取任何行动，战场上陷入了长期僵局。

攻占俾斯麦群岛和阿德默勒尔蒂群岛

与此同时，盟军继续向新几内亚推进。1944年1月2日，麦克阿瑟率领一支近7000人的美军部队在休恩半岛和马当中段的赛多尔登陆，这支部队的兵力很快便增加了一倍。此时，同样规模的日军残余部队已是强弩之末，他们原本试图坚守半岛西侧的锡奥，却发现其沿海撤退路线被封锁。日军只能通过穿越山区丛林的漫长迂回行军才得以逃脱包围圈，在撤退中又损失了数千人。与此同时，由澳大利亚军队组成的钳形攻势再次从马克姆山谷的敦普向海岸推进，并于4月13日到达海岸。4月24日，麦克阿瑟的部队占领了马当，没有遭遇严重抵抗。日本帝国大本营被迫加快撤退速度，并命令新几内亚的部队撤退到西边约200英里远的韦瓦克。

麦克阿瑟在休恩半岛尚未完全肃清时就发动了下一次进攻。12月15日，克鲁格中将的"阿拉莫"部队开始在阿拉维附近的新不列颠岛西南海岸登陆，圣诞节刚过，这支部队中的两个师的主力在格洛斯特角附近的西端登陆，占领了那里的机场。尽管已放弃攻击拉包尔的计划，但麦克阿瑟希望获得海峡的双向控制权，以保障他继续向新几内亚西进的侧翼安全。美军登陆的新不列颠岛西端被一支由日本士兵组成的小部队所控制，这支部队刚从中国调来，兵力约8000人，但他们与拉包尔之间隔着一大片荒野，拉包尔位于这个新月形大岛的另一端，与之相距300英里。由于第7航空师团刚刚调往西面2000英里外的西里伯斯岛，他们只能获得少量的空中支援。因此，格洛斯特角附近的日军几乎没有抵抗，很快就开始向拉包尔撤退。

随后在2月底，美国第1骑兵师派出一支侦察部队登陆阿德默勒尔蒂群岛（位于格洛斯特角以北250英里处），那里有多个机场，还有空间可供扩建，此外还有一个非常大的避难锚地。日本驻军约有4000人，他们进行了比预期更激烈的战斗，但是，当美军主力于3月9日登陆并从其后方进攻时，他们被击败了。到3月中旬，美国人已经实现了他们的主要目标，并开始着手将阿德默勒尔蒂群岛改造成一个主要基地，但岛上的日本残余部队一直战斗到5月才被彻底消灭。

至此，驻有超过10万日军部队的拉包尔基地完全被孤立了，美军任其"自生自灭"。俾斯麦群岛构成的屏障被有效突破，损失比直接发起攻击要小得多。

美军登陆布干维尔岛将近4个月后，日军指挥官才意识到美军在西海岸的登陆是他们的主要行动。1944年3月，他带领一支约1.5万人的部队穿过丛林，袭击了美军滩头阵地，当时滩头阵地有6万多人驻守。日军指挥官此前估计美军兵力约为2万作战部队，1万名后勤人员——这个数字，即使是估计总数，也应该让他明白，他迟来的反击胜算渺茫。他于3月8日发动的这场兵力为1∶4的攻击持续激战了两个星期，日军损失了8000多人——超过其兵力的一半——而美军伤亡人数不到300。在这次惨败之后，日本残部已陷入孤立无援的境地，只能坐以待毙。

中太平洋进攻

这次进攻与西南太平洋进攻一样，都是针对菲律宾，旨在恢复美国在那里的地位，而不是直接进攻日本本土。在战争的这个阶段，华盛顿参谋长联席会议的基本想法是，在重新夺回菲律宾之后，美军部队将进军中国，并在那里建立大型航空基地，美国陆军航空部队可以从那里控制日本上空，摧毁日本的抵抗力量，并切断日本的补给线。

这一战略计划是美国帮助蒋介石领导下的中国国民党并维持其对日本的抵抗的一个潜在因素。同样，这也解释了美国为什么急于看到英国恢复在缅甸的进攻并重新打通通往中国南部的缅甸公路①，以便向蒋介石运送战争物资并给予他武装增援。

结果，中太平洋推进得如此之快，以至于尼米兹海军上将的部队不得不将作战路线转向北方，夺取马里亚纳群岛，而新型远程B-29"超级堡垒"轰炸机的研发成功使直接袭击日本成为可能，因为马里亚纳群岛距离日本本土不到1400英里。此外，当1944年10月马里亚纳群岛被占领时，美国参谋长联席会议已经清楚地认识到，在不久的将来，中国国民党提供援助或英军到达中国南方的可能性都很小。

夺取吉尔伯特群岛

在制订中太平洋推进计划时，金海军上将曾想从马绍尔群岛开始进攻，但由于缺乏确保成功所需的运输船只和训练有素的部队，这个想法最终被放弃了。经研究，他们决定从吉尔伯特群岛开始进攻，尽管该岛距离美军在珍珠港的夏威夷基地稍远，但占领该岛似乎是一项不太艰巨的任务，同时还可以练习两栖作战，并为随后袭击马绍尔群岛提供轰炸机基地。在吉尔伯特群岛，最西边的两个岛屿——马金岛和塔拉瓦岛，被定为主攻目标。

尼米兹作为总司令，选择了雷蒙德·斯普鲁恩斯海军中将指挥进攻部队。地面部队被称为美国第5两栖军，由霍兰·史密斯少将指挥，而运送登陆部队的海军兵力则由理查德·特纳海军少将指挥，他已经在所罗门群岛积累了实施此类行动的丰富经验。整个进攻部队被分成两支部队，北方部队负责攻占马金岛，以6艘运输船搭载美国第27步兵师约7000名官兵；南方部队负责攻占塔拉瓦岛，以16艘运输船搭载美国第2陆战师1.8万余名官兵。除了运输船配备的护航航空母舰外，这次进攻还得到了查尔

---

① 即滇缅公路，亦称"史迪威公路"。——译者注

斯·波纳尔海军少将的快速航空母舰部队的掩护，该部队由 6 艘舰队航空母舰、5 艘轻型航空母舰和 6 艘新型战列舰及小型战舰组成。除了航空母舰上的 850 架飞机外，还有 150 架陆基轰炸机参与了此次行动。

此战役最具战略意义的创新是组建了机动勤务部队，以此维持舰队的作战行动，并满足其除大型战舰大修外的全方位后勤保障需求。机动勤务部队由油轮、补给船、拖船、扫雷舰、驳船、弹药船组成。后来，又增加了医疗船、宿舍船、浮动船坞、浮动起重机、勘测船、浮桥架设船等。这种浮动"列车"大大扩大了海军两栖作战的范围和威力。

在初步轰炸之后，美军对吉尔伯特群岛的攻击（代号为"电击行动"）于 1943 年 11 月 20 日开始——这一天恰好是 1917 年英军在康布雷发动大规模坦克进攻的纪念日。吉尔伯特群岛的防御非常薄弱，因为日本 9 月"新作战政策"中承诺的增援部队尚未抵达。在马金岛，驻军只有 800 人，在次要目标阿帕玛玛环礁，驻军只有 25 人。但塔拉瓦岛的驻军超过 3000 人，且防御工事十分坚固。

在马金岛，这支小型驻军与缺乏实战经验的美国陆军师顽强激战了 4 天。几辆"两栖履带车"（能够越过珊瑚礁的两栖履带车）的行动更为有效，但登陆部队只有几辆这种新型车辆。

塔拉瓦岛的防御工事更为坚固，在遭到了海军的猛烈炮击（2.5 小时内射出 3000 吨炮弹）及大规模空袭后，又遭到在瓜达尔卡纳尔岛表现出色的美国第 2 陆战师的攻击。即便如此，第一天登陆的 5000 人中有三分之一在穿越珊瑚礁和海滩之间 600 码宽的地带时被击毙。但幸存者们不屈不挠，迫使日军撤退到两个内部据点，而这次撤退使海军陆战队得以遍布全岛并包围了日军据点。在 22 日晚，日军一再发起反击，但都被击溃，且日军主力被全歼。此后，剩余的敌人很快被肃清。

美国海军损失了一艘护航航空母舰，但总体而言，航空母舰战斗群证明自己无论在白天还是夜晚都能击退日本的空袭，而日本水面战舰没敢挑战斯普鲁恩斯海军上将的大型舰队。美国人民对遭受的损失感到震惊，对

1943年11月20—21日,美国海军陆战队在贝蒂奥越过障碍向日军冲击

1943年11月22日,美国海军陆战队的增援部队在海滩登陆

进攻吉尔伯特群岛的行动也展开了激烈的争论。但此役所获得的经验在许多细节方面都是有价值的，并推动两栖作战技术实现了重要改进。美国海军官方历史学家 S.E. 莫里森海军少将称其为"1945 年胜利的摇篮"。

尼米兹和他的参谋人员已经忙于筹划下一次进攻，即向马绍尔群岛推进，但直到袭击吉尔伯特群岛后，在尼米兹的坚持下，作战计划才做出关键调整。他们不再直接攻击该群岛最东边的岛屿，而是绕过这些岛屿，转而进攻 400 英里外的夸贾林环礁。此后，如果一切顺利，斯普鲁恩斯的预备队将被派往夺取这个 700 英里长的群岛最远端的埃内韦塔克岛。此次战役的指挥体系与攻击吉尔伯特群岛的架构类似，但这次进攻部署了两个新的师，突击部队共计 5.4 万人，另外还有 3.1 万名驻军，以驻守被攻克的领土。海军方面，有 4 个航空母舰战斗群，包括 12 艘航空母舰和 8 艘战列舰。美军使用了更多的"两栖战车"，这些战车都配备武器和装甲，而战斗机和炮艇则配备了火箭弹。战前火力准备强度是攻击吉尔伯特群岛时的 4 倍。

该计划的成功得益于日本向该群岛东部岛屿派遣了尽可能多的增援部队，因此被美国重新制定的战略——间接进攻和越岛战术——打了个措手不及。

在短暂返回珍珠港休整后，快速航空母舰部队于 1944 年 1 月底重返战场，通过持续出击（共超过 6000 架次），在对马绍尔群岛的攻击过程中打垮了日军的空中和海上行动，同时摧毁了大约 150 架日军飞机。

攻击的第一步是于 1 月 31 日占领东部岛链中没有防御的马朱罗环礁，这为美国支援部队提供了良好的停泊地。随后，美军占领了夸贾林环礁两侧的小岛，并于 2 月 1 日迅速发起主攻。日本驻军通过反复的自杀式反击，以一种狂野的、高呼"万岁"的牺牲精神冲锋，这也加速了美军占领全岛的速度。虽然日本驻军总计超过 8000 人，其中约 5000 人是作战部队，但只有 370 名美国人在取得这一胜利的战斗中阵亡。

由于陆军预备队（约 1 万人）尚未被调动，因此被派往夺取埃内韦塔克。在那里，美军距离马里亚纳群岛还有 1000 英里，而距离加罗林群岛的日本主要基地特鲁克已不到 700 英里。因此，作为对埃内韦塔克行动的侧翼保障，美军在登陆当天派出 9 艘航空母舰对特鲁克进行了猛烈袭击。当晚，他们借助雷达识别目标又进行了一次袭击。第二天早上，美军进行了第三次袭击。尽管古贺峰一海军大将谨慎地撤回了大部分联合舰队，但仍有 2 艘巡洋舰、4 艘驱逐舰及 26 艘油轮和货轮被击沉。在空中，日军损失更为惨重，折损了 250 多架飞机，而美军仅损失了 25 架。此次行动战略效果更为惊人，因为这三场突袭使得日军撤出了俾斯麦群岛上的所有飞机，致使拉包尔陷入无防御状态——这证明了在中太平洋的这场进军，推动而不是阻碍了麦克阿瑟在西南太平洋的进展。

最重要的是，这次行动表明，航空母舰部队可以在不占领敌方主要基地且没有陆基飞机帮助的情况下，摧毁敌方主要基地。

在此背景下，占领埃内韦塔克岛显得轻而易举。周围的岛屿很快就被占领，就连主岛的驻军也在三天内被一支不到半个师的登陆部队击败。随后，美军在马绍尔群岛建造新机场的工作迅速进行。吉尔伯特群岛和马绍尔群岛仅用了两个多月的时间就被夺下，而日本人原本希望这片阻滞区能坚守六个月，特鲁克在日军"绝对国防圈"中的关键地位已遭受严重削弱。

缅甸，1943—1944 年

缅甸战役的进展与预期大相径庭，与盟军在太平洋（尤其是中太平洋）的快速推进形成了令人沮丧的对比。缅甸战役的主要特点是日军发动的另一场进攻——也是战争期间日本唯一一次越过印度边境进入阿萨姆邦南部的进攻——而英国人一直指望并计划发动一场进攻，以期将入侵者赶出缅甸北部，打通通往中国的道路。印度方面交通的极大改善和英军实力的不断增强似乎为实现这一目标提供了良好前景。

日军此次进攻的目的是阻止并瓦解英军的进攻，尽管兵力处于劣势，但日军几乎取得了战术上的成功，即便最终失败了，其战略影响却将英军的进攻推迟到了1945年。但是，1944年春，因帕尔和科希马的坚固防守使日军的进攻受挫，这两地均位于阿萨姆邦边境以内30英里处。很快，人们就发现，日军在这最后一次进攻中已经耗尽了他们有限的兵力，既无力抵抗英军立即发起的反攻，更无力抵抗英军于1945年发动的更大规模的进攻。

在战役准备过程中，盟军一致同意，重新占领缅甸北部是主要目标，因为这是恢复与中国直接联系，经滇缅公路跨越山脉屏障为中国供应战争物资的最短路径。经过长时间的讨论，其他计划均被搁置，例如针对阿恰布、仰光或苏门答腊的两栖作战计划。英国在缅甸北部发动攻势之前，先行进攻若开，同时由"钦迪特"部队在北部发动一次牵制性的攻击。

1943年8月底，盟军新成立了统一的"东南亚盟军司令部"，由原联合作战司令、海军上将路易斯·蒙巴顿勋爵统辖。他手下的各军种司令分别是萨默维尔① 海军上将、吉法德② 上将和皮尔斯空军上将，而美国人

---

① 詹姆斯·萨默维尔（1882—1949），英国东方舰队司令。早年入伍海军，1938年任东印度舰队司令，后因健康原因退役。1939年战争爆发后应召重返海军。曾协助拉姆齐组织敦刻尔克撤退。1940年7月受命执行"弩炮行动"，摧毁奥兰港内的法国舰队。此后活跃于西地中海，执行护航和对意作战任务，并参与在大西洋上击沉德国"俾斯麦"号战列舰的战斗。——译者注

② 乔治·吉法德（1886—1964），西非英军司令，英国上将。第二次世界大战开始时，任陆军大臣霍尔-贝利沙的助理。后被派赴巴勒斯坦和外约旦，在韦维尔手下任职。1943年调往印度，任东部军司令。1943—1944年在缅甸作战，以"丛林战专家"闻名。1945年任英王副官，翌年退休。——译者注

史迪威[①]中将将担任蒙巴顿的副总司令。印度司令部从东南亚司令部中分离，只负责训练工作，不再参与作战事宜；韦维尔任印度总督，奥金莱克任印度英军总司令。

吉法德（英国第 11 集团军群司令）麾下陆军力量的主要部分是新组建的第 14 集团军，由斯利姆中将指挥。该集团军包括驻扎在若开的英国第 15 军（军长克里斯蒂森中将）和驻扎在缅甸北部中央战线的英国第 4 军（军长斯库恩斯中将），还负责指挥该战区内的中国远征军诸师。海军力量仍然很小，但空军力量增加到大约 67 个中队，其中 19 个是美国中队——堪用的飞机总数约为 850 架。

正是盟军实力的大幅增强，以及至为明显的进攻企图，促使日本人对阿萨姆邦发动了新一轮的预防性进攻，而他们原本会满足于固守他们在 1942 年初征服的缅甸地区。温盖特的第一次"钦迪特"突袭让他们意识到钦敦江并不是一个安全的防御屏障。日本此次进攻的目的是通过占领因帕尔平原和控制阿萨姆邦的山口，从而遏制盟军计划于 1944 年旱季发动的进攻，而不是试图对印度进行大规模进攻或实施"进军德里"的宏大计划。

日本的指挥系统也在备战期间进行了重组。在缅甸战区最高指挥官河边正三中将的率领下，日本共有 3 个所谓的集团军（几乎相当于军的规模）——东北部是由本多政材中将率领的第 33 集团军（包括 2 个师团）；若开战线是由樱井省三中将率领的第 28 集团军（包括 3 个师团）；中央防线由牟田口廉也中将率领的第 15 集团军（由 3 个师团和 1 个只有 9000 人的"印度国民师团"组成），这只比普通日本师团的半数兵力稍多些。

[①] 约瑟夫·史迪威（1883—1946），美国陆军将领。1904 年毕业于美国西点军校。参加过第一次世界大战。多次来华。1926 年起历任美军驻天津步兵团参谋长、美驻华大使馆武官。太平洋战争爆发后，1942 年任中缅印战区美军中将司令兼中国战区统帅部参谋长，指挥北缅战役，打通滇缅公路。1943 年向蒋介石建议与中国共产党的部队联合抗日，美国的租赁物资亦应给予共产党军队，并与蒋介石在战区指挥权等问题上发生尖锐矛盾。1944 年 10 月罗斯福应蒋介石的要求将他调回。后任美国陆军地面部队司令、驻冲绳岛美国第 10 军军长。——译者注

牟田口廉也率领的第 15 集团军将在若开和云南发动初步攻击后,实施进攻因帕尔的行动。

双方都计划在中央战线发动较大规模的进攻之前,先在若开地区发动一次有限的攻击。在英国方面,这为斯利姆中将提供了一个尝试新丛林战术的机会,这种战术的核心是建立坚固据点,部队可退守其中,并通过空投获得补给,同时调集后备力量将他们与据点之间的侵入日军予以歼灭。这种战术与以前被包抄后撤退的做法和习惯形成了鲜明对比。

1944 年初,克里斯蒂森的英国第 15 军分三路纵队逐渐向南推进,直逼阿恰布。但随后,在 2 月初,日军发动了计划中的进攻,尽管他们只投入了在若开的三个师团中的一个,但还是打断了英军的攻势。由于英国军队疏忽大意,他们得以占领汤巴扎尔,然后转向南下,使前进的英国纵队陷入窘境,直到新的增援部队抵达后才得以解围。尽管存在局部失误,英国新战术的价值还是得到了证明,日军由于缺乏食物和弹药,没等 6 月季风到来便被迫放弃了反攻。

自 1943 年 5 月第一次"钦迪特"行动结束并撤退以来,温盖特的部队一直处于沉寂状态。但在此期间,他们的兵力已从 2 个旅增加到 6 个旅——这在很大程度上要归功于温盖特的想法和观点激发了丘吉尔的想象力,当他于 1943 年 8 月被召集参加魁北克会议时,此前持怀疑态度的参谋长们对他青睐有加。温盖特本人被提升为少将,他的部队也获得了一支航空兵力的支援,即第 1 空中突击队——这支部队的规模远远超过了其番号所示的规模,相当于 11 个中队的规模。它通常被称为"科克伦马戏团",以年轻的美军指挥官菲利普·科克伦的名字命名。

1943 年末至 1944 年初,新编入的旅接受了专门训练。尽管为了掩饰,这支部队仍被称为印度第 3 师,但实际上没有任何印度部队,此时的规模相当于两个师,新增主力由英国第 70 师提供。

温盖特的想法也发生了变化和发展——从游击式"打了就跑"战术

转变为更具体、更持久的远程渗透。他的远程打击大队将夺取距离曼德勒以北约 150 英里处伊洛瓦底江畔的印达及其周围地区——该地区位于英国第 4 军和史迪威指挥的中国部队（包括 2 个师）之间的区域——并通过建立一系列空中补给的据点，以切断日本的交通线。他们要与敌军"决一死战"，而不仅仅是扰乱他们。实质上，"钦迪特"部队将成为先锋，而第 4 军将成为支援和扫荡部队。温盖特设想并最终计划让几个远程巡逻师在主力部队前方作战。

行动于 3 月 5 日晚上发起，开局就很不顺利，因为最初分遣队使用的 62 架滑翔机中有多架在降落"百老汇"时着陆失败甚至坠毁，该降落地点位于因多东北 50 英里处，而另一个选定的着陆地点被砍倒的树干阻挡，第三个地点也因各种原因被放弃了。尽管如此，"百老汇"的飞机跑道建设仍在进行中，迈克·卡尔弗特的第 77 远程巡逻旅的主力部队在接下来的几个晚上成功登陆，随后赶到的是伦泰恩的第 111 远程巡逻旅。到 3 月 13 日，约有 9000 人深入敌军后方。此外，伯纳德·弗格森的第 16 远程巡逻旅于 2 月初就从阿萨姆邦出发，尽管当地困难重重，但他们还是在 3 月中旬后不久到达了因多。

虽然日军措手不及，但他们很快在林义秀少将的指挥下组建了一支临时部队，相当于一个师的规模，以应对这次空袭。其先头部队于 3 月 18 日抵达因多，主力部队在 3 月底前抵达。此外，日本空军在 17 日的反击使当时在"百老汇"作战的 6 架喷火式战斗机中的大部分遭到重创，此后盟军的防空依赖于从遥远的因帕尔机场起飞的战斗机巡逻。3 月 24 日，温盖特本人也因飞机坠毁在丛林中而丧生。但即使在那场悲惨的事故发生之前，他那过于复杂且考虑不周的计划也开始变得支离破碎。26 日，温盖特下令第 16 远程巡逻旅对因多发动直接攻击，但被日军在预设好的位置击退，日军还成功抵御了其他远程巡逻旅的攻击。温盖特将游击行动概念发展为更具体的远程渗透，但这一发展并未取得成功，尽管他确实没有得到预想中的主要部队的支援。

温盖特死后，伦泰恩少将被任命接替他担任特种部队司令。4月初，伦泰恩与斯利姆、蒙巴顿商议后，同意将"钦迪特"部队北调，与中国部队一起协助史迪威的进攻，因为他们没能阻止日军向因帕尔的推进。虽然史迪威并不欢迎他们的到来，担心此举会把日军部队引到他的方向，但该部队还是攻克了莫冈，在一定程度上帮助了史迪威的进攻。此时，史迪威的中国部队还未能到达敌人在密支那的关键据点。就在日本新师团抵达之前，"钦迪特"部队向北撤离。

日本三个师在3月中旬发动了对阿萨姆邦的"先发制人"攻势，以夺取因帕尔和科希马。与预期相反，"钦迪特"部队从其东侧和后方进入伊洛瓦底江河谷，但并未影响日军攻势的发起和进展——这一威胁太过遥远，并不足以危及其向北的推进线和交通。

1月底，斯库恩斯停止了自己率领的第4军从因帕尔向南的逐步推进，因为他获得确切情报，日军正在钦敦江上游集结，准备向因帕尔发起进攻，因此他部署部队进入防御态势。即便如此，斯库恩斯的3个师仍然相当分散，而最南端的第17师在迪登附近被日军绕过，随后其撤退到因帕尔的道路被切断。情况看起来如此危急，以至于刚从若开回来的一个英国师匆忙准备，以便与其他增援部队一起紧急空运到因帕尔。日军从钦敦江实施的侧翼推进也取得了进展，并迫使英军第20师撤退。随后，3月19日，英军在乌克鲁尔（位于因帕尔东北后方约30英里处）的阵地遭到袭击，令人不安的是，日军的这次纵深侧翼进攻瞄准的是位于因帕尔以北60英里处的科希马，科希马控制着越过山地进入印度的道路。3月29日，因帕尔—科希马公路一度被切断。随后，英军又派出两个新的师作为增援和补充。总之，日军的敏捷和猛烈进攻再次使数量上占优势的盟军在发生混乱后陷入了狼狈的境地。

尽管英国人设法回到了因帕尔平原，并在那里部署了4个以上的防御师，但科希马只有1500名士兵（由休·理查兹上校指挥）驻守。对英国人来说，幸运的是，日本缅甸方面军司令河边正三中将否决了由当地集团军司令牟田口廉也中将派出部队占领迪马普尔的提议——该地区位于科希马30英里处的山地出口。若此举成功，将彻底阻断英国为解救因帕尔而发动的任何反攻。

利用这段喘息之机，蒙塔古·斯托普福德中将和他的英国第33军的先头部队从印度出发，于4月2日受命接管迪马普尔—科希马地区，等待他的主力部队抵达。

日军于4月4日晚间对科希马发动进攻（由日军第31师团发起），并迅速占领了制高点，该地的小型驻军在4月6日与被派去增援的旅断了联系，同时这支旅又被日军在祖布扎设置的路障切断了与迪马普尔之间的交通线。

然而，斯利姆中将仍于4月10日下令发动全面反攻。到14日，斯托普福德派出的新旅占领了祖布扎的路障。18日，两个救援旅突破了日军的防线，当时这支小型且精疲力竭的驻军正准备进行最后的抵抗。在后续作战中，他们将日军赶出了周围的高地。

因帕尔周围也发生了激烈的战斗，当时两个英国师发起反攻——一方向北进攻，扫清通往科希马的道路；一方向东北进攻，夺回乌克鲁尔，威胁进攻科希马的日军师团的后方。因帕尔的另外两个英国师正在向南推进。

幸运的是，英国人现在几乎完全掌握了制空权——日本在整个缅甸只有不到200架飞机——因此能够在这关键的几个星期内通过空中补给来维持他们在因帕尔的庞大部队。（即使在3.5万名伤病人员和非战斗人员被空运出去后，他们在因帕尔仍有大约12万人。）

5月，斯托普福德获得了增援的部队，他们在击退坚守科希马周围阵地的日本人后，扫清了通往因帕尔的道路，而斯库恩斯的部队几乎将日军困在因帕尔南部。若非牟田口廉也不顾下属的反对，在胜利无望时仍坚持继续蛮干，日军本可以轻松撤退，而且不会遭受更多损失。牟田口廉也在愤怒的状态下，接连撤换了他手下的三名师团长——随后他自己的前程也被断送了。

7月，斯利姆率领的英国第14集团军继续反攻，最终到达钦敦江。在进军过程中受到的阻碍主要是季风，而不是日军的抵抗——此时日军只剩下精疲力竭、饥肠辘辘的残余部队。

在这场旷日持久的进攻中，日军8.4万人参战，损失5万多人。英国人因行动比较谨慎，损失不到1.7万人——他们的初始兵力和最终兵力都远超日军。英军总共投入了六个师和一些较小的辅助部队，同时从制空权中获益匪浅，而日本人只使用了三个师团和一个所谓的"印度国民师团"，兵力不足且士兵素质较低。另一方面，日本人因盲目遵循不切实际的军事传统而丧失了战术技能优势——而这种愚蠢行为将在战争的下一阶段付出更高昂的代价。

第二次世界大战战史
History of the Second World War

第七编　潮落，1944

PART VII FULL EBB, 1944

第 30 章　攻占罗马和在意大利第二次受阻

与 1943 年 9 月在意大利登陆时的满怀希望相比，1944 年初盟军在意大利的局势并不乐观。两个进攻集团军，即美国第 5 集团军和英国第 8 集团军在意大利半岛的小腿部位（即亚平宁山脉左右两侧）连续发起的正面进攻，都遭受了惨重损失，明显疲惫不堪。盟军在半岛的缓慢推进，堪比第一次世界大战中协约国在西线的猛攻硬打。9 月，由于意大利盟友突然倒戈投降，再加上英美部队在雷焦、塔兰托和萨莱诺三地同时登陆，德军陷入极为不利的境地，但他们迅速做出反应，扭转了战局。凯塞林空军元帅指挥下的部队虽然七零八落，却能很好地应对多种紧急突发状况，使得希特勒很快就打消了放弃意大利半岛、撤往意大利北部的计划，转而支持对半岛进行长期防御的战略。

1943 年秋季伊始，盟军所期望的最高目标不过是将尽可能多的德军牵制在意大利境内，使其无法抽调兵力以应对英美盟军将于 1944 年仲夏在诺曼底对法国发起的进攻。

1943 年 11 月，英美开罗会议之后，英美苏三大盟国召开了德黑兰会议。此次会议通过了以下决议：在诺曼底实施的跨海峡行动，即"霸王行动"应列为优先，与其配合的还有在法国南部实施的登陆计划，即"铁砧行动"；而在意大利的目标则仅限攻占罗马，随后向半岛地区的比萨—里米尼防线推进；至于向东北方向深入巴尔干地区进行扩张的计划，则不在考虑之列。事实上，此时向巴尔干扩张似乎不在英国政策的主要考量之列。

英美两国领导人尽管在"霸王行动"和"铁砧行动"的优先顺序上达成了基本共识,但对意大利战场作战的重要性依旧存在诸多分歧。以丘吉尔先生和艾伦·布鲁克爵士为代表的英方观点认为,盟军在意大利投入的兵力越多,就能将越多的德军吸引至此,使其远离诺曼底战场——这一观点后来被证实是错误的,但因为丘吉尔渴望在意大利战区取得一场由英国主导的伟大胜利,所以才予以全力支持。就美国方面而言,其观点与英国方面有所差异。他们坚定地认为,法国才是具有决定性意义的战场,即对盟军在意大利的任何力量增强都不应削减其在法国的力量,这种观点无疑是正确的。美国军事首脑比丘吉尔或者英国军事首脑更切实地认识到,意大利地形的复杂性可能会阻碍其迅速取得成功。美国军事首脑深深怀疑英国人将注意力集中在意大利,是借此来逃避进攻法国这一更为艰难的任务。

此时,凯塞林在德国第 10 集团军拥有 15 个师(此外在北部的德国第 14 集团军还有 8 个师)来坚守古斯塔夫防线,抵御盟军的持续进攻。尽管多数德军部队兵力较弱①,而且有些师已严重减员,可他们看上去完全有能力抵御截至 1943 年底已登陆意大利的 18 个盟军师所发起的任何正面进攻。

因此,一个水到渠成的解决办法便是在古斯塔夫防线的后侧实施一场两栖登陆作战。鉴于盟军已然掌握着空中和海上优势,此举成功的希望更是大增。倘若能与对古斯塔夫防线发动的新一轮攻势相互配合,那么就极有可能将德军从那条防线驱赶出去,进而瓦解其在罗马以南地区的防御体系。这项名为"鹅卵石行动"的计划已在酝酿之中,而一直以来对意大利战事推进缓慢深感焦躁不安的丘吉尔,更是为其增添了新的强劲动力。丘

---

① 德军各师的兵力差异很大,一些历经激烈战斗的师已大幅减员,即使在满编状态下,其平均规模也仅为盟军师的三分之二。

吉尔在开罗会议和德黑兰会议上同意了美国渴望实施的"铁砧行动"（即将于夏季在法国南部实施的登陆计划），并要求突击艇在实施该行动前一直驻守在地中海，从而成功获得了必要的运输舰船。如此一来，这些舰船便能够投入到计划于 1 月在罗马正南方的安齐奥实施的两栖登陆行动中。

亚历山大及其参谋人员所制订的行动大纲颇为精妙。在现有的半岛前线即古斯塔夫防线发动的攻势，将由马克·克拉克的美国第 5 集团军于 1 月 20 日左右展开。待右侧的法军及左侧的英国第 10 军通过初步突击牵制住森格尔中将的德国第 14 装甲军主力后，美国第 2 军将迅速横渡拉皮多河并沿利里河谷挺进。倘若主攻行动顺利展开，海上舰船装载的美国第 6 军就将在安齐奥登陆。盟军希望和预期的是，届时德国的后备师将会匆忙南下，然后转身迎战在安齐奥登陆的盟军部队——趁此混乱之际，第 5 集团军应该能够突破古斯塔夫防线并与在安齐奥的第 6 军会师。即便不能将德国第 10 集团军夹在中间一举歼灭，盟军司令部也期望他们不得不撤往罗马地区整编。

然而，该计划未能如期实施。德军并未如盟军司令部所期盼的那样陷入混乱或者精疲力竭，而是凭借其顽强作风，一如既往地奋勇作战。反之，盟军的筹备工作过于仓促，致使第 5 集团军的进攻在实施过程中显得杂乱无章。

在 1 月 17 日至 18 日夜间，麦克里里①所指挥的英国第 10 军在西侧区域成功地实施了强渡加里利亚诺河的突击行动。此举迫使凯塞林将其相当一部分预备队（德国第 29 装甲掷弹兵师、第 90 装甲掷弹兵师及"赫尔曼·戈林"师的部分兵力）调至该战区。然而，美国第 2 军于 1 月 20 日

---

① 理查德·麦克里里（1898—1967），英国第 8 集团军司令，英国上将。第二次世界大战初期，随英国远征军在比利时和法国作战。1942 年任英中东战区参谋长。1943 年在意大利作战。1944—1945 年率部战斗到意大利境内德军投降，旋任驻奥地利英军司令（1945—1946）、驻德国莱茵区英军司令（1946—1948）和联合国军事参谋委员会英军代表（1948—1949）。1949 年退休。——译者注

在居中左翼展开的横渡拉皮多河的进攻行动却遭遇惨败——两个先头团近乎全军覆没。利里河谷防御森严,任何沿河谷推进的行动都会完全暴露在卡西诺山的视野下,而该战略要地的险峻程度此前却被盟军严重低估了。拉皮多河本身水流湍急,即使在毫无阻碍的情况下渡河都极为艰难。然而在此次行动中,美国第36师在攻占通往拉皮多河途中的外围据点特罗基奥山之后,仅经过短短五天的休整和准备就被投入到强渡拉皮多河的战斗中。其左侧推进的英国第46师发起的突击行动同样以失败告终。当海上部队于1月22日在安齐奥登陆时,第5集团军的进攻仍在持续,但局势已然显得极为严峻。

在德军侧翼后方,安齐奥地区是唯一适合实施登陆的海滩,除非盟军策划者冒险选择罗马以北的登陆点——但那样的话,就会比现在距离古斯塔夫防线要远得多。即便如此,凯塞林还是被打了个措手不及,因为据其判断,在罗马以北实施登陆从战略角度来讲会对其威胁更大,而当盟军实施登陆行动时,凯塞林在安齐奥地区仅有一个小分队——正在该地休整的第29装甲掷弹兵师的一个营。对凯塞林而言幸运的是,进攻部队指挥官约翰·卢卡斯少将(在萨莱诺战役的末期接任美国第6军军长)极为谨慎且极度悲观。在行动开始前,卢卡斯不仅在其日记里,而且还向其部下和盟友,包括亚历山大本人,表达了其悲观的看法。

卢卡斯的美国第6军在最初实施登陆之际,包括两个步兵师,即英国第1步兵师和美国第3步兵师,同时还有突击部队、游骑兵部队、一个伞兵团和两个坦克营为其提供支援,而美国第1装甲师和第45步兵师也将相继跟进。如此强大的兵力配置,不仅能够确保在登陆地点占据绝对的优势地位,还能带来扩大战果的大好前景——丘吉尔期望这一行动能够迅速挺进到罗马以南的阿尔班山地,并切断具有关键战略意义的6号公路和7号公路,进而截断位于古斯塔夫防线的德国第10集团军的退路。

登陆行动——英军在安齐奥稍北之处实施登陆,美军则在该城镇稍南之地展开行动——进行得极为顺利,几乎未遭到任何抵抗。然而,德军的应对迅速而果断，位于古斯塔夫防线的部队接到了坚守原地、全力防御的命令，与此同时，"赫尔曼·戈林"师奉命北上，另一些可动用的部队也从罗马火速赶来增援。凯塞林得到德国最高统帅部的指示，不仅可以调动意大利北部的任何一个师，而且还会得到两个师、三个独立团和两个重型坦克营作为增援。这是因为希特勒急于痛击盟军的这次海上行动，使其不敢在意大利再做登陆尝试，也不敢在法国海岸实施其既定的登陆行动。

凯塞林对其部队的重新调配堪称非凡之举，在最初的八天时间里，八个德国师的部分兵力被调集至安齐奥区域，与此同时，指挥体系也进行了重组。马肯森的德国第 14 集团军接管了安齐奥地区，控制着如今分别据守在盟军滩头阵地北部和南部区域的德国第 1 伞兵军和第 76 装甲军。菲廷霍夫的德国第 10 集团军则留下来镇守古斯塔夫防线，其麾下有德国第 14 装甲军和第 51 山地军。总计有八个德国师集结在安齐奥滩头阵地周围，森格尔率领的德国第 14 装甲军的七个师应对马克·克拉克的盟军第 5 集团军，德国第 51 山地军仅以三个师来阻击意大利亚得里亚海一侧的英国第 8 集团军——另有六个师留在意大利北部统归冯·赞根步兵上将指挥。（英国第 8 集团军此时由中将奥利弗·利斯爵士指挥，蒙哥马利被召回英国负责诺曼底登陆的策划和筹备工作。）

卢卡斯坚持先集中力量巩固滩头阵地，然后再朝内陆推进，他的这一主张已获得了马克·克拉克的支持，这导致丘吉尔希望盟军从安齐奥快速向阿尔班山进军的愿望成为泡影。然而，鉴于德军敏捷的反应和卓越的作战技能，再加上大多数盟军指挥官及盟军部队的拙劣表现，卢卡斯的极度谨慎很可能让盟军因祸得福。在此种情形之下，贸然向内陆挺进很可能会沦为侧翼攻击的靶子，并引发灾难。

虽然按计划应占领的滩头区域在次日即已巩固，从而使补给难题得以简化，但首次尝试向内陆推进的行动直到 1 月 30 日才启动——此时距离登陆已过去一周有余。此次推进很快就遭到德军部队的阻拦。目前整个滩头阵地都可能遭受德军炮火的扰乱,而从那不勒斯地区出动作战的盟军飞机也无力阻止德国空军对安齐奥周围拥挤的运输船只实施空袭。所以,马克·克拉克在古斯塔夫防线的部队,非但没有得到安齐奥这根"杠杆"的助力,反而被迫再次发动直接攻击,以援助被困在安齐奥的海上部队。

此次,美国第2军试图通过从北侧进攻卡西诺来突破古斯塔夫防线。1月24日,美国第34师在其侧翼的法国部队协助下率先展开攻击。然而,经过长达一个星期的激烈战斗之后,他们才成功建立起一个稳固的桥头堡,而在此之前,森格尔已将更多的预备队调入这一区域,使得这个强大的防御阵地比以往任何时候都更加坚不可摧。2月11日,损失惨重且疲惫不堪的美军被迫撤出该区域。

行动失败后,新组建的新西兰军(军长伯纳德·弗赖伯格中将)也被调往前线。该军由新西兰第2师和印度第4师组成,这两个师都是在北非战役中表现卓越的百战精兵——印度第4师由英印混合部队构成,曾被德军评定为北非战场上最为出色的师级部队。弗赖伯格针对卡西诺制订的攻击计划,与以往相比并无实质改变,也是对精心构筑且顽强防御的德军阵地实施代价高昂的正面强攻。印度第4师师长弗朗西斯·图克极力主张采取间接途径,经由山区实施大范围的机动作战,法国方面也对此表示赞同,但他因突发疾病未能推动此计划。图克麾下的部队被指派去攻打卡西诺山,在大迂回提议遭否决后,他请求航空部队全力轰炸山顶上那座历史悠久的修道院。尽管并无证据显示德军部队正在利用这座修道院——而且后来也有充分的证据表明他们始终避免进入其中——但这座宏伟的建筑对于仰攻高地的部队来说,确实足以产生一种严重的心理压迫感。在得到弗赖伯格和亚历山大的认可之后,这一请求获得了批准,于是2月15日,盟军发动了一场大规模的轰炸,将那座著名的修道院夷为平地。随后德军部队认为进入那片废墟合情合理,这使得他们能够建立起更加牢固的防御工事。

当晚及次日夜晚,印度第4师多次发起攻击,均未能取得重大进展。

于是在接下来的那个夜晚，也就是2月17日至18日的夜间，新西兰军又重拾最初作战计划。印度第4师一度成功夺下了那个屡经激烈争夺的593高地，但随后遭到德军伞兵反击部队的驱逐，而新西兰第2师次日也被德军坦克的一次反击从拉皮多河上的桥头堡驱赶了出来。

在等待德国最高统帅部承诺派遣的大批增援部队抵达以协助剿灭盟军桥头堡期间，马肯森发动了一系列反击，旨在阻止盟军部队将桥头堡进一步扩大。首次反击发生于2月3日夜间，目标直指英国第1师在1月30日那次向坎波莱奥内推进失败后形成的突出部。幸运的是，英国第56师的先头旅恰好在此时登陆，成功地抵御了这次进攻。2月7日，德军又发动了一次猛烈的大规模反击，尽管盟军成功将其阻挡，但英军损失极为惨重，以至于不得不由新抵达的美国第45师来替换英国第1师。

到2月中旬，马肯森已做好发动反击行动的准备，此时他麾下的10个师已将盟军在桥头堡的5个师团团围住，并且还得到大幅增强的德国空军的有力支援。"歌利亚"——一种新型的遥控式、填充炸药的微型坦克，将被用于在守军中制造混乱。这一兵力集结过程并未受到盟军在卡西诺的攻击的影响，也未受到盟军空中力量的严重阻碍。

德军于2月16日开始对桥头堡发动攻击，沿着整个防线周边进行试探，同时德国空军也频繁发动空袭。到傍晚时分，在美国第45师防守的区域出现了一个缺口。这正是德军一直苦苦等待的机会——2月17日，由希特勒最为青睐的步兵教导团率领的14个营在坦克的支援下突入缺口，沿着阿尔巴诺—安齐奥公路推进，胜利近在咫尺。

然而，大批德军混杂在一起，拥堵在这条道路上，不仅给他们自己的推进形成了阻碍，还为盟军的炮兵、飞机及海军轰炸中队提供了一个集中的攻击目标。此外，"歌利亚"坦克也未能发挥作用。尽管德军损失惨重，但其强大的突击力量仍迫使盟军不断后撤。2月18日，得到第26装甲师增援的德军继续朝海滩方向取得新的进展。但英国第56师、第1师及美国第 45 师进行了殊死搏斗,成功地守住了桥头堡的最后一道防线。德军的进攻在卡罗切托溪受阻,进攻部队在重压之下士气萎靡。几个装甲掷弹兵师在 20 日进行了最后的努力,但很快就被阻止了。卢西恩·特拉斯科特少将(最初是卢卡斯的副手,随后取而代之)的到来对防御的实施和成功起到了推动作用。在英军作战区,第 1 师师长罗纳德·彭尼少将负伤后,由杰拉尔德·坦普勒少将接任,坦普勒出色地协调了该师和第 56 师的防御工作。

希特勒因这次受挫而恼怒不已,下令在 2 月 28 日展开一次新的攻势,由 4 个师沿着奇斯泰尔纳公路发动主要突击,但被美国第 3 师轻而易举地阻拦。头三天过后,当低空云层消散时,盟军空军将进攻部队炸得粉碎。3 月 4 日,由于麾下部队损失惨重,马肯森被迫停止了进攻。德军留下 5 个师继续控制包围圈,而其他部队则撤回休整。

此时盟军再次发动了对卡西诺的进攻,以期为其春季攻势扫清障碍。此次作战比以往更为直接。新西兰师负责攻入城镇,随后由印度第 4 师接替进攻修道院山。为了打垮城中的德军部队,盟军从地面和空中发动了极为猛烈的轰炸——共发射了 19 万发炮弹,投掷了 1000 吨炸弹。

此次轰炸于 3 月 15 日进行,当时天气晴朗。然而,该区域的防御者——第 1 精锐伞兵师的一个团(包括 3 个营),不仅在双重轰炸之下毫不畏惧地坚守住了阵地,而且他们保留下来的实力足以遏制盟军步兵的后续推进。轰炸所产生的大量瓦砾反而帮助了他们,因为这些瓦砾阻塞了盟军坦克前进的道路。虽然城堡山被攻克,但印度第 4 师继续向高地推进时却因暴雨而受阻,这场暴雨如洪流般倾盆而下,使防御者坐收渔利。一个廓尔喀连成功抵达了位于修道院下方的绞刑台山,但在那里陷入了孤立无援的境地。与此同时,城镇内激烈的战斗仍在持续。双方在 19 日进行的多次新攻势均告失败,次日亚历山大决定,如果在 36 小时内无法取得成功,那么此次行动就应该放弃,因为部队损失正在日益加重。至 23 日,经弗赖伯格同意，此次作战遂告终止。就这样，第三次卡西诺战役在失望中落下了帷幕。此后，新西兰军被解散，其所属部队获得了休整的机会，随后被分配到了其他军，而卡西诺地区则由英国第78师和第6装甲师第1近卫旅接管。

亚历山大在2月22日提出，应沿利里河河谷展开"王冠行动"，同时配合安齐奥桥头堡实施突围与向心突击。其形式大致与1月份的攻势相仿，但在计划和协同方面会更加出色，并且将在"霸王行动"（即从英国跨越英吉利海峡进攻诺曼底的行动）发起前三个星期左右启动，以便将数个德国师的兵力从法国吸引过来。

亚历山大的参谋长约翰·哈丁制订的方案，通过兵力调整强化了打击力度：仅在意大利亚得里亚海方向保留一个军，而将第8集团军的其余部队向西调动，去接管卡西诺—利里河河谷地区。包括法国部队在内的第5集团军，不仅要负责左翼的加里利亚诺地区，还将统辖安齐奥桥头堡。伴随该计划的提议是取消在法国南部登陆的"铁砧行动"。

虽然英国参谋长委员会相当赞同这一计划，但美国参谋长联席会议表示反对，因为他们认为在法国南部实施登陆将会对进入诺曼底提供帮助。艾森豪威尔随后提出了一个折中方案，即应优先考虑意大利的攻势，但同时继续筹备"铁砧行动"。如果到3月20日确认无法实施一次大规模的两栖作战行动，那么意大利海域的大部分运输船只就应撤回以支援"霸王行动"。这一折中方案于2月25日获盟军联合参谋长会议批准。

随着作战决策日期的临近，梅特兰·威尔逊上将——被任命为地中海战区盟军最高司令——从亚历山大那里获悉，意大利的春季攻势在5月之前无法启动，并且亚历山大特别强调在古斯塔夫防线的主力部队突破防线并与安齐奥部队会合之前，不得为了"铁砧行动"而抽调任何部队。这意味着，需要10个星期时间重组和准备的"铁砧行动"在7月底之前将无法实施——这比诺曼底登陆晚了将近两个月，完全丧失了牵制敌军、帮助诺曼底登陆的作用。梅特兰·威尔逊和亚历山大认为这种情形使他们不必再考虑"铁砧行动",转而集中精力决胜意大利战场。这种观点与丘吉尔和英国参谋长委员会的战略倾向不谋而合。艾森豪威尔颇为同意他们的观点,不过理由稍有不同,他认为大部分地中海运输船只都可以调去执行"霸王行动"。但是,美国参谋长联席会议虽然勉强接受将"铁砧行动"推迟到7月,却反对完全放弃的建议,并且对意大利战役的规模超出预期是否值得这一问题提出了质疑。美国参谋长联席会议还对其将德国师从诺曼底吸引过来的效果表示怀疑——在这一方面,后续战局很快验证了美方的正确判断。随后,一场漫长的争论就此展开,丘吉尔首相与罗斯福总统通过冗长的往来电报展开激烈交锋。

与此同时,在意大利战场上,春季攻势的筹备工作正在推进——这些行动都在英国的指挥下进行。英国第8集团军的调动和重新部署,以及包括运输船只短缺在内的其他因素,致使进攻行动推迟到了5月11日。第8集团军的任务是突破卡西诺防线,而第5集团军则要从左翼协助其作战行动:一方面强渡加里利亚诺河,另一方面从安齐奥桥头堡朝着6号公路上的瓦尔蒙托内进行突围。在安齐奥,此时由6个盟军师应对5个德军师——在罗马周围还有另外4个德军师作为预备队。在古斯塔夫防线,16个盟军师(其中4个师已严阵以待,随时准备扩大战果)集结起来对抗6个德军师(其中1个师作为预备队)。在这条战线上,盟军的大部分兵力都集中在从卡西诺到加里利亚诺河口的这一段区域——总共有12个师(2个美国师、4个法国师、4个英国师和2个波兰师)用于突破防线,还有另外4个师紧随其后,计划通过向利里河河谷推进来扩大战果,以期在德军集结兵力据守前,一举突破位于其后方6英里处的希特勒防线。

第8集团军的9个师得到了1000多门大炮的支援,并且还因持续的干燥天气而获益颇丰,这种天气状况使得他们的坦克及其他机动车辆能够跟随部队的推进步伐,这与冬季攻势期间深陷泥泞的状况形成了鲜明对比。因此,3个装甲师(英国第6装甲师、加拿大第5装甲师及南非第6

装甲师）拥有了前所未有的良好作战前景。

在进攻中，波兰军（由2个师组成）负责攻打卡西诺，而英国第13军（由4个师组成）在其左侧朝着圣安杰洛挺进。

盟军在主要战线上将得到2000多门大炮的支援，而在这一战区的盟军空中力量则协同作战，先对敌人的铁路和公路交通网络实施大规模袭击，最后阶段转向攻击战场目标。（然而，这次"绞杀行动"并未如预期那样对德军的交通和补给系统造成严重影响。）大规模的破坏活动也在展开，但结果令人失望。作为一种欺敌之计，盟军部队公开进行两栖登陆演习，企图让凯塞林相信他们即将实施登陆——尤其是在罗马以北的奇维塔韦基亚附近，但凯塞林早已坚信盟军会以这样的方式发挥他们的海上优势，所以这些欺骗性手段并未产生显著效果。

5月11日夜间11时，进攻以大规模的炮击开启，步兵紧接着迅速向前推进。然而在最初的三天里，面对各战线德军的顽强抵抗，盟军进攻进展甚微。安德斯少将统率下的波兰军虽然在运用迂回进攻路线方面展现出了非凡的决心与战术素养，但依然在强攻卡西诺时遭受了重大损失。英国第13军的推进也极为缓慢，若不是波兰人成功吸引了敌军的注意力，第13军的损失将更为惨重。位于海岸地区的美国第2军同样没有取得多少成果。不过，朱安指挥的法国军位于这两者之间，他们发现己方四个师面对的只有一个德国师，于是沿加里利亚诺河后方山地快速挺进。德国人未曾料到盟军会在此处发起一场猛烈的突击。14日，法国人闯入了奥森特河谷，迫使德国第71师迅速败退。这帮助了美国第2军，现在它开始沿着海岸公路加速攻击德国第94师。此时，这两个德国师的撤退路线恰好被几乎无路可通的奥伦奇山脉所隔断。朱安抓住这个契机，派遣麾下惯于山地行动的摩洛哥古姆斯部队——这股力量由纪尧姆指挥——突入这个缺口并穿越山脉，在利里河谷的希特勒防线后方还未得到妥善布防之前将其突破。

此时德军右翼，即西翼正在崩溃，而其重整旗鼓的前景更是非常渺茫，因为盟军发动攻势之际，能力卓越的指挥官森格尔正调往后方受训。另外，凯塞林这一次在看清北部局势的发展态势之前，也迟迟未向南方派遣预备队，直到 13 日才调动了一个师南下至利里河谷。尽管随后又有三个师迅速跟进，但他们到得太晚，还没来得及稳定防线便被卷入一场激烈的混战之中。在卡西诺地区的德军又继续坚守多日，加拿大军也于 15 日加入以扩大战果，但在 17 日夜间，这些顽强的德国伞兵最终还是撤退了——次日清晨，波军部队进入了期待已久、此时已成废墟的卡西诺修道院，他们在其英勇的战斗中损失了近 4000 人。

由于德军本就寥寥无几的预备队最终也被调往南部，从安齐奥桥头堡按计划实施突围的时机已然成熟——此时又有一个美国师即第 36 师前来增援。亚历山大下令在 23 日发动这次突围攻击，他期望能有一次强劲且迅速的突击直扑瓦尔蒙托内，切断 6 号公路这条主要的内陆道路，从而截断一直驻守古斯塔夫防线的德国第 10 集团军主力。如果这一目标得以实现，罗马就会像一个熟透的苹果般落入盟军之手。然而，战局却因马克·克拉克的不同见解而蒙上阴影——克拉克一心想让第 5 集团军成为首批进入罗马的盟军部队。美国第 1 装甲师和第 3 步兵师在推进了 12 英里之后，于 25 日抵达了 7 号海岸公路稍远的科里地区——离 6 号公路有一段距离——并与正沿着 7 号公路向北推进的第 2 军会合。凯塞林仅存的一个机动师即"赫尔曼·戈林"师正火速奔赴现场以阻拦这场攻势，途中遭盟军空袭重创。但在此关键时刻，马克·克拉克率领四个师直接将攻击方向转向了罗马，只留下一个师继续朝着瓦尔蒙托内推进——而这个师在离 6 号公路还有三英里的地方就被三个德国师的主力部队拦截。

亚历山大虽然诉诸丘吉尔，却未能改变马克·克拉克的进攻方向，而他们不久又在罗马以南的"恺撒防线"防御工事中遭到德军的顽强抵抗，攻击进度开始停滞不前。此外，英国第 8 集团军的装甲师发现其在利里河谷的行军推进并不像期望的那样顺利，他们未能将正在撤退的德国第 10

集团军困于亚平宁山脉的山脊地带。相反，德军得以借道山区安全撤离，而安齐奥的盟军按兵不动更是助力德军逃脱。

实际上，有那么几天时间，由于森格尔指挥的部队在阿尔切—切普拉诺地区的6号公路沿线顽强抵抗，加之盟军装甲庞大的运输队伍在这条拥挤不堪的公路上艰难推进，德军一度看似有机会在恺撒防线上站稳脚跟并稳固战线。

但是，美国第36师在5月30日成功攻占了位于阿尔班山7号公路上的韦莱特里，就此突破了恺撒防线，从而扭转了可能再度陷入僵局的战况。马克·克拉克抓住这个机会，命令第5集团军展开全面进攻。行动中，美国第2军攻占了瓦尔蒙托内并沿着6号公路向罗马推进，而美国第6军的大部分兵力则沿着7号公路实施助攻。在11个师的压力之下，驻守要道的德军部队被迫后撤。美军于6月4日进入罗马，他们发现各座桥梁完好无损，因为凯塞林不愿让这座圣城在战火中遭受破坏，早已宣布将罗马作为"不设防城市"。

两天后的6月6日，盟军对诺曼底的进攻行动拉开了帷幕——而意大利的战役则退居次要位置。在春季，盟军在意大利推行"王冠行动"，以美军占领罗马而胜利告终。这期间，美军伤亡1.8万人，英军伤亡1.4万人，法军伤亡1万人。德军伤亡约1万人，但在连续的作战中有2万多人被俘。

从兵力的投入来看——盟军在该战区以30个师对抗22个德国师，实际兵力对比大约是2∶1——盟军在意大利继续发动攻势并非明智的战略投资，此举也未能通过牵制德军来为诺曼底登陆创造有利条件。实际上，此战略"未能成功阻止敌人向西北欧增兵"。[①] 在法国北部（卢瓦尔河以北）和低地国家的德军兵力从1944年初的35个师增加到了6月份盟军

---

① 埃尔曼：《大战略》第五卷，第279页。

发动跨海峡进攻时的41个师。

关于意大利战役在战略层面的意义，有一种更为合理的说法，即其对诺曼底登陆的成功起到了辅助作用。若没有意大利战役施加的压力，德军原本可能向海峡前线增派更多兵力。由于受限于可用登陆艇数量，诺曼底登陆的突击部队及后续增援部队规模有限，因此即便将投入意大利战场的盟军部队调至诺曼底，也无法在登陆关键初期阶段增加兵力。然而，若德军能将留在意大利的部队调往诺曼底战场，则可能对登陆行动造成致命威胁。这是一种合理的说法，奇怪的是，许多英国的支持者在试图夸大其作用时却未提及此点。但即便是这一观点也存有疑问——面对盟军对铁路的封锁轰炸，德军大规模调往诺曼底是否可行？

在政治领域，这一时期最为显著的变化是国王维克托·埃马努埃莱三世退位，将王位传予其子，意大利首相巴多里奥被反法西斯人士博诺米所取代。

对意大利的盟军而言，攻占罗马前满怀期待，后续情形却令人极为失望。这一方面归因于高层决策，另一方面则是由于德军的迅速恢复与反击行动。

尽管梅特兰·威尔逊认同美方观点，即便发生延误，"铁砧行动"仍是地中海战区盟军司令部能够实施的将德军从法国北部调离从而助力诺曼底推进的最有效行动，但亚历山大有着不同的看法。在进入罗马两天后，即6月6日，亚历山大提出扩大"王冠行动"战果的后续计划。在亚历山大看来，如果其指挥下的部队保持完整，便能在8月15日（这也是威尔逊为"铁砧行动"确定的发动日期）攻击位于佛罗伦萨以北的意大利半岛大腿部位的德军"哥特防线"。除非希特勒调派8个或更多的师前来增援，否则他们的部队将能够突破这道屏障。在此之后，亚历山大认为自己很快就能够占领意大利东北部，有很大机会通过"卢布尔雅那缺口"进入奥地利。在意大利的威尼斯和奥地利的维也纳之间存在着一系列山地障碍，构成许多潜在的阻滞阵地，亚历山大的这种想法未免过于乐观——考虑到意大利在第一次世界大战期间甚至在进攻初期就多次遭受挫败，这种看法就显得更加乐观。

丘吉尔和英国参谋长委员会，尤其是艾伦·布鲁克，对这一计划十分感兴趣，他们担忧诺曼底登陆战役会遭受重大损失，甚至陷入一场灾难，因而很欢迎这份替代方案。在倡导这一计划时，亚历山大有更充分的理由让其部队认识到意大利战役的重要性。

在马歇尔上将的指导下，美国参谋长联席会议反对在意大利发起新一轮大规模攻击。然而，亚历山大却成功地说服了梅特兰·威尔逊。但随后，艾森豪威尔出面支持"铁砧行动"。丘吉尔和罗斯福再度卷入这场争论之中。至7月2日，英军不得不做出让步，威尔逊接到命令于8月15日发动"铁砧行动"，此时该行动已被低调地重新命名为"龙骑兵行动"。这一决定致使美国第6军（下辖3个师）及随后的法国军（下辖4个师）撤离，法国的指挥官和士兵当然乐于赶去解放自己的祖国。如此一来，第5集团军便减少到了5个师，而集团军群也失去了大约70%的空中支援。

与此同时，凯塞林及其部下已经在有效遏制盟军扩大局部胜利的企图。德军在"王冠行动"中损失颇为严重，4个步兵师不得不撤回整补，另外还有7个师遭到严重削弱。但4个新锐师正在赶来的途中，此外还有一个重型坦克团。这些增援部队中的大部分被派往德国第14集团军，该集团军负责防守较容易的进攻路线。凯塞林的计划是整个夏天通过一系列的阻滞行动来延缓盟军的推进，并撤退到坚固的哥特防线过冬。在罗马以北大约80英里的特拉西梅诺湖附近有一道天然防线，这里是汉尼拔当年巧妙设伏的古战场，也为德军实施初期抵抗提供了合适的阵地。德国工兵的精妙爆破之术将有助于减缓盟军的推进速度。

6月5日，也就是美军进入罗马的次日，盟军发起进攻。然而，在这个本应会给德国人造成最危险状况的关键时刻，攻势并未全力推进。随后，法军部队在第5集团军防区内担任先锋。与此同时，英国第13军沿着 3 号和 4 号公路向内陆挺进，但遭遇的抵抗愈发顽强，最终在特拉西梅诺防线一带停滞不前。其他区域的推进也陷入了僵局。就这样，在从罗马撤退后仅仅不到两个星期，凯塞林就成功稳住了原本已经岌岌可危的局势。

此外，凯塞林获悉德国最高统帅部将给他增派 4 个多师——这些师当时正在开赴或者已被指定用于苏联战线——还派来新兵以重整那些遭受重创的师。而这还不包括已经在赶来途中的 4 个新师和一个重型坦克团。颇具讽刺意味的是，就在凯塞林的兵力得到大幅加强之际，亚历山大却不得不面临一个令人沮丧的事实：他将失去麾下 7 个师、大部分空中支援，以及驻意大利盟军集团军群的诸多后勤力量。

凯塞林已然证明自己是一位极为能干的指挥官，而现在又交上了好运。就在盟军的进攻势头逐渐衰竭之际，他决定沿用一条现成的天然防线进行抵御。

从 6 月 20 日之后的夏季的两个月，对亚历山大的部队而言是一段令人沮丧的时期。推进行动断断续续，而且不曾取得具有决定性的胜利。战斗是盟军与德军各军团之间展开的一系列孤立的行动，在这些行动中，德军的策略是坚守阵地，当发现对面的盟军在部署大规模进攻时，他们就撤往下一道防线。

凯塞林迅速重整部队的结果是，现在在西海岸的德国第 14 装甲军面对美国第 2 军，德国第 1 伞兵军面对法国军（该军尚未调去执行"铁砧行动"），德国第 76 装甲军面对英国的第 13 军和第 10 军，而德国第 51 山地军面对亚得里亚海沿岸的波兰第 2 军。

到 7 月初，由于恶劣天气的影响，盟军的中部部队最终突破特拉西梅诺防线——但几天后又在阿雷佐防线遭到阻拦。7 月 15 日，德军从那里悄然撤离，并逐渐退到了从比萨经佛罗伦萨向东延伸的阿尔诺防线。在这里，盟军部队被迫长时间停滞不前，而其目标哥特防线就在不远处。7 月 18 日波兰军队攻占安科纳，7 月 19 日美国军队攻占里窝那，从而缩短了他们的补给线，这使盟军战场上的挫败感得到些许慰藉。

鉴于英军，尤其是亚历山大和丘吉尔的愿望，即不顾一次次的遭遇挫败和兵力减少，坚持要继续推进意大利战役，盟军开始制订计划，准备在秋季对哥特防线发动一次大规模的攻势。他们希望此举仍能有效牵制德军从主要战区调兵，或者寄望于如果西线出现崩溃，将迫使德军从意大利撤退，从而让亚历山大的部队能够利用在意大利北部的战线突破，向的里雅斯特和维也纳推进。

亚历山大的参谋长哈丁和集团军群参谋人员此前制订的进攻哥特防线的计划，是以在亚平宁山脉的德军防线中部发动一次出其不意的突击为基础的，但在8月4日，英国第8集团军司令奥利弗·利斯说服亚历山大采用不同的计划。这个计划的基础是将第8集团军秘密调回到亚得里亚海一侧，并从此处突破向里米尼推进。这样一来，在将凯塞林的注意力吸引到亚得里亚海海岸之后，第5集团军将在左翼中部发动攻击，以博洛尼亚为目标。然后，待凯塞林对新一轮的突击作出反应时，第8集团军将再次向前推进，进入伦巴第平原。在那里，盟军装甲部队将拥有自登陆意大利以来从未有过的行动空间。

尽管新计划会涉及行政后勤方面的问题，但还是更受欢迎，因为法国部队及其精于山地作战的部队被撤离后，实施原定计划的前景渺茫。利斯还认为，当第5集团军和第8集团军不瞄准同一目标进攻时，便能更好地发挥作用。亚历山大很快就同意了他的观点，并采纳了这个新计划——该计划代号为"橄榄行动"。

但在行动开始后，这份方案的缺点变得更加明显了。虽然第8集团军不必再面对重重山脉，但现在不得不克服一系列棘手的渡河作战，这将拖缓其推进速度。相比之下，凯塞林得益于拥有一条良好的横向公路（9号公路——从里米尼向西经博洛尼亚的干道）来调动部队。计划制订者们似乎也对干燥天气的持续时间过于乐观。无论如何，里米尼以北的地区虽然地势平坦，却遍布沼泽，根本不适合装甲部队的快速推进。

亚历山大的攻势于8月25日顺利展开，比原计划晚了10天。德军再次被打了个措手不及，因为英国第5军（包括5个师）和加拿大第1军（包括2个师）在进入波兰第2军后面的准备位置时，并未被发现。（英国第10军继续坚守靠近中部的山区地段，而第13军则进一步向西移动，准备支援第5集团军即将发动的进攻。）

仅有两个级别较低的师在第1伞兵师的支援下驻守亚得里亚海战区——当时德军的兵力调动主要是从东向西进行的。波兰军在亚得里亚海沿岸的推进起初并没有引起太大的关注，直到8月29日，这三个盟国军在宽阔的战线上推进了四天之后——此时他们已从梅陶罗河向福利亚河方向推进了约10英里——德军才开始作出反应。次日，又有两个师的部分兵力抵达前线，协助阻拦盟军攻势，但为时已晚，盟军的突击部队已于9月2日推进至更前方约7英里的孔卡河防线。

但是，第8集团军的进攻势头正在减弱。关键的战斗在9月4日为夺取奥萨河后面的科里亚诺山脊而展开——英军与奥萨河还隔着另外两条河流。英军的攻势在此陷入停滞并最终崩溃。与此同时，德军正在得到一些增援，9月6日的暴雨也助了他们一臂之力。

凯塞林已命令其他师全面撤回哥特防线的阵地，此举既缩短了战线，又能腾出一些部队用于增援亚得里亚海区域。这一局部撤退开放了阿尔诺河的渡口，第5集团军准备发动攻击。从9月10日起，美国第2军和英国第13军开始猛攻德军防守薄弱但顽强据守的阵地，最终在一个星期后，突破佛罗伦萨以北的伊尔焦加山口。凯塞林似乎又一次被打了个措手不及，因为直到9月20日，也就是进攻开始10天后，他才意识到这是一次大规模进攻，于是紧急调遣两个师驰援该战区。然而此时，美国的预备队第88步兵师正从东面向前推进，攻击博洛尼亚。即便如此，尽管德军已经失去了哥特防线和后方的一个重要屏障——蒙特巴塔利亚，但他们还是能阻止盟军的进攻。9月下旬，马克·克拉克被迫重新考虑对博洛尼亚发动更为直接的攻击的方案。

与此同时，第 8 集团军在亚得里亚海侧翼仍处于困境之中。到 9 月 17 日，已有 10 个德国师的部分兵力投入该战区，协助拖延了英军的推进速度。尽管加拿大部队在 21 日成功抵达里米尼，随后攻往波河河谷三角洲，但德军撤退到另一条防线——乌索河（即历史上著名的卢比孔河）。在到达波河之前，盟军还需要在这片泥泞的低洼地区渡过 13 条河流，行军期间，将近 500 辆坦克被击毁、陷入泥潭或损坏，许多步兵师也减员严重。所以，德军能够调动很大一部分兵力来阻止第 5 集团军的进攻。

10 月 2 日，马克·克拉克对博洛尼亚的新一轮进攻开始，这次是沿着 65 号公路实施的。美国第 2 军的 4 个师都投入了战斗，但防守的德军进行顽强抵抗，以至于在接下来的 3 个星期里，美军的推进平均每天不超过 1 英里，到 10 月 27 日，进攻被迫终止。截至 10 月底，第 8 集团军的推进也逐渐停止，他们仅渡过 5 条河，而此时波河仍在 50 英里之外。

这一时期的变化主要是指挥层的人员变化。凯塞林在一次车祸中受伤，由菲廷霍夫接替他的职务。麦克里里接替被派往缅甸的利斯，担任英国第 8 集团军司令。临近 11 月底时，梅特兰·威尔逊被派往华盛顿，由亚历山大接替其职务，而马克·克拉克接管了驻意大利盟军集团军群。

相较于春季和夏季的乐观预期，1944 年底盟军的形势令人极度失望。尽管亚历山大仍然对向奥地利推进表示乐观，但在意大利半岛上的缓慢推进使得这一远景愈发不切实际。梅特兰·威尔逊本人在 11 月 22 日给英国参谋长委员会的报告中也承认了这一点。盟军部队的不满情绪和信心丧失直接体现在日益严重的逃兵率上。

1944 年盟军发动最后攻势，意图夺取博洛尼亚和拉韦纳作为冬季基地。第 8 集团军的加拿大部队在 12 月 4 日成功攻占了拉韦纳，此举导致德军派遣 3 个师来阻止第 8 集团军的进一步推进。这似乎为第 5 集团军创造了一个更好的机会，但敌军于 12 月 26 日在塞尼奥河谷率先发动反攻——这是墨索里尼仿效希特勒在阿登地区发动的反击，主要由仍然忠于他的意军部队实施。这次进攻不久即被轻易地击退了，但此时第8集团军已经疲惫不堪，而且弹药极度短缺，同时也知道德军在博洛尼亚附近仍保有强大的预备队。所以亚历山大决定让盟军转入防御态势，并为来年春季发动大规模攻势积蓄力量。

联合参谋长会议的决定进一步削弱了意大利战役的前景，他们决定从该战区再撤出5个师增援西线战场，以期增强盟军部队在春季对德国发动攻势的力量。结果，加拿大军下辖的两个师被派往该地参战，此后没有再抽调在意大利的其他师前往。

第 31 章　解放法国

诺曼底登陆在实施前,看似充满巨大风险。盟军必须在被敌军占据长达 4 年的海岸强行登陆,敌军有足够的时间来加固设防、设置障碍物和埋设地雷。从防御能力来看,德军在西线战场部署了 58 个师,其中有 10 个装甲师可以迅速发起装甲反击。

尽管已在英格兰集结庞大兵力,但因需渡海且可用登陆舰船数量有限,在首批海上运输中,只能让 6 个师实施登陆,以及 3 个空降师实施空降,一个星期后才能使这一登陆数量翻倍。

因此,人们有理由对攻克希特勒的"大西洋壁垒"(这是一个令人望而生畏的名称)的成功率感到担忧,同时也担心被赶下海。

然而,实际上,最初的登陆点很快扩展成一个宽达 80 英里的巨大桥头堡。在盟军从桥头堡突围之前,敌军始终未能成功发动任何有效的反击。这次突围的方式和地点是按照蒙哥马利元帅最初的计划进行的。随后,德军在法国的整个局势迅速崩溃。

事后回过头来看,登陆的进程似乎极为容易。然而,表象往往具有欺骗性。

这是一次最终"依计划进行"的行动,但并非按照原定计划进行。一开始,成功与失败仅一线之隔。最终的胜利掩盖了这样一个事实,即盟军在一开始就处于巨大的危险之中,而且只是险胜。

人们普遍认为登陆进展平稳有序,觉得一切都进行得很顺利,这种认知实则源自蒙哥马利后来强调"这场战斗完全按照进攻前的计划进行",

以及盟军在90天内到达塞纳河的事实——4月份制作的预测地图上标记着盟军应于"D+90"日前抵达。

这是"蒙蒂行事风格",蒙哥马利说话的方式仿佛其本人所指挥的任何行动都始终完全如愿进行,有着宛如机械运转般的精确性,又或者说是如同神意般不可违抗。此特点常常遮掩了蒙哥马利对环境的适应能力,讽刺的是,他将灵活性与决心相结合的优点反而不被人重视。

在最初的计划里,卡昂应在登陆首日,也就是6月6日被攻克。开局良好,上午9时海岸防线就已被突破。然而,蒙哥马利的叙事掩盖了一个事实,即向卡昂内陆的推进直到下午才开始。这一方面是因为海滩拥堵,交通瘫痪,另一方面也是由于现场指挥官过度谨慎——而在当时几乎没有什么能够阻挡他们前进。当部队最终向卡昂(进攻区域的关键地点)推进时,一个装甲师——诺曼底整个进攻区域内唯一驻防的装甲师——抵达战场并进行阻击。第二天,又有一个装甲师赶来。经过一个多月的激烈战斗,卡昂才最终被占领并肃清。

蒙哥马利最初的意图是希望在英军右翼,用一支装甲部队立即向内陆推进至距海岸20英里的维莱博卡日,从而切断从卡昂向西和向西南方向延伸的道路。但蒙哥马利在叙述中并未提及此事。事实上,这一推进的进展极为缓慢,尽管在突破了海岸防御后,卡昂以西的抵抗几乎可以忽略不计。后来俘虏透露,直到第三天为止,长达10英里的战线仅由一个单独的德军机动分队——一个侦察营负责防守。随后,第三个装甲师开始抵达战场并部署在那里。虽然英军在6月13日成功推进至维莱博卡日,但又被赶了出来。接着,第四个装甲师加强阻击。两个月后,维莱博卡日才最终被占领。

最初的设想也预定要在两个星期内占领整个科唐坦半岛及瑟堡港,然后在"D+20"日从西部侧翼实现突破。但从美军登陆点向这个侧翼的内陆推进也比预期慢得多,尽管大部分德军及后来的增援部队都在忙于阻击英军在卡昂附近东部侧翼的推进——这确实如蒙哥马利所预料。

虽然最终如蒙哥马利所计划的那样在西部侧翼实现了突破，但时间推迟到了 7 月底——即"D+56"日。

战前已很明确，如果盟军能够获得一个足够宽广且深入的桥头堡，以便在海峡对岸集结力量，盟军的总资源远远超过敌人，那么很大程度上实现突破只是早晚的问题。如果盟军获得足够的空间来积聚其庞大的力量，那么没有任何障碍能够强大到永久阻挡他们进攻的势头。

结果表明，"桥头堡战役"的延长反而对盟军有利，这可谓是塞翁失马，焉知非福。西线德军主力被吸引至此，但因德国最高统帅部意见分歧且不断受到拥有制空权的盟军部队的袭扰，德军只能分批抵达。最先到达并被用于填补缺口的装甲师首先被消耗掉——这使得敌人在开阔地带作战时失去了关键的机动力量。德军顽强抵抗使得盟军突围被拖延良久，但这反倒确保盟军一旦实现突破，就有一条穿越法国的畅通道路。

如果不是因为在空中占据绝对优势，盟军绝无可能在诺曼底海岸站稳脚跟。虽然登陆成功在很大程度上得益于海军炮火的支援，但决定性因素是艾森豪威尔的副手特德空军上将指挥的盟军空军所产生的突出效果——炸毁塞纳河东边和卢瓦尔河南边的大部分桥梁，把诺曼底战区变成了一个战略隔离区。德军预备队不得不绕道而行，而且在行军途中不断受到袭扰，因此延误时日，只能零零星星地到达战场。

但是，德军方面的意见冲突也同样影响战局——希特勒与将领之间的意见不同，将领彼此之间的意见也不同。

最初，德军的主要不利因素在于他们有 3000 英里长的海岸线要防守——从荷兰沿着法国海岸一直到意大利的山区边境。德军 58 个师中，一半是静态防御型的，部署在漫长海岸线的各个地段。另一半是野战师，其中 10 个装甲师具有高度机动性。这使德军能够集中压倒性优势兵力，在进攻者站稳脚跟并变得难以驱逐之前，将其赶回大海。

诺曼底登陆日，驻扎在诺曼底靠近盟军登陆点的一个德军装甲师，成功挫败了蒙哥马利当天占领卡昂要塞的计划。该师的部分装甲部队甚至突破了英军战线，冲向海滩，但攻击力太弱，无法造成重大影响。

如果第四天到达战场的 10 个装甲师中有 3 个师能够在 D 日赶到战场，盟军的滩头阵地就可能在其合并加强之前被拔除。但是，最高统帅部内部对于盟军可能的进攻地点和应对方法存在分歧，使得任何迅猛的反击都无法实施。

在登陆之前，就判断盟军登陆地点而言，希特勒的直觉比将领们的推算更准确。然而，在盟军登陆之后，他不断干涉和严格控制，让将领们失去了挽回战局的机会，最终酿成了灾难。

西线德军总司令伦德施泰特元帅认为登陆将在加来和迪耶普之间的海峡较窄处进行。此观点基于这样一种信念，即对盟军来说，这条路线是更正确的战略选择。这种误判是因缺乏情报所致。在登陆部队集结时，整个岛屿守口如瓶，没有任何重要情报泄露出来。

伦德施泰特的参谋长布卢门特里特步兵上将，后来在接受审讯时，讲述了德国情报部门有多么困惑不解：

> 几乎没有可靠的消息从英国传出。情报部门向我们提供了关于英美部队大致在英国南部何处集结的报告——在英国有少数德国特工，他们通过无线电发报装置报告所观察到的情况。① 但除此之外，他们几乎没有发现更多……我们所了解到的情况没有给我们指明入侵将在哪里发生的明确线索。②

然而，希特勒对诺曼底战况有一种"直觉"感受。自 3 月起，希特勒便反复向将领们警示，卡昂与瑟堡之间可能会有登陆行动。他是如何得出这一后来被证实正确的结论呢？在其麾下任职的瓦尔特·瓦尔利蒙特炮兵

---

① 实际上几乎没有证据支持这一点。——利德尔·哈特注
② 利德尔·哈特：《山的那一边》，第 391—392 页。

上将表示，这是受到盟军部队在英国的总体部署的启发——美军在西南部，再加上希特勒认为盟军会尽早夺取一座大港口，而瑟堡最有可能成为他们的目标。观察员关于德文郡的一次大规模登陆演习的报告，进一步强化了希特勒的这一判断。在那次演习中，部队在一片平坦开阔的海岸登陆，那里的地形与诺曼底预定登陆区域相似。

负责指挥海峡海岸部队的隆美尔，也转而认同希特勒的观点。在最后的几个月里，他全力加快建造水下障碍物、防弹掩体和雷区，到6月时，这些防御设施远比春季密集。幸运的是，对盟军而言，隆美尔既无时间也无资源将诺曼底的防御建设到令其满意的状态，甚至连塞纳河以东的防御都未达到预期状态。

隆美尔在应对入侵的方法上也与伦德施泰特存在分歧。伦德施泰特筹划的是一个强大的反击策略，即在盟军登陆后将其一举歼灭。隆美尔则认为，鉴于盟军的空中优势及其能阻滞德军预备队集中进行反击的能力，这样做为时已晚。

隆美尔觉得最佳机会莫过于在入侵者完全上岸之前，在海岸将其击退。他身边的参谋人员称，"隆美尔深受在非洲的悲惨遭遇的影响，当时他被一支实力远不如现在所面对的空军连续数日压制"。

实际执行的计划成了这些不同观点之间的折中方案，结果却"两头不讨好"。更糟糕的是，希特勒坚持从遥远的贝希特斯加登遥控指挥战役，并严格控制预备队的使用。

在诺曼底，隆美尔仅有一个装甲师可供调遣，他将其部署在卡昂附近。所以在D日当天，该师能够在此阻击英军。隆美尔曾徒劳地请求在圣洛附近再部署一个装甲师，那里更靠近美军登陆的海滩。

在D日，德军在争论中浪费了宝贵的作战时间。最近的总预备队是位于巴黎西北部的德国党卫队第1装甲军，但伦德施泰特在未得到希特勒元首大本营许可的情况下不能调动该军。布卢门特里特说：

早在凌晨4时,我就代表伦德施泰特元帅给他们打电话,请求使用该军以增强隆美尔的攻击力量。但约德尔代表希特勒拒绝了,他怀疑诺曼底登陆只是一次佯攻,并确信在塞纳河以东还会有另一次登陆。争论持续了一整天,直到下午4时,最终批准我们使用该军。①

登陆日当天还有两个惊人的事实:一是希特勒本人直到上午很晚才获悉登陆消息;二是隆美尔不在前线。若没有这些因素,德军行动或许会更加迅速有力。

希特勒与丘吉尔一样,有熬夜的习惯,这让其参谋人员疲惫不堪,以至于参谋人员早晨处理事务时常常困倦不堪。约德尔不愿打扰希特勒上午的睡眠,便自行拒绝了伦德施泰特要求动用预备队的请求。

倘若隆美尔未离开诺曼底,预备队可能会更早被动用。与伦德施泰特不同,隆美尔时常直接致电希特勒,且在希特勒面前比其他将领更具影响力。隆美尔在前一日离开司令部前往德国,由于大风和海浪,盟军看似不太可能发动登陆,他决定在拜访希特勒以敦促在诺曼底增派更多装甲师时,回乌尔姆附近的家中为妻子庆祝生日。次日清晨,在其还未动身面见希特勒时,一个电话打来,告知盟军登陆已经开始。隆美尔直到晚上才回到司令部,此时盟军已在岸上站稳脚跟。

诺曼底地区的集团军司令同样不在岗,他正在布列塔尼指挥一场演习。预备队装甲军军长去了比利时访问。据说另一名关键指挥官当时也不在岗,正在与一名女子共度良宵。艾森豪威尔不顾汹涌的海浪,决定继续实施登陆行动,结果为盟军顺利登陆创造了巨大的优势。

在接下来的几个星期里,有一个奇怪的现象:尽管希特勒猜到了登陆地点,但登陆发生后,他却陷入一种执念,认为这只是在塞纳河以东进行

---

① 利德尔·哈特:《山的那一边》,第405页。

第二次更大规模登陆的前奏。因此,他不愿把预备队调到诺曼底。希特勒对二次登陆的执念,主要源于以下两方面:一方面是情报部门严重高估了海峡对岸盟军保留的兵力,这在一定程度上是英国欺骗计划所致;另一方面也是英国的反间谍活动"滴水不漏"的结果和证明。

当初步的反击行动失败且未能有效阻止盟军在桥头堡继续集结时,伦德施泰特和隆美尔很快意识到坚守如此靠西的防线已毫无希望。

布卢门特里特讲述后续情况时说:

> 在绝望中,伦德施泰特元帅请求希特勒来法国进行一次会谈。他和隆美尔于6月17日一起前往苏瓦松面见希特勒,并试图让其了解情况……但希特勒坚持不能撤退——"你们必须坚守原地",甚至不同意给予我们比以往更多的自由度以便按照我们认为的最好方式调动部队……由于希特勒不愿修改命令,部队不得不继续坚守摇摇欲坠的防线。从此不再有任何作战计划。我们只是在毫无希望地执行希特勒不惜一切代价坚守卡昂—阿夫朗什防线的命令。①

希特勒对将领们的警告不予理会,他保证新式V型武器(飞弹)很快会对战争起到决定性作用。将领们随后提议,若该武器如此有效,就应将其用于攻击入侵海滩的盟军,若因技术使用上有困难,就攻击英国南部的港口。希特勒却坚持轰炸必须集中在伦敦,"以便让英国人求和"。

然而,飞弹并未产生希特勒所期望的效果,与此同时,盟军在诺曼底的压力却不断增加。有一天,当希特勒元首大本营打来电话询问:"我们该怎么办?"伦德施泰特反驳道:"结束战争!你们还能做什么?"希特勒的解决办法是解除伦德施泰特的职务,由一直在东线的克卢格元帅接替。

"克卢格元帅是一位强悍、好斗的军人。"布卢门特里特评论道,"一

---

① 利德尔·哈特:《山的那一边》,第409页。

开始他非常乐观自信，就像所有新上任的指挥官一样……但没过几天，他就变得极为冷静和沉默。希特勒不喜欢他在报告中的语气变化。"①

7月17日，隆美尔在公路上遭盟军飞机袭击后，他的汽车发生碰撞，隆美尔本人严重受伤。3天后，即7月20日，东普鲁士的元首大本营发生了刺杀希特勒的事件。密谋者的炸弹虽未击中主要目标，但其"冲击波"在关键时刻对西线战事造成了巨大影响。布卢门特里特回忆道：

当盖世太保调查此次阴谋时……在文件中发现了冯·克卢格元帅的名字，于是克卢格受到严重怀疑。接着另一个事件让情况变得更糟。在巴顿将军从诺曼底突围后不久，阿夫朗什的决战正在进行，冯·克卢格元帅与司令部失去联系超过12个小时。原因是他去了前线，结果被困在一场猛烈的炮火轰炸中……

与此同时，我们在后方遭受着"轰炸"。鉴于已发现的文件，元帅长时间的"失踪"立即引起了希特勒的怀疑……他认为这位元帅前往前线的目的是与盟军取得联系并协商投降事宜。元帅最终返回，但这并未让希特勒平静下来。从这一天起，希特勒发给元帅的命令措辞变得粗鲁，甚至带有侮辱性。元帅变得非常忧虑，担心自己随时会被逮捕，同时也越来越意识到，他无法通过战场上的成功来证明自己的忠诚。

所有这一切对仅有的阻止盟军突围的机会产生了极为不利的影响。在危机时期，冯·克卢格元帅只把部分注意力放在前线正在发生的事情上，大部分时间都在焦虑地回头张望——朝着希特勒的总部。

冯·克卢格并不是唯一一个因参与反对希特勒的阴谋而处于这种担忧状态的将领。在接下来的几个星期乃至几个月里，恐惧弥漫并瘫

---

① 利德尔·哈特：《山的那一边》，第413页。

痪了高级司令部。①

7月25日，美国第1集团军发起代号为"眼镜蛇"的新攻势，新近抵达的巴顿第3集团军准备随后跟进。德军最后仅存的预备队已投入作战以阻挡英军。31日，美军先头部队在阿夫朗什突破德军防线。巴顿的坦克部队从缺口涌入，迅速席卷前方的开阔地带。在希特勒的命令下，德军装甲部队的残余兵力拼凑起来，进行绝望的努力，试图切断阿夫朗什的瓶颈要道，但以失败告终。对此，希特勒挖苦道："失败只是因为克卢格不想成功。"如今，德军残部试图逃离因希特勒禁止及时撤退而陷入的陷阱。很大一部分德军被困在"法莱斯口袋"中，幸存者在渡过塞纳河时不得不丢弃大部分重型武器装备。

克卢格随后被解职，他在回国途中被发现死于自己车内，他已吞下毒药胶囊——正如其参谋长所说，"他认为自己一回国就会被盖世太保逮捕"。

德国最高统帅部内部爆发激烈的相互指责，这种情况并非仅出现在德国。所幸盟军方面虽然留下了痛苦的情绪，并在此后产生了不良影响，但并未对战局或个人造成严重后果。

盟军统帅部爆发的最激烈冲突，源于美军实际上突破阿夫朗什的两个星期前，当时英军差点实现突破。这次攻击由迈尔斯·登普西中将指挥的英国第2集团军在卡昂以东完全相反的侧翼防线发动。

这是整个战役中规模最大的一次坦克攻击，由紧密集中的3个装甲师发动，这些坦克秘密地在奥恩河上的一个小型桥头堡集结。7月18日上午，2000架重型和中型轰炸机进行了长达两个小时的地毯式轰炸后，坦克倾巢而出。驻守该地区的德军吓呆了，大多数被俘德军士兵被爆炸声震

---

① 利德尔·哈特：《山的那一边》，第414—415页。

聋双耳，至少24小时后才能接受审讯。

但是，德军防御的纵深比英军情报部门预想的要大得多。

隆美尔预料到这样的一击，他一直都在加紧巩固防御，直到攻击前夕，他在一个名叫圣富瓦蒙哥马利的村庄附近被英军战机击中而负伤。此外，德军在英军装甲部队夜间向东移动准备发动攻击时，听到了坦克的巨大轰鸣声。德军军长迪特里希党卫军上将说，尽管有干扰噪音，但只要把耳朵贴在地上，在四英里外都能听到坦克的声音——这是他在苏联学到的技巧。

英军在突破敌方防线后，开局时的优势很快消失。先头装甲师在后方村庄据点不可避免地陷入混战。其他部队从狭窄的桥头堡撤出时因交通堵塞被耽搁，在到达战场之前，先头部队已停滞不前。到下午，绝佳机会已经错失。

这次失败长期笼罩着迷雾。艾森豪威尔在他的报告中称，这是一次有计划的"突破"，是一次"向塞纳河流域和巴黎方向的推进"。但是，战后所有的英国历史著作都宣称这次行动没有如此深远的目标，而且从未考虑过在侧翼进行突破。

这遵循了蒙哥马利自己的说法，蒙哥马利坚称此次行动仅仅是"一场阵地战"，旨在制造一种"威胁"，以协助美军即将发动的突击行动，"其次是为了夺取一块阵地，使主要部队做好准备向南部或东南部出击，以便与美军突击部队在向东推进时会合"。

艾森豪威尔在战后回忆录中巧妙地回避了这个问题，没有提及这场战役。丘吉尔也只是简略地提了一下。

然而，当时在幕后的人都清楚记得这场激烈的风暴。空军将领们非常愤怒，尤以特德为甚。艾森豪威尔的海军副官布彻海军上校在日记中揭示了当时的情绪状态。"傍晚时分，特德打电话给艾克（艾森豪威尔），说实际上蒙蒂阻止了他的装甲部队继续前进。艾克很生气。"据布彻说，第二天特德从伦敦打电话给艾森豪威尔，并转达说，如果他提出要求，英国参谋长委员会准备解除蒙哥马利的职务，不过，特德在自己的叙述中否认了这一点。①

因此，在蒙哥马利一方，对此类抱怨的直接反应，自然是声称从未有过在侧翼进行突破的想法。这种说法很快成为大家确信的事实，此后被军事编年史作者毫无疑义地接受。然而，这与此次进攻被赋予的代号——以英国赛马场命名的"古德伍德行动"并不相符，也与蒙哥马利在7月18日首次宣布这次进攻时使用的"突破"一词的含义不一致。此外，蒙哥马利说对第一天的"进展非常满意"，但第二天没有再次进行类似规模的努力，这难以自圆其说。这激怒了空军将领们，如果不是相信"古德伍德行动"的目标是大规模突破，他们是不会同意将重型轰炸机调去支援地面行动的。

蒙哥马利后来的说法半真半假，并且对他自己来说也是不公正的。虽然蒙哥马利没有计划在侧翼突破，也没有对此寄予很大的希望，但如果说他没有考虑过德军在此次大规模攻击下有溃败的可能，并对这种可能性加以利用的话，那就太愚蠢了。

英国第2集团军司令登普西中将认为德军可能会迅速崩溃，他本人已前往装甲军司令部以便随时准备利用这种机会。他说："我所想的是夺取从卡昂到阿让唐的奥恩河上的所有渡口，这将在德军后方建立一道屏障，比美军在西侧翼的任何突破都能更有效地困住他们。"7月18日中午，登普西所希望的完全突破接近实现。从登普西对自己内心想法的说明来看，有一件事情很值得注意，他在许多声明中都不曾提及可以尝试抵达法莱斯——事实上，登普西的预期目标阿让唐几乎是法莱斯距离的两倍。

登普西也足够精明，他意识到希望的破灭可能会转化为其他方面的补偿性优势。当登普西的参谋敦促他抗议媒体对"古德伍德行动"失败的批评时，他回答说："别担心，这将有助于我们的目的，并起到最好的掩护

---

① 阿瑟·特德：《心怀偏见》，第563页。

计划的作用。"美军在相反侧翼的突破在很大程度上得益于敌人的注意力一直集中在卡昂附近的突破威胁上。

但是,遥远西部的阿夫朗什的突破并没有立即切断德军,能否获得成功取决于美军能否迅速向东推进,或者德军能否坚守阵地直到被包围。

结果,当美军于7月31日在阿夫朗什实现突破时,在此阵地和卢瓦尔河之间90英里宽的走廊上只有少数分散的德军营,所以美军的先头部队本可以毫无阻碍地向东推进。但是,盟军最高司令部由于坚持过时的进攻计划而浪费了利用这个巨大机会的最佳时机,按照这个计划,下一步是向西推进,占领布列塔尼港口。①

夺取布列塔尼港口的行动徒劳无功。在布雷斯特的德军一直抵抗到9月19日——距巴顿过早宣布占领该地已过去44天——而洛里昂和圣纳泽尔则一直被德军控制到战争结束。

两个星期后,美军才向东推进至足够远的阿让唐,与英军左翼齐平——此时,英军左翼在卡昂附近受阻,引发新的指责。因担心与英军冲突,上级通知巴顿不得向北推进以封闭缺口来阻挡德军逃跑,他在电话中惊呼:"让我拿下法莱斯,我们会把英军赶回大海,再来一次敦刻尔克。"

---

① 在阿夫朗什的突破是由伍德少将指挥的美国第4装甲师完成的。在进攻前不久,我和他一起度过了两天,他给我的印象是,他比任何人都更清楚纵深突破的可能性和速度的重要性。甚至巴顿在与我讨论时,也响应了高层普遍的观点,即盟军必须"回到1918年的战术",不能重复1940年德军特别是古德里安和隆美尔所进行的那种纵深快速的装甲推进。

后来伍德告诉我突破后的情况时说:"我们的高层领导人头脑中没有对装甲部队进行深远推进的概念,也没有为这种推进提供补给的概念。我当时仍在第1集团军,它的反应不够迅速。在做出反应时,便命令将两个侧翼装甲师调转180度直线远离德军主力,去参与对洛里昂和布雷斯特的围攻行动。8月4日是个黑暗的日子。我长时间、大声、激烈地抗议——并将我的坦克纵队推进到沙托布里昂(未经授权),我的装甲骑兵推进到昂热郊区并沿着卢瓦尔河推进,准备向(东部的)沙特尔推进。我本可以在两天内到达敌方的要害部位。但是被命令禁止!我们被迫遵守原来的计划——用唯一可用的装甲部队,准备将敌方阵营打乱。这是战争中极其愚蠢的决定之一。"

显然，若不是希特勒顽固不化地下令"不准撤退"，德军本有足够时间退守塞纳河，并在那里形成强大的防御屏障。正是希特勒的愚蠢之举使盟军重获失去的机会，得以在那年秋天解放法国。

1944年9月，战争本可轻易结束。西线的大部分德军被投入诺曼底战役，并被希特勒的"不准撤退"命令困在那里，直至崩溃。其中有很大一部分军队被围困，残余部队暂时无法进行抵抗，其撤退方式主要是步行，因此很快被英美机械化部队超越。当盟军在9月初从诺曼底大规模向德国推进并接近德国边境时，已经没有任何有组织的抵抗能阻止盟军继续向前推进，直到攻入德国本土。①

9月3日早晨，英国第2集团军的先头部队近卫装甲师，从法国北部出发，穿越比利时75英里后，进入布鲁塞尔。次日，与其齐头并进的第11装甲师继续推进至安特卫普，并在德军守备部队尚未有机会进行任何破坏之前，完好无损地占领了巨大的码头。

同一天，美国第1集团军的先头部队占领了默兹河上的那慕尔。

四天前，即8月31日，巴顿的美国第3集团军的先头部队在凡尔登渡过默兹河，向南推进100英里。次日，巡逻队在未遇抵抗的情况下推进到梅斯附近的摩泽尔河，再向东推进35英里，此地距离德国边境的萨尔大工业区仅30英里，距离莱茵河不到100英里。然而，由于主力部队燃料耗尽，无法立即向摩泽尔河推进，直到9月5日才抵达河边。

此时，德军已拼凑了5个实力较弱的配有少量反坦克炮的师来守卫摩泽尔河，以对抗巴顿向前推进的6个强大的美军师。

与此同时，英军已到达安特卫普——距离进入鲁尔区的莱茵河渡河点也不到100英里，鲁尔区是德国最大的工业区。如果鲁尔区被占领，希

---

① 战后我立即探讨了这个问题，询问了主要相关的德国将领。西线德军参谋长布卢门特里特将军用一句话总结了当时的情况，"莱茵河后方已没有德军可用，8月底我方前线完全敞开"。——利德尔·哈特:《山的那一边》，第428页。

盟军车队在被炸得残破不堪的诺曼底地区前进

特勒将无法继续这场战争。

在这一侧翼上，现在有一个巨大的缺口——宽达 100 英里——面向英军，而德军没有部队能够立即填补此缺口。这样的机会在任何战争中都极为罕见。

当这个紧急消息传到遥远的东线德军大本营时，希特勒于 9 月 4 日下午给在柏林的伞兵部队司令施图登特空军上将打了电话。施图登特奉命防守从安特卫普到马斯特里赫特的开放侧翼，利用从荷兰拼凑起来的驻军部队，沿着阿尔贝特运河形成一条防线，同时迅速将在德国各地训练的残余伞兵部队调往那里。这些新编成的部队被迅速装上火车送往前线。他们在到达下车地点后才收到武器，然后立即被送上战场。但是，这些伞兵部队总共只有大约 1.8 万人——相当于盟军一个师的兵力。

这支杂牌军被命名为"德国第 1 伞兵集团军"，这个响亮的称号掩盖了这支部队的诸多缺陷。警察、水手、康复中的伤病员，以及 16 岁的男孩，都被拉来填补这支稀疏的队伍。武器也非常短缺。此外，阿尔贝特运河北岸没有为防御做准备，故而没有要塞、据点或战壕等任何可用的设施。

战后，施图登特空军上将说：

> 英军坦克部队突然深入安特卫普，完全出乎元首大本营的意料。当时，我们在西线或国内都没有可调配的预备队。我于 9 月 4 日在阿尔贝特运河接管了西线右翼的指挥权。当时我只有由新兵和康复的伤病员组建的部队，以及一个来自荷兰的海岸防御师。后来才得到一个仅有 25 辆坦克和自行火炮的装甲分队的增援。[①]

当时，根据缴获的档案显示，德军在整个西线仅有 100 辆可用作战的

---

① 利德尔·哈特：《山的那一边》，第 429 页。

坦克，而盟军的先头部队则有 2000 多辆。德军仅有 570 架飞机可用于支援作战，而英美联军在西线作战的飞机总数超过 1.4 万架。因此，盟军在坦克方面拥有 20∶1 的有效优势，在飞机方面拥有 25∶1 的优势。

然而，就在全面胜利似乎唾手可得之际，盟军的猛烈攻势却逐渐减弱。在接下来的两个星期内，直至 9 月 17 日，盟军几乎没有取得进一步的进展。

英国的先头部队在短暂"休整、加油和补给"后，于 9 月 7 日恢复前进，并很快在安特卫普以东占据了阿尔贝特运河上的渡口。但在接下来的几天里，只向默兹—埃斯科运河推进了 18 英里。那一小段沼泽荒地，河道纵横交错，德国伞兵殊死抵抗，这种抵抗之顽强与其微少的士兵数量极不相称。

美国第 1 集团军与英军齐头并进，但没有向更深、更广的方向推进。部队的主力陷入亚琛周围的要塞和煤矿区——在历史上这是进入德国的著名"门户"，但部队却在此受阻不前。美军在那里陷入纠缠和困境，错失良机。因为当美军到达德国边境时，亚琛地区和梅斯地区之间 80 英里的地带包括山岭起伏和森林密布的阿登地区在内，只有 8 个营的掩护部队。1940 年，德军正是有效地利用了这片崎岖的地带对法国进行了突然的装甲突击。盟军选择了看似更容易进入德国的路线，却遇到了更大的困难。

南部的情形和北部一样，因为巴顿的第 3 集团军早在 9 月 5 日就开始穿越摩泽尔河，但两个星期后——实际上是两个月后——进展甚微。巴顿的集团军在攻击梅斯的要塞和附近据点时陷入困境——因为德军在那里部署的兵力比其他任何地方都多。

9 月中旬，德军在整个战线都加强了防御，尤其是对最北部的地区，那是通向鲁尔区的门户——那里的防御缺口最大。不幸的是，蒙哥马利正准备在那里发起另一次大规模进攻，准备在 9 月 17 日向阿纳姆的莱茵河推进。在这次进攻中，蒙哥马利计划空投最新组建的盟军第 1 空降集军，为英国第2集团军扫清道路。

这次进攻在达到目标之前即被敌人阻截，在阿纳姆空投的英国第1空降师大部分被围歼，却仍在坚持抵抗，直到被迫投降，其英勇事迹可歌可泣。接下来的一个月，美国第1集团军集中全力攻击亚琛，蒙哥马利则调动加拿大第1集团军，肃清布鲁日以东海岸线上和斯海尔德河口附近瓦尔赫伦岛上两处被围困的德军部队——这两个地方控制着从安特卫普到斯海尔德河口的水道，因此在阿纳姆作战时无法利用这个港口。肃清德军残余部队的过程非常缓慢，直到11月初才完成。

与此同时，尽管德军在物质资源方面处于劣势，但德军在沿莱茵河前线的集结速度比盟军更快。11月中旬，西线盟军的所有6个集团军发起了一次全面进攻，以沉重代价换来了令人失望的微小战果。只有在最南部的阿尔萨斯，盟军真正抵达莱茵河，但这并不重要。在北部的盟军距离掩护鲁尔区重要区域的河段还有30英里，直到1945年春天，盟军才抵达那里。

盟军为9月初错失良机付出了沉重的代价。在解放西欧的战役中，总共伤亡75万人，其中有50万人是在9月攻势受阻之后伤亡的。对全世界来说，代价更加惨重——随着战争的延长，数以百万计的男女在军事行动中和德军集中营中死去。此外，从长远来看，9月时苏军的进攻浪潮尚未推进到中欧。

错失良机带来如此灾难性的后果，究竟是什么原因导致良机的错失呢？英军指责美军，美军也指责英军。8月中旬，双方确实就盟军越过塞纳河后应采取什么路线发生了激烈的争论。

随着增援部队的不断涌入，8月1日在诺曼底的盟军部队被分为两个集团军群，每个集团军群由两个集团军组成。蒙哥马利领导的第21集团军群只保留了英国和加拿大的部队，美军则另外组成第12集团军群，由奥马尔·布拉德莱中将领导。但是，盟军最高司令艾森豪威尔安排蒙哥马利继续负责两个集团军群的作战指挥和"战术协调"，直到9月1日艾森豪威尔将自己的司令部迁至欧洲大陆并直接控制为止。这种临时安排空泛而微妙，一方面是艾森豪威尔不愿伤害蒙哥马利的感情，另一方面也是对蒙哥马利丰富经验的尊重。但这种善意的妥协最终引发了摩擦，天下事往往如此。

8月17日，蒙哥马利向布拉德莱建议："越过塞纳河后，第12集团军群和第21集团军群应该集中在一起，把40个师的兵力变成坚实强大的力量，有这般强大的力量，就无须惧怕任何事情。这支部队应该向北推进，直抵安特卫普和亚琛，而把右翼放在阿登。"

这个建议表明，蒙哥马利似乎尚未意识到敌军崩溃的程度，抑或尚未充分认识到维持这样一个"坚实强大的力量"，它的补给有多么困难——除非它只以非常缓慢的速度推进。

与此同时，布拉德莱一直在与巴顿商讨突破萨尔地区向东进攻，在法兰克福以南抵达莱茵河。布拉德莱期望以此作为主要推进方向，将两个美国集团军的兵力集中在这条防线上。这意味着向北推进降为次要任务，蒙哥马利自然不会被此方案吸引，并且这条路线也不能直接通往鲁尔区。

因为手下的两员大将相持不下，此时的艾森豪威尔左右为难。8月22日，艾森豪威尔考量了双方的提议，次日又与蒙哥马利进行讨论，蒙哥马利强调集中攻击的重要性，并要求将大部分补给用于支援集中进攻。这就意味着巴顿向东的推进要停下来，而此时的巴顿正在全速前进。艾森豪威尔试图指出其中的政治困难，他说："美国舆论绝对不会同意这件事。"当时英军尚未抵达塞纳河下游，而巴顿向东的推进已超过英军100英里，距离莱茵河不到200英里。

面对这些相互冲突的意见，艾森豪威尔还是采用折中的处理方式。蒙哥马利向北推进至比利时的行动暂时获得优先权，美国第1集团军也按照蒙哥马利的要求随同英军一起向北推进，以便掩护和支援右翼，提高行动成功的概率。这期间，一切可用的补给和运输也将优先满足向北的推进，而这是以牺牲巴顿的补给为代价的。但是，一旦占领了安特卫普，盟军将恢复进攻前拟订的计划，即采用广阔的正面攻击，从"阿登山区以北和以南两面"向莱茵河推进。

艾森豪威尔手下的将领都不喜欢这个折中方案，不过当时他们的反对声没有后来那么强烈。后来，他们认为失败是当时的折中方案所致，因此更加愤愤不平。巴顿曾经声称这是"战争中最重大的错误"。

在艾森豪威尔的命令下，巴顿的第3集团军每天的补给被限制在2000吨，而霍奇斯的第1集团军则得到5000吨的补给。布拉德莱说，巴顿"如公牛般咆哮着"来到司令部，怒吼道："霍奇斯和蒙蒂见鬼去吧！如果让第3集团军继续前进，我们将赢得这场该死的战争。"

巴顿不愿接受补给上的限制，他命令自己的先头部队继续前进，直到用完所有的汽油，"然后就下车步行"。8月31日，在坦克耗尽燃料之前，他们抵达了默兹河。前一天，巴顿的集团军只收到了3.2万加仑①的燃料，当时每天正常所需的燃料为40万加仑。巴顿还被告知，9月3日之前补给数量不会比现在更多。9月2日，巴顿与艾森豪威尔在沙特尔会面，巴顿爆发了："我的人可以吃腰带，但我的坦克必须有燃料。"

9月4日占领安特卫普后，巴顿获得了和第1集团军相等的补给份额。当巴顿继续向东往莱茵河推进时，却遇到了较之前更强烈的抵抗，并很快在摩泽尔河受阻。巴顿由此抱怨得更厉害——在8月关键的最后一个星期，为了保障蒙哥马利的推进，减少了自己这边的燃料供给，才导致了现在的结果。巴顿认为"艾克"为了维系表面和谐，迁就"蒙蒂贪得无厌的胃口"而牺牲了提早获得胜利的最佳机会。

相反地，蒙哥马利认为艾森豪威尔采取"宽广战线"向莱茵河推进的想法根本是错误的。蒙哥马利反对在自己向北的推进胜负未决之际，分散补给前去支援东线的巴顿。当蒙哥马利向阿纳姆的推进失败，并且自己的

---

① 加仑，英语gallon的音译。英、美计量体积或容积的单位。1英加仑≈4.546升；1美加仑≈3.785升。——译者注

期望无法实现之后，他的抱怨也更加激烈。蒙哥马利认为巴顿影响着布拉德莱，布拉德莱又影响着艾森豪威尔，这就对这场"拉锯战"中的胜负起到了决定性作用，使得自己的计划没有实现的可能。

任何行动只要对蒙哥马利自身没有助益，他都不会赞成，这是很容易理解的。从表面上看，蒙哥马利对艾森豪威尔两路进攻的决策所表示的怨言不无道理，以至大多数英国战争评论员都认为这是盟军失利的主要原因。但深入分析就会发现这一策略对蒙哥马利的影响很小。

因为事实上，巴顿在9月上半月平均每天只收到2500吨补给——仅仅比他的集团军停滞不前时多了500吨。这少许的增加，只够维持巴顿集团军一个师的需求，相较于北线各集团军每天的总补给量，这一点增加实在是微乎其微。因此，对蒙哥马利的失败，有必要进行更深入的探究，而不是人云亦云。

一个巨大的障碍源于计划在布鲁塞尔以南（比利时边境上）的图尔奈附近投放大规模空降部队，以支援向北的推进。这个计划原定于9月3日执行，但在此之前，地面部队已经抵达图尔奈，计划遂被取消。但为了准备这一计划，撤回了所有空军运输机，导致前进中的陆军部队有6天没有得到空运补给，损失的补给数量达5000吨。若以燃料来计算，这相当于150万加仑——当敌军依旧处于混乱之中时，这个数量的燃料补给足以让两个集团军一口气抵达莱茵河。

这次被取消的空降计划，代价如此高昂，但很难确定究竟谁应该对此负责。奇怪的是，艾森豪威尔和蒙哥马利在战后的叙述中，均声称这是自己的主意。艾森豪威尔说："在我看来，在布鲁塞尔地区发起一次有利可图的空降攻击的良机已经出现，尽管对于是否撤回担任补给任务的运输机存在分歧……我决定抓住这个机会。"蒙哥马利却说"我已经准备好在图尔奈地区进行空降"，并声称这是"我的想法"。相反地，布拉德莱说："我恳求艾克放弃这个计划，把飞机留给我们运输补给物资……我告诉他，'我们会在你实施计划之前到达那里'。"事实证明这是真的。

另一个因素是，给予向北推进部队的补给有很大比例是弹药。实际上，当敌人处于崩溃之中，并不需要大量的弹药补给，而应当增加追击敌人所需的燃料，不给敌人任何喘息的机会。

第三个发现是，在这关键时刻，由于1400辆英国制造的3吨卡车和所有这种型号的备用车辆都被发现存在活塞故障，这使得向北推进的补给量大幅减少。如果这些卡车能够使用，每天本可以再向第2集团军运送800吨补给——这足以多维持两个师的需求。

第四点的意义尤其深远，英美军方的补给规模太过庞大。盟军的补给计划是按照每个师每天消耗700吨来计算的，其中520吨是前线地区所需要的。在补给方面，德军则更加节约，他们每个师的补给规模仅为每天200吨。并且，德军还得经常防备盟军空军和游击队的进攻，盟军则完全没有这两种阻碍。

盟军奢侈的补给标准成了自身的障碍，更因部队的浪费行为而加剧。一个明显的例子是油桶，油桶在加油中非常重要。自6月登陆以来，共计送往法国1750万个油桶，当年秋天尚在使用的只有250万个！

北方突击失败的另一个重要因素是，美国第1集团军陷入了亚琛周围的要塞和煤矿防御网中——这个战略"铁丝网"实际上变成了一个巨大的"拘留营"，就像第一次世界大战中盟军在萨洛尼卡的情形一样。美军补给的四分之三都是给予第1集团军的，这使得巴顿因缺少补给蒙受不利的损失，但是这个军团的攻击并没有起到什么作用，这是因为蒙哥马利要求这个集团军的大部分兵力应该用在阿登地区以北以掩护他的右翼。蒙哥马利的前进路线和阿登地区之间的空间非常狭窄，以至美国第1集团军几乎没有回旋余地或绕过亚琛的机会。

这个陷入困境的集团军在9月中旬蒙哥马利向阿纳姆发起进攻时，依旧无法给予他任何帮助。但在这里，英军也因一次奇特的疏忽而付出了巨大的代价。当英国第11装甲师于9月4日冲进安特卫普时，他们已完整地占领了码头，但没有设法夺取郊区阿尔贝特运河上的桥梁。两天后，当正在向东转移的第 11 装甲师试图渡河时，这些桥梁已被炸毁。第 11 装甲师的师长没有想到在占领安特卫普后立即夺取桥梁，他的上级也没有想到要命令他这样做。这是非常严重的失误——从蒙哥马利以下有 4 位指挥官，他们通常都非常细致，对这类细节应该是特别注意的。

此外，距离安特卫普以北仅 20 英里处是贝弗兰半岛的出口，这是一个只有几百码宽的瓶颈地带。在 9 月的第二个星期和第三个星期，在海峡沿岸被切断的德国第 15 集团军的残余部队得以向北溜走，他们渡过斯海尔德河口，通过贝弗兰瓶颈地带逃脱。一共有 3 个师赶在蒙哥马利向阿纳姆发起进攻之前，加强了德军在荷兰极其薄弱的防线，并成功阻止了盟军的进攻。

在德方看来，盟军的最佳进攻路线是什么呢？在审讯中，布卢门特里特赞同蒙哥马利关于集中力量向北推进以先后突破鲁尔区和柏林的计划，并说：

> 谁控制了德国北部，谁就控制了整个德国。这样的突破，加上制空权，就可以将脆弱的德军防线撕碎并结束战争。盟军还可以赶在苏军之前占领柏林和布拉格。

布卢门特里特认为盟军的部队分布得太分散、太均匀，他特别批评了盟军对梅斯的攻击：

> 直接攻击梅斯是不必要的。对梅斯要塞地区只要加以封锁即可。相反，若向北从卢森堡和比特堡的方向进攻，将取得巨大成功，并促使德军第 1 集团军右翼和第 7 集团军先后崩溃。这样一个侧翼行动，可以直趋第 7 集团军的北面，切断其撤退到莱茵河后方的路线。[1]

---

[1] 利德尔·哈特：《山的那一边》，第 428 页。

9月5日，韦斯特法尔将军接替布卢门特里特担任西线德军参谋长，他认为在当时的情况下，发动任何一次进攻比选择进攻点都更为重要：

> 西线的总体形势极为严峻。如果敌军巧妙地利用机会，前线任何一处的失误都可能引发巨大灾难，因为这条前线满是缺口，真的是名不副实。特别危险的是，莱茵河上没有一座桥做好了爆破准备，这一疏忽需要几个星期时间来补救……直到10月中旬，敌军都可以轻易地在其想要的任何一点进行突破，然后几乎毫无阻碍地穿过莱茵河并深入德国。①

韦斯特法尔说，9月份整个西线最脆弱的部分是卢森堡地区，从那里可以通过科布伦茨抵达莱茵河。这一说法与布卢门特里特所说基本一致，布卢门特里特曾经指出，梅斯和亚琛之间的阿登地区防御最为薄弱。

基于以上分析，可以得出哪些结论呢？

艾森豪威尔的"宽广战线"计划是在诺曼底登陆之前拟订的。如果盟军面对的是尚未被打败的德军，那么这一计划确实算得上摧毁德军抵抗力的良策。但在当时的情况下不适合，因为德军已经崩溃，当下最重要的问题是怎样利用他们的崩溃进行迅速、深入的追击，不让他们有死灰复燃的机会。这就需要盟军持续的进攻。

在这种情况下，蒙哥马利的"单一集中推进"原则上是更优解。但是，对事实进行深入探究后会发现，北方的推进受挫，并非通常认为的是因把补给分给巴顿所致。原因较为复杂，但大体而言都是因为蒙哥马利自身——（1）安特卫普港口开放的延迟；（2）为了不切实际的空降而停止空中补给6天；（3）过度提供弹药和其他补给，减少了用于运送燃料的车

---

① 西格弗里德·韦斯特法尔：《西线德军》，第172页和第174页。

辆；（4）1400辆有故障的英国卡车；（5）将在其侧翼的美国第1集团军送入"死胡同"；（6）没能在德军炸毁之前占领阿尔贝特运河上的桥梁和在德军部署之前占领那些渡口。

最足以断送抵达莱茵河机会的，莫过于当盟军抵达布鲁塞尔和安特卫普后，就在那里从9月4日休整到9月7日。这与蒙哥马利进攻时宣称的目标很不一致。蒙哥马利曾说："我们的目标是让敌人一直疲于奔命，然后我方乘胜渡过莱茵河，不给德军成功重组战线来对抗我们的机会。"在进行任何纵深突破或追击时，持续的进攻和压力是成功的关键，这时候哪怕是一天的休整也可能导致最终的失败。

但是整个盟军部队在进入比利时后，普遍存在一种松懈情绪，这种情绪源自盟军高层。艾森豪威尔的盟军情报人员称，德军已经不可能有足够的部队来坚守边境防线——并且还向媒体保证"盟军可以长驱直入"。艾森豪威尔将这些信息传达给自己的下属指挥官。甚至在9月15日，艾森豪威尔还写信给蒙哥马利："我们很快将占领鲁尔区、萨尔区和法兰克福地区，我想听听你对我们下一步行动的意见。"盟军各级司令部都洋溢着类似的乐观情绪。在解释为什么不夺取阿尔贝特运河上的桥梁时，先头部队指挥官霍罗克斯将军坦率地说："当时我不认为在阿尔贝特运河会遇到任何强烈的抵抗。在我们看来，德军已完全溃败。"

约翰·诺思在基于官方资料编写的《第21集团军群的成就》中，恰当地总结了这一情况："一种'战争已经胜利'的心态……在全军上下普遍存在。"[1] 因此，在9月关键的两个星期里，指挥官们几乎没有紧迫感，部队中所有人都已经不再想拼命，只想早点回家。

8月的最后一个星期，当巴顿的坦克用完所有燃料后，就已经失去了迅速结束战争的最佳机会，当时他们距离莱茵河及其桥梁比英军近100

---

[1] 约翰·诺思：《1944—1945年的西北欧：第21集团军群的成就》，第115页。

英里。

巴顿比盟军的其他将领都更敏锐地意识到穷追不舍的重要性。他随时准备向任何方向进攻——事实上,8月23日,巴顿曾提议集团军应该向北而不是向东推进。巴顿后来的评论很有道理:"一个人不能先做计划,然后试图让实际情况适应计划,而应当让计划适应实际情况。我认为高级指挥层能否成功,关键在于是否具备这种能力。"

但是,盟军在这次大好机会面前陷入困境的根本原因是没有一位高层人员预见到敌人会在8月彻底溃败。他们没有做好心理和物质上的准备,以致无法利用乘胜追击的方式扩大这种优势。

第32章 解放苏联

1944年的东线战役受到下面几个事实的影响：随着苏军的推进，战线的宽广一如过去，而德军的主力却在收缩。其结果是，除了自身的补给问题外，苏军的进展几乎未受到限制。苏军的推进过程表明空间和兵力比例的重要性。此外，苏军推进过程中的休整取决于自身补给线需要推进的距离。

在解放苏联的过程中，主要战役是苏军的两次大举进攻，分别在两翼交替进行，每次进攻后都会有一段较长时间的休整。第一次进攻是在隆冬，第二次进攻是在盛夏。在南翼延长线上的次要战役，苏军休整的时间较短——这是因为南翼延长线上的德军相对于空间来说，兵力薄弱，因此苏军在攻克德军每条战线前，不需要太多时间用于集结进行下一次进攻的兵力。

冬季攻势的开局与秋季攻势相似，所产生的效果也大致相当，这并非因为德军的失误，而是因为他们已经力不从心。1943年12月初，科涅夫发起新的迂回攻势，目的在于突破他在第一次尝试夺取第聂伯河弯曲部时被德军在克里沃罗格的阻拦。这一次科涅夫选择从克列缅丘格桥头堡向西进攻，而不是向南进攻，科涅夫几乎突进至基洛夫格勒，但随后在那里遭到阻拦。这次进攻及从切尔卡瑟桥头堡发起的联合进攻已经消耗了德军薄弱的预备队的相当一部分。因此，曼施泰因陷入了进退维谷的境地。希特勒禁止曼施泰因采取大步后撤的策略，因此他必须分散兵力以填补第聂伯河弯曲部和基辅之间防线的缺口，这就使得曼施泰因将瓦图京大将的部队困在基辅突出部的可能性变得很小。在基辅突出部，苏军如同被拦住的洪水，一旦出现决口，其泛滥势不可挡。

瓦图京的新攻势开始于圣诞节前夕，在浓雾的掩护下——就像第一次世界大战后期几乎所有成功的进攻一样。在浓雾的帮助下，苏军第一天就攻入了德军阵地，并且一经突破，苏军即开始席卷，范围之广以至于所有反制措施都毫无作用。一个星期之内，瓦图京就收复了日托米尔和科罗斯坚，同时向南扩展，包围了之前从未触及的别尔季切夫和白采尔克瓦要塞。

1944年1月3日，向西推进的苏军机动部队占领了科罗斯坚以西50英里的诺维格勒—沃伦斯基枢纽，并于次日越过战前波兰的边境。南翼方面，德军放弃了白采尔克瓦和别尔季切夫，退向文尼察和布格河，以掩护敖德萨至华沙的主要铁路。曼施泰因集结了预备队进行反击，但后援未能补上，而瓦图京已做好充分准备来抵御，因此，这次反击虽然暂时阻止了苏军向布格河的推进，但不免顾此失彼，反而为苏军向侧翼扩张扫清了道路。苏军从别尔季切夫和日托米尔向西推进，绕过舍佩托夫卡据点，于2月5日占领了波兰重要交通枢纽罗夫诺，同一天，苏军的侧翼进攻还占领了罗夫诺西北近50英里处的卢茨克，此处距苏联边境100英里。

向南部的推进带来更为直接的破坏性后果，瓦图京的左翼与科涅夫的右翼会合，包围了因希特勒"不准撤退"命令而困在基辅和切尔卡瑟桥头堡之间的德军。这些德军坚守在第聂伯河附近的前沿阵地，他们陷入被围困的境地而无法逃脱。1月28日，包围圈合拢，德军6个师的部队被关入"口袋"。在德国第3装甲军和第47装甲军的努力解救下，他们成功突围，但在科尔孙包围圈内的6万人中，仅有3万人被救出，他们都失去了装备，1.8万人不是被俘就是受伤，德国第11军军长施特默尔曼[①]也在死

[①] 威廉·施特默尔曼（1888—1944），德国第11军军长，德国炮兵上将。1944年2月在切尔卡瑟附近的战斗中阵亡。——译者注

亡名单之中。

为解救被围部队，德军被迫放弃第聂伯河弯曲部南部的阵地。马利诺夫斯基进攻德军尼科波尔突出部的防线，德军无法抵挡，遂于2月8日放弃尼科波尔。尽管此处的大部分德军得以安全撤出，但他们失去了对锰矿资源的控制权。德军在克里沃罗格坚守了两个多星期后，因面临更大的包围威胁而撤离。

苏军在普里皮亚季沼泽和黑海之间的南部战线形成许多突出部，这就让德军的防守战线大大延长，而希特勒的僵化原则却不允许德军在合适的时机及时撤退以缩短防守战线。损失的增加，尤其是在科尔孙突围中，德军已经留下太多无法填补的缺口。希特勒严禁撤退的原则，使得德军现在必须进行相较两个月前更大规模的撤退。

兵力的减弱和战线的延长，使德军深感无可奈何。苏军规模庞大，且没有补给困扰，大大增加了德军的畏惧心理。苏军如洪水或游牧部落般推进。苏军能在西方军队挨饿的情况下生存，能在其他军队都在等待交通线恢复时继续前进。德军机动部队试图袭击苏军交通线以阻止他们前进，但发现很难找到可以作为攻击目标的补给纵队。曼陀菲尔是德军的著名勇将，他对苏军的印象非常深刻，曾经如此概括：

> 苏军部队的推进令西方人难以想象。坦克先锋后面是一大群人，他们大多骑着马。士兵的背袋里装着干面包和一路走来捡的生蔬菜，马就吃屋顶的稻草——除此之外，他们几乎没有什么可以吃的，苏联人习惯了这种生活，他们能以这种原始的方式前进三个星期。①

曼施泰因由于眼疾被解职，因此扭转局势的机会也随之减少。眼疾只是借口，实际原因是曼施泰因与希特勒之间的冲突，曼施泰因认为希特勒

---

① 利德尔·哈特：《山的那一边》，第339页。

的战略毫无意义,他与希特勒争论时的措辞让希特勒无法接受。从此,这个被德国军人视为最佳战略家的人被束之高阁。虽然曼施泰因的视力在做过手术后已经恢复,但他只能在他名副其实的退休地——策勒,用眼睛看看地图,眼睁睁看着德军正盲目地被引向深渊。

1944年3月初,一场范围更广的新联合作战开始展开。首先引起德军注意的是在布格河上游地区对加利西亚东南角的攻击。此次进攻由朱可夫元帅指挥,在瓦图京被反苏游击队伏击而伤重殒命后,他接替瓦图京指挥基辅以西的部队。朱可夫的部队从舍佩托夫卡出击,一天突进30英里,并于3月7日在塔诺波尔附近切断了敖德萨与华沙之间的铁路。这一攻势绕过了德军在布格河上的防线,使得德军无法再退守该线。

在南部战线的另一端,马利诺夫斯基已利用德军在第聂伯河弯曲部下游的不稳定形势,凭借在尼科波尔和克里沃罗格附近新获得的阵地,展开了钳形攻势。3月13日,马利诺夫斯基占领第聂伯河入海口的赫尔松港,将该地区的部分德军逼入绝境。与此同时,马利诺夫斯基的军队还从北方发起进攻,直逼尼古拉耶夫,此地的德军顽强抵抗,直到28日才被攻克。在此之前,朱可夫和马利诺夫斯基两个战区之间的中部地带,发生了一次更戏剧性的变化,使两人此前取得的推进成果相形见绌。

在两个侧翼的掩护下,科涅夫从乌曼方向发起进攻,并于3月12日到达布格河,迅速占据了渡口。科涅夫的装甲部队毫不拖延地向德涅斯特河推进,德涅斯特河距离布格河仅70英里。此时,德涅斯特河河面上的冰层正在融化,水流湍急,两岸悬崖陡峭,看似是一条坚固的防线,但德军无力防守。苏军装甲部队于3月18日到达德涅斯特河河岸,紧跟在撤退的德军后面,在扬波尔和邻近地点通过浮桥渡河。这次能够轻松渡河,主要原因是苏军迅速推进而德军混乱不堪。这一次的胜利,很大程度上要归功于罗特米斯特罗夫①坦克兵中将的指挥，苏军装甲部队采用新战术迷惑德军，从而使德军试图通过扼守主要交通线关键据点来阻击苏军的计划彻底落空。

朱可夫的左翼从塔诺波尔向南发起了新的进攻，这减轻了苏军如此深入的突破所要面对的威胁。这次进攻的时机恰到好处，就在苏军于塔诺波尔附近将德军的反击快速挫败之后，朱可夫立即发动了进攻，并充分利用了德军的后撤之机。这次进攻的目的是配合科涅夫的进攻。朱可夫的左翼迅速推进到德涅斯特河沿岸后，转向东岸，席卷德军的侧翼，与科涅夫的右翼形成合围之势。这种多层级协同的战略优势，既能巩固防御根基，又能为进攻创造纵深空间。

当这些侧翼部队扩大了突破口，并切断了撤退过迟的部分德军的退路时，苏军继续向西推进。3月底，科涅夫的先头部队已经突进到雅西附近的普鲁特河一线，朱可夫的部队占领了科洛梅亚和切尔诺夫策这些战略要地。他们在此强渡普鲁特河上游，此次推进使苏军直抵喀尔巴阡山脉山麓——这道天然屏障的背后，便是匈牙利本土。

作为对这一威胁的直接反应，德军占领了匈牙利。显然，此举是为了确保喀尔巴阡山脉防线。德军需要维持这一屏障，不仅是为了阻止苏军涌入中欧平原，也是为了继续保卫巴尔干半岛的据点。喀尔巴阡山脉连同向南延伸的特兰西瓦尼亚山脉，构成了一条具有强大自然力量的防线。从战略角度来看，尽管山脉绵延千里，但因其通道稀少，在战略层面上实际需防守的宽度大幅缩减——这种地理特性天然契合"节约兵力"的防御原则。在黑海和福克沙尼附近的山脉拐角之间，有一个120英里的平坦地带，但其东部的一半被多瑙河三角洲和诸多湖泊占据，因此"危险区域"仅限于60英里的加拉茨缺口。

---

① 帕维尔·罗特米斯特罗夫（1901—1982），苏联近卫坦克第5集团军司令，苏联装甲坦克兵元帅。——译者注

4月初，战局已显露出德军即将退守后方防线的态势。然而这条防线的东北角正岌岌可危——朱可夫的先头部队在塔诺波尔与切尔诺夫策之间撕开缺口，直扑亚布洛尼察山口（更广为人知的名字是"鞑靼山口"）。朱可夫的迅猛攻势，令人联想到1241年速不台率领的蒙古铁骑——这支现代装甲部队的先驱——曾用三天时间从喀尔巴阡山脉横扫至多瑙河，在匈牙利平原上席卷180英里。

4月1日，朱可夫的先头部队抵达"鞑靼山口"。此处的喀尔巴阡山脉地势较南部更为低缓，山口海拔仅2000英尺。但即便在如此平缓的地形上，顽强的防守仍能将登山通道化为天堑——进攻方的机动空间被极度压缩。事实正是如此。苏军先头部队未能突破山口，后续部队又因补给线过长无法维持长时间的行军推进，攻势最终陷入停滞。

相比之下，德军因撤退至加利西亚而受益，其部队依托利沃夫辐射出的交通网络重整兵力，撤退反而使兵力更加集中。接下来的一个星期，即复活节前的一周，德军发动了一次比以往更强大的反击，这次反击具有双重目标——阻止苏军推进，并解救被朱可夫和科涅夫钳形攻势困在德涅斯特河东岸的德国第1装甲集团军残部。该装甲集团军18个师均已折损过半。这支部队正试图沿斯卡拉—布恰奇向利沃夫以西突围。

德军实施反击，他们的反击是沿德涅斯特河两岸进行的。德军右翼深入"鞑靼"楔形地带，重新夺回科洛梅亚到山口铁路上的枢纽重镇杰利亚京。左翼重新夺回布恰奇并开辟道路，使被困在斯卡拉附近的部队得以撤离。待这些被围部队成功撤离后，德军在普里皮亚季沼泽和喀尔巴阡山脉之间的波兰南部战线稳定于利沃夫以东一线。这条防线从4月至7月始终未被苏军突破。

科涅夫越过普鲁特河（这条河也是罗马尼亚的国境线）后，攻势在河对岸受阻，未能成功突破仅在普鲁特河以西10英里的雅西，但在更北的地方到达了塞列特河。然而，科涅夫当时有更宏大的战略意图：其左翼沿德涅斯特河向南转向黑海附近的敌军后方——该区域的防御主力大部分是罗马尼亚军队。科涅夫的这次侧翼行动与马利诺夫斯基从尼古拉耶夫向西直取敖德萨的正面进攻形成了紧密配合。

这种联合威胁使得两名德军统帅陷入极度被动：分别是接替克莱斯特①元帅指挥原德国A集团军群（现"南乌克兰集团军群"）的舍尔纳②元帅，以及接替曼施泰因元帅担任德国"北乌克兰集团军群"（原德国顿河集团军群，后为德国南方集团军群）司令的莫德尔③元帅。舍尔纳的困境尤为严峻——自苏军推进至喀尔巴阡山脉后，其部队与波兰战区的友军完全分隔，只能依赖穿越巴尔干与匈牙利的迂回补给线，而后方交通线早已支离破碎。

与此同时，来自意大利盟军的重型轰炸机对主要铁路枢纽发起一系列攻击，从4月的第一个星期开始攻击布达佩斯、布加勒斯特和普洛耶什蒂等城市。这种后方威胁虽不能立即产生效果，却起到了阻滞敌军的作用。

4月5日，马利诺夫斯基的部队到达拉兹杰利纳亚枢纽，封锁了敖德萨唯一一条未中断的铁路线。4月10日，他们占领了这座大型港口。但是，大多数德军已经撤退。他们只撤退了一小段距离——退到了德涅斯特河下游的防线，从那里又折回了雅西。因为科涅夫的南进在基什尼奥夫地区受阻了。

5月的第一个星期，科涅夫在雅西以西沿塞列特河两岸发动大规模攻击，使用了新型"斯大林坦克"。在这种坦克的帮助下，苏军取得突破，但舍尔纳手头有相当强大的装甲预备队，由曼陀菲尔指挥。德军凭借精准的防御战术成功遏制了苏军的突破扩张——他们巧妙利用反击的天然地

---

① 埃瓦尔德·冯·克莱斯特（1881—1954），德国A集团军群司令，德国元帅。——译者注

② 费迪南德·舍尔纳（1892—1973），德国北方集团军群司令，德国元帅。——译者注

③ 沃尔特·莫德尔（1891—1945），德国B集团军群司令，德国元帅。1945年4月在鲁尔战役溃败后自杀。——译者注

形优势，以机动性弥补装甲武器的劣势。这场约500辆坦克参与的大型坦克战，苏军攻势最终被击退，战线得以重新稳固。

三个月后，这一成功却导致德军的覆灭。希特勒因此固执地要求死守雅西周边及普鲁特河与德涅斯特河之间的比萨拉比亚南部阵地。此举迫使德军暴露于喀尔巴阡山脉屏障与加拉茨缺口以东的突出部。在此期间，罗马尼亚民众的厌战情绪已如野火般在德军后方蔓延。

4月，苏军收复了克里米亚。占领克里米亚的部队一半是德国部队，一半是罗马尼亚部队，虽然他们从海上撤离，兵力已经减少，但进攻方面临的问题仍然很棘手，因为在两个狭窄的入口处只需少量兵力就能维持强大的屏障。夺取克里米亚需要一次强力且精心策划的攻击。当苏军的狂潮在大陆前进了很远的时候，希特勒仍要求长时间坚守。在这种情况下，希特勒所作的决定，相较于他在其他地方所作的类似决定有更充分的理由。因为这一部分兵力的牺牲，在关键时刻确实大大牵制了苏军的主力。

托尔布欣元帅于4月8日发起对克里米亚的主攻，此前进行了一次初步攻击，旨在让德军暴露其炮兵阵地位置。当苏军对彼列科普地峡发起正面攻击时，另一支部队则越过其侧翼上的锡瓦什湖绕到德军后方。这一行动打开了克里米亚的北面门户，叶廖缅科大将的部队随即在刻赤东端的据点发起进攻。到17日，苏军两路部队已经在塞瓦斯托波尔城郊会合，并俘虏了3.7万人。如此庞大的战果，根源在于德军的失误，德军遵循希特勒的僵化原则，试图在彼列科普地峡以南的防线上坚守，而不是立即撤退到塞瓦斯托波尔。这使得托尔布欣能够调来坦克，在这条临时防线（这条防线的宽度远超守军兵力密度）上撕开裂口，并在德军撤回塞瓦斯托波尔的途中将其歼灭。

为了调来重炮，苏军在进攻这座堡垒之前暂停下来——此时德军的防守部队已不足以使防御达到合理的密度。然而，希特勒仍然坚持必须不惜一切代价坚守塞瓦斯托波尔。苏军的攻势于5月6日夜间开始，并在东南方向——英克曼和巴拉克拉瓦之间的地段迅速取得决定性突破。9日，希特勒才终于改变命令，允许守军乘船撤离，但为时已晚。10日，守军放弃塞瓦斯托波尔，退入赫尔松半岛。13日，守军有近3万人投降，只有少数士兵通过海路逃脱。这些俘虏大多数都是德国人。在进攻开始之前，德国最高统帅部选择让罗马尼亚的部队通过海路撤离，他们知道能依靠的只有自己的部队。如果不是防御计划严重僵化，这项政策本可能延长防御时间。

在1944年年初的几个月里，苏军在东部战线的另一翼也取得了进展，尽管这种进展不如在南部那么大。年初，德军仍然严密包围着列宁格勒，其战线从城市延伸到东面约60英里处折向南，沿着沃尔霍夫河延伸至伊尔门湖；在这座大湖的两岸，德军占据着诺夫哥罗德和旧鲁萨两座要塞城镇。1月中旬，苏军发起了期待已久的进攻，以解除敌军对列宁格勒的围困。戈沃罗夫将军的部队从列宁格勒正西海岸发起攻击，在德国突出部的左翼发动楔形攻势；而梅列茨科夫的部队则在诺夫哥罗德附近深入其右翼。苏军初期的突破造成了一种熟悉的错觉，即德军部队"被包围"，但德军分阶段有序撤退到突出部基线。外界过高的预期往往掩盖了苏军取得的实质性战果：解放列宁格勒、重新开通列宁格勒至莫斯科的铁路线，以及对芬兰的战略孤立。

撤退结束时，德军沿着从纳尔瓦附近的芬兰湾到普斯科夫一线据守。战线的拉直和缩短在当时大大改善了德军的处境，尤其是防御战线实际的缩短比地图上测量的要大得多。这是因为海岸与新的要塞城镇普斯科夫之间的120英里中，有四分之三被佩普西湖和普斯科夫湖两个巨大的湖泊所占据。2月底，戈沃罗夫发起突袭，在海岸线与佩普西湖之间的纳尔瓦河上夺取了一个桥头堡，但随后被阻截。在两个大湖以南，苏军的推进在即将到达普斯科夫（普斯科夫距离旧鲁萨120英里）时也被阻截。这对苏联红军来说是一个遗憾，他们原本期望在2月23日（红军成立26周年纪念日）夺回这座城市，红军正是在1918年与德军的战斗中诞生的。

在北面，这场冬季进攻的军事意义不如政治影响那么重要。芬兰政府因孤立无援，于 2 月中旬开始与苏联进行停战谈判。鉴于当时的情况，苏联的条件相当宽厚——以恢复到 1940 年的基准和边界为原则——但芬兰政府担心这些条件在实施中可能会扩大化，因此要求苏联提供比书面承诺更明确的保障措施。芬兰政府还抗议说，其无力执行苏联提出的"解除芬兰北部德军武装"的要求，更对允许苏军入境执行该任务充满戒心。但是，尽管谈判在 3 月中断，这显然只是暂缓决议，而非彻底破裂。此外，芬兰公开寻求和平谈判的带头作用激励了德国的其他卫星国以更隐蔽的方式开始类似接触。斯大林表示赞成将特兰西瓦尼亚归还给罗马尼亚的声明，直接推动了罗马尼亚的秘密外交试探。

5 月，德军在东部战线实现暂时的稳定，但这种处境的改善只是表面的。德军力量的消耗已经如此之大，虽能争取到一段时间，但对他们来说，已经没有太多价值。苏军需要时间来发动下一次大规模进攻，谈判人员也需要时间来完成其和平努力。只有独裁者才能在一夜之间改变立场。与此同时，盟军在巴尔干地区不断扩大的轰炸行动增加了敌军交通线的压力，并促使那些国家急于求和。6 月 2 日，美国"飞行堡垒"轰炸机群首次执行穿梭轰炸任务：这些飞机从地中海基地出发，在苏军新修建的基地加油后实施二次轰炸，随后返航。6 月 21 日，英国和苏联空军基地之间的类似穿梭轰炸体系启动，美军轰炸机全程由远程战斗机护航完成洲际飞行。

最初，苏联对犹豫不决的芬兰施加了空中压力，到了 6 月 10 日，即通过卡累利阿地峡（位于拉多加湖和芬兰湾之间）进行陆上攻击以加强对芬兰的压力。在突破了多道防线后，戈沃罗夫元帅的部队于 6 月 20 日占领维堡，从而控制地峡的出口。于是，芬兰军队表示接受先前已经拒绝的苏联停战条件。但斯大林现在要求芬兰军队举行象征性的投降仪式，芬兰军队对此犹豫不决。与此同时，里宾特洛甫匆忙赶往赫尔辛基，利用芬兰军队的恐惧，同时承诺给予芬兰军事增援。苏军自从 1940 年进入国境线后方的湖沼地带后，便失去了前进的势头。这一情况给里宾特洛甫完成自己的任务提供了很大的帮助。尽管战争已经接近尾声，但苏芬之间的战争又有了进一步的延续，尽管是以一种平静的形式。其直接结果是，美国政府断绝了与芬兰的关系（芬兰与美国的关系已经维持了很长时间），此时德军自己的前线迫切需要军队，却只能不断抽调兵力增援芬兰。

苏军有充分理由满足于这一微小收益。苏军于 6 月 23 日对德军发起夏季攻势——此时英美盟军对诺曼底的进攻已稳固。加之盟军攻占罗马后的持续推进，这些因素共同导致了德军在苏军发动攻击之前已陷入全面告急的境地。然而，苏军最大的战略优势，源自希特勒始终坚持僵化而非弹性的防御方针。

虽然苏军在整个喀尔巴阡山脉至波罗的海之间漫长战线上都有明显的备战行动，但各方注意力仍集中在普里皮亚季沼泽以南的战线。因为在这里，苏军已经深入波兰，外界普遍预期他们将重启春季攻势（此前这一方向的苏军曾逼近利沃夫，并短暂占领了科韦利）。经过三个月的休整期，朱可夫得以修复其庞大突出部后方的铁路交通线。

然而，苏军选择像德国最高统帅部在 1942 年那样，从其前线最滞后的"梯队"发起进攻。苏军在普里皮亚季沼泽以北的白俄罗斯首先发动攻势——德军在苏联的领土上仍占有一大片土地。

苏军的选择是经过精心设计的。由于北部战线推进幅度最小，苏军在那里的交通线最为完善，能为进攻提供初始动力。由于该地区在 1943 年被证明非常坚固，德国最高统帅部不太可能抽调兵力增援这里——毕竟科韦利至喀尔巴阡山脉之间的防线显然更为脆弱且具有战略意义。尽管北部主防线在去年秋冬季节经受住了所有攻击，但苏军已成功在其两翼分别发起了楔形攻势（维捷布斯克与日洛宾方向）。这为新一轮攻势提供了极具价值的战略支点。此外，一旦迫使敌人逃跑，苏军还可以通过科韦利附近的南部突出部对德军实施更大范围的战略包抄——此处所在的沼泽地带将德军分割为南北两部，而苏军正位于该沼泽地带的西端要冲。

在进攻之前，苏军对波罗的海至普里皮亚季沼泽之间的整条战线进行了重组和增援。该战区现在拥有7个规模适中的集团军群（即苏军所称的"方面军"）：首先是右翼的戈沃罗夫①的列宁格勒方面军，其次是左翼的马斯连尼科夫的苏联波罗的海沿岸第3方面军与叶廖缅科的苏联波罗的海沿岸第2方面军。这些方面军暂时按兵不动。实施进攻的四个方面军，从北到南分别是：巴格拉米扬②领导的苏联波罗的海沿岸第1方面军（该部早些时候已打入维捷布斯克以北的楔形防线）；36岁的切尔尼亚霍夫斯基③领导的苏联白俄罗斯第3方面军（他是所有高级指挥员中最年轻的）；扎哈罗夫④领导的苏联白俄罗斯第2方面军；罗科索夫斯基元帅领导的苏联白俄罗斯第1方面军（该部曾突入日洛宾附近的楔形防线）。这四大集团军群合计辖有约166个师。

苏军进攻的重点落在了现在由布施⑤指挥的德国中央集团军群上，布施在克卢格元帅遭遇严重车祸后接替了他的位置。尽管苏军在冬季的进攻中未能打破该地区的防御，但布施和其主要部下都清楚当时防线是多么危险，并对夏季战场条件更有利于进攻方时能否承受新一轮冲击深感忧虑。为应对预期中的攻势，他们希望撤退到现有防线后方90英里处的别列津纳河历史防线。虽然这种及时的后撤打乱了苏军的进攻节奏，但这与希特

---

① 列昂尼德·戈沃罗夫（1897—1955），苏联列宁格勒方面军司令，苏联元帅。战后历任苏联列宁格勒军区司令、苏联国防部副部长兼苏联国土防空军总司令等职。——译者注

② 伊万·巴格拉米扬（1897—1982），苏联波罗的海沿岸第1方面军司令，苏联元帅。战后历任苏联波罗的海军区司令、苏联国防部副部长兼苏联武装力量总后勤部部长等职。——译者注

③ 伊万·切尔尼亚霍夫斯基（1907—1945），苏联白俄罗斯第3方面军司令，1944年6月晋升为大将（年仅37岁，成为当时苏军中最年轻的大将）。1945年2月18日，因负重伤阵亡。——译者注

④ 格奥尔基·扎哈罗夫（1897—1957），苏联白俄罗斯第2方面军司令，苏联大将。——译者注

⑤ 恩斯特·布施（1885—1945），西北德军集群总司令兼德国H集团军群司令，德国元帅。——译者注

勒的原则相悖，希特勒也不会听取任何相关的战略论证。

接替海因里希出任德国第 4 集团军司令的蒂佩尔斯基希，通过从前沿阵地向第聂伯河上游进行一次隐蔽的短距离撤退，成功地减轻了首轮冲击。但由于苏军计划集中力量对两翼的楔形突出部实施突破，这一战术收效甚微。

在北翼战场，巴格拉米扬的部队在波拉茨克和维捷布斯克之间发动突击，切尔尼亚霍夫斯基的部队在维捷布斯克和奥尔沙之间展开攻势，两路大军形成钳形攻势，合围维捷布斯克。维捷布斯克在第四天陷落，德国第 3 装甲集团军的前线出现了一个巨大的缺口。这为苏军向南推进切断莫斯科—明斯克公路干线开辟了道路，使正在承受哈罗夫正面压力的德国第 4 集团军后方暴露在威胁之下。与此同时，罗科索夫斯基在普里皮亚季沼泽以北的另一侧对德国第 9 集团军发起进攻，进一步加剧了这一危机。罗科索夫斯基的部队在战役第四天攻占日洛宾后实施突破，他们越过了别列津纳河，并迂回包抄了博布鲁伊斯克的阻滞阵地。7 月 2 日，苏军机动部队到达明斯克这一重要交通枢纽以西 40 英里的斯托尔布齐，从而切断了通往华沙的铁路和公路。

苏军显著提升的机动能力在广阔战场空间中得到充分施展，自突破防线以来，一个星期内苏军已经推进 150 英里，挫败了德军试图阻止的企图。美军对苏军的物资援助的价值在此阶段尤为突出：大量摩托化步兵紧随坦克集群推进，形成紧密的步坦协同体系。与此同时，切尔尼亚霍夫斯基的部队从东北方向朝着明斯克突击，同时威胁着通往维尔纽斯的路线。在两大突击集群之间，罗特米斯特罗夫指挥的一支坦克预备队沿着莫斯科—明斯克公路高速突进（两天推进了近 80 英里），并于 7 月 3 日攻入明斯克。

这次宏大的钳形攻势与三年前德军实施的著名合围战惊人地相似，只不过进攻的方向完全相反。就像三年前一样，被围德军只有一部分成功逃脱。在第一个星期，北部战线俘获了近 3 万名俘虏，南部战线俘获了

2.4万名俘虏。大约10万德军在明斯克被包围,尽管撤出明斯克的主要路线已经被切断,但蒂佩尔斯基希的第4集团军残部通过转向南方次要道路(这些道路由于长期受到苏军游击队的袭扰,早已停止用作补给线)得以撤离。经此一战,德国中央集团军群实际上已被歼灭,总损失超过20万人。

在明斯克以西,撤退中的德军虽然进行了短暂抵抗,但缺乏天然的强大防线支撑,且德军残存兵力不足以覆盖日益扩大的战线空间(随着苏军突出部不断深入,德军防线缺口变得更大)。苏军总能找到空隙,绕过德军固守的城镇据点。其前进态势就像半圆形的辐射矛头,分别指向德文斯克、维尔纽斯、格罗德诺、比亚韦斯托克和布列斯特方向。7月9日,苏军进入维尔纽斯。13日,维尔纽斯收复(期间苏军机动部队已从城郊两翼完成包抄)。同一天,另一支突击矛头直抵格罗德诺。

到7月中旬,苏军不仅将德军赶出了白俄罗斯,还占领了波兰东北部的半数地区。其最西翼的部队深入立陶宛腹地,距离东普鲁士边境很近。此时苏军先头部队在弗里斯纳指挥的德国北方集团军群后侧已形成近200英里的纵深突破——该集团军群仍在波罗的海三国门户区域驻守。巴格拉米扬的部队逼近德文斯克,比弗里斯纳的战线更靠近德军在里加的基地。切尔尼亚霍夫斯基抵达了维尔纽斯以西的涅曼河,沿着一条更偏西的路线几乎同样接近波罗的海沿岸。这种态势预示着在弗里斯纳集团军群撤退前,其后方可能被苏军建立双重封锁线。其处境因苏军向北对普斯科夫地区的进攻扩大而变得更加艰难——马斯连尼科夫的苏联波罗的海沿岸第3方面军与叶廖缅科所部一同发起进攻。

与此同时,7月14日,苏军在普里皮亚季沼泽以南的塔诺波尔至科韦利之间发起了蓄势已久的进攻,这使得德军整体承受的压力成倍增加。这是一次钳形进攻。右翼集团穿过布格河向卢布林与维斯瓦河推进,与罗科索夫斯基方面军在沼泽以北的进攻形成合围之势(后者绕过布列斯特南翼);左翼集团穿过卢茨克附近的德军防线,从北翼包围了利沃夫。

7月27日，这座著名的城市被科涅夫的部队攻占，而此时科涅夫的先头部队已经越过桑河，位于利沃夫以西70英里处。同一天，苏军攻占了喀尔巴阡山麓的斯坦尼斯拉夫、波兰北部的比亚韦斯托克、拉脱维亚的德文斯克，以及里加通往东普鲁士铁路的枢纽希奥利艾，这充分表明了苏军进攻力量的强大。巴格拉米扬的装甲纵队对希奥利艾发起了最后的进攻，这一记重拳直击德国北方集团军群后勤命脉，预示将彻底切断该部经由东普鲁士的退路。

然而，中央战线的纵深突破及其战略风险，使北方战场的胜利相形见绌。早在三天前（7月24日），罗科索夫斯基左翼部队便已攻占卢布林——此地距维斯瓦河仅30英里，东南距华沙约100英里。罗科索夫斯基巧妙地利用普里皮亚季沼泽对德军造成的战略分割态势，以及南线攻势引发的指挥混乱，实现了这一雷霆突破。至7月26日，其麾下多支机动纵队已进抵维斯瓦河，其余部队则向华沙方向实施北向迂回。次日，德军被迫放弃布列斯特要塞，而同一天绕过该城的苏军先头部队攻抵谢德尔采——此处位于布列斯特以西50英里，距华沙不足40英里。

在谢德尔采，德军暂时阻挡了苏军的进攻。在维斯瓦河上，抵抗力度也有所增强，尽管罗科索夫斯基的部队在29日晚上成功建立5个渡河据点，但到次日早上，有4个渡河据点被德军摧毁。

7月31日，由于侧翼压力，德军被迫从谢德尔采撤退，与此同时，罗科索夫斯基的一支纵队抵达维斯瓦河东岸的华沙近郊布拉格区。次日（8月1日）早上，德军开始通过桥梁向西岸城区撤退。这一态势使得波兰"地下"组织领导人受到鼓舞，发出了起义的最终指令。

同日（8月1日），波罗的海沿岸战局也有惊人的进展。在巴格拉米扬的战线上，奥布霍夫上将指挥的装甲纵队在一夜之间疾行50英里，占领了里加湾的图库姆斯铁路枢纽，从而切断了德国北方集团军群经由东普鲁士的逃生通道。切尔尼亚霍夫斯基的部队则占领了立陶宛首都考纳斯，其先头部队已推进到接近东普鲁士边境的因斯特堡峡谷入口处。8月

2日，科涅夫的部队在维斯瓦河巴拉努夫段——即桑河与维斯瓦河交汇点上游——建立起一座新的大型桥头堡，此处位于华沙以南130英里。

此时德军正面临全方位的战略危机：西线诺曼底防线正在崩溃，巴顿的坦克正在通过阿夫朗什的缺口涌入；战线后方爆发了一场政治动荡——7月20日针对希特勒的刺杀行动和推翻纳粹政权的密谋使得许多将领卷入其中。刺杀行动失败后，对事件结果的不确定性和随之而来的清算恐惧，导致众多军事指挥部陷入瘫痪性混乱。这场政治余震持续冲击着第三帝国的战争机器，使本已岌岌可危的战线雪上加霜。

在拉斯滕堡东普鲁士总部的炸弹爆炸之后，密谋集团立即从该地向各集团军群司令部中的同谋者发出电报，告诉他们希特勒已被杀。随后德国广播电台播出的相互矛盾的报道使得第一条消息受到怀疑，不可避免地引发各级指挥层对真相的困惑。此外，阴谋者发给弗里斯纳司令部的电报附有明确指示，要求北方集团军群毫不拖延地撤退，避免陷入第二次"斯大林格勒式"的合围绝境。如同西线战场，7月20日发生的事件在北方战区同样引发了深远的连锁反应——撤退指令与柏林统帅部固守防线的矛盾命令相互交织，加剧了前线的指挥混乱。

中央集团军群在此次事件中受到的影响最小。这在很大程度上归功于新任司令莫德尔元帅的强势领导。莫德尔在苏军最初突破后不久就取代了布施元帅——当时布施在前方苏军和后方希特勒的双重压力下溃败了。莫德尔现年54岁，在1941年入侵苏联时只是一名师长，他比大多数德军高级指挥官年轻近10岁。在莫德尔火箭式的晋升过程中，他保持着统率装甲师时期形成的雷厉风行的作风与铁腕手段。莫德尔也是少数敢于与希特勒争论的将领之一，而希特勒也喜欢他粗犷直率的性格（相较于曼施泰因的刻薄而言），因此更愿意让他放手去做。基于希特勒不同寻常的宽容，莫德尔常根据战场实际情况果断放弃不利阵地，甚至屡次无视上级下达的固守指令。正是这种抗命自主的决策魄力（而非单纯运用撤退战术），使得他成功将濒临覆灭的部队撤出包围圈。同时，莫德尔的特殊地位与希特勒对他实质授权的微妙关系，反而强化了他基于军人誓言的忠诚度。7月20日之后，莫德尔是第一个谴责密谋集团并宣布军队效忠誓言的军事领导人。希特勒对莫德尔的信任在随后的军事事件中得到了更好的证明。

8月初，德军出人意料地发起了一次强势反扑，致使苏军进入华沙的时间被推迟到第二年。到8月1日傍晚，华沙的大部分地区已落入起义民众手中。但就在波兰人民期待苏军过河来支援的时候，炮火声却逐渐消失，整座城市陷入令人不安的沉寂，只留下困惑不解的起义者。然后在8月10日，这种寂静被空中和地面的大规模轰炸打破，德军试图重新夺回这座城市。在城市内部，博尔①少将领导的波兰地下军顽强抵抗，但很快被孤立在三个狭小的区域，河对岸也没有任何援军到达。

波兰人自然会觉得苏军部队在刻意按兵不动。苏联政府不愿意看到波兰人率先解放首都，担心他们因此受到鼓舞更倾向于独立，这也是可以理解的。尽管很难解开这场争议的谜团，但当时苏军在东线遭遇的更大范围的挫败表明，军事因素很可能比政治考量更具决定性作用②。

在华沙前线，最令人不安的是三支相当强大的党卫军装甲师的介入。这三个师于7月29日抵达，其中两个师来自南线，一个师来自意大利。这些德军从北翼发起反击，犹如楔子般插入苏军的突出部，迫使苏军后撤。与此同时，苏军试图从维斯瓦河桥头堡推进的攻势，也在德军增援部队的协助下陷入停滞。到8月第一个星期结束时，除喀尔巴阡山麓和立陶宛方向尚有零星进展外，苏军在各地的推进均被阻挡。这一波攻势在停止前就已力竭——后期推进主要依赖机动部队的小规模突袭，当莫德尔元帅退守至适宜防御的地带后，即便以有限的预备队也足以遏制这些攻势。

---

① 即塔德乌什·科莫罗夫斯基少将。——译者注

② 然而苏联始终不允许自西欧起飞的美军轰炸机在其机场降落，以便向华沙的波兰人空投补给，这一决定至今仍无合理解释。英国和波兰的飞行员虽从意大利基地出发执行此类任务，但跨越如此极端航距的往返飞行——尽管他们展现出非凡勇气——终究难以对战局产生实质影响。

苏军在五周内推进了450英里——这是他们迄今为止最长、最快的一次推进——苏军最终因交通线过度延伸而承受恶果，不得不向战略规律低头。此后近6个月时间，苏军都将驻守维斯瓦河畔，直至筹备好下一轮大规模攻势。

8月的第二个星期，东线许多地方都发生了激烈的战斗。德军展开猛烈反击，苏军则不断寻求新的突破口，但双方都没有取得决定性优势。维斯瓦河前线逐渐稳定，而在东普鲁士边境，苏军向因斯特堡隘口的推进被刚从罗马尼亚前线调回的曼陀菲尔的装甲师阻止，该师将苏军逐出交通枢纽维尔卡维什基斯。在这片充满湖泊和沼泽的边境地带，战斗陷入了僵局。随后曼陀菲尔部被派往北方战线，于8月下旬从陶罗根推进至里加湾的图库姆斯，为北方集团军群的撤退重新打通了通道。

这样一支小规模装甲部队所取得的成果，极为显著地展现出战局的流动性，同时也凸显出补给困难在极大程度上限制了苏军巩固战果的能力。在此情形下，小规模装甲部队比大量步兵更具战术价值，战局的走向往往取决于双方在关键节点投入装甲突击力量的效率——现代战场上屡屡上演"大卫与歌利亚"式的以弱胜强的传奇。

德军通过稳定喀尔巴阡山脉与波罗的海之间主要战线的局势而获得短暂喘息，但苏军在更广阔的迂回方向形成了新威胁。政治局势的变动为苏军扫清了进军的道路，他们在罗马尼亚前线发动了筹划已久的进攻。

8月20日，马利诺夫斯基指挥的乌克兰第2方面军从雅西向南，沿塞列特河两岸朝加拉茨方向进攻，对仍深入比萨拉比亚南部的德军突出部侧翼及后方构成威胁。托尔布欣指挥的乌克兰第3方面军则从德涅斯特河下游向西发动更直接的攻击。战役初期即遭遇德军的顽强抵抗，推进速度迟缓，但战局很快出现转折。

8月23日，罗马尼亚电台宣布与盟军停战，对德宣战。安东内斯库元帅被逮捕，其继任者接受苏军条件，立即倒戈。

苏军利用混乱局势，于8月27日攻入加拉茨，30日占领战略要地普洛耶什蒂油田，次日进入布加勒斯特。装甲部队在 12 天内狂飙 250 英里，随后 6 天又突进近 200 英里，到达多瑙河畔的南斯拉夫边境重镇塞维林堡。大批德军或被困在比萨拉比亚突出部，或在撤退途中被击溃。包括 20 个师在内的德国第 6 集团军全军覆没，其惨烈程度堪比斯大林格勒战役。

罗马尼亚的投降促使保加利亚政府向英国和美国求和。尽管保加利亚没有参与入侵苏联，但保加利亚深知自身的中立立场难以获得苏联的认可。这种担忧是有充分依据的。保加利亚对西方盟国的顺服不能满足苏联政府，苏联政府立即对保加利亚宣战，随后从东部和北部发起进攻。这次进攻实为一次武装游行，因为保加利亚政府下令不得抵抗，并火速宣布对德宣战。

苏联红军借此机会开辟了现代战争史上最广阔的迂回作战空间。这场战略大迂回更多是后勤问题，受机动和补给能力的制约，而非敌人的抵抗。罗马尼亚陷阱已经吞噬超过 10 万德军，而西方各条战线截至 9 月底，已有超过 50 万人被俘，更使德军无法填补东线空缺。

当年秋天，苏军左翼部队在东南欧和中欧的广袤地域展开了一场大规模迂回作战。德军所能做的只有尽可能长时间地坚守各个交通枢纽，并在被迫撤退时破坏交通线。相较于广袤战场，德军可用兵力不足，幸运的是，该地区基础设施薄弱且天然屏障众多。因此，当苏军的推进逐渐趋缓时，德军赢得了时间从希腊、南斯拉夫撤出部队。

若非苏军在罗马尼亚倒戈初期的混乱中突袭其西北角，德军本可争取更多喘息时间。9 月 19 日，一支机械化部队绕过山脉南翼，占领罗马尼亚的突出部泰梅什堡（蒂米什瓦拉），22 日占领阿拉德。这使苏军切断从贝尔格莱德向北的交通线，逼近匈牙利南部边境，距离布达佩斯仅 100 英里。这样大胆的推进只有在对手无力进行反击的情况下才可尝试。即使在这种情况下，苏军依旧需要在楔形阵地集结重兵才能扩大战果——这一过程比较缓慢，但事实证明比直接通过山脉进入特兰西瓦尼亚山区正面突破更快。

直到 10 月 11 日，苏军才将德军赶出特兰西瓦尼亚首府克卢日（该城位于阿拉德以东 130 英里）。此时，马利诺夫斯基已在楔形地带完成兵力集结，越过穆列什河进入匈牙利平原，并封锁了特兰西瓦尼亚后撤通道。当苏军右翼攻克克卢日时，其左翼先头部队已经向西推进 170 英里，距离布达佩斯不到 60 英里。迂回路线开始收获战略优势。

接下来的一个星期，彼得罗夫[①]大将指挥新建的乌克兰第 4 方面军从北方突破喀尔巴阡山脉的山隘（由匈牙利第 1 集团军防守的"鞑靼山口"至卢普科夫山口段），攻入鲁塞尼亚后转进斯洛伐克。与此同时，托尔布欣所部从楔形地带的南侧越过多瑙河，与铁托[②]的游击队协同行动，解放了南斯拉夫首都。德国守军负隅顽抗，但最终于 10 月 20 日被驱逐。令人惊异的是，仍有相当多的德军遵照希特勒"不得主动撤退"的训令留在希腊。直到 11 月的第一个星期，才启程实施横跨 600 英里荒芜敌境，展开一场"色诺芬式远征"。

贝尔格莱德的解放与苏军进抵匈牙利平原，标志着这场大规模迂回战役第一阶段圆满完成。

马利诺夫斯基所部在索尔诺克以北到塞格德的 80 英里的蒂萨河战线完成集结后，于 10 月 30 日向布达佩斯发起了一次猛烈的攻势。此时马利诺夫斯基麾下已集结了包括罗马尼亚部队在内的 64 个师，距离目标只有 50 英里。在逐步击退德国和匈牙利部队后，苏军先头部队于 11 月 4 日抵近布达佩斯郊区，但恶劣的天气打乱了他们速战速决的部署。像其他负隅顽抗的城市一样，布达佩斯即将成为一个难以攻克的堡垒。到 11 月底，苏军仍受阻于城下，侧翼包抄也进展甚微。

[①] 伊万·彼得罗夫（1896—1958），苏联乌克兰第 4 方面军司令，苏联大将。战后历任苏联土耳其斯坦军区司令、苏联国防部副部长等职。——译者注

[②] 约瑟普·铁托（1892—1980），南斯拉夫共产主义者联盟主席，南斯拉夫总统，南斯拉夫元帅。——译者注

彼得罗夫所部试图从鲁塞尼亚向西推进、支援斯洛伐克当地游击队的行动也受到了阻碍，斯洛伐克的崎岖地形和狭长走廊严重限制了部队的机动性。

在布达佩斯久攻不下之际，苏军发起了一场"双重迂回"行动。托尔布欣麾下总共约 35 个师自南斯拉夫调回，在 11 月的最后一个星期从布达佩斯以南约 130 英里的多瑙河与德拉瓦河交汇处的桥头堡发起一次大规模的侧翼包抄。到 12 月 4 日，托尔布欣所部抵达匈牙利首都后方的巴拉顿湖地区。与此同时，马利诺夫斯基在布达佩斯以北重启攻势，同时也对城市防御发起新的攻击。然而联合攻势以失败告终，直至年底，布达佩斯仍未被攻下。甚至在圣诞节新一轮合围攻势将其孤立后，守军仍然继续抵抗至次年 2 月中旬。

在东线北端的波罗的海战场，秋季战役的进程呈现出类似的轨迹——以敌军崩溃开始，以攻势受挫结束。德军夏季的失败使芬兰军队不得不屈服——与罗马尼亚和保加利亚几乎同时——芬兰于 9 月初接受了苏军的停战条件。这些条件包括苏军将对任何在 9 月 15 日之前仍未离开芬兰的德军采取行动。在德军试图在芬兰湾的霍格兰岛登陆后，芬兰正式对德宣战。

芬兰的投降为苏军集中兵力进攻现在由舍尔纳（接替了弗里斯纳的位置）指挥的德国北方集团军群扫清了道路。戈沃罗夫和马斯连尼科夫两个方面军向舍尔纳的正面推进，叶廖缅科所部包抄其侧翼，巴格拉米扬的部队威胁其后方。德军几乎不可能从这样一个狭长的"瓶颈"底部逃脱，特别是瓶颈通道又如此狭窄。但在一个星期内，德军已经撤退近 200 英里，到达了里加防御工事的庇护所，并未遭受大规模围歼，巴格拉米扬的部队未能成功切断这个瓶颈。此役再次表明，当守军享有充足的防御密度，从狭窄的战线上进攻是何其艰难。

为了扭转局势，苏联最高统帅部大力增强巴格拉米扬的部队，旨在让巴格拉米扬从立陶宛中部的希奥利艾方向向里加以南的波罗的海沿岸发动进攻。这次新攻势是在10月5日发起的。巴格拉米扬所部利用宽广的正面战线与德军仅集中于里加附近的事实，于10月11日抵达梅默尔南北两侧海岸。两天后，舍尔纳放弃里加，撤退至库尔兰，即拉脱维亚西北部的"半岛"地区。在这里，陷入孤立的舍尔纳守军进行了长期抵抗，被严密包围的梅默尔守军亦是如此。苏军部队虽有兵力优势，却受制于自身的补给能力和机动空间。

在清除了波罗的海侧翼后，苏军开始进攻东普鲁士，于10月中旬发起了一次猛烈进攻。在这条狭窄战线上，防御再次战胜了直接攻击——进攻路线被湖泊和沼泽阻隔。苏军的主要推进方向是因斯特堡缺口，但在贡宾嫩附近的一场大规模坦克战中遭遇挫败——此处正是1914年俄军取得虚幻胜利的地方。其他方向的推进也未能实现足以破坏对方防线的突破。到10月底，攻势逐渐减弱，战线重陷僵局。

德军在东线、西线乃至欧洲中部的惊人重整，既得益于战线收缩和进攻方补给线延长的综合效应，也印证了盟军"无条件投降"政策如何助长纳粹的抵抗意志。此外，秋季战役的进程表明，适当使用弹性防御可能为德军新式武器投入使用争取时间，但是，希特勒一意孤行，继续坚持他原地防御的政策。

在这种固执的信念下，希特勒不允许西线德军指挥官及时撤离阿登突出部，还命令采取行动增援布达佩斯，这一致命决策严重削弱了东普鲁士防线。

第 33 章 轰炸的逐渐增强——对德国的战略空中攻势

第一次世界大战结束后的数年间，战略轰炸理论的体系化建构在英国逐步发展起来。其中一部分，甚至是主要部分，实际上是1918年4月1日，也就是战争最后一年，英国陆海军航空兵力量合并组成皇家空军，成为一个独立军种的产物。新成立的皇家空军不遗余力地支持这一理论，因为该理论为其存在与独立提供了依据。

颇具讽刺意味的是，休·特伦查德空军少将很快便大力支持这一理论。特伦查德曾经在法国指挥英国陆军航空兵（即皇家飞行队），他曾经反对建立第三个独立军种。1918年1月，特伦查德被从法国召回，成为新成立的皇家空军的军事首脑，担任空军参谋长一职。几乎在同一时间，特伦查德与新任命的空军大臣罗瑟米尔勋爵发生冲突，另一位空军先驱弗雷德里克·赛克斯空军少将接替了他的空军参谋长之位。随后，特伦查德被任命为秋季成立的独立轰炸机部队司令，该部队旨在轰炸柏林及德国其他目标。1917年至1918年，德国哥达轰炸机袭击伦敦，对英国军事将领的士气与思维产生了远超其实际破坏程度的影响。然而，即便到1918年11月停战时，英国皇家空军的轰炸机部队仅有9个中队，且刚刚开始投入作战。实际上，当时为攻击德国而设计的大型"汉德利-佩奇"轰炸机仅交付了3架。但是，特伦查德已然成为独立战略轰炸的积极倡导者。战争结束后的1919年，特伦查德被调回伦敦，重新担任空军参谋长，并在此职位上一直工作到1929年。在此期间，赛克斯的得力助手兼空军参谋部飞行作战处处长格罗夫斯空军准将大力发展了空军战略理论。

在美国，这一想法在 20 世纪 20 年代得到了威廉·米切尔准将的热烈支持，但很快他的激进作风受到陆海两军的反对而被迫去职。直到多年后，新一代掌权者登场，美国才成为空中力量强国和战略空中攻势的倡导者。

后来的历史学家多将这一理论归功于意大利的朱利奥·杜黑①将军，他在 1921 年撰写了一本关于未来空战的书。他的著作虽值得回顾研究，但在战略空中攻势理论的形成期没产生任何影响，至少在欧洲是这样。②

英国空军参谋部的理论和学说在查尔斯·韦伯斯特爵士和诺布尔·弗兰克兰博士撰写的官方战史《对德国的战略空中攻势》中得到了总结：

> 战略空中攻势是一种直接攻击敌国的手段，旨在剥夺其继续战争的手段或意志。它既可以是取得胜利的工具，也可以是其他力量借以获胜的手段。与以往所有武装进攻不同，它能立即、直接且具有破坏性地打击敌人的心脏地带。因此，其活动范围不仅超过陆军或海军的活动范围，还超出了它们。③

尽管到 1918 年第一次世界大战结束时，英国皇家空军的实际经验非

---

① 朱利奥·杜黑（1869—1930），意大利军事理论家，制空权理论主要创始人，意大利少将。著有《制空权》一书。杜黑的建立独立的空军、夺取制空权、集中使用空中力量、空中进攻、战略轰炸等思想，对世界空军的组建和发展产生了较大的影响，经受了第二次世界大战及战后局部战争的检验。——译者注

② 笔者在 1935 年访问巴黎时，偶然发现了杜黑的《制空权》法文译本，回英国后向空军参谋部的几位朋友提及此书，却发现他们都未曾听说过。实际上，早在那之前，英国空军参谋部的学说就已发展得更为完善。杜黑著作的英译本于 1942 年在美国出现，1943 年在英国出现。此外，它在意大利也未产生多大影响。1927 年，笔者应官方邀请访问意大利军队时，无论是空军大臣巴尔博空军元帅，还是当时他手下的任何一位空军将领，在谈话中都未提及杜黑的著作，尽管他们在讨论中非常坦率，并对英国发展起来的空中战略新思想表现出浓厚兴趣。

③ 查尔斯·韦伯斯特、诺布尔·弗兰克兰：《对德国的战略空中攻势》第一卷，第 6 页。

常有限，但正是这种战略轰炸的概念使得英国皇家空军的领导人能够在两次世界大战期间抵御陆军和海军的侵蚀而维护自身的独立性，首脑们为避免皇家空军作为独立军种被废除并重新成为陆军和海军的附庸而一再努力（特别是在战后第一个十年）。

此外，特伦查德及其忠实助手以极端"支持轰炸机"的方式提出这一概念，这是一种自然反应。他们认为，空军及其活动与陆军和海军在性质上与领域上完全不同。虽然这有助于巩固空军摇摇欲坠的独立性，但事实证明，这种对空中行动战术方面的诋毁是错误的。从第一个论点衍生出的第二个论点是，最好的防空手段是对敌人的心脏地带进行轰炸。即便从理论方面来说，这一观点也值得怀疑。德国在20世纪30年代末取得空中力量优势，使得这种观点变得荒谬可笑。强烈的教条化趋势引出"轰炸机永远能取胜"这样一种不合理的结论，连当时英国首相鲍德温都欣然接受这种口号。这是英国皇家空军和美国陆军航空部队都坚持的谬论，直到1943—1944年遭受严重损失才迫使他们认识到，制空权是实施有效战略轰炸攻势的首要先决条件。

战前的另一个假设是，空袭将在昼间进行，并针对特定的军事和经济目标，因为其他形式的轰炸都是"无效的"。特伦查德确实强调了轰炸对平民的"士气"影响，还在某种程度上演练了夜间飞行，但总的来说，空军参谋部和大多数皇家空军都低估了作战的难度。

鉴于战略轰炸的概念在两次世界大战之间的年代里一直得到宣扬，后来的历史学家将会困惑地发现，当1939年战争来临的时候，英国皇家空军竟没有合适的力量进行战略轰炸。这并不完全是由于20世纪20年代和30年代初英国盛行的财政紧缩和经济政策，而是由于英国皇家空军对实现战略轰炸所需的部队和飞机存在误解。虽说1933年之后，英国皇家空军开始淘汰过时的双翼飞机，可仍然有太多对战略轰炸毫无作用的轻型轰炸机，而大多数新型轰炸机——"惠特利""汉普登""惠灵顿"——即使以当时的标准来看也不够好。

在1939年可用的17个重型轰炸机中队中，只有6个配备了"惠灵顿"轰炸机的中队能够发挥效力。此外，缺乏训练有素的机组人员（主要是由于长期使用轻型双座机训练）和导航设备、轰炸辅助设备，也给皇家空军的轰炸机力量制造了许多困难。

特伦查德于1929年底从空军参谋长的职位上卸任，升任上议院议员。在接下来的十年里，他继续通过他的门徒在皇家空军中发挥巨大影响。他们早就知道德国空军已取得巨大优势，仍继续将轰炸机置于空军发展的首位。空军参谋部于1938年初制订"L计划"，意图到1940年春组建73个轰炸机中队和38个战斗机中队——比例接近2：1，若以飞机的实际数量计算，这个比例还要更高。在1938年9月的慕尼黑危机之后，英国空军参谋部修订的"M计划"，将轰炸机中队和战斗机中队分别增加到85个和50个，从而将战斗机与轰炸机的比例从1：2提高到接近3：5。

特伦查德对这种细微的变化感到不满，直到第二年春天，他仍在上议院辩称，轰炸机与战斗机的比例应该保持在2：1，这是对德国空军的最佳威慑。然而，这显然是不切实际的——因为德国轰炸机部队的实力已经接近英国的两倍，而扩充轰炸机部队比扩充战斗机部队花费的时间要长得多。

幸运的是，空军参谋部开始形成一种更为务实的态度。早在1937年，国防协调大臣托马斯·英斯基普爵士就表达了怀疑，他认为与其轰炸德国的机场或工厂，不如在英国上空摧毁一支德国轰炸机部队。1939年初，理查德·佩克空军少将被从印度调回，出任作战部部长。他在20世纪20年代曾是"计划"部门的年轻负责人，并为内阁拟订支持特伦查德轰炸机战略的诸多论点。此前，他已在印度担任高级空军参谋军官长达三年。像许多年轻人一样，佩克能够根据实际情况修正自己的观点。战争爆发后不久,他说服了空军参谋长西里尔·纽沃尔①空军上将(爵士),使其认识到扩大战斗机部队的规模至关重要。佩克的理论又恰好得到下述事实的支撑——雷达的发展和新型高速战斗机的出现("飓风式"及"喷火式"),使空中防御的效能大为提高。因此,在10月份,英国政府下令再组建18个战斗机中队来保卫英国领空。事实证明,这项决定迅速得到实施,对一年后不列颠战役(1940年7月至9月)的战局起到了至关重要的作用。若没有这项决定,英国的防空力量就很难抵挡住德国空军猛烈而持久的进攻。

这种更为现实的观点的复苏,也使英国内阁和空军参谋部不得不决定,在1939年的局势下,如果德国不先动手,则英国最好不要主动发起战略轰炸,至少在英国轰炸机部队实力大幅增强,且战斗机力量扩充至更合理的比例之前,不宜轻举妄动。

这种局势与空军参谋部战略规划中蕴含的讽刺性在官方战史的评述中得到了集中体现:

> 自1918年以来,他们的战略就建立在没有战略轰炸就无法赢得下一场战争的观念之上,但当战略轰炸开始时,轰炸机司令部只能对敌人造成微不足道的伤害。②

基于上述的这些理由,在波兰战役和随后的所谓"虚假战争"期间,英国皇家空军除了非常有限的行动外,几乎一事无成——仅在德国上空抛撒传单,偶尔攻击德国海军目标。此外,法国人因为害怕遭到德国人轰炸报复,反对英国皇家空军轰炸机司令部从法国基地展开行动。法国人和

---

① 西里尔·纽沃尔(1886—1963),英国皇家空军参谋长,英国空军元帅。——译者注

② 查尔斯·韦伯斯特、诺布尔·弗兰克兰:《对德国的战略空中攻势》第一卷,第125页。

德国人一样，认为轰炸机只有在配合陆军行动时才具备战术价值。与英国人相反，德国人一直认为第一次世界大战中的哥达轰炸机在各方面都是失败的，他们的作战方案实际上已经放弃了战略轰炸的概念。

虽然英国空军参谋部有空袭德国鲁尔区工业中心的计划，但他们的计划没有获准付诸实施。这或许是幸运的，因为当时英军计划用速度缓慢且缺乏自卫火力的轰炸机执行昼间空袭。空军上将埃德加·勒德洛－休伊特爵士是1937年至1940年英国皇家空军轰炸机司令部总司令，他认为这样的行动只会带来灾难性的损失，而取得的战果却值得怀疑。1939年12月，英国皇家空军轰炸机司令部的"惠灵顿"轰炸机在昼间对德国海军目标进行攻击，德军通过雷达引导战斗机拦截，导致英国皇家空军遭受严重损失，未能取得有效的轰炸效果。反观性能更差的"惠特利"轰炸机，在11月中旬至3月中旬的作战中竟无一损失。由于这种对比鲜明的实战经验，轰炸机司令部自1940年4月起将空袭严格限制在夜间。这彻底暴露了战前空军参谋部"昼间轰炸不会遭受重大损失"这一论断的谬误。

战前的另一个观点是，特定的目标可以很容易地被发现并击中，这个观点在很长的时间后才被证明同样是谬论——主要是因为1941年前对轰炸成果的航拍侦察技术没有普及，评估战果时过度依赖机组人员的报告。正如后来广为人知的那样，这些报告往往大错特错。

正如在1939年9月入侵波兰时所发挥的作用一样，德国空军的轰炸机和俯冲轰炸机在1940年4月入侵挪威的战役中发挥了主导作用，而它们在5月入侵西欧的战役中，与装甲部队协同作战，发挥了更大的主导作用。但是，英国皇家空军反对配合陆军，仍然坚持他们战略轰炸的教条。因此，在这些极其关键的战役中，轰炸机司令部几乎没作出什么贡献——甚至连可能做到的事情都没有做到。与英国远征军配合的空军力量对推进中的德军进行了一些断断续续的攻击，特别是针对默兹河上的桥梁，但这些空中攻击效果很差，还付出了高昂的代价。直到5月15日，以温斯顿·丘吉尔为首的战时内阁才授权轰炸机司令部攻击莱茵河以东的地区。当天夜间，99架轰炸机被派往攻击鲁尔区的石油和铁路目标，这场行动通常被认为是对德国战略轰炸的开始。但是，英国轰炸机司令部对于这一次及后续战略轰炸行动的效果，都做了过高的估计，并且这种情况持续了很长时间。

英国空军参谋部的计划是对德国石油目标进行攻击，但从7月起，德国空军对英国本土的攻击威胁迫在眉睫，这一计划被推迟。在"不列颠战役"期间，英国轰炸机司令部奉命打击敌人的港口、船舶和船坞，以及飞机机身和航空发动机工厂，以阻碍和削弱德国的入侵能力。

与此同时，5月14日德国发动对鹿特丹的轰炸，随后又对其他城市进行轰炸，英国的舆论为之改变，人们对无差别轰炸不再那么反感。8月24日，德军误炸了英国伦敦，更是加剧了民众这种情绪的变化。实际上，这场误炸纯属技术失误，却又非常自然——因为德国空军在作战时仍继续遵守传统的规则，这起意外事件完全是导航错误造成的。但是，这些错误使得英国民众对无差别打击德国城市的愿望日益强烈，他们意识到轰炸机司令部是英国在不久的将来唯一的进攻武器，这就加深了他们以空袭还以颜色的本能和欲望。这两点在丘吉尔的态度上表现得尤为明显。

不过，空军参谋部观念和态度的转变主要源于作战因素。1940年10月30日下达的指令，表明他们屈从于作战现实和丘吉尔的压力，该指令要求在晴朗的夜间攻击石油目标，其他夜晚空袭德国的城市。这明确说明他们接受了无差别轰炸或"区域轰炸"的理念。

这些目标和观点都过于乐观。以1940年那种简陋的轰炸手段而希望轰炸德国的小型炼油工厂是荒谬的，或是希望对城市的轰炸能够打击德国人民的士气和动摇纳粹统治的基础，那才真正是荒诞不经。

实际证据的累积，证明对特定目标的空袭没什么效果。甚至到1941年4月，理论上空投的平均误差还是假定为1000码——这意味着通常不会命中小型炼油厂。然而，在1941年的"大西洋战役"危机中，需要将轰炸机司令部的资源用于对抗德国海军基地和潜艇基地，所以这种争论遂被搁置。轰炸机司令部不愿在这场海上危机中提供帮助，这显示出他们目光短浅、教条僵化。

在缓慢调整并逐步放弃原有战略的过程中，轰炸机司令部在1941年7月后试图打击"半精确"的目标，比如德国的铁路系统。但即便是这样的目标，在天气不佳时，也会被替换成大型工业区。实践证明，即便这种折中方案仍属徒劳。1941年8月发布的"巴特"报告指出，在对鲁尔区的空袭中，只有十分之一的轰炸机能够到达指定目标5英里以内，[①] 更不用说理论上的1000码了。导航技术不足显然是轰炸机司令部的首要难题。作战上的困难，加上外界的压力，最终迫使空军参谋部承认："夜间轰炸机部队唯一能造成有效破坏的目标是整个德国城镇。"[②]

随着英军轰炸精度不足的问题愈发明显，空军参谋部开始日益强调空袭对平民士气的打击效应——简而言之，即恐怖威慑战略。此时，摧毁敌方民众的战斗意志，变得与摧毁敌军的作战能力同等重要。

丘吉尔对空军参谋部持续表现出的盲目乐观愈发不满，尤其是对他们在1941年9月2日提出的"计划用4000架轰炸机在6个月内击溃德国"的方案。巴特和其他人的报告给丘吉尔留下了深刻印象，他指出，将轰炸精确度提高即可在更经济的前提下实现四倍的轰炸效果。丘吉尔还质疑空军参谋部对德军士气和防空能力的乐观态度，并告诉现任空军参谋长查尔斯·波特尔空军上将（爵士）：

> 轰炸本身是否会成为当前战争中的决定性因素，这是极具争议的。恰恰相反，自战争开始以来，我们所了解到的一切都表明，轰炸

---

① 查尔斯·韦伯斯特、诺布尔·弗兰克兰：《对德国的战略空中攻势》第一卷，第178页。

② 查尔斯·韦伯斯特、诺布尔·弗兰克兰：《对德国的战略空中攻势》第一卷，第233页。

在物质和精神层面的影响都被过分夸大了。①

丘吉尔还正确地强调，德军的防御"很有可能"已经得到加强。

丘吉尔在写给波特尔的一封信中富有预见性地说道："如果敌人的空军力量被削弱到让我军在昼间对其工厂进行猛烈而精确的轰炸，那么战局就会大不相同。"这一战略构想在1944年得以实施，但践行者并非英军，而是手握绝对制空权的美军。

丘吉尔对德军防空力量增强的担忧与警告很快就应验了。11月，轰炸机司令部在空袭行动中遭受重大损失，特别是在11月7日发动的400架次大规模空袭过程中，派往柏林的169架轰炸机中有12.5%未能返回（尽管袭击较近目标时的损失相对较小）。

战争爆发以来的总体经验表明，空军参谋部和轰炸机司令部长期秉持的战略理念存在严重错误。事实证明，战争头两年实施的轰炸行动效果之微弱令人极为失望。

英国轰炸机司令部的低潮一直持续到1942年3月。冬季作战的主要目标是停留在布雷斯特港的德国"沙恩霍斯特"号和"格奈森瑙"号战列巡洋舰，一些炸弹确实命中了目标。美国1941年12月参战带来的最初影响是降低了英国从美国工厂获得更多轰炸机增援的可能性。此外，德军在入侵苏联后，不到6个月的时间，当年冬天即在苏联遭受挫败，使人们对"通过轰炸赢得战争"的必要性和价值产生了质疑。

2月中旬，当布雷斯特的问题因德国战列舰的"海峡冲刺行动"返回本国港口而得到解决后，英国恢复了对德国的轰炸战役。此时，许多英国轰炸机都安装了"Gee"——一种辅助导航和目标识别的无线电设

---

① 查尔斯·韦伯斯特、诺布尔·弗兰克兰：《对德国的战略空中攻势》第一卷，第182页。

备。1942年2月14日，一份发给轰炸机司令部的新指令强调，轰炸行动现在要"集中精力打击敌方平民的士气，特别是产业工人的士气"，这是"首要目标"。① 至此，恐怖威慑战略毫无保留地成为英国政府的既定政策——尽管在议会质询中仍以委婉措辞掩饰。

新指令是对作战可行性的务实考量。早在1941年7月4日，波特尔就明确表示："从经济角度来看，最具价值的目标，若战术层面无法实现，便不值得追求。"②

1942年2月22日，阿瑟·哈里斯③空军中将（后受封爵士）成为轰炸机司令部总司令，这份指令遂成为定案，哈里斯的前任理查德·皮尔斯空军中将（爵士）在日本参战后不久即前往远东，出任盟军空军总司令。哈里斯性格刚强，给轰炸机司令部的机组人员和组织注入强心剂，但后来证明他的许多观点和决定是错误的。

3月底，在轰炸机司令部面对压力深感沮丧之际，丘吉尔的私人科学顾问彻韦尔勋爵（以前的弗雷德里克·亚历山大·林德曼教授）撰写的一份备忘录，为他们提供了支持和鼓励。彻韦尔指出，英国轰炸机司令部3月初对巴黎附近比扬古的雷诺工厂所作的一次大规模袭击中，235架轰炸机只损失了1架。这是第一次以照明弹为导航的大型试验。他的看法增强了丘吉尔的信心。

当月晚些时候，英国轰炸机"成功"袭击波罗的海城市吕贝克，密集的市中心被燃烧弹摧毁，而在4月，英国轰炸机对罗斯托克进行了4次这样的袭击。（然而，这些历史悠久的汉萨同盟城市，受损最严重的是市

---

① 查尔斯·韦伯斯特、诺布尔·弗兰克兰：《对德国的战略空中攻势》第一卷，第233页。

② 查尔斯·韦伯斯特、诺布尔·弗兰克兰：《对德国的战略空中攻势》第一卷，第189页。

③ 阿瑟·哈里斯（1892—1984），英国皇家空军轰炸机司令部总司令，英国空军元帅。——译者注

中心精美的老宅，而不是附近的工厂。）这些城市实际上在"Gee"的导航范围之外，但它们很容易被定位，因而遭受轰炸。装备"Gee"的轰炸机中，仅有40%找到了它们的目标，这加剧了对计划外目标的狂轰滥炸。尽管如此，轰炸机司令部在吕贝克的损失惨重。在这两个月里，轰炸机司令部对埃森进行了8次空袭，因遇到强大的防御和不利的天气条件，轰炸效率大为下降。

在德军方面，防空体系正在迅速建立起来——雷达系统引导高射炮群与探照灯网络协同作战，同时还有越来越多的夜间战斗机。1942年初，只有1%的轰炸机毁于夜间战斗机，但到了夏天，这个数字已经上升到3.5%——尽管英军越来越多地采用佯攻与战术欺骗手段。

"所有这些作战计划都基于一个前提：我们可以在夜间成功躲避敌方空军。"① 这是轰炸机司令部和空军参谋部始终未破除的根本性战略谬误。他们忽视了一个基本的经验教训：一架轰炸机，无论保护得多么好（更何况英国皇家空军的轰炸机当时毫无装甲）——在一架为摧毁它而设计和制造的战斗机面前，必然是不堪一击的。除非英国皇家空军能够获得制空权，否则，躲避战术和所有辅助技术装置都无法长期隐藏和保护轰炸机不受日益壮大的德国防空系统的攻击。

所谓的"马戏团行动"早在1941年初便初现端倪，并在1942年持续展开——轰炸机和战斗机联合行动，实施昼间突袭，目的是吸引德国空军升空与英国战斗机司令部的"喷火"战斗机交战。这些"马戏团行动"虽取得了部分成功，但受到了英国战斗机航程不足的限制，昼间行动进一步扩大时，所遭到的抵抗也愈强烈，英国皇家空军遭受的损失也就愈重大，即使"兰开斯特"轰炸机投入战场，遭遇激烈抵抗时仍损失惨重。虽然遭遇挫败，但"马戏团行动"沿法国北部海岸开启了为盟军夺取空中优势的斗争，这一主要成果对后来的登陆战略至关重要。

---

① 查尔斯·韦伯斯特、诺布尔·弗兰克兰：对德国的战略空中攻势第一卷，第350页。

1942 年，最主要的新进展是广受赞誉的"千机轰炸"。哈里斯试图通过集中兵力来减少损失，并增强打击效果。虽然轰炸机司令部在 1942 年 5 月的一线作战力量只有 416 架飞机，但哈里斯通过调用二线中队和训练中队，在 5 月 30 日夜间派出了 1046 架轰炸机空袭科隆。在这次攻击中，该城 600 英亩的区域被摧毁——远远超过之前 9 个月对科隆的 1346 架次空袭总和，代价是损失了 40 架轰炸机（3.8%）。6 月 1 日，轰炸机司令部的 956 架可用飞机，全部被用来对付更难攻克的目标埃森，但云雾笼罩使这座城市幸免于难，英军损失了 31 架飞机（3.2%）。"千机轰炸"部队随后被解散，但哈里斯继续策划类似的袭击。6 月 26 日，哈里斯联合海岸司令部的 102 架飞机，总共 904 架轰炸机袭击了不来梅大港和福克-沃尔夫飞机制造厂。密布的浓云再度削弱了打击效果，损失率却上升到近 5%（主要集中在训练中队）。至此，"千机轰炸"战略被迫中止，直到 1944 年才再次发动"千机轰炸"。

从公众的印象来看，这些精心策划的大规模空袭，无疑有助于哈里斯在争夺战略优先权的斗争中占据上风——他不仅获准将作战中队增加到 50 个，更在 1942 年 8 月迎来"探路者"部队的建立（讽刺的是，哈里斯曾对此表示反对），并于 12 月和次年 1 月相继装备"欧波"（Oboe）与 H2S 导航系统。

然而，回望历史可见，英国战略轰炸的实际效果仍然被过分夸大，1942 年德国的军备产量增加了约 50%，德国工业的损失可以忽略不计。而作为德国最薄弱环节的石油工业几乎没有受到影响，其飞机产量也大幅增加。更令人不安的是，西线德军空军昼间战斗机从 292 架增加到 453 架，夜间战斗机从 162 架增加到 349 架。相比之下，1942 年英国轰炸机的损失已经上升到 1404 架。

1943 年 1 月的卡萨布兰卡会议将战略轰炸定性为登陆作战的前期辅助行动。随后，会议发给盟军空军的指令指出，"逐步摧毁和瓦解德国的军事、工业和经济体系，削弱德国军队的士气，使其武装抵抗能力彻底崩溃"。这让哈里斯（他强调了指令的第二部分）和美国第8航空队司令埃克中将（他强调了指令的第一部分）感到满意。尽管该指令规定了优先打击目标的总体顺序，但把战术选择权留给了空军指挥官。因此，尽管英军在夜间轰炸，而美军在昼间轰炸，但总的来说，这两种攻击并不是互补的。

1943年5月的华盛顿会议虽然强调了两支轰炸机部队的合作（实际上他们经常展开联合行动），会议还强调了德国战斗机对两支轰炸机力量带来的危险，这种危险已经显而易见。因此，"直射"联合轰炸攻势的首要目标是摧毁德国空军和德国飞机制造业，这"对我们进一步打击敌人其他战争潜力来源至关重要"。从长远看，这对英国轰炸机司令部和美国人都很重要。然而，这份措辞模糊的文件让哈里斯得以继续对德国城镇进行区域轰炸并逃避现实，这个现实指的是轰炸行动和"霸王行动"的前景都取决于德国空军的毁灭，而德国空军的实力在1943年1月到8月间增加了一倍。不过，轰炸机司令部在鲁尔区和汉堡的空袭中取得了重大战果，暂时掩盖了这种危险。

虽然探路者部队正在逐渐建立起来，以及"欧波"和H2S已经投入使用，但与1942年相比，1943年的头几个月对轰炸机司令部来说算是一个平静的时期。这给了机组人员一个机会来改进新设备的一些缺陷，同时也让他们适应新飞机的性能，越来越多的"兰开斯特"和"蚊"式轰炸机取代了旧轰炸机。可用作战飞机总数从1943年1月的515架上升到1944年3月的947架。英联邦国家庞大的训练方案（特别是在加拿大），以及1942年取消副驾驶这个岗位，解决了机组人员不足的问题。

所有这些因素都促成了"鲁尔战役"——这场战役发生于1943年3月至7月，盟军实施了43次主要空袭，范围从斯图加特到亚琛，焦点集中在鲁尔区。战役于3月5日拉开帷幕，当时442架飞机袭击了埃森，这是一个防御严密的地区，因为它包含克虏伯工厂。由于"欧波"指挥的探路者部队对目标进行了标记,埃森受到的打击比以前严重得多,而盟军只损失了14架轰炸机。在接下来的几个月里,埃森又遭受了4次严重袭击,鲁尔区的主要工业中心也遭受了严重袭击。破坏主要是由燃烧弹造成的,但盟军也使用了重达8000磅的高爆弹。新型导航设备卓有成效,杜伊斯堡、多特蒙德、杜塞尔多夫、波鸿和亚琛都受到了严重的破坏,5月29日晚上的一次袭击摧毁了巴门—伍珀塔尔90%的区域。虽然经常受到天气的干扰,但很明显,轰炸机司令部的准确性有了很大的提高——这也增强了哈里斯在使用这股力量方面的话语权。

即便如此,轰炸机司令部仍然很难在夜间进行精准轰炸——除了5月16日夜间由盖伊·吉布森空军中校领导、经过特殊训练的617"大坝破坏者"中队在鲁尔区破坏了默内和埃德尔大坝之外。虽然轰炸水坝的这场行动取得辉煌战果,但19架"兰开斯特"折损了8架。

总而言之,正如官方战史所言,鲁尔战役中所展示的"轰炸技术的革命性进步"使轰炸机司令部"成为一根有效的大棒",[①]由于"欧波"是关键因素,所以在它的范围之外的任何行动,轰炸效果都不理想。

在对埃森的第一次攻击之后,盟军的损失迅速上升,在整场战役中平均损失率达到4.7%(损失872架轰炸机)。由于机组人员的高昂士气和源源不断的增援,轰炸机司令部勉强"承受"住这种接近危险水平的损失。

值得注意的是,"蚊"式轰炸机的速度和高度使它们几乎不受德国战斗机和高射炮的影响,因而损失很少。如果没有这样高空飞行的飞机,"欧波"就无法发挥作用(电波在传输时会沿一条切线离开地表弧线),作为主力部队的"兰开斯特"轰炸机将无法准确找到目标进行轰炸。

引进"英俊战士"作为夜间护航机也无法解决问题,因为这些飞机的飞行速度太慢。此外,就像英国的技术进步使轰炸机司令部的夜晚变成白

[①] 查尔斯·韦伯斯特、诺布尔·弗兰克兰:《对德国的战略空中攻势》第二卷,第136页。

天一样，德国的技术进步也改善了德国空军的反制措施——看起来轰炸机在夜间和白天一样容易受到攻击的时刻很快就会到来。

鲁尔战役之后是汉堡战役，1943年7月至11月期间，英国轰炸机对汉堡和其他城市发动了33次大规模空袭，动用了1.7万架次轰炸机。7月24日，英国皇家空军投入791架轰炸机（其中包括374架"兰开斯特"）发动了大规模突袭，拉开了汉堡战役的序幕。得益于新型导航设备、晴朗的天气和精准的标记，大量的燃烧弹和高爆弹击中了汉堡的市中心，还多亏了一种名为"窗口"的新型雷达干扰器，英军只损失了12架轰炸机。此外，7月24日和26日，美国第8航空队参与了空袭，"蚊"式轰炸机（它们本身可以携带4000磅的炸弹）在这两个晚上让汉堡的防空体系应接不暇。27日晚，787架英国轰炸机再次发动了毁灭性的攻击，只损失了17架。29日，777架轰炸机再次轰炸汉堡，但精度有所下降，英军的损失上升至33架，因为德军开始调整自己以适应"窗口"的干扰。8月2日的第四次空袭，由于天气恶劣，未能取得同等战果。总之，汉堡遭受了严重的破坏，英国轰炸机司令部的损失虽然每次都在上升，但平均损失率只有2.8%。此外，在7月25日和30日，也就是在汉堡战役期间，英国轰炸机司令部严重打击了雷姆沙伊德和埃森的克虏伯工厂。在接下来的几个月里，其攻势延伸至曼海姆、法兰克福、汉诺威和卡塞尔，严重破坏了这些城市。8月17日晚，它还对波罗的海沿岸佩内明德的飞行炸弹研发试验基地实施了著名的袭击。这次攻击共出动了597架四引擎轰炸机，其中损失40架，损坏32架，效果并不像伦敦方面想象的那么大。

在此期间对柏林的空袭效果更差——由于恶劣的天气，航程太远，无法使用"欧波"系统，以及城市太大影响了H2S的效力。此外，在漫长的奔袭中（来回达1150英里），德国夜间战斗机也获得了充分的拦截机会。德国夜间战斗机由雷达站指挥，雷达站现在已经能适当应对"窗口"的干扰，虽然还不能辨别个别的轰炸机，但可以识别攻击的主要方向。在对柏林的三次空袭中，一共损失123架轰炸机，大约有80架是被德国夜间战斗机击落。这是即将到来的"柏林战役"的预兆。

这场战役从 1943 年 11 月持续到 1944 年 3 月,是丘吉尔发起的,因为空袭柏林可以争取斯大林。它涉及对德国首都的 16 次主要空袭,而其他 12 个主要目标包括斯图加特、法兰克福和莱比锡,总共出动了 2 万多架次。

这场大规模进攻的结果与"轰炸机"哈里斯的预测大相径庭。德国没有屈服,柏林也未被攻陷,而英国的损失如此之大,以至于不得不放弃这场战役。损失率升至 5.2%,而轰炸成果无法与对汉堡或埃森造成的破坏相比。轰炸机司令部的士气受到了动摇[①],这并不奇怪,因为他们损失了 1047 架轰炸机,另有 1682 架受损。德国夜间战斗机是否在场,对英军轰炸行动的结果至关重要。例如,当德国夜间战斗机被误导去应对 10 月 7 日的慕尼黑袭击时,轰炸机司令部只损失了 1.2% 的兵力。通常,德国夜间战斗机都会迅速到达战场,并且积极作战,逐渐迫使英国轰炸机司令部将打击目标转移到更南边,并以很大部分力量实施分散对方注意力的空袭行动。1944 年 3 月 30 日,英国轰炸机司令部使用 795 架轰炸机袭击纽伦堡,遭受的损失堪称一场灾难:94 架飞机被毁,71 架受损。

反对哈里斯战略的声音已经越来越大,空军参谋部开始认识到,选择性轰炸的政策(即针对石油、飞机等特定工业进行打击),更符合卡萨布兰卡会议的理念,即对北欧的陆地进攻是必要的,但除非明确获得制空权,否则不可能发动这种进攻。

随着德国防空力量不断增强且工业产能持续增长,哈里斯的观点受到越来越多的质疑。他一心想要让美军一同进攻柏林,但这对美军而言根本不可能,毕竟他们没有接受过相关训练。在 1943 年底,白天进攻柏林无异于自杀。到了 1944 年初,空军参谋部否定了哈里斯仅凭"兰开斯特"

---

① 查尔斯·韦伯斯特、诺布尔·弗兰克兰:《对德国的战略空中攻势》第二卷,第 195—196 页。

轰炸机就能在 4 月前让德国屈服的看法，坚持对德国工业进行选择性攻击，比如施韦因富特滚珠轴承厂。

在哈里斯勉强同意的情况下，2 月 25 日对这些工厂的袭击或许是联合轰炸攻势的首个真正范例。日益强大的德国空军对轰炸攻势及"霸王行动"前景构成威胁，这是导致哈里斯观点失败的主因，而"柏林战役"的失利只不过是此种趋势的一项证明而已。哈里斯本人也清楚地认识到此次失败，他在 4 月就已呼吁为其轰炸机提供夜间战斗机支援，而当时美军已在寻求远程战斗机以支援他们的昼间行动。

轰炸机司令部大规模攻击德国城市的前景殊为暗淡。幸运的是，这支部队在 4 月按照先前计划转向攻击法国铁路网，以助力即将到来的跨海峡登陆。这既减轻了他们的作战压力，又在一定程度上掩盖了其在对德直接进攻中的惨败。更为幸运的是，在"霸王行动"开始之后，战局开始决定性地倒向盟军一方。

1942 年以后，英国的战略空中攻势成为联合行动的一部分，不再像从前那样独立且互不联系。美国陆军航空队司令亨利·阿诺德①上将在华盛顿会议上提出在英国建立一支大规模轰炸机部队的方案，这自然让丘吉尔和英国参谋长委员会感到欣喜，也缓和了他们对美军昼间轰炸政策的批评。美军坚信，只要轰炸机装备精良、装甲完备、飞得足够高且距离足够近，他们就能在没有重大伤亡的情况下进行昼间袭击。然而，事实证明这是一种谬论，就如同英国皇家空军认为通过夜间行动能够躲避拦截一样。

1942 年，美军早期的空袭规模过小，无法验证理论。但在 1943 年，当射程更远、规模更大的空袭开始后，美军的损失很快就增加了。在 4 月

---

① 亨利·阿诺德（1886—1950），美国陆军航空兵部队司令，美国五星上将。——译者注

17日的不来梅突袭中，115架轰炸机中有16架毁坏、44架受损；6月13日对基尔的突袭中，66架B-17"飞行堡垒"损失了22架；7月突袭汉诺威时，92架中有24架毁坏；7月28日对阵柏林，120架中有22架毁坏。美军尝试使用装有副油箱的"雷电"战斗机作为护航，但它们的航程不够理想。当年秋季，他们对法兰克福以东施韦因富特的滚珠轴承工厂进行一系列空袭，对充分护航的需求变得愈发明显。

在10月14日的灾难性空袭中，291架"飞行堡垒"在强大的"雷电"战斗机护卫下出发，但这些护航战斗机无法在亚琛地区以外继续飞行。当它们撤退后，B-17轰炸机遭到一波又一波德国战斗机的攻击，德国战斗机一直追到海峡沿岸。等到美军返回时，已有60架轰炸机被击落，另有138架受损。这是可怕的一周，美国第8航空队在现有战斗机护航范围之外的4次突破德军防线的尝试中，一共损失了148架轰炸机及其机组人员。如此高的损失率谁也无法承受，美国空军首脑们被迫意识到需要一种真正的远程战斗机护航，而这种需求在此之前要么被低估，要么被认为在技术上不可行。

幸运的是，北美公司的"野马"战斗机正好满足需求。英国在1940年订购了这款飞机，而美国却拒绝了它。这款飞机通过安装英国劳斯莱斯"梅林"发动机，性能得到极大提升。1942年秋天，采用"帕卡德－梅林"发动机的P-51B"野马"战斗机在任何飞行高度都比当时任何一款德国战斗机飞得更快，机动性方面也占有优势。它配备远程油箱，航程接近1500英里，因此可以为轰炸机护航600多英里，从基地出发，实际上可到达德国东部边境。施韦因富特灾难后，"野马"的紧急生产计划启动，1943年12月，第一批"野马"在美国第8航空队投入使用。到1945年5月战争结束时，总共生产了1.4万架"野马"。

1943年至1944年的冬天，对美国第8航空队来说是一个相对平静的时期，因为轰炸机的行动暂时被限制在短程目标上。相较于10月份9.1%的损失率，12月份的损失率仅为3.4%。美国还成立了第15航空队，准备在意大利展开行动，这是美国削弱德国战时经济计划的又一步。两支航空队都由卡尔·斯帕茨①将军指挥。

1944年的头几个月，"野马"战斗机的数量不断增加，其航程也变得更长。此外，它们被派去攻击德国空军，而非仅仅和轰炸机绑在一起——其目的是获得全面的制空权，而非仅仅是轰炸机附近的制空权。通过这种方式，它们迫使德国战斗机进行战斗，给德国空军造成越来越大的损失。到了3月，德国战斗机越来越不愿意与"野马"战斗机交战。这种主动攻势不仅使美国轰炸机能够在减少干扰和损失的情况下继续进行昼间轰炸，而且为"霸王行动"铺平了道路。

具有讽刺意味的是，它还助力了英国皇家空军轰炸机司令部对德国的夜间攻势。正如德国空军在夜间成为空中霸主一样，德国空军失去了昼间制空权，将它让给了美国人。当英国轰炸机部队完成了协助诺曼底进攻的任务之后，重新对德国发起战略性进攻，此时德国夜间战斗机部队已严重缺乏燃料，并且由于损失了设在法国的预警雷达系统而面临很大的麻烦，而英国轰炸机司令部却能从欧洲大陆建立的发射站获益。

这一变化反映在战损数字上。1944年5月，英国轰炸机司令部对德国的几次空袭损失惨重，6月对石油目标的空袭导致损失率上升到11%。因此，在8月和9月期间，英国对德国的空袭约有一半是在昼间进行的，损失大大减少。然而，到那个时候，即使是夜间突袭，损失也大幅下降，分别为3.7%和2.2%。9月，英国轰炸机司令部派出的夜袭飞机数量是1944年6月的3倍多，但损失的飞机数量仅为1944年6月的三分之二。

英国轰炸机司令部引进远程夜间战斗机也有助于减少损失，但这绝非主要因素，因为他们使用的飞机速度太慢，护航任务对他们来说太难了。在1943年12月至1944年4月期间，只有31架德国夜间战斗机被击落。即使投入更多配备先进机型的战斗机中队，从1943年12月到1945年4

---

① 卡尔·斯帕茨（1891—1974），美国空军参谋长，美国空军上将。——译者注

月,战争的最后 17 个月,所击毁的也仅 257 架,平均每月只有 15 架。因此,远程夜间战斗机、新型雷达和无线电干扰技术对德军造成的影响,远比不上缺乏油料、丧失领土、丢掉昼间制空权给德军造成的影响。

1943 年,盟军在德国投下了总共 20 万吨炸弹,几乎是 1942 年的 5 倍。然而,德国的工业生产力上升到了新的高度,这在很大程度上要归功于军备与战时生产部部长阿尔贝特·施佩尔进行的重组。"空袭预防"措施和德国人的快速恢复能力,避免了士气或生产方面的任何危机。1943 年,飞机、火炮、坦克和潜艇的产量增加,使德国的军备生产总量增长了 50%。

德国担心英国轰炸机司令部的大规模袭击,这是战争开始以来的第一次。据报道,在 1943 年 7 月对汉堡的大规模袭击之后,施佩尔沮丧地说,再进行 6 次如此大规模的城市袭击将使德国屈服。但是,在当年下半年的空袭中,地毯式轰炸并没有达到这样的破坏和精神影响,而施佩尔为工业疏散付出的出色努力也消除了他先前的焦虑。

美国的选择性精确轰炸在一段时间内发挥了更大的作用。到 8 月,德国战斗机的产量减少了约 25%。但美国第 8 航空队在 10 月遭受了惨重失败,德国战斗机的产量又上升了,并在 1944 年初达到了新的高度。虽然已经能对损失进行相当准确的评估,但盟军低估了德国的生产力,并错误地认为德国空军实力的明显增强是由于从东线调来了飞机。

对于英国轰炸机司令部来说,这一时期最重要的成就是夜间精确轰炸技术的发展,第 617 中队轰炸水坝大获成功。轰炸机司令部最初仅让该中队担任特种"标记部队",但随着"探路者"标记系统得到改善,新式投弹瞄准器、1.2 万磅的"高个子"和 2.2 万磅的"大满贯"地震炸弹的出现,第 617 中队越来越多地投入到常规任务当中。

英美轰炸行动最重要的成就是,它最终将越来越多的德国战斗机和防空部队从东线吸引到西线,从而助力苏军的推进,同时也在一定程度上夺得了昼间制空权，使"霸王行动"在不受德国空军干扰的情况下继续推进。

在战争的最后一年，即从1944年4月到1945年5月，盟军取得了制空权，这主要归功于美军在1944年2月至4月的猛攻。但"霸王行动"要求联合轰炸攻势在诺曼底登陆前后几个月，将作战重点从轰炸德国境内目标转向为盟军地面部队提供直接帮助。

这种转变自然不受空军上将阿瑟·哈里斯爵士和其他狂热的轰炸爱好者的欢迎，但空军上将查尔斯·波特尔爵士和空军参谋部表现出更全面的眼界，并认识到轰炸机只能在盟军战略中发挥辅助作用。由于需要战略轰炸机部队来协助战术部队，4月中旬，空军上将阿瑟·特德[①]爵士被任命为艾森豪威尔上将的副司令，负责所有战略轰炸机部队的指挥。特德以前曾在中东指挥过空军，在那里表现突出。他看到，轰炸机部队能给"霸王行动"带来的主要直接影响是使德国的交通网瘫痪。尽管丘吉尔担心误伤法国平民，而斯帕茨更倾向于攻击石油目标，波特尔空军上将也有相同的看法，但这个计划还是于1944年3月25日获得批准。

由于斯帕茨决心集中精力攻击石油目标，1944年春天，美国第8航空队继续对德国进行攻击，而英国轰炸机司令部则在4月至6月期间主要攻击法国的铁路目标。（6月，英国轰炸机投掷的炸弹只有8%是针对德国目标的。）到6月，对敌人运输系统投下的炸弹超过6.5万吨，同时还对沿海炮台、导弹基地和类似目标进行了打击。历史证明，特德一举打垮敌人运输或交通系统的计划，在为诺曼底登陆铺平道路的各种努力中，是贡献最大的。哈里斯认为轰炸机司令部没有足够的精确度，但英国轰炸机在当年3月对法国铁路编组站的精准攻击驳斥了他的观点。

---

① 阿瑟·特德（1890—1967），盟国远征军最高司令部最高副司令，英国空军元帅。——译者注

这场备受批评的"转向"对轰炸机司令部是有利的，因为它不仅缓解了其压力，而且促使他们改进轰炸技术。此外，在法国上空遭遇的德国战斗机的抵抗，远比"柏林战役"和攻击德国境内其他目标时要少得多。

轰炸的精确度得以提升，得益于伦纳德·切希尔空军中校发明的一项创新技术，即用"蚊"式轰炸机标记低空目标。该项技术于 4 月首次在法国应用后，一个又一个目标被摧毁，而且没有像丘吉尔所担心的那样，有很多炸弹越过目标炸死炸伤法国平民。平均投弹误差从 3 月的 680 码下降到 5 月的 285 码。

D 日（诺曼底登陆日）之前对敌人"交通线"的成功打击，加强了特德的观点，他认为这样的战役应该扩展到德国境内，并应给予最高优先级。他觉得德国铁路系统的崩溃，除了扰乱部队调动——从而受到苏联人的欢迎——还意味着德国经济的崩溃。因此，这将是哈里斯的区域轰炸和斯帕茨的打击石油目标的空中战役的替代方案，肯定会比区域轰炸更快地给德国陆军和空军造成影响。

盟军实施跨海峡进攻后的一段时间里，轰炸机攻击了多种目标。在这几个月里，美军的攻击重点转向德国的石油工厂和飞机制造厂，这期间，在英国轰炸机司令部投下的 18.1 万吨炸弹中，只有 3.2 万吨针对德国境内目标。

英军放弃区域轰炸的趋势变得非常明显。英国空军参谋部接受了美军的观点，认为应该优先考虑轰炸德国的石油工厂。早在 4 月，美国第 15 航空队就从意大利出发，进攻罗马尼亚的普洛耶什蒂油田。5 月 12 日，美国第 8 航空队从英国出发，开始攻击德国的石油工厂。尽管 400 架德国战斗机升空对抗 935 架美国轰炸机，却被 1000 架美国战斗机打退，德军损失了 65 架战斗机，美军则损失了 46 架轰炸机。

D 日之后，这场空中战役的规模越来越大。6 月，英国空军参谋部意识到轰炸机司令部在夜间轰炸方面的精确度有所提高，命令英军攻击德国石油目标。7 月 9 日，轰炸机司令部针对盖尔森基兴的夜间空袭相当成功，虽然代价高昂。但其他几次空袭由于天气原因效果较差，反而遭受了严重损失——三个晚上出动的832架轰炸机中，损失了93架，大多是被德国夜间战斗机击落的。

美军继续全力进行空中打击。6月16日，1000多架轰炸机在近800架战斗机的护航下出动，到20日，出动的轰炸机达1361架。第二天，柏林遭到轰炸，美军另一支部队轰炸了德国的石油工厂，并飞往苏联境内的基地降落。(他们在那里受到冷遇后，不再进行这种穿梭轰炸试验。)美军损失惨重，但越来越多的石油工厂被毁，这对德国空军的燃料供应造成了破坏性影响。到了9月，德国辛烷燃料的产量减少到1万吨，而他们每月最少需要16万吨。到7月，德国所有主要的石油工厂都遭到了袭击，由于缺乏燃料，施佩尔大规模生产出来的新飞机和坦克实际上变得毫无用处。

当德军可用飞机数量不断下降时，盟军空军力量却变得更强大了。轰炸机司令部的一线轰炸机从4月的1023架增加到12月的1513架，到1945年4月增加到1609架。美国第8航空队的轰炸机从1944年4月的1049架增加到12月的1826架，到1945年4月增加至2085架。

与此同时，轰炸机司令部第一次采用了大规模的昼间轰炸。与夜间作战相比，德国空军的抵抗并没有那么强烈，这减轻了哈里斯对昼间轰炸的顾虑。第一次大规模的昼间轰炸是在6月中旬对勒阿弗尔进行的，和随后的几次一样，都是由喷火式战斗机护航的。到8月底，轰炸机司令部在昼间袭击鲁尔时，再次发现那里的防御微不足道。

这些新情况促使轰炸机司令部恢复对德国石油工厂的夜间袭击。事实证明，这些攻击比以前更有效，损失也更小。8月29日，对遥远目标柯尼斯堡的突袭非常成功，虽然本身不是石油目标，但这场突袭显示出皇家空军的轰炸技术已获得全面改进。

1944年10月至1945年5月是轰炸机主导一切的时期。轰炸机司令部在1944年最后3个月投下的炸弹比1943年全年投下的还要多。在那几个月里，仅鲁尔区就遭受了6万多吨高爆弹的袭击。而且，正如官方战史所言，轰炸机在这一时期"几乎无所不能"。在盟军空中力量的猛烈打击下，德国的抵抗力量逐渐被瓦解，战时经济也被扼杀。

轰炸机司令部拥有了实施精确轰炸的能力，敌人的抵抗也相当微弱，但这段时期，他们却将53%的炸弹用于城市地区，打击石油工厂的炸弹只有14%，打击交通目标的炸弹也只有15%。这在战术上或道德上是否明智，都值得怀疑。（1945年1月至5月，这几个数字分别是36.6%、26.2%和15.4%，但这些比例仍然很成问题。）美军的各种打击目标所占的比例则有本质上的不同。他们的想法是瞄准德国已知的弱点，而不是试图确保每颗炸弹都能击中目标来削弱德国。这也避免了哈里斯的政策所招致的日益增多的道德谴责。

由于未能维持最紧要任务的最高优先级，盟军在最后阶段整体上蒙受了损失。1944年9月25日的一项指令将轰炸石油工厂确定为首要目标，打击敌人的交通线也在诸多目标中位居前列。这原本是一个缩短战争时间的良机，因为当年10月，轰炸机司令部也将重点聚焦在德国境内的目标上，在那里投下了5.1万吨炸弹，自身损失率不到1%。然而，在10月的袭击中，三分之二是区域轰炸，对石油工厂或交通线的攻击极少。因此，1944年11月1日，指挥官们接到了新的指令，把石油工厂作为首要目标，交通线作为次要目标，不再有其他目标来干扰这一选择。这两个目标如今相对容易达成，肯定会比区域轰炸更快地促使德国崩溃。

然而，由于哈里斯的固执，这项计划未能得到恰当实施，他甚至以辞职相要挟。

1945年初，由于德军在阿登地区发动反攻，加上喷气式战斗机及配备"通气管"的潜艇的出现，局势变得复杂起来。这引发了关于轰炸优先级的新讨论。但是，由于当局采取的方式不同，这个问题以折中方式解决。如同大多数折中方案一样，此次的新方案模糊不清，令人不满。

其中最具争议的是，他们考虑再次将"恐怖轰炸"作为首要目标，这主要是为了争取苏联人。1945年1月27日，哈里斯接到执行此类打击的指令——于是，恐怖轰炸成为仅次于打击石油工厂的第二大优先目标，排在轰炸交通线和其他目标之前。结果，遥远的城市德累斯顿在2月中旬遭受了一次毁灭性的袭击，袭击的目标是市中心而非工厂或铁路，其目的是在平民和难民中制造恐慌。

到了4月，值得轰炸的目标已寥寥无几，无论是区域轰炸还是精确战略轰炸都被放弃了，盟军转而直接支援地面部队。

战略轰炸攻势各目标的战果比较

1944年夏天，盟军猛烈的轰炸致使德国削减产能，但施佩尔在疏散工厂和采取应急措施方面的巨大努力在很大程度上抵消了盟军轰炸的实质影响。德国民众以一种非凡的方式保持士气，直到1945年2月德累斯顿遭到毁灭性轰炸。

攻击石油工厂目标

由于罗马尼亚偏远油田长期未遭受打击，加之德国合成石油工厂的不断发展，德国的石油产量在1944年5月达到峰值，直到随后的几个月才出现下降。

超过三分之二的氢化油由7家工厂生产，这些工厂的脆弱性显而易见。由于炼油厂很容易遭受攻击，1944年夏天，盟军轰炸机集中轰炸这些设施的影响很快就开始显现。相较于4月份，6月份的车用燃料产量减少了一半，到9月则减少到四分之一。航空燃料产量在9月降至1万吨，其目标产量也仅为3万吨——而德国空军每月的最低需求高达16万吨。需求最迫切的航空燃料，大约有90%来自贝吉乌斯氢化工厂。

为了应对"霸王行动"及从东面而来的苏联的进攻，德军的燃料消耗量不断增加，情况变得极为严峻——从5月开始，燃料的消耗量超过了生产量。施佩尔的紧急应对措施成功地缓解了一些压力，并在12月中旬的阿登反攻之前增加了燃料库存，但这并不足以长久维持下去。这场旷日持久的战斗，再加上盟军在12月和次年1月对石油工厂的轰炸，最终耗尽了德国的燃料库存。轰炸机司令部的夜间轰炸特别有效，因为"兰开斯特"轰炸机可以携带更大的炸弹，而且夜间轰炸的精度达到了新的标准。

盟军打击石油工厂大大减少了德国炸药与合成橡胶的生产，而航空燃料的短缺几乎导致德国空军完全停滞，并极大地减少了他们的作战飞行架次。例如，1944年底，德军一次只能出动50架夜间战斗机。虽然德国空军正在引进新型喷气式战斗机，但因这些问题的存在，其潜在价值和对盟军的威胁被大大抵消了。

打击交通线目标

这是战术目标和战略目标的结合，显然对诺曼底登陆及那里的战斗的成功有着巨大的重要性。但随着盟军逼近莱茵河，轰炸交通线目标的效果就更难评估了。11月的作战计划集中在打击西德的铁路和运河上，特别是在鲁尔区附近，因为切断煤炭供应将使德国工业的主要部分陷入停滞。这些攻击效果显著，1944年秋天，施佩尔对此非常担忧，但盟军高层的评估往往忽略了这个问题。意见分歧导致行动延迟，最终削弱了这一行动的效力。但在1945年2月，盟军总共出动8000—9000架次飞机攻击德国的交通系统。到了3月，德国的交通系统全面崩溃，工业燃料极度缺乏。当年2月，苏军占领上西里西亚后，德国已经没有其他煤炭供应来源。虽然德国仍有充足的铁矿石，但钢铁产量已不足以满足德国的最低弹药生产需求。此时，施佩尔意识到德国的处境已毫无希望，他开始考虑战后事宜。

直接攻击

这种攻击的效果如今变得越来越明显。一座又一座城市被摧毁。德国工业产量在 1944 年 7 月达到顶峰后开始持续下降。10 月后，埃森的克虏伯工厂已经停止生产。导致生产损失的主要原因是电力、天然气或供水系统的破坏。不过，在鲁尔区以外，由于交通系统的崩溃，严重缺乏原材料是 1945 年德国工业最终崩溃的主要因素。

结论

在开始对德国进行战略轰炸的时候，盟军对此充满希望，但起初收效甚微——这表明他们的自信超过了常识。随着盟军逐渐认清现实，他们将昼间轰炸改为夜间轰炸，随后又采取了区域轰炸的政策——尽管从很多方面看这种政策都很成问题。

1942 年以前，轰炸对德国来说仅仅是一种麻烦，而非一种威胁。它可能提振了英国民众的士气，尽管这一点也值得怀疑。

1943 年，由于美国不断增加对英国的援助，盟军的轰炸机部队对德国造成的破坏更大了——但实际上，对德国的生产或者民众的士气没有太大影响。

真正具有决定性的变化出现在 1944 年春季，这主要是由于美军引进了足够多的远程战斗机为轰炸机护航。

盟军轰炸机在为"霸王行动"提供全力协助之后，重新对德国工业发起攻击，取得了更大的战果。在战争的最后 9 个月里，盟军在导航和轰炸技术上取得了新进展，加之德国空中防御力量的减弱，盟军的轰炸取得了辉煌战果。

由于犹豫不决和意见分歧，盟军在空中的进展和在地面行动的进展一样，因力量分散而备受影响。盟军空军的潜力远远超过他们的战果。特别是英军热衷于区域轰炸，尽管早已没有任何理由或借口进行这种无差别的行动，可他们还是乐此不疲。

有充分的证据表明，如果能把更多的精力集中在攻击德国的石油工业和交通线上，这场战争本来可以提前几个月结束。不过，尽管在战略上失误且违背了基本道德，轰炸战役无疑对打败希特勒统治下的德国起到了至关重要的作用。

第 34 章　解放西南太平洋和缅甸

1944年春天临近时，太平洋战区的局势如下：斯普鲁恩斯海军中将指挥的中太平洋部队在尼米兹海军上将的领导下，先后占领了吉尔伯特群岛和马绍尔群岛，同时空袭了日本在加罗林群岛的特鲁克基地，从而严重削弱了日本认为绝对必要的后方防御地区。在此期间，麦克阿瑟上将在西南太平洋的部队先后占领了俾斯麦群岛和阿德默勒尔蒂群岛的大部分地区，并有效压制了日军在拉包尔的前沿基地。与此同时，麦克阿瑟的部队还在新几内亚岛向西大范围推进，准备向菲律宾跃进。

收复新几内亚

新几内亚战役的持续推进，以进一步完善先前在所罗门群岛尝试的跳岛战术为标志。在4个月的时间里，麦克阿瑟的部队通过一系列跳跃前进了1000英里——从马当地区进至新几内亚西端的鸟头半岛。日军曾希望继续控制少数几个沿海据点，以便在那里建造机场，而盟军无法从陆地上迂回这些据点，只能利用空军和海军的优势沿海岸绕行。

因为日本主要的空军和海军力量被牵制在后方，以应对斯普鲁恩斯在中太平洋的下一次进攻，故而日本的战略处境不太妙。地面部队的情况也一样，他们的兵力相当分散且缺乏支援。所谓的日本第8方面军（司令今村均①大将）被留在拉包尔防守，而在新几内亚北部海岸，安达二十三中将在韦瓦克的日本第18集团军残部被置于阿南惟几②大将的日本第2方面军之下，这样一来，他们就以6个薄弱的师团对抗盟军15个师（其中8个是美国师，7个是澳大利亚师），这些盟军师拥有极具优势的空中和海上支援。

4月，澳大利亚第7师和第11师从马当沿海岸向西推进，而麦克阿瑟则发起他迄今为止最大的一次攻势，以夺取韦瓦克以西200多英里洪堡湾的荷兰迪亚基地。

在登陆之前，盟军进行了一系列猛烈的轰炸，日本守军勉强拼凑起的350架飞机，在地面被摧毁大半。4月22日，盟军两个两栖战斗群在荷兰迪亚岛两侧登陆，作为预防措施，还有一个战斗群在艾塔佩（至韦瓦克全程约三分之一处）登陆以夺取机场。盟军情报机构估计，日军在荷兰迪亚的兵力为1.4万人，在艾塔佩的兵力为3500人。为了确保成功，麦克阿瑟在行动中动用了近5万兵力，主要来自艾克尔伯格中将的美国第1军。实际上，日军防守部队的兵力比估计的还要少，而且主要是后勤部队，他们在首次轰炸后没有任何反抗就逃向内陆。

由此导致安达二十三部在韦瓦克的三个薄弱师团陷入孤立，他没有选择在内陆迂回撤退，而是在海岸直接突围，但当日军在7月发起反击时，麦克阿瑟已经派三个精锐师增援美军在艾塔佩的守军，日军的突围被击退，损失惨重。

早在这次失败的反攻之前，美军就已经向西推进了120英里，到达了下一个目标——瓦克德岛，岛上有一个日军建造的机场。5月中旬，美军一支部队在新几内亚海岸的托埃姆登陆，穿过狭窄的海峡到达瓦克德岛——在那里，小股日本守军进行了短暂的顽强抵抗，而美军沿海岸向

---

① 今村均（1886—1968），日本第8方面军司令，日本大将。——译者注
② 阿南惟几（1887—1945），日本第2方面军司令，日本大将。——译者注

萨米推进时则遇到了日军持久的抵抗。不过,总的来看,日本在新几内亚的防御已经变得零星和混乱。美军潜艇重创了日军从中国开来的运兵船队,而中太平洋美军对马里亚纳群岛的威胁进一步挫败了日军增援新几内亚的企图。

在美军攻占荷兰迪亚一个月后,也即登陆托埃姆和瓦克德岛10天后,麦克阿瑟发起了下一步的跳跃行动。通过这次行动,他要占领位于荷兰迪亚以西350英里(瓦克德岛前方220英里)的比亚克岛及岛上机场。这次战役却进行得不那么顺利。与荷兰迪亚的情况恰恰相反,美军严重低估了岛上守军的力量,那里的守军远超所估计的1.1万人。虽然美军在5月27日开始登陆时,只遇到微弱的抵抗,但当他们进入岛内占领其机场时,情况便不同了。原来,日军没有选择据守海滩,因为他们有被盟军舰船和飞机击溃的可能,所以把主力驻扎在俯瞰机场的高地洞穴和壕沟阵地中。日军用坦克进行的反击甚至一度切断了美军步兵的退路。尽管麦克阿瑟源源不断地派出大量援军,肃清岛屿的进程仍然缓慢而艰巨——直到8月份才结束。美军地面部队为此付出了近1万人的伤亡代价,不过,其中绝大部分是病死的,战死的只有大约400人。这对于他们在9个月后,即1945年2月,在硫黄岛登陆时将遭遇到的问题和困难,可算是先尝了一次苦头。

如果日本帝国大本营坚持增援比亚克岛这个迟来的决定,那么日军在比亚克岛的抵抗可能会更顽强。日军最初的计划是集中力量加强马里亚纳群岛的防御,但6月初又决定派出一支运兵船队到比亚克岛去,并从马里亚纳群岛调来了大批军舰和飞机加以掩护。但这一行动却因一个错误的报告(说是有一艘美国航空母舰停泊在比亚克岛附近)而推迟了5天,日军第二次准备行动时,由于遇上了美军的驱逐舰和巡洋舰群,便中途撤回。接着,日本帝国大本营派出一支比较强大的包括"大和"号和"武藏"号两艘大型战列舰在内的掩护部队,但就在这支日本海军到达新几内亚附近的第二天,美军中太平洋部队的航空母舰战斗群开始进攻马里亚纳群岛，于是，日本海军只好立即向北退回，以迎击这一更大的威胁。美军横跨太平洋的双线推进，再度发挥相互呼应以破坏敌军平衡的功效。

在向比亚克岛机场进军受阻后，麦克阿瑟没有浪费太多时间，他抓住时机立即对附近的农福尔岛发起另一攻势。7月2日，在海空军的狂轰滥炸之后，美军部队在该岛登陆，到6日已完全占领了那里的三个机场。

由于没有空中力量，陆地上的日军便开始向鸟头半岛的最西端撤退。7月30日，麦克阿瑟派出一个师在桑萨波尔角附近登陆，这次登陆事先没有进行任何空袭或炮轰，因为早已得知这个偏远的半岛地带没有日军驻守。美军很快在那里修建起防御工事，并且开始修建一些机场。

那时，在新几内亚西端的三个机场的支援下，向菲律宾群岛跃进的道路已经扫清。对于还留在新几内亚的5个日本师团残部，美军已无需顾虑，留给澳大利亚部队去肃清。

占领马里亚纳群岛和菲律宾海的战役

由斯普鲁恩斯统率的中太平洋部队，向马里亚纳群岛发动了攻势，这标志着美军突破了日本的内层防御圈。从那里，美国的轰炸机除了可以轰炸菲律宾、中国台湾地区和中国大陆之外，也能轰炸日本本土。与此同时，美军对马里亚纳群岛的占领，给日本新近征服的南方帝国的交通线带来了致命的威胁。

马里亚纳群岛和其他群岛一样，最重要的是那些建有机场的岛屿（塞班岛、提尼安岛和关岛）。日军在这三个岛上分别驻有守军3.2万人、9000人和1.8万人。日本驻守在那里的空军号称有1400架飞机，实际上却少得多，因为许多飞机已被调往新几内亚，而更多的飞机则被米切尔①海军中将统率的快速航空母舰群所摧毁。自从2月份以来，这支海军一直在袭击日军基地。即使如此，如果日军能从其他地区得到某些增援的话，他们能有500架可用于作战的飞机。这一地区的海军部队由小泽治三郎②海军中将统率，分成三股：栗田健男海军中将统率由四艘战列舰组成的主力作战舰队，此外它还拥有三艘轻型航空母舰和一些巡洋舰、驱逐舰；小泽本人统率由三艘航空母舰组成的主力部队，另外包括一些巡洋舰和驱逐舰；城岛高次海军少将统率由两艘航空母舰和一艘轻型航空母舰组成的一支预备部队，还有一艘战列舰及一些巡洋舰和驱逐舰。

日军已准备好迎击越过太平洋而来的美军海上进攻，并希望能借此诱围斯普鲁恩斯的部队，从而摧毁他的航空母舰。这一计划是1943年8月由日本联合舰队总司令古贺峰一③海军大将制订的，但1944年3月底，在司令部从特鲁克群岛撤往菲律宾达沃的途中，他和他的飞机一同失踪了。接替古贺的是丰田副武④海军大将，丰田把原来的反攻计划稍作修改，继

---

① 马克·米切尔（1887—1947），美国海军快速航空母舰特遣舰队司令，美国海军上将。1941年10月至1942年6月任"大黄蜂"号航空母舰舰长（1942年4月18日，16架B-25轰炸机被装载到"大黄蜂"号航空母舰的甲板上，横渡太平洋，实施"杜立特空袭东京"）。——译者注

② 小泽治三郎（1886—1966），日本海军总司令，日本联合舰队总司令，日本海军中将。太平洋战争爆发后率部入侵荷属东印度（今印度尼西亚），初战获胜。1942年11月转任第3舰队司令，指挥拉包尔等地的海空战斗。1944年兼任第1机动舰队司令，参加马里亚纳海海战，遭惨败，同年10月率部参加莱特湾海战，损失旗舰"瑞鹤"号等所有航空母舰。1945年5月任海军总司令兼联合舰队总司令及海上护卫总司令，但残存海军已无力应战。战后从事防卫厅的战史研究。——译者注

③ 古贺峰一（1885—1944），日本联合舰队总司令，日本海军大将。太平洋战争爆发前，主张日本统治者应"坚决制止开战"。1943年5月继山本五十六出任联合舰队总司令，固守特鲁克，主要使用陆基飞机作战，但无法挽回败局。1944年3月31日因座机失事身亡。——译者注

④ 丰田副武（1885—1957），日本联合舰队总司令，日本海军大将。1944年继古贺峰一出任联合舰队总司令兼海军总司令和海上护卫总司令。指挥马里亚纳海海战和莱特湾海战；在冲绳战役中命令残存的海军出海决战，致使包括"大和"号战列舰在内的主力舰只被击沉。1945年5月任军令部部长，力主顽抗到底。日本投降后，以战犯嫌疑罪被捕，1949年被无罪释放。著有《最后的帝国海军》。——译者注

续沿用。丰田的希望和目标是，把美军航空母舰诱入菲律宾以东的水域，再用小泽强大的航空母舰部队和从各托管岛屿基地起飞的飞机将其夹击。

美国进攻马里亚纳群岛的舰队6月9日从马绍尔群岛出动，计划在15日登陆塞班岛。两天以后，米切尔统率的航空母舰开始猛轰目标岛屿，到13日，美国的战列舰加强了对塞班岛和提尼安岛的猛烈炮击力度。与此同时，丰田下令开始执行"阿号作战"——即日军早已计划好的反击行动——正如上述，由于执行这一行动，日军不得不放弃增援比亚克岛和坚守新几内亚的企图。

美军进攻的部队包括三个海军陆战师和一个后备陆军师，并得到一支包括12艘护航航空母舰、5艘战列舰和11艘巡洋舰在内的海军部队的紧密支援。在这些舰艇之后，还有斯普鲁恩斯统率的美国第5舰队，这是世界上最强大的舰队，它包括7艘战列舰、21艘巡洋舰和69艘驱逐舰，以及米切尔统率的4个航空母舰战斗群（共有15艘航空母舰和956架飞机）。这个舰队的任务是把近13万人的部队从夏威夷和瓜达尔卡纳尔岛运往马里亚纳群岛——其组织和执行都相当顺利。

15日早晨，在海军重炮、近岸炮舰和舰载火箭攻击机的掩护下，第一批海军陆战队在塞班岛海滩登陆——8000名海军陆战队人员在20分钟内登陆完毕，这证明他们是受过高度训练的。到傍晚时，登陆部队的总数虽已增加到2万人，但从海滩上向内陆推进的速度不快，这是日军控制了高地并展开猛烈反击的缘故。

对这次进攻的部队来说，一个更大的威胁来自拥有多艘战列舰和航空母舰的日本舰队——那天早上，美军潜艇发现这支日本舰队正在驶入菲律宾海。斯普鲁恩斯随即取消了原定在关岛登陆的计划，转而让他的预备部队，即第27师，在塞班岛登陆，从而加速占领这一关键岛屿，并将运输船疏散到较为安全的水域。第5舰队集结在提尼安岛以西约180英里的地方，但它并没有再向西移动，以免错过日本舰队。

这一防守部署确实是明智的。丰田的计划似乎进行得很顺利，只有一

装备 M1 卡宾枪的美军士兵被日军火力压在滩头

美军官兵从登陆舰上跳下,冲向海滩

点与原计划有重大出入，即迄今为止，他还没有动用过他那钳形攻势中的第二个"钳子"——这是因为米切尔统率的航母舰载机早已把马里亚纳群岛上的日本空军摧毁了。从6月19日上午8时30分起，小泽统率的航空母舰连续发动4次进攻——但这些进攻事前已被美军雷达所侦悉，美军派出几百架战斗机迎战，而米切尔统率的舰载轰炸机再次进攻日军所占岛屿上的空军基地。这场极其猛烈的海空军会战，结果变成了一次大屠杀，美国人戏称其为"马里亚纳火鸡射击战"。美国飞行员对经验不足的日本飞行员取得了压倒性的优势，日军损失的飞机达218架，而被击落的美军飞机只有29架。更糟糕的是，两艘日本海军航空母舰（"翔鹤"号和"大凤"号）上都载有很多的飞机，均被美国潜艇的鱼雷击沉。

由于小泽认为他的飞机已在关岛着陆，遂逗留在战场附近，就这样，第二天下午被美国侦察机所侦悉——在发现目标三小时后，米切尔派出航空母舰上的216架飞机发动袭击，尽管明知这些飞机要在天黑后才能返航。这次行动非常成功，击沉了一艘舰队航空母舰，还击伤两艘航空母舰、两艘轻型航空母舰、一艘战列舰和一艘重型巡洋舰，并摧毁了65架日本飞机。在战斗中，美军只损失20架飞机，但在夜间远程返航时，却失踪或被击毁了80架。不过大多数飞行员都获救，因为小泽统率的舰船已经离开，往日本南面的琉球群岛中的冲绳岛方向逃走。

在这场战斗中，日军损失飞机高达480架，占全部飞机的四分之三，大多数飞行员丧生。日军飞机和航空母舰被毁的比例竟如此之大，确实是一次十分惨重的损失，不过到了秋天，日军的飞机和航空母舰大半已得到了补充。但最严重的是飞行员的大量伤亡，这是短时间内无法补救的。这意味着，将来如再发生任何战斗的话，日本舰队势必处于十分不利的地位，并且不得不主要依靠更传统的舰炮去应战。

菲律宾海的战斗以日本的惨败而告终——美国海军历史家塞缪尔·莫里森认为，这次海战比10月份的莱特湾海战还要重要。通往菲律宾的道路现在已经敞开，马里亚纳群岛的陆上战役确已胜利在望。

经过此次海空会战之后，攻占马里亚纳群岛一事已无悬念，尽管在陆上仍旧遭遇顽强抵抗。在塞班岛南部登陆的三个美军师，在海空军的强大支援下，稳步地向北挺进，并于6月25日占领了塔波乔山的制高点。7月6日，在塞班岛的两名日本高级将领（曾任航空母舰部队司令的南云忠一海军中将和斋藤义次中将）都自杀了，"目的是鼓励其部队作最后的攻击"。第二天，残余的3000名日军向美军战线发动了自杀式袭击。这一战役使日军共损失超过2.6万人，而美军战死3500人，伤病1.3万人。

7月23日，塞班岛上的两个美军陆战师转战提尼安岛，在一星期内占领了该岛，但肃清残敌的工作耗时较长。在提尼安岛登陆的前三天，原本用于进攻关岛的部队，现又被调回，并在另一个陆军师的援助下执行任务——他们之前为了避开小泽舰队的威胁而撤至安全水域。虽然日军仍旧顽强抵抗，并得到了复杂周密的山洞防线的助力，但到8月12日，美军最终肃清了岛上的残敌。

纵使骄傲自大的日军不肯面对现实，但马里亚纳群岛的失守和在此之前海战的惨败，显然使他们的处境江河日下。但更值得人们重视的是，在这些引人注意的事件发生之后，东条英机内阁于7月18日辞职。

四天之后，小矶国昭大将组阁，他致力于建立一条更巩固的防线，以抵抗美军的进攻。虽然日本对中国的战争还在进行中，但其最关切的是防守菲律宾群岛。这是基于这样一种认识：万一失去菲律宾群岛，日军就会由于缺少来自东印度群岛的石油而受到致命的打击。

以目前的情况来看，日本的处境早已因为缺少燃料供应而变得困难重重。之所以如此，美军潜艇击沉日本油轮是一个极为重要的因素。日本石油补给数量的大幅减少，限制了其训练飞行员的计划，并且使得日本舰队被迫一直滞留在新加坡，以便更靠近燃料供应地——而舰队外出作战，就没有足够的燃料供其返航之用。

当战争进行到这一阶段，正如金海军五星上将及其他几位海军高层所主张的那样，美军完全可以绕过菲律宾群岛，而把他们下一步的跃进目标放在进攻中国台湾，或者硫黄岛和冲绳岛。但出于政治上的考虑，再加上麦克阿瑟一心渴望以胜利姿态回到菲律宾，这种绕过菲律宾群岛的主张最终被推翻。

在进攻菲律宾群岛以前，有人认为应该先占领一些较小的目标。他们的计划是占领哈马黑拉岛（在新几内亚以西）附近的莫罗泰岛、帕劳群岛、雅浦群岛、塔劳群岛，然后占领菲律宾南面的大岛棉兰老岛，并在这些岛上修筑空军和海军前沿基地，以便主攻菲律宾群岛。但是，9月初，哈尔西海军上将的美国第3舰队（在斯普鲁恩斯海军上将指挥时，改称为美国第5舰队）发现菲律宾沿海一带的防务十分空虚，他建议取消进攻方案的中间阶段，直接发动进攻。可是，原方案的前一部分还是被保留下来，因为这一部分方案几乎已在执行了，并且这样做可以算作额外的保险措施。

麦克阿瑟所部的一支分遣队于9月15日在莫罗泰岛登陆，几乎没有遭到抵抗，到10月4日，美军飞机就从那里新建的空军基地起飞了。同样在9月15日这一天，哈尔西的中太平洋部队进攻帕劳群岛，并在几天内占领了大部分岛屿。这些群岛给美军提供了前沿机场，这里离棉兰老岛只有500英里，比关岛到棉兰老岛的路程要近一半。

越过太平洋的两条主要进军路线（一条是由麦克阿瑟领导的，另一条是由尼米兹领导的）这时已经会合，并且处于彼此能够直接支援的距离以内——他们已经做好准备，完全有能力收复菲律宾群岛。

日本关于防守菲律宾群岛的计划通称为"捷1号作战"[①]计划，包括两个方面：在陆地上，这计划交给1941—1942年征服马来亚的山下奉文大将所指挥的日本第14方面军来执行，为此他获得了9个步兵师团、1个装甲师团和3个独立旅团，以及第4航空军。归他指挥的还有马尼拉附近

[①] "捷1号作战"系日本海军拟订的针对菲律宾的防御作战的代号。——译者注

的海军部队，其中约有 2.5 万名士兵能够进行陆战。但"捷 1 号作战"计划中的关键部分是在海上采取行动，日本帝国大本营为此孤注一掷。只要一弄清楚美军登陆的地点，日本航空母舰就要诱使美国舰队北上，同时山下所部把美国登陆部队缠住，再由两批日本战列舰群加以"钳制"。照丰田副武估计，把航空母舰的价值看作高于一切的美军很可能会猛追其对手的航空母舰，因为美军自己经常把战列舰作为诱饵，而以航空母舰为打击力量。

该计划受到日军空中力量日渐衰弱的影响，但日军对战列舰的信心却一直支撑着该计划的实施。两艘巨型战列舰——"大和"号和"武藏"号——的完工大大增强了日本海军将领们的自负和信心，这两艘战列舰是当时世界上最大的战列舰。这两艘战列舰的排水量均超过 7 万吨，装备 9 门 18 英寸火炮——它们是世界上唯一装备如此多这种尺寸火炮的战列舰。相比之下，日军在发展其航空母舰部队及舰载机方面做得很少，甚至可以说没有。正如历史上经常发生的那样，日本在战争爆发后曾经获得巨大的胜利，但他们在吸取经验教训方面比对手来得迟缓。

美军是提前两个月执行作战计划的，10 月，他们对菲律宾群岛发动下一阶段的大举推进。这些群岛绵延 1000 英里，从南面的棉兰老岛（和爱尔兰一样大）起，一直到北面的吕宋岛（几乎像英格兰一样大）为止。美军第一次突击针对的是莱特岛，这个位于中部的较小岛屿，以此突破了敌人的防线。麦克阿瑟的部队（沃尔特·克鲁格中将率领的美国第 6 集团军的 4 个师）于 10 月 20 日清晨开始在那里登陆，这支部队是由金凯德[①]

[①] 托马斯·金凯德（1888—1972），美国第 7 舰队司令，美国海军上将。两次世界大战期间从事外交活动，曾参加 1932 年日内瓦裁军会议。1938 年任驻意大利海军武官。1942 年为海军少将，参加珊瑚海海战。1943 年初调任北太平洋战区司令，参与指挥收复阿留申群岛的战斗。1944 年率队参加莱特湾海战，尔后支援美军登陆和收复菲律宾群岛。战后曾任美国大西洋后备舰队司令，1950 年退役。——译者注

1944年10月20日，道格拉斯·麦克阿瑟上将率部登陆莱特岛

海军上将的美国第7舰队（一支由旧型战列舰和小型护航航空母舰组成的护航和支援舰队）运送的。哈尔西率领的美国第3舰队为登陆行动提供支援和掩护——美国第3舰队分为三个编队驻扎在菲律宾群岛偏东一些的地方。这是美军的主力舰队，包括新型战列舰和大型航空母舰，航速都很快。

在美军发动此次进攻以前，从10月10日起，米切尔的航空母舰部队（隶属哈尔西的美国第3舰队）连续进行了一周的空袭，主要目标是中国台湾，对吕宋岛和冲绳岛也进行了程度较轻的轰炸，这些空袭是毁灭性的，对后续的战事具有巨大影响。另一方面，日本飞行员对战果作了言过其实的报告，致使日本政府在公报和广播中宣布，他们击沉了美军11艘航空母舰、2艘战列舰和3艘巡洋舰。事实上，这些美军航空母舰的出击，摧毁了日军500多架飞机，而美军自己的飞机只损失了79架，而且没有任何一艘舰艇像日本所宣称的那样被击沉。日本帝国大本营一时对这种报道信以为真，便把所有剩下的兵力都投入"捷1号作战"中。日本海军方面很快发现这些报道的荒唐无稽，于是马上撤退，但是陆军方面的计划发生了永久性改变——铃木宗作[①]中将在菲律宾南部的4个师团中的3个师团，不是像山下大将原来计划的那样调往北部的吕宋岛准备作战，而是奉命留在原地待命。

上文已经提及，日本帝国大本营的计划是趁着美军登陆之际，集中一切可用的海军部队实施毁灭性的反攻。美军在莱特岛登陆前两天，一位美军指挥官发出的一份明码电报，正好为日军反攻提供了所需要的重要情报。

丰田副武认为这是一场赌博，日本海军用的燃料石油，依赖于他们所占领的东印度群岛，一旦美军在东印度群岛站稳脚跟，补给线就会被切

---

① 铃木宗作（1891—1945），日本第35集团军司令，1945年4月19日在菲律宾棉兰老岛战役中战死。——译者注

断。战后受审时,丰田副武对他当时的考虑作了如下的说明:

> 如果最坏的情况发生的话,我们可能会损失所有的舰队,而我感到,我们一定得冒这个险……如果我们在菲律宾战役中失利,即便是舰队保留下来,向南的运输线也会被完全切断,那么,舰队即便撤回日本领海,也得不到燃料补给。如果舰队留在南面海域,它就得不到弹药和武器的补给。这样看来,要以丧失菲律宾群岛的代价来保全我们的舰队,那是毫无意义的。

小泽的部队作为诱饵,从日本南下。它包括4艘可用的航空母舰和2艘由战列舰改装的航空母舰,由于舰载机总数减少到仅100架,而大多数飞行员又缺乏经验,因此,这些军舰只能充当诱饵而已。

这样,在这一争取胜利的豪赌中,日军依靠的是从新加坡开来的旧式舰队——7艘战列舰、13艘巡洋舰和3艘轻型巡洋舰。指挥官栗田健男派出一支分遣队取道苏里高海峡从西南冲进莱特湾,他则亲自带着主力部队从西北部穿过圣贝纳迪诺海峡而来。他希望在他的两支铁钳之间,粉碎麦克阿瑟的运输舰及其护航战舰。

栗田健男认为"大和"号和"武藏"号既然装有18英寸的主炮,就能轻而易举地摧毁美军旧式战列舰,他也相信自己的这两艘战舰几乎不可能被击沉,因为它们都装有装甲甲板和许多水密隔舱。此外,如果哈尔西的航空母舰部队不在场的话,空袭就不会很猛烈。当栗田的舰队插入莱特湾时——这次进攻的日期定在10月25日——日军希望美军的航空母舰已经被诱离。

但是,诱饵起不了作用。23日夜晚,栗田的舰队遇上了在婆罗洲海岸巡弋的两艘美国潜艇——"海鲫"号和"鲦鱼"号。这两艘在海面行驶的潜艇立即向北驶去,在夜色的掩护下以最高速度前进,始终位于日本舰队前面。天刚刚亮,潜艇便潜入到潜望镜深度,等候着前来的日本舰队,接着，便在近距离发射鱼雷，两艘日本巡洋舰被击沉，另一艘受伤。栗田本人正在领航的巡洋舰上，尽管他在巡洋舰沉没以前被救出，后转到"大和"号战列舰上，但这对他来说，是一次震惊的经历。此外，美国海军将领们借此探明了敌人的动向和实力。

小泽得知栗田遇到潜艇的消息，匆匆表明自己正从北面靠近，并一再发出明码电报，意图引起哈尔西的注意。但是，美军没有截获他的信号，也没有派出侦察机去侦察他的行踪，因为所有侦察机都被派到西面去监视逼近的栗田舰队了！

哈尔西的航空母舰很快就出动轰炸机和鱼雷轰炸机，向栗田舰队发动一阵又一阵的进袭。当日本岸基飞机（从岛屿上起飞）和来自小泽统率的航空母舰上的舰载机展开救援攻击时，美军战机的猛烈攻击才中断。这些进攻的日军飞机都被击退，被击落的飞机超过其总数的一半，不过，美军的"普林斯顿"号航空母舰也因舰身受重创而被迫弃舰。

美国海军飞机在进攻栗田舰队的战斗中，取得了更大的成功。那天下午，美军发动第五次进攻后，庞然大物般的"武藏"号，在被鱼雷命中19次和炸弹命中17次后，终于倾覆沉没。美军飞行员报告说，另有三艘战列舰和三艘重型巡洋舰也遭重创，但实际上只有一艘重型巡洋舰受重创，不能继续航行。在美军第五次进袭和"武藏"号沉没后，日本舰队便掉头转向，朝西驶去。

哈尔西从空中侦察员那里听到这些报告后，认为栗田的舰队肯定是撤退了。但是在栗田的两支舰队里都没有发现航空母舰，这使哈尔西生疑，他便派出侦察机到处搜寻，约在下午5时，发现了向南行驶的小泽舰队。哈尔西按照自己"说干就干"的信条行事，决定向北冲击，在黎明时分把小泽的舰队摧毁。为确保歼灭小泽的舰队，哈尔西调用了一切可以用于作战的舰只，甚至没有留下舰只防守圣贝纳迪诺海峡。

哈尔西发出电报，把自己的决定告知金凯德。15分钟后，美军一架夜间侦察机发来报告，称栗田的舰队再次调转方向，高速驶向圣贝纳迪诺海

1944年，航行中的美国海军"普林斯顿"号航空母舰

峡。哈尔西不相信这个报告。他一向喜欢大胆而冒险的行动，对其他可能性视而不见。早在战争初期，他就获得了"蛮牛"这个恰如其分的绰号。

栗田舰队的撤退，只是昼间摆脱美军空袭的权宜之计，为的是在夜色的掩护下卷土重来。除了"武藏"号沉没外，他的大型舰只都没有受到重创，这和美军飞行员乐观的报告刚好相反。

晚上11时，当哈尔西向北航行了160英里时，栗田的舰队再次被侦察机发现——他们仍在向圣贝纳迪诺海峡前进，现在距离海峡只有40英里。哈尔西无法再忽视栗田舰队的进攻，但他低估了这一威胁的严重性，他认为栗田舰队重新驶向圣贝纳迪诺海峡，不过是严重受创的舰队按照日本的传统发起的一次自杀式攻击。哈尔西继续向北推进，自信地认为金凯德的舰队能够轻松击退他所认为的实力薄弱的进攻者。

这样一来，日本人设下的诱饵，虽然没有在预期的时刻发挥作用，但终于还是被一口咬住。

金凯德舰队的处境十分危险，因为他在两个方面都受到误导。栗田的南路舰队向苏里高海峡挺进，引起了金凯德的注意，他将手中大部分力量集中到那里以应对敌人的威胁。金凯德认为，哈尔西的部分作战舰队仍控制着通过圣贝纳迪诺海峡的那个更偏北的通道，他对哈尔西早已带着全部舰队驶离那里的事情一无所知。更糟糕的是，金凯德没有采取警戒措施——不曾派出侦察机去确认敌舰是否从那个方向驶来。

经过一夜激战，日本南下分遣舰队的进攻被击退——这主要得益于美军雷达所提供的"夜视"能力，这比日本海军所用的雷达优越得多。日军的另一个不利因素是，日本舰队穿过狭窄的苏里高海峡时鱼贯而入，这正好成了奥尔登多夫海军中将战列舰群"T字战术"队集中火力袭击的目标。日军分遣舰队有两艘战列舰被击沉，几乎所有的进攻力量都被扫除殆尽。到天亮时，除了浮在海面上的几艘敌舰残骸和油污以外，什么都没有了。

但是，就在金凯德发出胜利的电报后的几分钟，传来了另一个讯息，有一支规模更大的日本舰队——栗田的主力舰队——从西北面南下，穿过了圣贝纳迪诺海峡，并在萨马岛东岸对金凯德舰队的一小部分舰艇发起袭击——这些舰艇留在那里，原是为了掩护麦克阿瑟将军在莱特岛的登陆。

用来支援陆军进攻莱特岛的这一部分海军力量，包括6艘由商船改装的护航航空母舰和几艘驱逐舰，在庞然大物般的"大和"号及其他3艘战列舰的密集炮火下，不得不向南撤退。

一得到这个惊人的消息，金凯德就在上午8时30分向哈尔西发出一份电报说："莱特湾紧急需要快速战列舰。"上午9时，金凯德又发出另一封紧急求援，而这一次用的是明码，而非密码。但哈尔西的舰队却继续向北行驶，非要摧毁小泽的航空母舰不可。他不顾金凯德的一再求援，一意孤行，按既定航线前进——他觉得金凯德航空母舰上的舰载机应该可以顶住栗田舰队的袭击，以等待金凯德舰队的主力（包括其6艘战列舰在内）回师救援。不过，哈尔西确曾命令约翰·麦凯恩迅速从他率领的航空母舰和巡洋舰中派出一支分遣舰队去援助金凯德。但约翰·麦凯恩当时在加罗林群岛，在400英里以外——比哈尔西那时所在的地方还要远50英里。

在此期间，几艘美军驱逐舰奋勇地阻挡了栗田主力舰队向南进军。这几艘美军驱逐舰正在掩护6艘护航航空母舰及舰上仍然可用的舰载机的撤退。美军的1艘护航航空母舰和3艘驱逐舰被击沉，其余的舰艇虽受重创，但仍得以撤离。

上午9时后，栗田舰队突然停止追击，转而直扑莱特湾，在那里正停泊着许多毫无防御能力的美国运输船和登陆艇。此时，栗田舰队离海湾入口处已经不到30英里。

在发动进攻以前，栗田停下来集结他的舰艇，因为在追击战斗中，它们已经分散得很远。日军的这一转变和停顿，使美军产生了一种错觉，以为日本舰队是在美国空军和驱逐舰的压力下撤退了。不过，他们的幻想很快破灭了，金凯德又向哈尔西发出求援的急电："形势非常严重。护航航空母舰再次受到敌军海面舰只的威胁，亟须贵部驰援。护航航空母舰正在退入莱特湾。"

这一次，哈尔西对金凯德的求救给予了回应。此时是上午11时15分，他的飞机重创了小泽舰队，尽管他渴望用战列舰上的大炮把小泽舰队击毁，但他还是克制了自己，率领6艘快速战列舰和3个航空母舰战斗群中的1个火速折返。但由于追击小泽舰队，哈尔西的舰队向北驶得很远，所以在第二天早晨之前不可能赶回莱特湾。即使麦凯恩的航空母舰也要几小时之后才能驶近用飞机参战。这样一来，当栗田舰队在中午时分直逼海湾的时候，莱特岛的形势看来是非常危急的。

但是，栗田舰队突然掉头朝北开走，并且一去不复返了。原因何在呢？这要归功于日军截获的美军通信，以及这些通信对栗田的心理产生的影响。他们先是截获无线电通信：美国护航航空母舰上的飞机在莱特岛着陆。栗田以为这是美军准备从陆上基地对他的舰艇进行更集中的攻击。实际上，这只是一种避免飞机与航空母舰一起被击沉的紧急措施而已。几分钟以后，栗田又收到一份截获的报告，即金凯德上午9时给哈尔西发出的明码电报。从这份报告中，栗田立即得出一个错误的结论，即哈尔西已经向南行驶了3个多小时，这是因为栗田与小泽失去联系，不知道哈尔西朝北走了多远。此外，他也因缺乏空中掩护而感到担心。

这种混乱的通信窃听产生的最严重后果是，栗田误以为美军的部分救援部队已到达离他北面只有70英里的地方，并且已经接近他通过圣贝纳迪诺海峡的撤退路线了。因此，栗田决定放弃进攻莱特湾的企图，趁美军还没有得到增援和退路被封锁之前，赶紧掉头北转，以应对这一威胁。

历史上有诸多案例表明，战局往往更容易被幻想而不是客观事实决定，这便是其中之一。指挥官心中的印象，比任何真正的打击及其所产生的效果更起作用。

栗田舰队由于躲避接二连三的空袭，在路上耽误了时间，当其驶抵圣贝纳迪诺海峡时，已是晚上 10 时了——然而它仍比向南疾驶的哈尔西的先遣舰艇早到 3 个小时。当它发现这一要害地点并没有美军时，便穿过海峡向西溜走了。

这些日本战列舰取得的战果寥寥无几，尽管全身而退，还是无法弥补 4 艘航空母舰被美军击沉的损失——"千岁"号在上午 9 时 30 分左右被米切尔的第一次出击击沉，另外 3 艘（"千代田"号、"瑞鹤"号和"瑞凤"号）则在下午被击沉，这是在哈尔西率领其大批舰队匆匆南返后发生的事。

这四场独立而又不同的交战统称莱特湾海战，堪称有史以来规模最大的一场海战。交战双方总共投入 282 艘舰艇和数百架飞机，而 1916 年的日德兰海战中参战的舰艇只有 250 艘（以及 5 架水上飞机）。如果说 6 月的菲律宾海海战给日本海空军力量以毁灭性的打击而具有更大的决定性意义的话，那么可以说，莱特湾战役战果辉煌并彻底解决了问题。在这次战役中，日本损失了 4 艘航空母舰、3 艘战列舰、6 艘重型巡洋舰、3 艘轻型巡洋舰和 8 艘驱逐舰——而美国仅仅损失 1 艘轻型航空母舰、2 艘护航巡洋舰和 3 艘驱逐舰。

值得一提的是，在这次战役中，首次出现了一种难以应对的新型战术。由金凯德统率的美国第 7 舰队的护航航空母舰，遭到栗田中路部队占压倒优势的强大攻击，直到栗田调转航向从圣贝纳迪诺海峡撤走，才得以死里逃生。他们紧接着便遭到有组织的"神风特攻队"的首次袭击，这种袭击是由一些自愿加入特攻队的飞行员执行的，他们抱着必死的决心执行这种自杀式攻击，驾驶飞机朝着敌舰俯冲，使敌舰因他们的飞机油箱和机载炸弹的爆炸而着火。但在"神风特攻队"首次的尝试中，虽然有几艘美舰遭到损坏，但只有一艘护航航空母舰被击沉。

美军在这一战役的主要收获在于击沉了小泽的 4 艘航空母舰。剩下的 6 艘日本战列舰，由于没有了航空母舰，也就无能为力，不能再在战争中起任何积极作用。日本海军就此实质瓦解。这样看来，哈尔西的向北追击，固然使得美军的其余部队暴露在极大危险下，但结果证明他的做法不无道理。此外，这次战役表明，战列舰这个怪物并没有多大用处，并暴露了信赖这种过时的庞然大物是多么愚蠢。在第二次世界大战中，战列舰的唯一重要作用只在于对海岸的轰击——而具有讽刺意味的是，关于战列舰的这一作用，前几代人认为这种任务并不适合战列舰，因为战列舰很容易遭到岸防火力的打击。

日军决心为保卫莱特岛而战，并把它作为保护菲律宾群岛的核心，但他们决定得太迟，导致从吕宋岛调来的近3个师团的援兵没能赶在美军扩大滩头阵地之前抵达莱特岛。首先，美军从他们的登陆点出发，占领了东海岸的杜拉格和塔克洛班机场。然后，美军的两个侧翼向外伸展，于11月2日到达北海岸的卡里加拉湾和东海岸中段的阿布约。通过这些推进，美军不但完全占领了日军的5个机场，使已经开抵莱特岛的一个日军师发生混乱，而且阻止了日本第35集团军司令铃木宗作在卡里加拉平原集中增援师团的计划。

下一步，克鲁格打算在莱特岛的山脊两端进行双重迂回包抄，去占领日军在西海岸上的主要基地奥尔莫克。但当时正下着倾盆大雨，美军无法利用原已占领的机场去集结兵力以支援此一向心攻击的行动。在此期间，日军有两个增援师团于11月9日在奥尔莫克登陆。尽管在运输船和护航舰艇方面遭到了重大损失，但日军仍有更多的增援部队陆续抵达，到12月初，日军在莱特岛的兵力已从1.5万人增加到6万人。但那时，克鲁格的兵力已增加到18万人以上。为了加速战役的进程，克鲁格以一个新编师登陆奥尔莫克以南的西海岸，这样就突破了日军防线，三天以后，即12月10日，该师只遇到少许抵抗就占领了那个港口基地。从这以后，那些饥饿的日军很快就瓦解了，到圣诞节，岛上有组织的抵抗都停止了。这样，在局势极为恶化且自身兵力大大缩减的情况下，山下奉文转而想要重新实现他自己的企图——集中力量防守吕宋岛。

在这关键的几个星期中,哈尔西第 3 舰队的快速航空母舰群一直活动在接近菲律宾群岛的海域,尽管受到日军"神风特攻队"日益加强的袭击,但仍继续给予麦克阿瑟部队持续不断的支援。不少舰艇被"神风特攻队"击中而受损,美军有两艘航空母舰不得不撤出战斗进行大修,直到 11 月的最后一个星期,这两艘航空母舰才修复出航。

麦克阿瑟的主要进攻目标是吕宋岛,作为这次进攻的前奏,他决定先占领位于中间的民都洛岛,以便在这里修筑机场,使他的美国第 5 航空部队可以从这些机场起飞,掩护从海上进逼吕宋岛的部队。这是一个冒险的举动,因为民都洛岛距离莱特湾有 300 英里,而它距离日军在吕宋岛的机场则近多了,特别是马尼拉周围的那些机场。但民都洛岛的守军只有 100 人左右,岛上那 4 个被日军弃用的机场,在 12 月 15 日美军登陆后的几小时内就被占领——并立即加以扩建利用,不到 12 月底,美国陆军飞机就能从那里起飞作战了。美军进展之所以如此顺利,多半得益于哈尔西的快速航空母舰部队,他们猛轰吕宋岛的机场,并在岛上空设置了一道拦截网,以防止日军轰炸机轰炸民都洛岛及其沿海水域。

1 月 3 日,从多地集结起来的美国舰队,在金凯德和奥尔登多夫的统率下,从莱特湾出航,一共有 164 艘舰艇:包括 6 艘战列舰和 17 艘护航航空母舰。1 月 9 日,这些舰艇驶抵林加延湾(在马尼拉以北 110 英里)——约在四年前,日军入侵菲律宾群岛就是从这里开始的。10 日清晨,克鲁格第 6 集团军的 4 个师开始在这里登陆,另外 2 个师紧随其后。

哈尔西的快速航空母舰部队对这次登陆帮助很大,特别是在日军"神风特攻队"的袭击方面,这些自杀式攻击对舰艇造成了日益严重的损害。在掩护林加延湾登陆后,这些航空母舰又驶入中国海域,进行了一次猛烈空袭,摧毁了日军在印度支那、中国南部、中国香港、中国台湾及冲绳岛的基地和船只。这次空袭足以表明日本南方帝国的脆弱性。

克鲁格所部这时正从林加延湾向南朝马尼拉推进,遭到日军猛烈的抵抗。为了帮助克鲁格所部加速推进和防止日军退回巴丹半岛,麦克阿瑟又派一个军于1月29日在这个半岛附近登陆。两天以后，一个空降师在离马尼拉南部约40英里的纳苏格布登陆，没有遭到任何抵抗。但是，当这个师向马尼拉推进时，克鲁格所部已经抵达该城郊区，而日军山下所部则已退入山中。

但是，马尼拉仍由指挥这个海军基地的岩渊三次海军少将防守着。他拒不服从山下奉文要把马尼拉变成一座不设防城市的命令，并疯狂地进行巷战，导致战斗又持续一个月之久，这座城市因此遭到严重的破坏。直到3月4日，马尼拉的残敌才被完全肃清。在此期间，美军已占领巴丹半岛，收复了科雷希多岛，尽管这个要塞岛屿上的日本驻军坚守了10天。到3月中旬，美国船只便可以启用马尼拉港口，尽管在吕宋岛山区和棉兰老岛，以及南部一些较小岛屿上，清剿工作还在继续进行。

进攻硫黄岛

在占领了菲律宾群岛的关键据点以后，美军因急于加紧袭击日本本土，便抛弃了麦克阿瑟早先的设想——占领中国台湾或部分中国沿海地区，以此作为袭击日本的空军基地。但是，美国参谋长联席会议一致认为，占领小笠原诸岛中的硫黄岛（位于塞班岛和东京之间）及琉球群岛中的冲绳岛（位于日本西南端和中国台湾之间）很有必要，这些岛屿可以作为对日本进行空袭的战略跳板。

美军认为硫黄岛比较容易进攻，因此打算先占领该岛。此外，美军想要把硫黄岛作为B-29"超级空中堡垒"的紧急着陆点，因为自11月底这款轰炸机一直从马里亚纳群岛起飞轰炸东京。硫黄岛还可以作为战斗机基地，为B-29"超级空中堡垒"提供护航，如果从马里亚纳群岛起飞的话，没有战斗机能飞完全程。

硫黄岛是一个火山岛，长仅4英里，除日本驻军外，荒无人烟。直到9月份，驻军仍不多，难以进行有效的抵抗，但从这以后，守军逐渐增加到近2.5万人。栗林忠道将军加强了防务，掘成一片隐蔽得很好的山洞壕堑网，洞与洞之间有很深的地道相连。他的目的仅是尽可能持久地坚守下去，因为在美国巨大的海空军优势下，日军不可能再得到增援，为了避免展开损失惨重的日本式反攻，他想完全依靠坚兵深垒的阵地作为防御力量。

尼米兹将进攻硫黄岛的任务交给了雷蒙德·斯普鲁恩斯海军上将，1945年1月最后一个星期，他接替哈尔西海军上将任美国第3舰队（目前改称美国第5舰队）司令。为了陆上作战需要，他还获得3个海军陆战师。此次战前海空轰炸是太平洋战争开始以来持续时间最长的一次，从12月8日起，美军航空兵每日空袭该岛，从1月3日起，展开昼夜不停的空袭，最后三天，又进行了密集的海军炮轰。但所有这一切，对日军深筑工事来说，影响十分微小。美国海军陆战队在2月19日清晨登陆时，遭到密集的迫击炮和大炮的袭击，在相当长的一段时间内，他们被阻挡在海滩上，首日登陆的3万人中死伤达2500人。

在此后的几天中，海军陆战队凭借从空中和海上得到的大量、持续不断的火力支援，一码一码地向前推进。米切尔的快速航空母舰对东京进行了大规模轰炸后被调回硫黄岛增援，这就加强了支援火力。经过5个多星期的艰苦战斗，直到3月26日，才把这个岛屿攻占下来，而到这时，美国海军陆战队伤亡人数已增加到大约2.6万人——占整个登陆部队总数的30%。驻岛日军的战斗力非常顽强，战死2.1万人，被俘的只有200人。肃清硫黄岛的行动持续了两个多月，被击毙的日军人数上升到2.5万人，仅有1000人被俘。3月底以前，美军已修筑了3个机场，到大战结束时，B-29轰炸机已在那里进行了约2400架次起降。

美国海军陆战队的履带式登陆车接近硫黄岛

硫黄岛升起胜利的旗帜

缅甸战役——从因帕尔到 1945 年 5 月仰光的收复

1944 年,虽然日军在因帕尔的春季攻势中受到严重挫败,但他们没有被打垮,盟军也没能突破他们在缅甸的防线。能否收复缅甸,取决于英军是否能展开有效追击,为此,英军必须大力加强补给体系。

根据参谋长联席会议 6 月 3 日的命令,蒙巴顿的任务是扩大与中国的空中联系,依托现有兵力设法打通一条陆上交通线。尽管命令中没有特别提到,但夺回缅甸是意料之中的事情。有两个主要计划正在考虑之中:一是"首都"作战计划,即发起陆地进攻、夺回缅甸中北部;二是"吸血鬼"作战计划,即利用一次两栖登陆战拿下缅甸南部。看起来后者成功的希望较大,但它需要依赖外部补给。面对这种情况,斯利姆中将和美军更倾向于采用陆上计划,因此,虽然命令要求做好两种计划的准备,但重点放在"首都"作战计划上。

尽管印度通往战区的交通线有了很大的改善,且印度也已发展成为一个主要的基地,但是英军想要迅速而有效地进攻缅甸,显然还有许多工作要做。从根本上说,主要的问题在于后勤,而不在于战术。虽然陆上运输和内陆水上运输都得到了改善,但斯利姆的英国第 14 集团军主要还是依靠空中补给,而空运又依赖美军运输机的大力支援。

这样,1944 年下半年盟军就主要致力于这种发展,并重组各指挥部门。比较重大的改进项目是,把空中补给系统置于一个名为"作战货运特遣部队"的统一司令部之下,各情报机构协同行事,特种部队撤编。10 月份,史迪威与蒋介石的关系越来越差,加上蒋介石的坚决要求,史迪威被从中国召回,改组工作加速了。A.C. 魏德迈中将接替史迪威出任蒋介石和国民党军队的参谋长。11 月,奥利弗·利斯(爵士)中将(此前在意大利任英国第 8 集团军司令)受命担任东南亚盟军地面部队总司令,受蒙巴顿节制。

10 月中旬,雨季结束,地面干燥,斯利姆开始执行向中路进军的

"首都"作战计划，集中斯托普福德的英国第33军从卡巴谷地南端向前推进，去占领吉灵庙和葛礼瓦（因帕尔以南130英里），并于12月中旬前在靠近葛礼瓦的钦敦江对岸建立一个桥头堡。随后，在英国第4军（军长梅瑟维中将）的增援下，乘胜向东南前进到了蒙育瓦和曼德勒（距离葛礼瓦160英里）。

另一方面，日本帝国大本营面对着美军从海路攻往菲律宾这一更大、更紧迫的威胁，根本不可能有多余的兵力来增援木村兵太郎率领的日本缅甸方面军。但日本帝国大本营告诉木村，为了防止盟军开辟滇缅公路或在马来亚继续前进，他必须守住缅甸。然而，日军完成这种守卫任务的前景是黯淡的，旷日持久的因帕尔战役使他们的实力严重受损。在中路，日本第15集团军的4个实力不足的师团（总共不过2.1万人）面对着可能是8个或9个强大的盟军师，唯一可能的增援部队来自缅甸南部的那个师团，而调动那个师团就会使仰光失去掩护。虽然斯利姆为"吸血鬼"作战计划留下部分兵力，但是他手中的可用兵力和师在数量上都远远超过对方，而且还有更强大的装甲部队的支援及绝对的制空权。面对严峻现实，日军经过慎重考虑以后，意识到他们必须从缅甸北部撤退，但仍企图在南面140英里的伊洛瓦底江下游守住掩护曼德勒和仁安羌油田的防线。

正当英军中路进攻展开之际，若开和缅甸北部这两个次要战场的战役以取得胜利而告终。

一待雨季结束，克里斯蒂森第15军的目标是肃清若开，占领阿恰布，将其作为空军基地，然后把部队投入主战场。为了执行这一任务，克里斯蒂森用了三个精锐师来对付樱井省三统率的所谓第28集团军的两个薄弱师团。英军于12月11日开始推进，23日迅速占领了半岛顶端的栋拜，并在一个星期后占领了梅宇河东岸的拉代当。而克里斯蒂森的第三个师正在肃清更靠近内陆的加拉丹河谷。英军之所以遇到很少的抵抗，是由于日军正从若开撤军。这促使英军加快了攻占阿恰布的计划。当英军于1月4

日占领阿恰布时，发现日军早已逃之夭夭。

为获取更多的空军基地，克里斯蒂森便打算占领南面 70 英里外的兰里岛。英军于 21 日轻而易举地夺下该岛，因为当时日军主要考虑的是守住那些穿过崇山峻岭通往伊洛瓦底江下游的山口，阻止英军进入缅甸中部。的确，得益于在 4 月底前一直坚守着各处通道和山口的少数日军后卫部队，不然的话，已被打得七零八落的樱井部队就难以从若开脱身了。然而，日军之所以能守住，也是因为克里斯蒂森当时更多考虑的是"吸血鬼"作战计划的安排，为了执行这一计划，其大部分部队早已撤走。

中国战场方面，1944 年的战役进行得并不顺利，因此，"三叉戟"会议关于飞越"驼峰"空运补给优先次序的决定必须改变。当前的重点是加强中国军队，而不是驻华美军的战略空军力量。在中国西南部的云南省，尽管兵力对比达到 7∶1，12 个师的国民党军队发起的进攻，居然被一个日本师团阻挡。

至于缅北战线，史迪威以中国部队为主的军队在春季对本多政材的日本第 33 集团军的三个较弱的师发起进攻，力图穿过密支那，进袭滇缅公路北侧，但没取得太大进展。秋季时，印度和英国混编的第 36 师接替了筋疲力尽的"钦迪队"，形势这才有所好转，不无讽刺的是，这种情况发生在大多数中国军队撤回国内迎击日军进攻后。魏德迈接替史迪威，另一位美军指挥官苏尔坦将军出任北部战区司令部司令，情况又有了进一步的改善。

当年 12 月，苏尔坦的部队和剩下的两个中国师，取得了较快的进展，而本多的几个薄弱的师被迫朝西南方向的曼德勒撤退。到次年 1 月中旬，滇缅公路中西段的日军已被肃清。到 4 月份，从曼德勒到中国的公路全线恢复通行。

1944 年 11 月中旬，斯托普福德统率的英国第 33 军在钦敦江上建立了一个桥头堡，而梅瑟维中将的英国第4军继续向东推进，进入瑞保—曼德勒平原，并在因多西北部的班茂与费斯廷的第36师取得了联系，此时第36师已向南推进到因多和伊洛瓦底江畔的杰沙。沿途没有遇到抵抗，显然，日军正从瑞保平原撤出，而向靠近曼德勒的伊洛瓦底江防线退去，这使斯利姆大失所望，他原想在这一比较空旷的地区，用自己占据优势的装甲部队、大炮和空军，包围并全歼日军。因此，斯利姆重新调整了他的计划。斯托普福德的第33军（下辖4个师）从北面向曼德勒施加压力，以占领伊洛瓦底江上的渡口，这时，第4军（下辖3个师）要从吉灵庙向正南进发，尽可能悄悄地直插密沙河河谷，然后从甘高向东南推进，在木各具附近的伊洛瓦底江下游占领一个渡口，目的是切断曼德勒守军的后方补给线，在密铁拉附近建立战略封锁线，从而阻挡日军往南撤向仰光的退路，并截断来自仰光的补给。中路战线的整个包围计划成败取决于英军能否解决补给问题，特别是充足的空中补给。

1945年初，当第4军正准备一次纵深侧翼包抄行动时，斯托普福德的第33军正继续朝南向曼德勒进军。1月10日，斯托普福德所部到达并占领了瑞保，22日占领钦敦江上的蒙育瓦，他的另外一个师则在曼德勒以北50—70英里处的伊洛瓦底江夺得几处渡口，形成了三路并进之势。此时，除了在曼德勒对面驻有一支分遣队外，日军主力全部集中在伊洛瓦底江东岸。

斯利姆的新计划近乎完美实施。梅瑟维部队于2月10日占领木各具附近的坎拉，这是战役即将开始的信号。14日，梅瑟维的先头部队占领了木各具以南靠近良乌的一个桥头堡，防守这一地段的是印度国民军，他们很快就溃败了。梅瑟维的突击部队由考恩将军统率，编有摩托化的第17师和一个坦克旅。这支突击部队于24日攻占东沙，28日进抵密铁拉市郊。当一支日军分遣队重新夺回东沙时，考恩部队的交通线暂时被切断，但仍能得到空中补给，这样，经过两天的战斗后，3月3日又重新占领密铁拉。考恩竭力确保手中的主动权，派少数配有坦克的步兵纵队在各个不同的方向连续进行袭击，使日军陷入混乱状态。

　　日军的处境十分危急，他们在曼德勒战区面临重压，后方运输线已被切断，地面部队人数比盟军少得多，而且大部分都没有空中掩护。尽管如此，日军依然发起猛烈反击。盟军反复进攻日军在曼德勒的据点达弗林要塞，但均被击退。同时，日军也在密铁拉地区展开殊死反攻，旨在使其交通线畅通。本多中将的日本第33集团军（已撤出北方战线和滇缅公路）的三个师团中，有两个师团从南向北进攻，另一个师团从曼德勒向南进攻。3月中旬，这一战役进入关键阶段，但到月底，日军的反攻终告失败。此时，斯托普福德终于在20日占领了达弗林要塞和曼德勒。日本第15集团军感到局势已到无可挽回的地步，便放弃坚守曼德勒的意图而向南撤退。那时，缅甸中部已落入英军之手，到仰光的道路已经打通。在这几周的战斗中，英军两个军的伤亡人数约1万人，而日军的损失更大，其本已衰减的兵力折损达三分之一。当日军沿着一条漫长而迂回曲折的道路向东面掸邦丘陵撤退时，又损失了许多装备，就这样，他们失去了继续抵抗的能力。

　　这时，仰光的大门已经向英军敞开，但英军必须迅速到达那里，因为雨季即将来临。另外，美军运输机将在6月初撤离缅甸，赶往中国进行支援。仰光离密铁拉的路程在300英里以上，如果在6月前没有拿下南方一个港口，为斯利姆部队提供另一条海上运输线，以此消除美军运输机调离造成的影响，那么斯利姆的第14集团军早已过分拉长的补给线将会全部崩溃。因此，4月3日，蒙巴顿下定决心实施"吸血鬼"作战计划，并决定在5月初付诸行动，以防斯利姆部队不能及时到达仰光。"吸血鬼"作战计划由克里斯蒂森军中的一个师来执行，外加一个中型坦克团和一个廓尔喀伞兵营。

　　斯利姆从曼德勒和密铁拉乘胜南下的计划是这样的：梅瑟维的英国第4军将沿着公路和铁路干线向前推进，而斯托普福德的英国第33军则沿着伊洛瓦底江两岸顺流而下,后者依靠内陆河道运输补给,而前者则仍靠空运补给。

日军希望用从若开撤出的日本第28集团军守住伊洛瓦底江,而由另外两个集团军的残部去阻挡梅瑟维的部队。但事实证明,这只是奢望而已,因为残兵败将已经不具备作战能力。在此期间,斯利姆原先的预备部队第5师全力挺进,于4月14日占领了密铁拉以南约40英里处的央米丁。斯托普福德的英国第33军也开始沿伊洛瓦底江前进,5月3日,其先遣师进抵离仰光还有一半路程的卑谬,而日本第28集团军被围困在伊洛瓦底江西岸。梅瑟维的先头部队虽然起初进展较慢,但沿着主要公路的挺进反而较快,4月22日即已到达东吁(与卑谬平行),并在那里绕过了正沿着掸邦丘陵地撤退的日本第15集团军先头部队的残部。那时,其余日军残部还在后面100英里以外的地方。一个星期以后,梅瑟维的先头部队到达割独——距离东吁90英里,而距离仰光仅70英里。在这里,梅瑟维的先头部队遭到日军的顽强抵抗,因为日军打算继续保持一条经由泰国通向东面的联络线。日军的抵抗在几天内就被粉碎,但这次短暂的停顿,已然使得梅瑟维所部失去率先解放仰光的荣誉。

因为在5月1日"吸血鬼"作战计划已经开始了——一支伞兵部队在仰光河口着陆,另一支两栖部队则在河的两岸登陆。听闻日军撤出仰光的消息,整个部队便重新登船溯流而上,第二天进入仰光。5月6日清晨,登陆部队与从割独和勃固冲杀而下的梅瑟维的先头部队会师。至此,缅甸实际上已完全解放。

缅甸战役的后期阶段,英军遭遇的阻力不大,这主要是因为日军早已把绝大部分的海空军部队撤走,以应对美军在太平洋进军带来的更大威胁。日军只能以50架老旧过时的飞机去对抗盟军的800多架飞机(650架轰炸机,177架战斗机)。此外,英军之所以能勇猛作战和顺利前进,得益于美军运输机全力确保他们的补给。

第 35 章　希特勒的阿登反攻

1944 年 12 月 15 日，蒙哥马利给艾森豪威尔写了一封信，说在盟军对莱茵河发动下一次大规模攻势前，他想回家过圣诞节。蒙哥马利随信附上一张 5 英镑的账单，要求艾森豪威尔兑现一年前打赌的赌注。当时艾森豪威尔打赌说战争将在 1944 年圣诞节前结束。① 这个玩笑似的提醒显得缺乏分寸感，因为就在两个星期前，蒙哥马利写了一封"让艾克气得跳脚"的信，他在信中尖锐地批评了艾森豪威尔的战略未能消灭德军，甚至还暗示艾森豪威尔应该交出指挥权。②

艾森豪威尔表现出了非凡的容人之量，选择将蒙哥马利的第二封信当作一个玩笑而非一种挑衅。他在 12 月 16 日的回信中写道："我还有 9 天时间，虽然你看上去势必会在圣诞节赢得 5 英镑的意外之财，但你必须等到那天才能拿到。"

艾森豪威尔和蒙哥马利，以及他们手下的指挥官，均未料到敌人还有扰乱他们进攻计划的可能性。当天，蒙哥马利在分发给其第 21 集团军群所属各部的最新战局评估中是如此有信心地说："敌人目前在所有战线上进行防御，其处境是无法发动大规模进攻的。"美国第 12 集团军群司令布拉德莱中将也持有同样的观点。

然而，就在 12 月 16 日清晨，德军发起猛烈的进攻，盟军原有计划被

---

① 哈里·布彻：《我在艾森豪威尔身边的三年》，第 722 页。
② 哈里·布彻：《我在艾森豪威尔身边的三年》，第 718 页。

1944年12月16日,德国"虎"式坦克搭载空军野战部队的伞兵通过阿登地区的森林

彻底打乱。此次打击的目标是美国第 1 集团军位于阿登地区的战线，此处是丘陵与森林的交织地带，美军部署在这里的部队较为稀疏，以便沿进入德国的各条平坦道路集结最大兵力。盟军认为阿登地区并不适合发动进攻，故而忽视了其成为敌军进攻路线的这一可能性。然而，德军四年前正是在这里发动闪电战，导致 1940 年盟军西线总崩溃。令人费解的是，1944 年的盟军指挥官们竟然对希特勒可能试图在同一地区故伎重施的可能性如此漠不关心。

德军进攻的消息迟迟未能传到后方高级司令部，而他们认识到其威胁的速度更慢。直到下午晚些时候，消息才传到艾森豪威尔在凡尔赛的盟军最高统帅部，当时他和布拉德莱正在讨论美军下一步的进攻举措。布拉德莱坦率地说，他认为德军的进攻只是"一次扰乱性的攻击"[1]，以阻碍盟军的全面进攻。艾森豪威尔却说"相信这不是一次局部攻击"[2]，值得注意的是，艾森豪威尔仍旧保留作为盟军最高统帅部预备队的两个师，直到第二天晚上，即 17 日这两个师才奉命开往作战现场。

此时，阿登地区前线兵力极为薄弱——米德尔顿少将的美国第 8 军的 4 个师在那里守卫着一个长达 80 英里的战线——已然被德军打得七零八落。德军的攻击兵力共 20 个师，其中 7 个是装甲师，德军调集了近 1000 辆坦克和装甲突击炮。布拉德莱返回其在卢森堡的作战总部时，看到困惑不已的参谋长正对着作战室的地图陷入沉思，不禁惊呼："这个家伙到底从哪里获得了这些部队？"[3] 情况比他在总部所了解到的还要糟糕。德军的装甲先头部队已经深入了 20 英里，其中一支甚至已经抵达了斯塔沃洛。直到那时，美国第 1 集团军司令霍奇斯中将还是低估了德军的进攻——依然坚持要继续推进对更北部鲁尔大坝的进攻行动。直到 18 日清

---

[1] 奥马尔·布拉德莱：《一个士兵的故事》，第 455 页。
[2] 德怀特·艾森豪威尔：《远征欧陆》，第 342 页。
[3] 奥马尔·布拉德莱：《一个士兵的故事》，第 466 页。

晨，霍奇斯才意识到威胁的严重性。因为他发现此时德军已经穿过斯塔沃洛，并且逼近他在斯帕的总部——于是他匆忙把总部转移到一个更为安全的地区。

高级司令部对战局的了解之所以缓慢，部分原因在于信息反馈速度极为迟缓。这主要源于德军突击队乔装打扮后渗透入美军前线，切断众多从前线通往后方的电话线，并制造了混乱局面。

但是，这并不能解释高级司令部为何对德军在阿登地区反击的可能性视而不见。自10月以来，盟军情报部门就发现德军装甲师正在从战线撤回进行重新装备，以筹备新的作战行动，这股力量已编成党卫队第6装甲集团军。到12月初，有报道称，德国第5装甲集团军在科隆以西的鲁尔区防务被接替后，已向南转移至科布伦茨。此外，坦克部队已被发现向阿登地区移动，并且新组建的步兵师也已出现在此战线上。接着，在12月12日和13日，有报告称，两个特别著名的"闪电"师"大德意志师"和第116装甲师已经抵达这个"平静"的地区。12月14日，德军把架桥设备运往掩护美军在阿登地区前线南半部的奥尔河畔。早在12月4日，一名在该地区被俘的德军士兵透露，一场大规模的攻击正在那里筹备，随后几天里，许多其他被俘士兵证实了他所说为实。此外，他们还表示，进攻将在圣诞节前一个星期进行。

为什么这些日益明显的迹象没有引起盟军相关部门的重视？因为美国第1集团军情报处处长与作战处处长、集团军群情报部部长的关系都不太好，他被认为是一个喜欢大喊"狼来了"的危言耸听者。[①] 此外，就连他也没有从自身所收集的事实中得出明确的推论，而面临威胁的美国第8军却得出了一个危险的错误结论：前线上敌军兵力的调动，只不过是敌人想使新成立的师先获得一点战斗经验，然后再送往其他地区去使用，这"表明敌人希望前线的这个地段保持平静和不活跃状态"。

---

① 奥马尔·布拉德莱：《一个士兵的故事》，第464页。

德军装甲部队出人意料地从阿登山区实现突破

但是，除了情报部门对进攻力量缺乏清晰的了解之外，盟军高级指挥官们的误判似乎还有4个原因。盟军已经处于进攻状态太久，几乎无法想象敌人会主动进攻。他们深受"进攻是最好的防守"的军事观念的熏陶，因此盲目地确信，只要他们继续进攻，敌人就无法有效反击。他们认为，即使敌人试图反击，也只是对他们向科隆和鲁尔区推进的直接回击。自从希特勒重新任命年届70的资深元帅伦德施泰特为西线德军总司令以来，盟军更加以为敌人会采取这样传统又谨慎的态度。

盟军将领在上述诸多方面的判断均被证实大错特错，最后一个错误猜测加剧了前三个错判所产生的误导效应。尽管盟军将这次反攻称为"伦德施泰特进攻"，但实际上伦德施泰特与这次反击战几乎毫无关联，仅仅是名义上的指挥者。无论当时还是事后，伦德施泰特对盟军的这种说法都深感不快，因为他根本不赞同发动这场反攻，因此对其置之不理，只是让部下尽力去实施，他的司令部仅仅充当希特勒指令传达者的角色。

有关军事进攻的构想、决定及相应的战略计划完全是由希特勒本人制订的。那的确是一个极为出色的构想，如果希特勒当时仍然拥有充足的资源和足够的兵力，能确保该计划具备合理的成功机会，那么此次战役会是一次辉煌的胜利。战役开局德军取得的惊人成功，部分归功于年轻将领哈索·冯·曼陀菲尔开发的新战术——希特勒将当时47岁的曼陀菲尔从师长擢升为集团军司令。但另一半得益于希特勒的那个奇思妙想造成的广泛麻痹效应——希特勒的目的是通过大胆动用几百精兵来为战胜盟军的数百万大军开辟胜利之路。为了执行这个计划，希特勒起用了另一个得力干将，即36岁的奥托·斯科尔兹内，一年前希特勒曾派此人乘坐滑翔机突袭，从山顶监狱中成功营救墨索里尼。

希特勒最新的灵光一闪，行动代号为"狮鹫"——"狮鹫"在德语中是一种神话动物。这个名字非常贴切，因其作战行动的主要目的是在盟军防线后方制造一个巨大的骗局。

正如计划所设定的那样，这场行动分两波次执行，构成了荷马史诗传说中"特洛伊木马"战略的现代版本。第一波行动是投入一支会说英语的突击队，该队士兵在德军制服外面穿着美军野战夹克，乘坐美军吉普车，一旦盟军前线被突破，就会迅速分成小分队前进，他们切断电话线，转动路标以误导守军预备队，悬挂红色丝带，暗示道路被埋设了地雷，并以任何可能的方式制造混乱。第二波行动则投入一个伪装成美军的装甲旅，由他们穿越美军防线，夺取默兹河上的桥梁。

第二波行动没能实现。集团军群参谋部未能提供足够的美军坦克和卡车，其余部分不得不用伪装的德军车辆来填补。使用这种拙劣的伪装需要特别谨慎。这个旅在北部地区待命，但该地区的美军防线始终未被突破，因此该旅的行军被推迟，最终被放弃。

然而，第一波行动却取得超出预期的惊人战果。大约40辆吉普车顺利通过美军防线进入后方，并忙于执行制造混乱的任务，其中除了8辆吉普车外，其余均安全返回。落入美军手中的少数几辆吉普车却造成了最大的麻烦——让美军认为还有许多此类破坏小分队在后方游荡。其结果之一是，为了搜寻这些吉普车，引发了严重的交通堵塞，数百名未能让询问者满意的美军士兵被逮捕。布拉德莱本人曾说：

> ……50万美国大兵每次在路上相遇时，都会相互玩起猫捉老鼠的游戏。无论是军衔、证件还是抗议，都不能使通行者在经过每个路口时免于受到盘问。我曾三次被谨慎的美国大兵要求证明身份。第一次，问斯普林菲尔德是不是伊利诺伊州的州府（而盘问我的美国士兵坚持认为是芝加哥）；第二次，问橄榄球中线和阻截攻防线守卫的位置；第三次，要我说出当时一位名叫贝蒂·格拉布尔的金发女星现任配偶的名字。虽然这个问题把我难住了，但哨兵得意之余，还是让我通过了。①

---

① 奥马尔·布拉德莱:《一个士兵的故事》，第467—469页。

对于英军联络官和来访的参谋军官而言，这种情况实在麻烦，因为他们根本不了解这些测试问题的正确答案。

12月19日，一名被俘的德国突击队人员在审讯时透露，一些吉普车小组的任务是刺杀艾森豪威尔和其他高级指挥官。当初他们还不知道实际任务时，这个毫无根据的传言就在训练营地传播开来。现在，谣言传至盟军最高司令部，引发了安保部门的恐慌，盟军当局采取了一种过度的预防措施，其范围一直延伸至后方的巴黎——就这样持续了10天之久。

艾森豪威尔的海军副官布彻海军上校在12月23日的日记中写道：

> 我今日前往凡尔赛，见到了艾克。他成了我们安保人员的"囚犯"，对其行动所受的种种限制深感恼怒，却又无可奈何。他的房子周围部署了各种各样的警卫，一些人手持机关枪，他往来于办公室时，总是有一辆坐着武装警卫的吉普车开道，有时后面还跟着一辆警卫车。①

幸运的是，德军也深陷自食其果的困境，为实现希特勒过于雄心勃勃的目标而过度消耗资源，这使其不堪重负。在策划这场大规模反攻期间，希特勒又开始胡思乱想。

曼陀菲尔对此进行了精辟的总结：②

> 阿登进攻计划完全由希特勒德国最高统帅部制订，并作为一项既定的"元首命令"发送给我们。规定的目标是通过投入两个装甲集团军——迪特里希上将指挥的第6装甲集团军和我指挥的第5装甲集

---

① 哈里·布彻：《我在艾森豪威尔身边的三年》，第727—729页。
② 战后不久，我得以审讯一些德军高级指挥官，并在地图上与他们详细讨论作战行动；在适当的地方，我引用了他们叙述中的精辟段落，并且与其他后来的证据核对。

团军——在西线取得决定性的胜利。第 6 装甲集团军将向西北进攻，在列日和于伊之间渡过默兹河，并在向安特卫普推进时承担主攻任务并拥有主要兵力。我的装甲集团军沿着一条更为曲折的路线前进，在那慕尔和迪南之间渡过默兹河，并向布鲁塞尔推进——以掩护侧翼……整个进攻的目标是，通过切断英军与补给基地之间的交通线，迫使其撤离欧洲大陆。①

希特勒认为，如果重现第二次敦刻尔克撤退，英国将实际上退出此次战争，德军将有喘息的空间，从而阻止苏军在东线制造战事僵局。

该作战计划在 10 月底提交给伦德施泰特和执行该任务的集团军群司令莫德尔元帅。伦德施泰特描述了当时自己的反应：

> 我大吃一惊。希特勒没有咨询过我这个计划实施的可能性。很明显，可用的力量对于这样一个极其雄心勃勃的计划来说太小了。莫德尔和我有同感。事实上，没有士兵相信攻克安特卫普的目标真的可行。但我现在知道，向希特勒抗议是无用的。与莫德尔和曼陀菲尔商议后，我觉得唯一的希望是提出一个更可行的替代方案，让他放弃这个幻想。这是一个有限的进攻方案，目标是掐掉盟军在亚琛周围的突出部。②

但是希特勒拒绝了这个更克制的作战计划，并坚持原来的作战方案。准备工作尽可能隐秘地进行。曼陀菲尔说：

> 我自己的第 5 装甲集团军的所有师都被集结起来，但保持着较长

---

① 利德尔·哈特：《山的那一边》，第 446—447 页。
② 利德尔·哈特：《山的那一边》，第 447 页。

的距离间隔,在特里尔和克雷菲尔德之间——这样间谍和平民就不会察觉到其意图。部队被告知要准备迎接即将到来的盟军对科隆的进攻,只有极少数的参谋军官得知实际计划。①

德国第6装甲集团军在汉诺威和威悉河之间的地区集结,下属各师已经从前线撤出进行休整和重新装备。奇怪的是,塞普·迪特里希直到战事即将爆发时才获悉所分派任务,也未被告知其将要执行的任务计划。大多数师级指挥官只是在执行任务的前几天才收到通知。曼陀菲尔的德国第5装甲集团军花了三个晚上才进入出发线。

此种战略的伪装固然足以帮助奇袭,但极端的内部保密措施也付出了沉重的代价——特别是对第6装甲集团军。指挥官们收到通知的时间过晚,几乎没有时间研究作战问题、侦察地形和进行战前准备。结果,许多作战细节被忽视了,当进攻开始时,遇到了很多麻烦。希特勒在大本营与约德尔详细制订了反击计划,并认为这将极易实现,却未注意到当地的情况或执行者的个人问题。希特勒对参战部队的兵力和资源也同样乐观。

伦德施泰特说:"没有足够的增援部队,也没有充足的弹药供应,尽管装甲师的数量很多,但其坦克战斗力不强——只是纸老虎。"② 最致命的缺陷是汽车燃料短缺问题。曼陀菲尔说:

> 约德尔向我们保证,将有足够的汽油来发挥我们的全部战斗力并推进我们的进攻。这个保证被证明是完全错误的。一部分原因是,德国最高统帅部根据一个师在100公里内行进所需的汽油量进行了精确又刻板的计算。我在苏联的经验告诉我,在战场条件下,实际需要的

---

① 利德尔·哈特:《山的那一边》,第449页。
② 休·科尔博士所写的美国官方战史也可以提供佐证。他指出每个德国装甲师的坦克数量为90辆到100辆——仅相当于美国装甲师的一半。当时,盟军的公报是以师的个数为标准来计算,所以说这是战争史上最强大的坦克集群,实际上未免言过其实。

是这个标准的两倍。约德尔不理解这一点。

考虑到冬季在阿登这样复杂的地区进行战斗可能遇到的其他意想不到的困难，我当面告诉希特勒，应该提供标准油料供应规模的5倍。实际上，当进攻发起时，只提供了标准规模的1.5倍。更糟糕的是，大部分燃料都被储存在很远的后方，由莱茵河东岸的大型卡车纵队运输。一旦雾天结束，盟军空军投入行动，车队的前进必然受到严重干扰。

德军对所有这些潜在的弱点一无所知，却对希特勒及其胜利保证保持着非凡的信任。伦德施泰特说："在进攻开始时，参加进攻的部队士气惊人地高，他们真的相信胜利是可能的——这与知道事实的高级指挥官的心态完全不同。"

在希特勒拒绝了那个"小型"的作战计划后，伦德施泰特退居幕后，留下莫德尔和曼陀菲尔，他们更有机会影响希特勒，为计划中的技术变更而努力争取，而这是希特勒唯一会考虑的。12月12日，在巴特瑙海姆附近的齐根贝格司令部举行的最后一次会议上，伦德施泰特只扮演了名义上的军事领导人的角色，希特勒出席并控制了会议的进程。

至于技术性的变更和战术性的改动，在曼陀菲尔的记载中曾有生动的描述——这与后来从文件和其他来源收集的证据相符。

当我看到希特勒的进攻命令时，我惊讶地发现这些命令甚至规定了进攻的方法和时间。炮兵将在早上7时30分开火，步兵攻击将在上午11时发起。在这几个小时之间，德国空军要轰炸敌方的指挥部和交通设施。装甲师则需等到步兵突破后才能出击。炮兵将部署在整个攻击前线。

在我看来，这从几个方面看都是愚蠢的，所以我立即制订了一套不同的方案，并向莫德尔解释。莫德尔同意了，但讽刺地说："你最好和元首争论一下。"我回答说："好吧，如果你来和我一起，我会这样做。"所以在12月2日，我们两个去柏林见希特勒。

我首先陈述："我们谁都不知道进攻那天的天气会怎样——你确定德国空军能完成任务吗？如何应对盟军的空中优势呢？"我提醒希特勒在孚日山脉的两次战役经验都足以证明装甲师在日间是不可能行动的。然后我继续说："我们所有的炮兵在早上7时30分所做的只是惊醒美军——在我们发起攻击前，对方将有3.5个小时来组织反制措施。"我还指出，德军步兵大部分不像以前那么优秀，几乎无法进行如此深入的突破，尤其是在这样复杂的地区。因为美军的防御由一系列前沿防御哨所组成，其主要抵抗线在后方——这将更难突破。

我建议希特勒进行一些改变。首先是攻击应该在早上5时30分发起，借助夜色的掩护。当然，这将限制炮击的目标数量，但也可以使炮兵能够集中火力在关键目标上——如敌方的炮台、弹药库和指挥部——这些目标已经明确。

其次，我提议从每个步兵师中组建一个突击营，由最专业的军官和士兵组成（我亲自挑选军官）。突击营将于早上5时30分在黑暗中前进，无需任何炮火掩护，并渗透到美军的前沿防御哨所。该营将尽可能避免战斗，直到纵深渗透。

防空部队的探照灯射向云层，向下反射的光线为突击营的前进照亮道路。我不久前看到过这种战术演示，印象深刻，觉得这将是天亮前快速突破的关键。

在向希特勒阐述了我的替代方案后，我总结说，要想成功，就不能以其他方式进攻。我强调："下午4时天就会黑。所以，在上午11时发动攻击后，只有5个小时来实现突破。在这个时间内做到这一点非常困难。如果你采纳我的建议，你将为此获得额外5.5个小时。然后当夜幕降临时，我可以发动坦克攻击。坦克将在夜间前进，穿过我们的步兵防线，到第二天黎明，将能够沿着清理后的道路对主要防御阵地发动攻击。"①

根据曼陀菲尔的说法，希特勒没有任何异议地接受了这些建议，这一点至关重要。似乎希特勒愿意听取少数为自己所信任的将领的建议——曼陀菲尔是一个，莫德尔是另一个——但他对大多数高级将领本能地不信任，他虽然信赖身边的参谋人员，但又深知这些人缺乏实战经验。

然而，这些战术性的变更的确足以增加攻势成功的希望，但由于投入进攻的兵力减少，这种希望被抵消。前线指挥官很快就得到了令人沮丧的消息，由于东线苏军攻击的威胁，原本承诺给予的兵力已经有一部分无法兑现了。

由此产生的结果是，原来预定由德国第25集团军②——现在由布卢门特里特步兵上将指挥——所发动的合围攻势不得不取消，从而使盟军能够从北方调遣预备队。此外，本应负责前进以掩护攻势南翼的德国第7集团军只剩下几个师——其中没有一个是装甲师。

关于德军的作战计划，有几个关键点值得强调，尤其在叙述整个阿登进攻行动时必须牢记。首先是多云天气在德军计划中的重要性。德军领导人清楚地知道，盟军在必要时可以投入5000多架轰炸机参加战斗，而戈林只能承诺为空中支援提供1000架各种不同形式的飞机——希特勒现在对德国空军的承诺持谨慎态度，在向伦德施泰特介绍他的计划时，将这个数字减少到800—900架。事实上，德国空军只有一天兑现了希特勒的估计，而那时，地面战斗已决出胜负。

第二个要点是，在"七二〇事件"之后，没有德军将领能够或愿意断然反对希特勒的计划，无论这些计划多么鲁莽。他们最多能做到的是说服

---

① 利德尔·哈特：《山的那一边》，第451—453页。
② 此处原文误为德国第15集团军。——译者注

希特勒接受技术性和战术性的修改，而在这方面，希特勒只接受自己特别信任的那些将领的建议。

其他的要点包括最初承诺的作战兵力被削减，侧翼集团军的掩护任务被取消；在11月，美军在亚琛周围的攻势牵制了原本用于阿登反攻的德军；由于当时条件不太有利，这次反击从11月推迟到12月；1940年与1944年这两场闪电战，在不利条件方面存在许多差异。

反击效果很大程度上取决于迪特里希党卫队第6装甲集团军的行军进展状况，该军位于最接近默兹河的关键地段。空降部队在此开辟道路是最有价值的，但在防御性地面战斗中基本上已消耗殆尽。在发动攻势前的一星期里，勉强拼凑了1000名伞兵，组成了一个由冯·德尔·海特空军上校指挥的伞兵营。与德国空军总司令部联系后，海特发现机组人员中超过一半没有空降行动经验，而且缺乏必要的装备。

最终分配给伞兵部队的任务不是在装甲部队前进之前夺取一个险要的隘口，而是降落在马尔梅迪—奥伊彭—韦尔维耶交界处的里吉山，并建立一个侧翼拦截阵地，阻滞盟军援兵从北方开抵。但是在进攻的前一天晚上，上级承诺的运输车辆没有到来——这些车辆负责把几个伞兵连队带到机场，空降行动被推迟到第二天晚上，此时地面攻势已经开始。最终，只有三分之一的飞机勉强到达了正确的空投区，由于海特只能够召集到几百人，无法夺取交通枢纽并建立拦截阵地。几天来，只能用小股突击部队袭扰道路上的交通。然而，由于没有迪特里希部队来解救他脱离困境的迹象，海特便试图向东推进与迪特里希会合，但在路上被俘。

迪特里希的右路突击很早就被美军在蒙绍的顽强防御所阻挡，其左路突击达成突破并绕过了马尔梅迪，在18日从出发线推进30英里后，其部队在斯塔沃洛后方的昂布莱沃河上夺取了一个渡口。但德军在这个狭窄隘口中遭到阻拦，随后被美军反击包抄。美军预备队匆忙赶到战场，实力不断增强，德军的后续攻势受挫，第6装甲集团军的进攻行动就这样草草收尾了。

曼陀菲尔前线的进攻取得了一个良好的开端。用他自己的话说：

> 我的突击营像雨滴一样迅速渗透到美军前线。下午4时，坦克部队继续前进，并在"人工月光"的帮助下在黑暗中推进。①

但在穿过奥尔河后，部队必须在克莱沃的克勒夫河上通过另一个狭窄的隘口。这些障碍叠加冬季环境，致使行军延误。

> 每当我军坦克大量到达时，美军抵抗的决心往往会被瓦解，但在这个早期阶段，装甲部队行动的困难抵消了美军薄弱抵抗的优势。②

18日，德军接近巴斯托涅——在推进近30英里后，19日准备反击冲向关键道路中心的企图却遭到阻截。③

艾森豪威尔的两个预备师终于得到动用，并于18日被紧急调往前线。但那时预备师在兰斯，距离前线100英里。更糟的是，本拟用于增援巴斯托涅的美国第101空降师因参谋部的失误被错误地派往北边。不过，多亏交通堵塞引起一名警察中士的询问，该师得以纠正方向，踏上了向南的道路，并在19日的关键时刻抵达巴斯托涅。第101空降师的及时抵达，巩固了岌岌可危的防线。

接下来的两天，德军的连续进攻都被挫败了。于是，曼陀菲尔决定绕过巴斯托涅，朝默兹河推进。但此时盟军的预备队从四面八方汇聚而来，

---

① 利德尔·哈特：《山的那一边》，第459页。
② 利德尔·哈特：《山的那一边》，第460页。
③ 并非完全被守军阻止——因为一名先头部队指挥官在后来的讨论中向我坦白，在这个关键时刻，他与一名"金发碧眼"的年轻美国护士调情，他因为要和她在一起欢聚，所以在一个村落中逗留了很久而没有加速前进。决定战果的因素往往都是军事教科书上所不曾教授过的！

兵力远超德军投入进攻的规模。巴顿的两个军向北转向去解救巴斯托涅，并沿通往巴斯托涅的道路实施反击。虽然德军暂时抵挡住了对方的攻击，但不断抽调部队致使曼陀菲尔无法继续前进。

机会已逝。曼陀菲尔向默兹河的进攻在盟军最高统帅部引发警报，但德军这场行动为时已晚，无法构成真正严重的威胁。按计划，巴斯托涅本该次日被占领，可实际上曼陀菲尔的部队直到第三天才抵达，第六天才绕过这里。12月24日，德军一支"小股先遣队"推进到迪南附近，距离默兹河不到4英里，但这已是前进的极限，且这支队伍很快就被切断。

泥泞和燃料短缺是限制德军前进的重要阻碍，因燃料短缺，仅有一半炮兵能投入行动。虽然开始几天的雾天使盟军空军不能升空，有利于德军的渗透，但23日这层掩护消散了，德国空军那一点残余兵力无法保护地面部队免受可怕打击，因时间延误使得损失更大。希特勒也为自己选择将主要任务交给北翼的党卫队第6装甲集团军（该军团主要由他最喜爱的武装党卫队组建）而付出代价，全然不顾那里地形更狭窄、盟军部队更密集且预备队也靠得更近的事实。

在第一个星期，德军的进攻远未达到预期效果，第二个星期开始时的加速推进也只是假象，因为这仅相当于在主要道路中心之间的空隙内进行较深的渗透，这些据点此时已被美军牢牢掌控。

在描述完这次作战的大致轮廓后，有必要详细探讨战役关键阶段不同战区的作战行动。

迪特里希的党卫队第6装甲集团军承担主攻任务，但该集团军的战线正面相对狭窄，他们的作战计划如下：3个步兵师在乌登布拉特两侧突破一个缺口，然后转向西北，形成一个面向北方的坚固防线（另外2个步兵师作为增援），集团军辖内的4个装甲师，两个两个地通过缺口，直扑重要城市和交通枢纽列日。这些师完全由武装党卫队组成，包括党卫队第1、第12、第2和第9装甲师，这些师组成党卫队第1装甲军和第2装甲军，拥有大约500辆坦克，包括90辆"虎"式坦克。值得一提的是，尽管迪特里希本人希望用2个装甲师实施突破，但被莫德尔否决了——莫德尔认为在这样的任务中，该地区的作战地形对坦克来说过于不利。

这个地区由美国第99步兵师防守，该师是杰罗少将的美国第5军最南端的部队，防线约有20英里宽——与南面米德尔顿少将的美国第8军各师的防区宽度相当。这对任何一个师而言任务量都很大——由此可以表明盟军当局根本没有考虑过德军的进攻。

轰炸于12月16日早上5时30分开始，但该地区的德军步兵直到大约早上7时才开始推进。独立的哨所一个接一个地被攻克，但许多哨所进行了激烈抵抗，给德军造成了重大伤亡，并延缓了其装甲师的推进。尽管德军在接下来的两天得以向西推进，但美军对关键的贝格—比特亨巴赫—埃尔森博恩地区的顽强防御，使得德军无法按照其原计划占领北面防线。该地区仍在美军手中，以备将来之需。日复一日，守军抵御着德军的猛烈攻击。这是杰罗少将的美国第5军的伟大成就——该军此前一直在亚琛地区参加美军的进攻行动，在紧急情况下被调回并向南支援。（这次挫败对武装党卫军部队的声誉造成了极大损害，并导致希特勒在20日决定将主攻任务转交给曼陀菲尔的第5装甲集团军。）

在曼陀菲尔集团军前线，右翼——最接近迪特里希的战线——取得了快速突破。这个地区在施内埃菲尔，宽度刚刚超过20英里，由新抵达的美国第106师和第14骑兵团防守，扼守了通往重要交通枢纽圣维特的道路。这里的显著特点是，德军缺乏像北面那样具有压倒性优势的兵力——其主攻部队仅为卢赫特第66军的两个步兵师和一个坦克旅。但这股德军最终于12月17日取得了成功，他们包围了美国第106师的两个团，并迫使至少7000人投降，也可能多达8000—9000人。曼陀菲尔采用的新战术大获成功。正是在曼陀菲尔的战线上，突击分队在炮击开始前就已进入美军阵地。根据美国官方历史评判，施内埃菲尔战役是"1944—1945年欧洲战区行动中美军遭受的最惨重的挫败"。

曼陀菲尔战线南端，主要进攻由右翼克鲁格装甲兵上将的德国第58装甲军和左翼吕特维茨装甲兵上将的德国第47装甲军实施。第58装甲军在渡过奥尔河后，朝着乌法利兹推进，后续目标是在阿登和那慕尔之间夺取默兹河的桥头堡。第47装甲军在渡过奥尔河后，要占领关键的交通枢纽巴斯托涅，夺取那慕尔以南的默兹河渡口。

美国第28师的前哨部队虽然使德军的渡河行动产生了一些延迟，但无法阻止他们前进。到了第二天（17日）晚上，德军即已接近乌法利兹和巴斯托涅，以及这两个枢纽之间的横向道路——这正是德军需要的，以便充分部署兵力并发展其向西的扫荡。

在最南端，布兰登贝格尔装甲兵上将的德国第7集团军由4个师（3个步兵师和1个伞兵师）组成，任务是穿过讷沙托向梅济耶尔进攻以掩护曼陀菲尔的推进。所有师都设法渡过了奥尔河，内翼的第5伞兵师在三天内向前推进到了西边十几英里的维尔茨。但美国第28师的右翼只是缓慢地后撤，而米德尔顿的美国第8军的另外两个师（第9装甲师和第4步兵师）在德军向前推进了3—4英里后，阻止了他们的进攻。到19日，很明显，德军进攻战线的南"肩"已被美军牢牢守住。同样清楚的是，巴顿的美国第3集团军将从萨尔向北疾驰，很快就会赶来支援。当天，德国第80军转入防守。

曼陀菲尔曾请求给他的友邻德国第7集团军配备一个机械化师，以使它能够与自己的左翼保持同步，但被希特勒本人拒绝了。这个拒绝可能具有决定性的影响。

迪特里希的北部战线上，装甲部队的推进直到17日才开始，当时精锐的德国党卫队第1装甲师向前推进，试图从南部迂回列日，此时其道路已被扫清。该师的先头部队号称"派普战斗群"——拥有该师100辆坦克中的大部分——在向于伊夺取默兹河渡口的推进中几乎未受到阻挠。在行进途中，他们因用机枪屠杀了几批手无寸铁的美国战俘和比利时平民而臭名昭著。(派普在战后审判中声称，这是按照希特勒的命令行事，即推进应该"以恐怖浪潮为先"。然而，派普的部队是整个进攻中唯一以这种残酷方式行事的部队。)派普的战斗群在斯塔沃洛郊区过夜，离默兹河还有42英里——他们没有占领那里的重要桥梁及北边的大型燃料库（那里有超过250万加仑的燃料），实在是毫无理由。此时，这两处都只有很少的守卫官兵。美国第1集团军司令部在斯帕，这个内陆的温泉胜地，也在附近。美国增援部队在一夜之间到达该地区，第二天燃烧的油料构成一道障碍，阻挡住派普，然后在3英里之外的特鲁瓦蓬，桥梁在他面前被炸毁。派普随后试图绕道而下侧谷，但在仅6英里之外的斯图蒙受到阻拦。与此同时，派普获悉自己的推进是孤立的，并且远远领先于德国第6装甲集团军的其他部队。

在南部，曼陀菲尔前线，德军对圣维特和巴斯托涅这两个交通枢纽施加的压力越来越大——这两地的得失对进攻的前景产生决定性影响。德军于12月17日对圣维特发起第一次攻击（距离开始进攻时的战线约12英里），但只投入了小股兵力。第二天，增援的美国第7装甲师到达战场。18日，随着德军攻势的加强，外围村庄一个接一个地沦陷，这种压力阻止了美军对第106师两个被困团的救援。此外，德军几个装甲纵队从北面和南面包围圣维特，美军不得不击退他们，而德军一个装甲旅正在赶来加强攻击。

到18日，吕特维茨的第47装甲军带着两个装甲师（第2装甲师和装甲教导师）及第26国民掷弹兵师逼近巴斯托涅。但是增援部队（来自美国第9装甲师的一个战斗司令部和工兵营）已经到达协助防御。双方激烈争夺每一个村庄，德军方面的运输混乱，导致他们的进攻减缓，使得艾森豪威尔的战略预备队美国第101空降师得以在19日的关键时刻到达巴斯托涅。(该师暂由安东尼·麦考利夫①准将临时指挥,因其师长马克斯韦尔·泰勒少将正在美国休假。)在巴斯托涅的积极防御中,美军工兵表现出色,使德军无法冲进城镇,德军装甲纵队从两侧绕过,他们已在城镇北部撕开一个缺口,只留下第26国民掷弹兵师和一个装甲战斗群来扫清这个交通枢纽。因此,巴斯托涅于12月20日被切断。

直到17日早上,艾森豪威尔和他的主要指挥官才开始接受德军正在进行一场全面进攻的事实——直到19日他们才对此确信不疑。布拉德莱命令第10装甲师向北移动,并批准了威廉·辛普森②中将(美国第9集团军司令)派遣第7装甲师向南移动,跟随第30师行动。因此,超过6万人的新锐部队正在向受威胁地区移动,在接下来的8天里,还有18万多人被调往那里。

美国第30师(师长利兰·霍布斯少将)最初在亚琛附近休整,先是奉命开往奥伊彭,接着转移到马尔梅迪,然后再向西移动以阻止派普的装甲战斗群。在轰炸机的帮助下,美军重新夺回斯塔沃洛的一部分,切断了派普与德军第6装甲集团军其他部队的联系,派普在斯图蒙遭遇了越来越强大的抵抗。到19日,派普的军队已极度缺乏燃料,而美国第82空降师和装甲部队的增援则使局势对派普不利。与此同时,两个党卫队装甲军大部分仍然被困在后方很远的地方。那里没有足够的道路供他们前进,大批坦克和运输车辆根本无法展开。(派普的战斗群被包围且耗尽了运输燃料,最终在24日放弃了坦克和其他车辆,步行向后逃窜。)

在更南部,曼陀菲尔的前线,美国第3装甲师和第7装甲师部队已经前去阻挡德军从圣维特地区向西的推进。这个城镇遭到了来自曼陀菲尔指挥的猛烈攻击,守军伤亡惨重,很快就被迫撤离。幸运的是,一场大规模

---

① 安东尼·麦考利夫(1898—1975),1955年至1956年任美国欧洲陆军司令部总司令,美国上将。——译者注

② 威廉·辛普森(1888—1980),美国第9集团军司令,美国上将。——译者注

的交通堵塞阻碍了德国第66军的快速行军，这使美国第106师和第7装甲师的残余部队能够趁机撤往更安全的位置。这有助于阻止德军在这个地区迅速向默兹河推进，继而进一步扩大缺口。

当美军前线被撕开时，艾森豪威尔在12月20日授权蒙哥马利指挥缺口北侧的所有部队，包括美国第1集团军和美国第9集团军，蒙哥马利已经调来了自己的预备队，即英国第30军（下辖4个师），来守卫默兹河的桥梁。

蒙哥马利的自信姿态自然是好事，但如果他没有摆出这种姿态，效果会更好。就像他的一名部下所说，"蒙哥马利大步走进霍奇斯的司令部，像基督来清扫圣殿一样"。在后来的一次新闻发布会上，蒙哥马利引发了广泛的反感，因为他的发言给人一个印象——正是因为他个人的"调度"，才使美军免于崩溃。蒙哥马利还说"动用了英国集团军群的全部可用力量"，并且"最终雷霆出击"。这一说法引起了更大的不快，因为在南部侧翼，巴顿自12月22日即展开反击，并于26日解围巴斯托涅，而蒙哥马利坚持认为必须首先"整顿"战线，直到1月3日才开始从北方进行反击，在此之前，他的英军预备队一直没有投入战斗。

在12月20日盟军防线重组的当天，缺口北侧由J.劳顿·科林斯少将负责，他的美国第7军此前一直参与美军向鲁尔河和莱茵河的进攻。蒙哥马利明确表示，他希望科林斯——绰号"闪电乔"——而不是其他人来承担这个关键任务。科林斯被赋予了新的任务，集中第2装甲师和第3装甲师，以及第75步兵师和第84步兵师向南对曼陀菲尔的先头部队发起反击。

巴斯托涅的局势一直很危急。德军的反复攻击迫使守军不断后退，但他们从未被打垮。12月22日，吕特维茨派了一个"白旗"小组要求被围困的守军体面投降，但只得到了麦考利夫语义含糊的回答"Nuts！"——这句话从此成为传奇。这个战区的美军指挥官，在试图向德国人解释时，只能将其表达为"见鬼去吧！"

第二天，天气好转，这使得盟军第一次为陷入困境的守军空投补给成为可能，并且盟军对德军阵地进行了多次空袭。与此同时，巴顿的部队正在从南方向北推进。即便如此，局势仍然不稳定，因为在24日平安夜，美军防御圈缩小到了16英里。但是，吕特维茨的部队也几乎没有得到增援或补给，同时越来越受到盟军空军的打击。圣诞节那天，德军全力以赴，但新抵达的坦克部队遭受了巨大损失，没能突破美军的防线。此外，巴顿第3集团军的第4装甲师（师长休·加菲少将）从南面奋力前进，并于26日下午4时45分与守军会合，解除了巴斯托涅的包围。

德国第7集团军负责掩护曼陀菲尔推进中的左翼，起初取得了一些进展，但其自身弱点暴露在美军从南面发起的反击之下。到19日，巴顿被告知放弃对萨尔的进攻，转而集中两个军的兵力消灭曼陀菲尔制造的突出部。到24日，巴顿第12军击退德国第7集团军，并消除德军试图创建的南部"肩膀"阵地。

在更西部，美国第3军（下辖美国第4装甲师及第26步兵师和第80步兵师）全力投入解围巴斯托涅的行动。著名的第4装甲师全力遵照巴顿于22日下达的"全速突击"的命令展开行动。然而，地形对防御方有利，德国第5伞兵师进行了顽强作战，他们徒步战斗，美军必须将其从每一个村庄和树林中驱赶出去。不过，经侦察发现，讷沙托—巴斯托涅道路上的抵抗力量较弱，于是在25日，美军的攻击方向转向了东北而非原定的直线路径。次日，第4装甲师仅剩的"谢尔曼"坦克成功突破了巴斯托涅的南部防线。

与此同时，曼陀菲尔的装甲师绕过巴斯托涅，持续朝着那慕尔以南的默兹河挺进。为了掩护河上的渡口并等待美军新锐部队抵达，霍罗克斯中将的英国第30军已移动至河流的东岸和西岸，分布在吉维特和迪南周边，而美军工兵则准备炸毁桥梁。

此时希特勒将关注点收缩，聚焦于默兹河，从德国最高统帅部预备队中调出第9装甲师和第15装甲掷弹兵师，用以协助曼陀菲尔清理通往迪南的马尔什—塞勒地区障碍。因此，双方原本都计划在圣诞节当天发动进攻，却都因忙于交战而未能实施。不过，科林斯的部队正逐渐取得进展。在圣诞节清晨，科林斯的部队（在英国第 29 装甲旅的协助下）重新夺回了塞勒村，此地距离默兹河与迪南不到 5 英里——这是德军此次推进所达的巅峰状态。随后，美军步兵清理了众多孤立的敌军据点，或者借助空中力量将其歼灭。从 12 月 23 日起，德军装甲部队遭受了猛烈空袭，到 26 日，德军已被禁止在昼间机动。德国第 9 装甲师于圣诞节夜晚姗姗来迟，未能突破美国第 2 装甲师的坚固防线。至 26 日，德军开始后撤——并且承认默兹河是无法企及之地。

迪特里希的第 6 装甲集团军接到指令，要为支援曼陀菲尔的推进展开新的行动，并向西南方向与之会合。然而，尽管迪特里希将装甲师投入作战，但如今在美军防御已得到加强并且随时有战斗轰炸机攻击支援的情况下，几乎毫无进展。党卫队第 2 装甲师最初的突破虽引发了警报和混乱，但在争夺曼海村（特鲁瓦蓬西南 12 英里）的漫长战斗中遭受了巨大损失。总体而言，第 6 装甲集团军的进攻只是徒然损耗兵力却一无所获。

早在盟军发动主要反攻之前，德军就已经放弃了其在北部的推进，而其在南部侧翼的最后努力也以失败告终。这一努力是在希特勒决定将突击重心转移至南翼并支援第 5 装甲集团军的突击之后发生的。但是，机会已然消逝。曼陀菲尔痛心地表示："直到 26 日，其余的预备队才交给我，可那时的预备队，因缺乏燃料，已无法行军。在长达 100 英里的范围内动弹不得，而此时正是我最需反击的时候。"① 这种情况极具讽刺意味，在 19 日，德军已经到达了距离斯塔沃洛附近的大型燃料库不到 0.25 英里之处，那里存有大约 250 万加仑的燃料——比德军实际缴获的最大燃料库多 100 倍。

---

① 利德尔·哈特：《山的那一边》，第 463 页。

我们几乎还没开始新的推进，盟军的反攻就开始了。我打电话给约德尔，请他转告元首，我打算撤回我在突出部尖端的先头部队……但希特勒禁止后撤。所以，我们未能及时撤退，而是在盟军的攻击压力下一点一点地被击退，遭受了不必要的损失。由于希特勒的"禁止撤退"政策，我们在后期的损失比早期要惨重得多。这意味着走向破产，因为我们无法承受这样的损失。①

伦德施泰特赞同这一判断："我本想在早期阶段就停止进攻，当时很明显无法达成既定目标，但希特勒却愤怒地坚持要继续进攻。这简直就是第二个斯大林格勒。"②

盟军在阿登战役伊始，由于忽视了侧翼防御而差点遭遇大难。但最终，希特勒将"进攻是最好的防御"这一军事信念推向了顶点，事实证明这是"最糟的防御"——它彻底毁掉了德军顽强抵抗的机会。

---

① 利德尔·哈特：《山的那一边》，第464页。
② 利德尔·哈特：《山的那一边》，第464页。

第二次世界大战战史

History of the Second World War

第八编　结局，1945

PART Ⅷ FINALE, 1945

第 36 章　从维斯瓦河攻往奥得河

斯大林已经通知西方盟军，他将于 1 月中旬从维斯瓦河防线发动新的攻势，以期与盟军对莱茵河防线的进攻相配合——不过由于德军阿登反攻造成的混乱，这场进攻被迫推迟了。西方高层对苏军的进攻并没有抱太大的期望。苏军对天气条件的顾虑、持续隐瞒有关苏军实力的准确情况，以及自 7 月底抵达维斯瓦河以来的长期停滞，这一切都不免使西方重新产生了低估苏军实力的倾向。

12 月底之前，在令人绝望的战争后期阶段，出任德国陆军总参谋长的古德里安收到了骇人的情报。陆军情报部东线外军处负责人格伦上校报告称，苏军在波罗的海至喀尔巴阡山脉之间，已部署 225 个步兵师和 22 个装甲军，整装待发。

但是，当古德里安将这份有关苏军大规模备战的不祥报告呈报希特勒时，希特勒拒绝相信，还怒斥道："这是自成吉思汗以来最大的骗局！谁编造了这些垃圾情报？"希特勒更愿意听信希姆莱[①]和党卫军情报部门的报告。希特勒拒绝采纳停止阿登反攻并将部队调往东线的建议，理由是保持他"现在已经重新获得"的西线主动权至关重要。同时，他还拒绝了古德里安再次提出的要求，即经海路撤离目前被孤立在波罗的海的 26 个师

[①] 海因里希·希姆莱（1900—1945），德国纳粹党党卫队首脑，德国维斯瓦集团军群司令。因未经授权与西方盟国进行谈判的尝试遭到西方盟国的拒绝并被公之于众，1945 年 4 月，希特勒在其政治遗嘱中剥夺了他的所有职务和头衔，并对他发出了逮捕令。德国战败后被捕，随即自杀。——译者注

团,以便加强德国各门户的防御。

古德里安回到自己的总参谋部后,遭到了最严重的打击。他发现,希特勒趁他外出之时,命令波兰的2个装甲师南下匈牙利,试图解救布达佩斯之围。这样一来,古德里安只剩下12个师的机动预备队,却要支援50个薄弱的步兵师防守700英里长的主防线。

德军向布达佩斯发动反攻的消息加剧了西方对苏军实力的怀疑。而盟军部队在近期的反攻中遭遇的惨痛打击,则进一步加深了人们对这场反击战潜在威胁的恐慌。几天来,德军对陷入重围的布达佩斯发起的进攻进展不妙。他们从该城以西40英里的科马诺附近出发,突破了其与被围守军所在方向一半以上的距离。但随后,在面对强硬抵抗的情况下,德军部队的持续进攻招致了一场代价高昂的失败。

间接代价则更为惨重。这个新"刺猬"的抵抗力量助长了希特勒长时间坚守的典型倾向。结果,当部队被包围后,他为了避免第二次"斯大林格勒战役"而采取进一步行动,却使他陷入了更大的麻烦。尽管原计划用于应对苏军冬季攻势的两个宝贵的装甲师在新年前夕被调走,组成解救布达佩斯的突击先锋,然而当苏军即将对维斯瓦河防线发起总攻时,希特勒却严禁德军进行任何防御性撤退。这条被削弱的防线不得不承受苏军的全面冲击,而不是通过及时后撤来缓解冲击。不惜一切代价坚守阵地,这种固守政策的心理优势又一次被其战略层面的劣势所抵消,最终导致其破产。

苏联最高统帅部现在已经做好了充分准备,打算利用德国处境中的根本弱点。他们充分认识到保持持续攻势的重要性,也深知交通线过度延伸的障碍作用,因此他们一直没有采取行动,直到新战线后方的铁路修复,并将欧洲标准轨距改为苏制宽轨轨距。铁路终点站堆积了充足的补给物资。主要目标是夺取上西里西亚,这是德国唯一一个保持完整且未受盟军轰炸的重要工业区。要实现这一目标,就需要从波兰南部维斯瓦河上的巴拉努夫桥头堡前进100多英里。但是,斯大林和他的参谋长华西列夫斯基在他们制订的宏伟计划中有着更广泛、更深远的目标。他们将目光投向奥得河，甚至更远的柏林——距离他们在华沙附近的阵地将近300英里。通过扩大进攻范围，他们可以充分发挥其机动优势。比起近5∶1的兵力优势，更重要的是他们大为增强的机动能力。越来越多的美国卡车使苏军能够将更大比例的步兵旅机械化，再加上他们自己坦克产量的激增，可执行突破任务的装甲军和机动部队的规模不断增长。与此同时，"斯大林坦克"数量的增加更增强了他们的攻击力。这些庞然大物配备了122毫米的火炮，而德国的"虎"式坦克却只装备了88毫米的火炮。其装甲厚度也超过了"虎"式坦克，但不及"虎王"坦克。

在新的战役开始之前，苏联各方面军进行了重组，并任命三位杰出的进攻型将领指挥主攻。科涅夫元帅仍负责指挥波兰南部的乌克兰第1方面军，朱可夫元帅则从罗科索夫斯基元帅手中接管了中部战区的白俄罗斯第1方面军，罗科索夫斯基元帅则被调去指挥驻守华沙北部纳雷夫河的白俄罗斯第2方面军。

1945年1月12日上午10时，科涅夫的部队从纵深约30英里的巴拉努夫桥头堡发动了进攻。科涅夫投入了10个集团军（包括2个坦克集团军），共约70个师，还获得了2个空军集团军的支援。

进攻伊始，由于战场上空弥漫着浓雾，空军无法升空，因此进攻速度受阻。但雾气帮助掩护了进攻部队，大量装备精良的炮兵逐步粉碎了敌军的防御，到第三天，进攻部队就已突破了平丘夫——距离进攻起始线20英里——并在一条宽阔的战线上越过尼达河。至此，战役进入扩大战果阶段。苏军装甲部队从缺口涌入，像洪流一般遍布波兰平原。此时，战线的横向扩展比纵深突破更具战略意义。凯尔采于15日被一支纵队攻占，这支纵队正绕过维萨古拉山向西北方向扫荡，威胁到直面朱可夫防线的德军后方。

1月14日，朱可夫从马格努谢夫和普瓦维附近的桥头堡发动了进攻。他的右翼向北迂回攻往华沙后方，而他的左翼于16日占领了拉多姆。当天，科涅夫的先头部队渡过皮利察河——距离西里西亚边境仅30英里。与此同时，罗科索夫斯基的部队也在14日从纳雷夫河上的两个桥头堡发起进攻，并突破了掩护东普鲁士南部入口的防线。突破口宽达200英里，近200个师（包括预备队在内）的部队如洪流般向西涌去。

1月17日，朱可夫的部队从两翼合围攻陷了华沙，他的装甲先头部队此时已向西深入到罗兹。科涅夫的先头部队占领了西里西亚边境附近的琴斯托霍瓦，并进一步向南越过了克拉科夫的侧翼。

1月19日，科涅夫的右翼到达西里西亚边境，而他的左翼通过迂回攻击占领了克拉科夫。朱可夫的部队占领了罗兹，罗科索夫斯基的部队也逼近东普鲁士的南部门户姆瓦瓦。切尔尼亚霍夫斯基和彼得罗夫的部队在两个侧翼同时取得了进展。因此，在第一个星期结束时，苏军这场攻势已经深入了100英里，其正面扩展到近400英里。

为了掩护西里西亚的进攻，7个德军师从斯洛伐克前线迅速北调增援。指挥该处的海因里希上将在暴风雨来临之前曾建议，可以腾出部分兵力增援维斯瓦河防线，但这种重新分配兵力的提议既违背了希特勒"每个人必须原地坚守"的原则，也不符合他分区指导战事的习惯。在斯洛伐克战线的兵力几乎被抽调一空之后，那段防线还维持了若干星期——这表明其原有的兵力已经超过了实际需求。但此时，在喀尔巴阡山北侧新增7个师的作用已远不如苏军展开攻势前增派的2个师。因为战线的缺口已经扩大到无法填补。

波兰西部的大部分地区都是开阔的，这给进攻者带来了天然的优势，如果进攻者拥有兵力或机动性优势，就能充分利用这种广阔的空间。德军在1939年就利用了这一点。现在，处于防守状态的德军既缺乏兵力，也缺乏机动性。作为机械化战争的倡导者，古德里安深知僵化的防御无济于事，他认为阻止突破的唯一机会在于装甲预备队的反击。但是，他现在被迫留守维斯瓦河防线，眼睁睁地看着自己稀缺的装甲力量在苏军发动进攻前被调往布达佩斯。他将剩余兵力投入凯尔采附近，这才为解救被包围在维斯瓦河湾的部队赢得了时间。因此，在进攻的第一个星期，苏军仅俘虏了2.5万人，对于如此巨大的突破来说，这个数字小得惊人。然而，随着德军部队日益缺乏用于快速后撤的机动工具，第二个星期德军被俘人数增加了两倍多，达到8.6万人。苏军机动能力的不断增强同样反映在他们持续的推进中。

德国境内各城镇居民仓促撤离，这表明苏军推进的速度打乱了德军所有的计划，并将德军赶出了他们企图扼守的中间阵地。

1月20日，科涅夫的部队突破了西里西亚边境，在德国本土站稳了脚跟。更具威胁性的是，罗科索夫斯基的部队越过东普鲁士南部边境，抵达坦能堡这片具有历史意义的战场。这次，苏军没有重演1914年的溃败。第二天，他的先头部队到达奥尔什丁枢纽，切断了东普鲁士的主要铁路干线，而切尔尼亚霍夫斯基从东部推进，占领了因斯特堡。罗科索夫斯基乘胜继续北进，于26日到达埃尔宾附近的但泽湾，将整个东普鲁士的德军完全孤立。这些德军撤退到柯尼斯堡，随即陷入重围。

四天前，科涅夫沿一条40英里宽的战线，到达了位于上西里西亚工业区以北的奥得河。攻势发起两个星期后，他的右翼已在布雷斯劳以南60英里战线上的多个地点渡过奥得河上游——距离其起始战线已有180英里。其他纵队从北面包围了西里西亚首府。在这支先头部队的后方，其他部队向南进发，占领了格利维采枢纽，并孤立了上西里西亚工业区。整个地区纵横交错着战壕、铁丝网和防坦克壕，还布满了碉堡，但德军已无足够兵力驻守这一潜在要塞。那些可用或即将到达的部队都因难民潮的阻碍而无法行动。道路上挤满了被毁坏的车辆和废弃的物品。苏军利用这种混乱局面，在前线受阻时，得以从后方渗透。德国的空军报告生动地描述了苏军的这场推进：就像一只巨大的章鱼，在西里西亚城镇之间伸出长长的触手。他们说看到一队队卡车满载着补给和增援部队，似乎无穷无尽，一直向东延伸到很远的地方。

朱可夫在中部战区发起的全面进攻，规模更为惊人，前景也更为致命。他通过一场斜向机动,将装甲部队的主力转移到右翼。他们沿着维斯瓦河和瓦尔塔河之间的走廊推进,趁德军尚未派兵驻守之机,利用这个意外的转向,在走廊最窄的部分突破了格涅兹诺东面的湖泊地带。他们的进攻越过了维斯瓦河畔著名的托伦要塞,并于23日攻入比得哥什(布龙贝格)。其他装甲纵队正在逼近更大的交通枢纽波兹南。在这里,苏军遭遇了更顽强的抵抗。他们绕过要塞后,继续向西和西北方向前进。到这一星期结束时,他们已经到达勃兰登堡和波美拉尼亚边境——距离华沙220英里,距离柏林仅100英里。与此同时,朱可夫的左翼部队在渡过瓦尔塔河并占领卡利什后,其战线已经与科涅夫的右翼部队齐平。

第三个星期伊始,科涅夫的左翼占领了卡托维采和上西里西亚的其他大型工业城市,而他的右翼则在布雷斯劳西北40英里处的施泰瑙建立了一个新的桥头堡。朱可夫的先头部队于30日越过勃兰登堡和波美拉尼亚边境,随后击溃了德军在冰冻的奥得河沿岸的抵抗。31日,兰茨贝格被占领,朱可夫的坦克先头部队越过该地,到达科斯琴附近的奥得河下游——距柏林郊区仅40英里。此时,苏军与西线盟军的前沿阵地之间只有380英里的距离。

但过度扩张的规律最终还是帮助了德军,它一方面减轻了苏军在奥得河上的压力,另一方面增强了德国最高统帅部为守住这条防线而拼凑起来的正规军和人民突击队混编部队的抵抗力。波兹南的顽强防守阻断了苏军向其先头部队运送补给和增援的路线。2月第一个星期的解冻把道路变成了一片沼泽,阻碍了苏军的行动,同时,奥得河冰面消融也发挥了其天然屏障的作用。尽管朱可夫的部队在2月初已经沿一条宽阔的战线逼近奥得河,并在科斯琴和奥得河畔的法兰克福附近获得了几个渡口,但他们没有足够的兵力来扩大战果,随后被困在浅近的桥头堡内。

科涅夫此时试图发展一种侧翼优势,以迂回方式向柏林推进。他的部队在布雷斯劳以北建立了桥头堡,于2月9日向西突破,随后沿奥得河左岸向西北方向大举进攻。13日,他们到达距柏林80英里的松讷费尔德

（同一天，布达佩斯最终沦陷，共俘虏了11万人）。两天后，他们又推进了20英里，到达了尼斯河与奥得河交汇处附近，从而与朱可夫的先头部队处于同一战线。

但是，德军的防御也再次受益于退守奥得河下游和尼斯河形成的笔直短促的防线。在这条从波罗的海到波希米亚山脉边界不足200英里的防线上，他们的正面战线相较之前大幅缩短。防御空间的大幅缩减在很大程度上弥补了兵力的损失，使德军能够恢复兵力与空间更趋合理的配置比例，这是自战局逆转以来首次出现的情况。在苏军战线后方，布雷斯劳仍在坚守，牵制着科涅夫的后方推进，正如23日失守的波兹南给朱可夫造成的阻碍一样。

科涅夫在尼斯河受到阻拦，而朱可夫更直接的推进也在奥得河下游受阻。到2月的第三个星期，德军从西部和内陆调来增援部队，使东线趋于稳定。苏军被阻滞在该防线上，直到莱茵河防线的溃败才最终解决了这个问题。

然而，正是苏军威胁所引发的危机，最终让德军作出了致命决定，即为了阻止苏军的进攻，必须牺牲莱茵河的防御以换取守卫奥得河的需求。大量德军师从西线调往东线，但比这更重要的是，大部分从各处抽调的、本可以填补西线缺口的新兵被调往东线。这让英美盟军轻而易举地抵达并渡过莱茵河。

第37章　希特勒对意大利控制的崩溃

从地图上看，德军的冬季阵地与一年前非常相似，尽管向北退却了200英里，却依然强大无比。不过，还是有许多对盟军有利的因素。到1944年底，盟军已经突破了哥特防线，前方再无如此天然险峻的防御工事，而且盟军在1945年的春季攻势中占据了更有利的进攻出发阵地。此外，还有其他重要因素使盟军比以往更加强大。

3月份春季攻势前夕，盟军已集结了17个师，并且新增了6个意大利战斗群。德军则有23个师，还有4个所谓的意大利师，这是墨索里尼在被德军救出后设法在意大利北部组建的（这些师实际上比战斗群大不了多少）。但是，任何这种以师的数量为标准的比较都会严重扭曲双方实力对比。盟军的战斗力还包括6个独立装甲旅和4个独立步兵旅——相当于3—4个师。

人数统计更为客观。盟军的第5集团军和第8集团军总计约53.6万人，此外还有意大利部队7万人。德军总计49.1万人，外加意军10.8万人，但德军中有4.5万人是警察或防空人员。战斗部队和武器装备的数量能更准确反映实情。例如，第8集团军在4月发起进攻时，作战人员比例约为2∶1（5.7万人对2.9万人），火炮数量比为2∶1（1220门对665门），装甲车辆比例更达3∶1（1320辆对400辆）。

此外，盟军还得到了约6万名游击队员的支援，他们在德军后方制造混乱，迫使德军从前线抽调兵力遏制其活动。

更重要的是，盟军现在已掌握绝对的制空权。他们的战略轰炸行动造成德军部队瘫痪，即使希特勒下令，德军也很难将意大利前线的部队调往其他战区。与此同时，德军机械化和摩托化部队的燃料短缺问题日益严重，导致他们既不能像以前那样迅速填补防线缺口，也不能在作战中实施阻滞作战。尽管存在后撤的可能，希特勒却愈发顽固地拒绝批准任何战略撤退行动。

自秋季攻势结束以来的三个月休整期内，盟军部队的士气和面貌都发生了巨大的变化。他们看到大量新式武器装备运抵——两栖坦克、"袋鼠"装甲运兵车、"扇尾"（履带式登陆车）、火力更强大的"谢尔曼"坦克和"丘吉尔"坦克、喷火坦克和"坦克推土机"等。此外，还有很多新型架桥装备和大量的弹药储备。

在德军方面，凯塞林空军元帅于1月伤愈复职，但在3月，他被调往西线接替伦德施泰特元帅出任西线德军总司令。菲廷霍夫上将正式接替凯塞林担任驻意大利的德国C集团军群总司令。赫尔装甲兵上将任德国第10集团军司令，该集团军控制着东线，包括第1伞兵军（包括5个师）和第76装甲军（包括4个师）。森格尔装甲兵上将任德国第14集团军司令，控制着西线，这段防线更宽，因为包括博洛尼亚地区，其辖内德国第51山地军（包括4个师）扼守着通往热那亚和地中海的防线，而德国第14装甲军（包括3个师）负责掩护博洛尼亚。集团军群预备队只有3个师，这是因为德军将2个师部署在亚得里亚海侧翼后方，另外2个师则驻守在热那亚附近，以防备盟军在战线后方实施两栖登陆。另外，集团军群预备队的这3个师也同样用于防范此类突发事件。

在盟军方面，马克·克拉克中将率领的第15集团军群，以麦克里里中将率领的英国第8集团军构成其右翼，该集团军下辖英国第5军（包括4个师）、波兰军（包括2个师）、英国第10军（现在几乎只剩下一个空架子，仅有2个意大利战斗群、犹太旅和洛瓦特侦察兵），以及英国第13军（实际上就是印度第10师）。第6装甲师作为集团军预备队，面对的是德国第10集团军。在其西侧是由特拉斯科特中将指挥的美国第5集团军，编有美国第 2 军（包括 4 个师）和第 4 军（包括 3 个师）。另有 2 个师作为集团军预备队，配有 2 个装甲师，即美国第 1 装甲师和南非第 6 装甲师。

盟军的核心战略目标是在德军逃过波河之前将其全部歼灭。最好的办法就是在雷诺河下游与波河之间约 30 英里的平坦地带使用装甲部队。（1 月初，天气干燥，英国第 8 集团军已经接近塞尼奥河，这条河在亚得里亚海附近流入雷诺河下游。）第 8 集团军希望能够通过夺取科马基奥湖西侧的巴斯蒂亚—阿真塔地区，打通进入平原的通道。第 5 集团军将在几天后发动进攻，向北推进至博洛尼亚附近。这场联合进攻将切断德军的退路，并把他们困在里面。盟军的总攻定于 4 月 9 日发起。

英国第 8 集团军的作战计划虽然复杂，但构思和设计都很巧妙。他们佯装准备在波河以北登陆，是为了分散菲廷霍夫的注意力，并使他把大部分预备队都调往那里。为了加强这种迷惑效果，突击旅和第 24 近卫旅在 4 月初占领了科马基奥湖与亚得里亚海之间的沙洲地带。几天后，特种舟艇部队又占领了那片内陆水域中的一些小岛。

主攻将由英国第 5 军和波兰军在塞尼奥河对岸发动。前者将从塞尼奥河上游突破，希望打德军一个措手不及，其中一部分兵力将直接攻击位于科马基奥湖以西的巴斯蒂亚—阿真塔走廊（后来被称为"阿真塔隘口"）的侧翼，而另一部分兵力则向西北方朝博洛尼亚后方推进，以切断该城与北部的联系。波兰军将沿着 9 号公路，即艾米利亚大道，更直接地向博洛尼亚推进。右翼的第 56 师（隶属第 5 军）的任务是强攻阿真塔隘口，采用的方法是正面强攻和"扇尾"登陆车在科马基奥湖的侧翼机动相结合。

英国第 8 集团军的左翼由仅剩空壳的英国第 10 军和第 13 军组成，他们先行向北推进，越过巴塔利亚山，直到波美两军合围将其"挤出"战线；随后，第 13 军将协同第 6 装甲师扩大其战果。

在针对沙洲和科马基奥湖的初步行动将菲廷霍夫的注意力集中在沿海

地区之后，4月9日下午，盟军使用大约800架重型轰炸机和1000架中型轰炸机或战斗轰炸机进行了一场大规模轰炸。另有1500门火炮实施了5次集中炮击，每次持续42分钟，间隔10分钟——因此被称为"假警报"式轰炸。黄昏时分，步兵在战术空军的掩护下向前推进。守军被这场轰炸和炮火的雷霆风暴彻底震慑，而跟随步兵一起行动的喷火坦克则更使其陷入恐慌。到12日，凯特利中将的英国第5军已经渡过桑泰尔诺河并继续推进。尽管德军从最初的震惊中逐渐恢复并加强了抵抗，但巴斯蒂亚大桥仍在14日被占领，当时德军也来不及爆破。（"扇尾"在科马基奥湖的表现令人失望，因为那里的水很浅，湖底很软，但在阿真塔峡谷周围的洪泛区却表现优异。）即便如此，英军直到18日才穿过阿真塔峡谷。波兰军则遭遇了德国第1伞兵师更为激烈的抵抗，不过他们终于击败了那支极其强大的部队。

由于受到恶劣天气的影响，尤其是空中支援所需的飞行条件极其恶劣，美国第5集团军的进攻被推迟到4月14日，因为他们必须突破数道山脊才能到达平原和博洛尼亚。15日，盟军投下了2300吨炸弹，以协助其推进——这个投弹数创下了此次战役的最高纪录。但接下来的两天，德国第14集团军仍进行了顽强抵抗，直到17日，美国第4军的第10山地师才取得突破，随即向关键的9号横向公路冲去。但两天之内，德军整个战线就崩溃了，美军已经到达博洛尼亚郊区，而他们的追击部队正在向波河进发。

菲廷霍夫的大部分部队都已投入前线，他几乎没有预备队，也没有燃料来阻止盟军的进攻。此时，稳定战线或撤出他的部队已经不可能了，他们获救的唯一希望就是撤退，而且是一场长距离的撤退。但希特勒已经拒绝了赫尔将军提出的弹性防御提议，即从一条河向另一条河作战术性撤退，这项提议本可能会阻挡英国第8集团军的进攻。4月14日，就在美军发动进攻之前，菲廷霍夫请求批准在局势不可收拾之前撤退到波河一线，但他的请求遭到拒绝。20日，菲廷霍夫自行命令部队撤退，后果由他承担。

但那时已经太晚了。盟军的3个装甲师实施两翼包抄,已经切断了德军的退路并将其大部分包围。尽管许多德军设法渡过那条宽阔的河流逃脱,但他们已无力建立新的防线。27日,英军渡过阿迪杰河,突破了掩护威尼斯和帕多瓦的威尼斯防线。

美军行动更快,已在一天前占领了维罗纳。在此之前的4月25日,游击队发动了全面起义,德军在各地都遭到了游击队的袭击。到4月28日,所有阿尔卑斯山口都被封锁了,当天,墨索里尼和他的情妇克拉拉·佩塔奇在科莫湖附近被一群游击队抓获并处决。至此德军开始全面投降,4月25日之后,盟军的追击行动几乎没有遇到抵抗。到29日,新西兰部队到达威尼斯,5月2日抵达的里雅斯特——此时他们主要提防的不是德军,而是南斯拉夫部队。

事实上,早在2月,投降谈判就已开始,由德国驻意大利的党卫队负责人卡尔·沃尔夫将军发起,另一方由在瑞士的美国战略情报局局长艾伦·杜勒斯负责接洽——双方最初通过意大利和瑞士的中间人沟通,后期转为直接会面。沃尔夫的动机似乎是双重考量,一方面希望避免意大利遭受更多无谓破坏,另一方面又希望通过与西方国家结盟来抵制共产主义,许多德国人当时都有同样的动机。除了控制党卫队政策之外,沃尔夫的重要性还在于他负责前线后方的地区,因而可以打消希特勒在阿尔卑斯山建立堡垒进行最后抵抗的想法。

谈判进程复杂多变,德军方面因为菲廷霍夫被指派接替凯塞林而使谈判受到影响和延误,盟军方面因为苏联要求参与谈判,而双方都因为这种幕后谈判惯有的猜忌和谨慎而进展缓慢。尽管3月份的谈判颇有进展,但希姆莱在4月初叫停了卡尔·沃尔夫的活动。因此,尽管菲廷霍夫在4月8日就开始考虑投降方案,但最终未能在盟军发动春季攻势前达成协议。

然而在4月23日的会议上,菲廷霍夫和沃尔夫达成共识,决定无视柏林方面继续抵抗的命令,开始谈判投降事宜。到25日,沃尔夫命令党卫队不得抵抗游击队的接管行动——而格拉齐亚尼元帅也表示愿意代表意大利的法西斯部队投降。4月29日下午2时，德国特使签署了一份文件，约定于5月2日中午12时（意大利时间下午2时）无条件投降。尽管凯塞林在最后一刻试图干预，但协议仍如期生效——这比西线战场德军的投降早了6天。虽然军事上的成功确保了盟军的胜利，但这条交涉渠道还是为更快结束战争铺平了道路，从而减少了人员伤亡与破坏。

第38章　德国的崩溃

希特勒撤走了西线的兵力，调遣大部分可用的兵力和资源固守奥得河防线，抵御苏军的进攻，因为他认为阿登反攻使盟军受到了重创，再加上V型武器飞弹和火箭对安特卫普基地的轰炸，足以使西线盟军无力再次进攻。因此，德国工厂和修理厂生产的大部分可用装备都被运往东线。然而此时，西线盟军正在集结压倒性的力量，准备进攻莱茵河防线。在这场大规模的行动中，主攻任务被分配给了蒙哥马利元帅，除了他自己的加拿大第1集团军和英国第2集团军外，美国第9集团军也归他指挥。这一决定遭到了大多数美军将领的强烈反对，他们认为艾森豪威尔对于蒙哥马利和英国人的要求让步太多，牺牲了美军赢得战争的前景。

这种愤懑之情促使他们更加积极地在各自的作战区发起进攻，以展示他们的实力。事实证明，这些努力最终取得了惊人的成果，虽然他们投入的兵力比蒙哥马利所集结的兵力要少，但远远超过了德军留下来抵抗他们的兵力。

3月7日，巴顿的美国第3集团军坦克部队突破了德军在艾费尔高原（阿登山脉位于德国境内的另一端）薄弱的防线，经过3天的行程，行驶60英里，到达了科布伦茨附近的莱茵河。他们暂时被困在那里无法前进，因为莱茵河大桥在他们到达之前就被炸毁了。但在稍北一点的地方，邻近的美国第1集团军的一支小型装甲先头部队发现了一个缺口，并以迅雷之势夺取波恩附近的雷马根大桥，赶在德军爆破前将其占领。后续部队迅速增援，巩固了这个重要的桥头堡。

当这一消息传到集团军群司令布拉德莱的耳中时,他迅速抓住了这个突破敌军莱茵河防线的机会,并在电话中兴奋地喊道:"太棒了,这下能把他们彻底击溃!"但当时正在布拉德莱司令部视察的艾森豪威尔的作战参谋却坚决反对:"你们不能在雷马根擅自行动,这不符合作战计划。"第二天,布拉德莱收到明确命令,不许将大部队投入这个桥头堡。

这项限制令之所以更加令人反感,是因为美国第9集团军在四天前到达杜塞尔多夫附近的莱茵河后,该集团军司令辛普森多次请求立即渡河,但遭到了蒙哥马利的阻止。蒙哥马利对莱茵河的大规模进攻要到三个星期后的3月24日才能开始,因此,对于这种以不得违背作战计划为由的限制,美军上下都感到非常不满。

因此,在布拉德莱的大力支持下,巴顿挥师向南,将德军围困在莱茵河以西,同时寻找一个最佳渡河点。到3月21日,巴顿的部队已经在科布伦茨和曼海姆之间长达70英里的河段彻底肃清西岸敌军,切断了该地区德军撤至莱茵河的退路。第二天晚上,巴顿的部队在美因茨和曼海姆之间的奥彭海姆几乎没有遇到任何抵抗就成功渡河。

当希特勒得知这次突然袭击的消息后,他要求立即采取应对措施,但被告知已无可用的兵力,最多只能从100英里外的维修车间派出5辆刚刚修好的坦克来填补这个缺口。"橱柜里空空如也",美军越过莱茵河的推进宛如一场阅兵行进。

此时,蒙哥马利已在下游150英里处的韦瑟尔附近完成了对莱茵河大规模进攻的周密准备。他在这里集结了25个师的兵力,在西岸所囤积的弹药和其他补给物资已经达到25万吨。而他计划进攻的30英里河段,仅有5个虚弱而疲惫的德军师驻守。

3月23日晚上,在3000多门火炮的炮击和连续几波轰炸机的猛烈轰炸后,进攻正式展开。搭载两栖坦克支援的先遣步兵渡过莱茵河,在东岸建立了桥头堡,几乎没有遇到抵抗。天亮后,两个空降师被空投到他们前方,帮助肃清前进道路,而他们身后则迅速架设桥梁,以方便增援部队、坦克和运输车辆通过。美国第9集团军提供了半数突击步兵，仅阵亡40人，足见德军抵抗之微弱。英军损失也很少，只在莱茵河畔的里斯村遭遇了顽强的抵抗，一个德国伞兵营在那里坚守了三天。

到28日，桥头堡已经扩展到纵深20多英里、正面30英里的规模。但蒙哥马利仍然对德军的抵抗力心存警惕，直到他在桥头堡集结了20个师和1500辆坦克后，才批准向东全面推进。

当盟军向东推进时，最严重的阻碍来自盟军空军过度轰炸造成的瓦砾堆，这些废墟比敌人更有效地阻挡了盟军的前进路线。因为现在德国军民普遍希望看到英军和美军尽快向东挺进，抢在苏军攻占奥得河防线之前占领柏林及更多领土。他们中很少有人愿意帮助希特勒通过自我毁灭的手段来阻止盟军的前进。

在莱茵河渡河战役前夕，希特勒下达命令，宣布"战斗时不能再考虑本国人民的利益"。他要求各地区专员摧毁"所有工厂、主要电厂、水厂、煤气厂"，以及"所有食品和服装储存"，从而在盟军前进的道路上制造"一片荒漠"。

但是，他的战争生产部部长阿尔贝特·施佩尔立即对这一疯狂的命令提出抗议。希特勒反驳道："如果战争失败，德意志民族也将灭亡。所以，没有必要考虑人民继续生存的需要了。"

施佩尔对这种冷酷无情的态度深感震惊，从此他对希特勒的忠诚彻底动摇。他背着希特勒去找军方将领和工业界领袖，没费多大力气就说服他们不去执行希特勒的命令。

但随着末日临近，希特勒的幻想却有增无减，直到最后一刻，他都指望着奇迹能拯救他。他喜欢读卡莱尔所著的《腓特烈大帝史》中的一章，或者别人读给他听，这一章讲述了腓特烈在最黑暗的时刻，当他的军队濒临崩溃时，俄国女皇的死亡导致了反普同盟瓦解，从而拯救了他。希特勒还研究了占星术，借此得出预言：4月份的灾难将因时运突变而化解，到8月份会带来令人满意的和平。

4月12日午夜，罗斯福总统突然去世的消息传到了希特勒耳中。戈培尔打电话给他说："元首，我祝贺你。命运已经击倒了你最大的敌人。上帝没有抛弃我们。"这似乎就是希特勒一直在等待的"奇迹"——简直就是18世纪"七年战争"关键时刻，俄国女皇之死的重演。因此希特勒确信，丘吉尔所说的东西方国家结成的"大同盟"将因为利益冲突而破裂。

但是，希特勒的希望并没有实现。两个星期后，希特勒被迫自杀，就像腓特烈大帝在"奇迹"到来拯救他的命运和生命时，也曾准备做的那样。

3月初，朱可夫扩大了奥得河上的桥头堡，但未能成功突破。苏军继续向远侧推进，并于4月中旬攻入维也纳。与此同时，西线德军防线已然崩溃，盟军从莱茵河向东推进，几乎没有遇到抵抗。4月11日，他们到达了距柏林60英里的易北河，在那里停了下来。16日，朱可夫与强行渡过尼斯河的科涅夫联手恢复了攻势。

这一次，苏军从桥头堡中突围，不到一个星期就攻入了柏林郊区，希特勒选择在此进行最后的决战。到25日，这座城市已被朱可夫和科涅夫的部队团团包围。27日，科涅夫的部队与美军在易北河会师。但在柏林城内，德军进行了殊死抵抗，直到希特勒自杀、德国无条件投降后，战斗才告结束。

1945年5月8日午夜，欧洲战争正式结束，但实际上，这只是对前一个星期战争已逐步结束的最终确认。5月2日，意大利南线的所有战斗都已停止，而投降书实际上是在三天前签署的。5月4日，西北欧德军代表在吕讷堡荒原的蒙哥马利司令部签署了类似的投降书。5月7日，德军在兰斯的艾森豪威尔司令部签署了另一份涵盖所有德军部队的投降书——这是一场规模更大的仪式，有苏、美、英、法四国代表参加。

这些投降仪式是希特勒自杀身亡后迅速发生的后续事件。4月30日，

朱可夫元帅主持德国无条件投降仪式

约德尔上将签署德国国防军投降书

也就是希特勒与忠诚的爱娃·布劳恩结婚的第二天，当得知苏军逼近后，两人在柏林总理府的地堡中自杀。按照希特勒生前的指示，他们的遗体在花园里被仓促火化。

德军三次正式投降中，第一次最为重要，因为意大利前线停战协定是在希特勒还活着的时候签署的，而且是在没有得到他批准的情况下签署的。另外，幕后的谈判从 3 月初就已经开始了，秘密进行了两个月之久。在德国境内的反抗势力领导人与操控一切的希特勒离得太近，不敢冒险采取这样的行动，尽管他们早就私下谈论过采取这一行动的必要性。

自去年夏天西线盟军在诺曼底登陆后，多数德军将领就失去了希望。至 1945 年 2 月，当德军在阿登的反攻被击退，苏军又大举突入德国东部时，几乎所有人都失去了斗志与希望。他们之所以仍在负隅顽抗，主要是因为恐惧——害怕违背效忠希特勒的军人誓言，害怕他的愤怒，害怕因不服从而被他绞死，而盟军"无条件投降"条款所预示的战后清算，更加剧了这种恐惧。

在接下来的几个月里，战争几乎完全是因为希特勒的偏执坚持才延续的。如果西方盟国不那么无情地要求"无条件投降"，并更审慎地考量该政策对德国人心理的冲击，战争可能会更快结束。一旦放松这种严厉的要求，并对德国人战后待遇给出合理的保证，很可能就会引发由高级军事领导人率领的大批投降，导致战线迅速崩溃，纳粹政权将随之瓦解，希特勒也将失去继续抵抗的一切资本。

第 39 章 日本的崩溃

关于日本战败的两个累积因素,从性质和效果上看,都属于消耗战形式——具有窒息性压力。其中一个因素来自海上,更准确地说,来自海底;另一个因素则来自空中。前者是首先起到决定性影响的因素。

日本本质上是一个海洋帝国,甚至比英国更依赖海外供应。它的战争能力依赖于大量海上运输的石油、铁矿石、铝土矿、焦煤、镍、锰、铝、锡、钴、铅、磷酸盐、石墨、碳酸钾、棉花、盐和橡胶。此外,为了满足粮食供应,日本不得不进口大部分糖和大豆,以及 20% 的小麦和 17% 的大米。

然而,日本参战时,商船总吨位仅为 600 万吨,还不到 1939 年初英国商船总吨位的三分之一(当时英国约有 9500 艘商船,总吨位超过 2100 万吨)。另外,尽管日本从两年的战事中吸取了经验教训,并制订了扩张计划,但在组织航运保护方面做得很少,没有护航系统,也没有护航航空母舰。直到航运量大幅减少后,日本才真正着手弥补这些缺点。

结果,日本的货运船只成了易受美军潜艇攻击的目标。在太平洋战争初期,美军鱼雷的缺陷削弱了其攻击效果,但在这些缺陷得到改进之后,潜艇攻击随即演变为一场大屠杀。日军潜艇的攻击目标主要是盟军军舰,后来不得不用于为困守孤岛的驻军运送补给,而美军潜艇则主要攻击日本商船。1943 年,美军潜艇击沉了 296 艘商船,总吨位达 133.5 万吨。1944 年,美军潜艇战更具破坏力,仅 10 月份,就击沉了总吨位达 32.1 万吨的船只。更重要的是,美军潜艇主要攻击日本油轮,因此攻击效果更显著。这直接导致日本主力舰队滞留在新加坡,以便靠近产油区,而本土飞行员的训练也因燃料短缺而被迫缩短实战飞行时间。

美军潜艇对日本军舰同样造成了重大损失，约占其击沉数量的三分之一。在菲律宾海海战中，美军潜艇击沉了2艘日本舰队航空母舰"大凤"号和"翔鹤"号，而在1944年下半年，他们又击沉或重创了3艘航空母舰及近40艘驱逐舰。

当美军潜艇在吕宋岛的苏比克湾执行任务时，日本的商船大部分已被击沉，而易于得手的目标变得如此稀少，以至于部分潜艇部队转而执行搜救任务——营救空袭日本返航时被迫降落在海上的轰炸机机组人员。

总之，美国潜艇部队的贡献是巨大的，尤其是阻止了日本向海外被孤立守军提供增援和补给。但他们发挥的最大作用是击沉了日本在战争期间损失的800万吨船只中的60%。这是导致日本最终败亡的最重要因素，这个因素之所以具有决定性，是因为它利用了日本的经济弱点和对海外供应的依赖。

冲绳——通往日本的门户

美军对冲绳的两栖攻击，其代号为"冰山行动"，在硫黄岛尚未攻克时就已展开最后的准备工作，登陆日期定于4月1日——距离硫黄岛登陆仅六个星期。冲绳岛是一座大岛，是琉球群岛中最大的岛屿，长60英里，平均宽度8英里，其面积足以为美军进攻日本提供陆军和海军基地。冲绳正好位于台湾岛和日本之间，距离这两地均为340英里，距离中国大陆海岸360英里。因此，冲绳驻军可以同时对这三个目标构成威胁，而驻扎在那里的飞机也可以控制通往此三地的通道。

冲绳岛地势崎岖，森林密布，唯有南部的机场区域地势稍缓，但即便如此，该区域的石灰岩山脊也易于挖掘防御工事。因此，它具有天然的防御优势。随着守军指挥官牛岛满①中将率领的日本第32集团军的扩充,其防御能力得到了极大的提升,大约有7.7万名作战士兵和2万名勤务兵——总共近10万人——以及大量轻型和重型火炮部署于防御工事中。日本大本营决心尽其所能保卫冲绳,其战术沿袭硫黄岛战役经验,采取纵深防御固守岛内,不把兵力浪费在争夺滩头的战斗上,因为美国军舰可能在那里摧毁日本军队。但为了实施反攻,帝国大本营已经在日本和中国台湾的机场集结了2000多架飞机,计划实施更大规模的"神风特攻行动"。

美国最高统帅部意识到攻克冲绳岛是一场硬仗,需要强大的兵力优势,因此会涉及巨大的后勤问题。他们计划让新组建的美国第10集团军登陆冲绳岛,由西蒙·巴克纳②中将指挥,在最初的登陆中部署5个师,共计11.6万人,另有后续2个师增援,第8师作为预备队。整个进攻部队(由3个陆战师和4个陆军师组成)约有17万名作战士兵和11.5万名勤务兵。除了要击溃强大的日本驻军外,他们还必须控制近50万当地居民。

为了削弱日军空中反攻威胁,米切尔海军中将的快速航空母舰战斗群在登陆前一星期(3月18日至21日)对日本实施了一系列突袭,击落了约160架飞机并摧毁了大量地面目标——但美军也为此付出了高昂的代价——其3艘航空母舰("黄蜂"号、"约克城"号和"富兰克林"号)遭到"神风特攻队"重创。接下来的一个星期,来自关岛的B-29"超级空中堡垒"轰炸机不再大规模攻击日本城市,转而轰炸日本南部主岛九州的机场。另一项重要的前期行动是占领冲绳以西15英里处的庆良间群岛,将其用作前线舰队的基地和锚地——这是里士满·特纳③海军上将力主实

---

① 牛岛满(1887—1945),日本第32集团军司令。1945年6月在冲绳战役中自杀身亡。——译者注

② 西蒙·巴克纳(1886—1945),美国第10集团军司令。1945年6月18日,在指挥冲绳战役时阵亡,同年7月被追授上将军衔。——译者注

③ 里士满·特纳(1885—1961),美国太平洋地区两栖部队司令,美国海军上将。——译者注

施的。3月27日，1个美军师占领了该群岛，几乎没有遇到抵抗。第二天，几艘油轮抵达那里，锚地投入使用。英国太平洋舰队（包括2艘战列舰、4艘航空母舰、6艘巡洋舰和15艘驱逐舰）在布鲁斯·弗雷泽[①]（爵士）海军上将的率领下于3月中旬抵达，并负责掩护冲绳西南水域。

4月1日，即复活节那天，在来自海上和空中的长达三个小时猛烈预备性炮击之后，美军于上午8时30分开始实施主要登陆行动。同一天，特纳海军上将接掌冲绳海域的所有部队的指挥权。登陆是在冲绳岛南部的西海岸进行的，只要稍加推进就能切断该岛的南端。他们没有遇到任何抵抗，到上午11时，登陆区5英里范围内的2个机场被占领，敌人甚至没有露面——这让进攻者大为惊讶。到了晚上，美军的滩头阵地已经扩大到9英里宽，6万多名士兵安全登陆。到4月3日，他们已经越过该岛，第二天，滩头阵地扩大到15英里。直到4日之后，当美军开始向南推进时，他们才遭遇驻守岛南两个半的日本师团的顽强抵抗。

空中战场方面，日军从一开始就很活跃，从4月6日起，"神风特攻队"的攻击愈演愈烈——6日和7日，近700架飞机（其中一半是"神风特攻机"）被派往冲绳。虽然大部分被击落，但仍造成美军13艘驱逐舰沉没或受损。

4月6日也见证了日本海军最引人注目的"自杀式"行动，当时巨型战列舰"大和"号在只有单程航行的燃料且无空中掩护的情况下，率一支小型护航队开赴战场。其行踪很快被发现，于是美军一方面加以严密监视，另一方面则由米切尔的航空母舰编队调集280架飞机发动袭击。7日中午12时30分，"大和"号遭到鱼雷和炸弹的袭击，在持续两小时的猛烈攻击后沉没，造成大量人员伤亡。如同德国战列舰"提尔皮茨"号一样，这艘巨舰从未有机会用它的大炮向对方战舰开火，它的命运进一步证

[①] 布鲁斯·弗雷泽（1888—1981），英国太平洋舰队总司令，英国海军元帅。——译者注

日本"大和"号战列舰航行在海上

实了战列舰时代已经过去。

地面战役更加旷日持久。4月13日,岛屿南部的日军开始小规模反攻,但遭美军轻松击退。与此同时,美国第6陆战师一直顺利地向北推进,到达岩石密布、森林茂密的本部半岛后被日军挡住。但这里的日军只有两个营,他们强大的阵地在17日被一个精心策划的战术攻克。虽然零散的部队一直抵抗到5月6日,但美军已占据绝对优势,约2500名日本官兵阵亡,而海军陆战队的损失还不到这个数字的十分之一。此外,海军陆战队的一个支队于4月13日到达冲绳北端,没有遭遇抵抗。在此期间,美军还轻松攻占了邻近的一些小岛,除伊江岛外,他们几乎没有遇到抵抗。

4月19日,霍奇斯中将指挥的美国第24军以3个陆军师的兵力,对冲绳南部的日军阵地发起进攻。但是,来自海陆空三军的密集炮火轰炸,几乎没给日军的防御工事造成影响。即使将美国第1陆战师和第6陆战师调往前线,美军仍然进展缓慢且伤亡惨重。然而,在5月初,岛上的日军指挥官们出于对防御行动的不满,决定发动反攻并配合新一轮"神风特攻队"的攻击。尽管他们曾一度在某处突破防线,但还是被美军击退,损失惨重——约5000人阵亡。这在一定程度上为美军5月10日恢复进攻铺平了道路,但接下来的一个星期,持续的大雨使推进受阻。

在此期间,日军从掩护首府那霸所在的首里地区撤退到更南边的阵地。6月初,美军不顾泥泞继续推进,到6月中旬,日军被逼退到该岛的最南端。17日,美军凭借火焰喷射器的强力攻势,成功突破日军在八重山—大岳悬崖的坚固防线。牛岛满和他的手下自杀,许多日军效仿,但在随后的扫荡阶段,至少有7400人投降——这是一个重大变化。

据估计,日军损失约为11万人,包括被招募到日本军队的冲绳居民,而美军损失为4.9万人(其中1.25万人阵亡)——这是美军在太平洋战争中损失最惨重的战役。

在为期三个月的冲绳战役期间,日军发动了10次大规模"神风特攻队"袭击,他们称之为"菊水"作战。总共有超过 1500 次单机自杀式袭击,其他飞机的类似自杀式袭击也几乎同样多。总共有 34 艘盟军舰艇被击沉,368 艘受损,其中大部分是被"神风特攻队"击中的。这一惨痛经历使美国对进攻日本可能付出的代价产生了诸多担忧,因而促使他们在 1945 年 7 月决定使用原子弹。

扫荡太平洋和缅甸地区

由于采取了绕行战略,美军的双线推进速度大大加快——即仅攻击并占领两条进军路线上必要的据点,以此作为攻往日本本土的战略跳板,以及对太平洋实施战略控制的手段。但当美军逼近日本本土,准备发动最后总攻时,参谋总部认为最好先肃清后方,即消灭跳岛战术期间遗留在后方主要岛屿上的日本守军。因此,在战争的倒数第二阶段,他们在不同地区都进行了大规模的扫荡行动。在斯利姆迅速进军仰光之后,在东南亚盟军司令部发起计划中的两栖行动以收复新加坡和荷属东印度群岛之前,更有必要肃清缅甸中南部。

缅甸

1945 年 5 月初,斯利姆到达仰光时,萨尔温江以西仍有大约 6 万日军残部。此时既要防止他们向东逃入泰国,又要阻止他们在斯利姆进军仰光时经过的地区制造新的麻烦,这两项任务都至关重要。因此,梅瑟维中将的英国第 4 军的一部分部队被派去驻守锡当河上的渡口,另一部分则前去与沿伊洛瓦底江南下的斯托普福德第 33 军会合。5 月,斯托普福德的部队成功阻止了樱井省三的日本第 28 集团军试图从若开东渡伊洛瓦底江的两次行动,但仍有许多日军残部设法渡河,约 1.7 万人到达了伊洛瓦底江和锡当河之间的勃固山脉地区。本多政材中将的日本第 33 集团军残部为策应他们而发动的牵制性进攻以失败告终,因此,在 7 月中旬之后,日军采取化整为零的方式,每股力量约数百人,试图突破梅瑟维部队的警戒防线。但是,这些小股部队中的大部分被拦截并击溃,只有不到 6000 人到达锡当河东岸,随后因河水泛滥,无法继续作战。

新几内亚岛—新不列颠岛—布干维尔岛

1944 年上半年,麦克阿瑟在新几内亚北部海岸的"蛙跳"式前进中,绕过了数支日本驻军。当美军进入菲律宾时,他们在后方遗留了 5 个敌军师团的残部。新不列颠岛和布干维尔岛上也有大批日军官兵。麦克阿瑟在 7 月 12 日向澳大利亚武装部队总司令托马斯·布莱梅上将下达指令,委派他从秋季开始"继续压制"这些地区的日军残余势力。布莱梅选择以更具进攻性的方式解读该指令——尽管当时 2 个澳大利亚师已被指派参加菲律宾战役,可供他调遣的只有 4 个师,其中 3 个还是民兵师。

澳大利亚第 6 师被派往艾塔佩,准备在 12 月从那里向东进发,以歼灭安达盘踞在韦瓦克地区 3 个实力薄弱的师团(共约 3.5 万人)——这些师团装备不足、营养不良、疾病丛生,并已处于孤立的境地。在复杂地形中行军 100 英里,给澳大利亚的运输系统带来了极大压力,部队的士气也明显受挫,一方面是因疾病所困,另一方面是官兵意识到这次行动没有真正的战略必要性。此次行动进展非常缓慢,直到 6 个月后的 1945 年 5 月,才攻克韦瓦克,而当战争于 1945 年 8 月结束时,残余的日军仍在内陆坚守。此时,日军的兵力减少了五分之一,澳大利亚军队在战斗中仅损失了 1500 人,但因疾病而减员的人数超过 1.6 万人。

澳大利亚第 5 师被派往俾斯麦群岛的新不列颠岛,指挥官拉姆齐少将显得更加明智。到 11 月,当该师抵达时,美军已经控制了该大岛六分之五的区域,但仍有近 7 万名日军固守剩下的区域,其中大部分是日军长期驻扎的拉包尔基地。在向岛屿颈部短暂推进后,澳大利亚师改为在这条短线上巡逻,让大量日军"自生自灭"。就这样,该部以最低代价完成压制任务,直到战争结束时日军投降。

布干维尔岛位于所罗门群岛西端,是该群岛中最大的岛屿。萨维奇中将的澳大利亚第2军被派往那里,其中包括澳大利亚第3师和另外2个旅。这里也没有发动攻势的必要,因为日军主要集中在岛屿南部的布因地区,忙于种植蔬菜和捕鱼以补充匮乏的粮食储备。然而,萨维奇仍在1945年初发动了进攻。这次进攻进展缓慢,因为此举激起了日军为保卫其粮食产区而进行的殊死搏斗。6个月后,泛滥的洪水中断了这场进攻。澳大利亚部队的情况和在新几内亚岛上的情况一样,对这场被他们认为毫无意义的行动没有表现出多少热情。

婆罗洲

收复婆罗洲的倡议主要来自美军,他们希望切断日本的石油和橡胶供应,并向英国提供位于文莱湾的前沿舰队基地。英国参谋长委员会不赞成这个想法,因为他们更倾向于在菲律宾建立基地,而太平洋舰队已经部署在冲绳地区,他们不希望将其调回南方。因此,该行动由澳大利亚第1军(包括2个师)在军长莱斯利·莫斯黑德中将的指挥下实施,并由美国第7舰队掩护和支援。澳军于1945年5月1日占领东北海岸的打拉根岛,6月10日在没有遭到激烈抵抗的情况下占领了西海岸的文莱湾。澳大利亚部队从那里沿海岸向沙捞越推进。7月初,经过长时间的轰炸,在东南海岸的石油重镇巴厘巴板遭到守军顽强抵抗,可澳军还是占领了这座城市——这是此次战争中最后一次大规模两栖作战。

此时,英国收复新加坡的准备工作已经取得了很大进展,但这一切因为日本于8月宣布投降而化为泡影。因此,当蒙巴顿于9月12日抵达新加坡时,他只是接受了东南亚地区日军的全面投降,而这项投降协议已于8月27日在仰光签署。该协议最终促成了75万日军缴械投降。

菲律宾

尽管美军于10月登陆莱特岛后，在5个月内就取得了对菲律宾的战略控制权，但至次年3月，仍有大量日军驻扎在那里。后续情报表明，仅在吕宋岛，日军人数就多达17万——比美军当时预估的数字要大得多。其中规模最大的部队在吕宋岛北部，由山下奉文亲自指挥，而横山静雄[①]中将指挥的约5万部队则驻扎在首都马尼拉附近的山区，控制着该市的供水系统。美军初期清剿这股日军的行动受阻，日军甚至对负责清剿任务的格里斯沃尔德中将的美国第14军发动了反攻。3月中旬，霍尔少将的美国第11军也加入作战，并于5月底占领了阿瓦和伊波的两座主要水坝。此时，横山的部队因为饥饿和疾病已减员过半，不久就溃散成无组织的部队，遭到美军与菲律宾游击队的联合追剿。日军每阵亡一名士兵，就有十人死于饥饿和疾病。战争结束时，只有7000人幸存下来并投降。

与此同时，克鲁格上将的部队肃清了米沙鄢海的航道，从而缩短了从莱特岛到吕宋岛的航运路线，随后展开攻势以肃清吕宋岛南部地区。其他部队肃清了莱特岛南部的岛屿，并在棉兰老岛建立了驻地——超过4万名日军士兵被部署在那里，因为日本大本营认为该岛将是美军进攻的主要目标。到夏天，所有这些地区的日军都撤退到山区，在那里，他们因饥饿和疾病而迅速减员。

战争进程的最后阶段是美军对吕宋岛北部山下奉文部队的进攻。4月27日，3个美军师发起进攻，很快又有第四个师增援，但随着他们向山区的推进，困难越来越大。山下在那里集结了5万多名士兵，是美军预估人数的两倍多。战争于8月中旬结束时，山下仍坚守在阵地，最终他率领4万名残部及吕宋岛北部其他地区的1万名士兵一起出来投降。这场代价高昂的清剿行动在战略上是否必要，至今仍令人怀疑。

[①] 横山静雄（1890—1961），日本第41集团军司令，日本中将。——译者注

美国的战略轰炸

对日本的空中攻势直到可以利用马里亚纳群岛为基地时，才真正发挥效力——1944年夏天，美军占领了马里亚纳群岛，主要就是为了发动空袭。

美军的主要武器是波音B-29"超级空中堡垒"轰炸机，这是第二次世界大战中最大的轰炸机，可携带重达1.7万磅的炸弹，飞行速度接近350英里/小时，飞行高度超过3.5万英尺。它的航程超过4000英里，机身配备装甲防护，并装载13挺机枪作为防御。

1944年6月中旬，日本九州钢铁基地八幡遭到驻扎在中国和印度的约50架B-29的轰炸，但此次和随后的袭击都没能造成太大的破坏——1944年下半年，从该方向向日本投下的炸弹只有约800吨。此外，由于美国第20轰炸机司令部的B-29需要大量空中补给才能维持其在中国的运作，而战果却如此有限，最终于1945年初被撤回。

1944年10月底，马里亚纳群岛的塞班岛首条飞机跑道投入使用，随后迎来了美国第21轰炸机司令部的首个联队（共112架飞机）。一个月后的11月24日，111架B-29从那里起飞，轰炸了东京的一家飞机制造厂。这是自1942年4月杜立特空袭以来，美军对东京的首次袭击。这标志着新攻势的开启，尽管只有不到四分之一的轰炸机击中了目标，但仅有2架被击落——而日军却派出125架战斗机出战。

在接下来的3个月里，B-29继续沿用他们在欧洲的经验实施昼间精确轰炸，但效果令人失望——尽管它迫使日本开始分散其航空工厂和其他工业设施。到1945年3月，马里亚纳群岛的B-29数量增至3倍，美国第21轰炸机司令部司令柯蒂斯·李梅少将决定改用夜间低空区域轰炸——既可利用日本在夜间防御方面的弱点，又可增加载弹量，减轻发动机的负荷，更有效地打击众多小型工业目标。

更重要的是，李梅决定让B-29携带燃烧弹而不是爆炸弹——每架

B-29 可携带 40 组燃烧弹，每组 38 枚，可烧毁约 16 英亩的区域。这一战术调整取得了惊人的效果。3 月 9 日，279 架 B-29 轰炸机——每架携带 6—8 吨燃烧弹——摧毁了东京。将近 16 平方英里（占城市总面积的四分之一）被焚毁，超过 26.7 万座建筑物被毁。平民伤亡人数约为 18.5 万人，而美军仅损失了 14 架飞机。在接下来的 9 天里，大阪、神户和名古屋等城市也遭到了类似的破坏。到 19 日，因燃烧弹耗尽，这些袭击停止了——在这 10 天里，美军共投下了近 1 万吨燃烧弹。

不久，美军又继续攻击，而且愈演愈烈——7 月份的投弹量已是 3 月份的 3 倍。此外，美军还投下了数千枚水雷，以阻断日本沿海交通。超过 125 万吨的船只被击沉，沿海运输几乎陷入停滞。此时，日本的空中抵抗已变得微乎其微。

空袭取得了惊人的效果。东京遭大火袭击后，民众士气严重下降，当李梅开始散发传单对他的下一个目标提出警告时，士气更加低落。超过 850 万人逃往农村，导致战时生产急剧下滑——当时日本的战时经济早已濒临崩溃。炼油行业产量下降了 83%，飞机发动机产量下降了 75%，飞机机身产量下降了 60%，电子设备产量下降了 70%。600 多家大型军工厂被炸毁或严重破坏。

除此之外，轰炸行动还让日本民众意识到，他们的军队已经无法再保护人民，即使是无条件投降，也已是不可避免的。8 月份的原子弹只不过印证了大多数日本民众（军国主义分子除外）早已心知肚明的事实。

原子弹与日本投降

温斯顿·丘吉尔在其战争回忆录的最后一卷中，讲述了 1945 年 7 月 14 日他与杜鲁门①总统、斯大林一起参加波茨坦会议时收到了一张纸，上

---

① 哈里·杜鲁门（1884—1972），美国总统。任内实施"杜鲁门主义"，推行"马歇尔计划"和冷战政策。——译者注

面写着神秘的信息:"婴儿顺利出生。"美国陆军部部长史汀生解释了它的含义——前一天进行的原子弹试验取得了成功。"总统邀请我立即与他会面。当时在场的还有马歇尔五星上将和莱希海军五星上将。"丘吉尔对后续事件的描述意义深远,主要段落值得引用:

> 我们似乎突然间获得了天赐的仁慈手段——既可以大幅缩减东方战场的杀戮,又能为欧洲带来更加美好的前景。我深信,这些想法也同样存在于我的美国朋友的脑海中。不管怎样,我们从来没有讨论过是否应该使用原子弹的问题。只需付出几次爆炸的代价就能展现压倒性的威力,足以避免一场大规模的、无限期的屠杀,为了结束战争,给世界带来和平,向饱受折磨的人民伸出救赎之手。在我们经受了这一切的艰辛和危险之后,这似乎是一个拯救生灵的奇迹。
>
> 在7月4日试验进行之前,英国原则上同意使用该武器。最终决定权主要掌握在拥有该武器的杜鲁门总统手中,但我从未怀疑过他会作出其他决定,也从未质疑过他所作决定的正确性。是否使用原子弹迫使日本投降,我们当时没有异议,历史事实确是如此,其功过须留待后世进行评判。我们在会议桌上的人都一致、自发、毫无疑问地表示同意,我也从未听到过任何人建议我们采取其他行动。①

但后来,丘吉尔本人对使用原子弹的决定开始表示怀疑。他说:

> 认为日本的命运是由原子弹决定的,这是错误的。早在第一颗原子弹落下之前,日本的失败就已成定局,这要归功于盟军压倒性的海上力量。仅凭这些力量,就有可能使盟军夺取日本海上基地,从那里发动

---

① 丘吉尔:《第二次世界大战》第六卷,第553页。

最后的攻击，迫使其本土军队不战而降。日本的海上航运早已被摧毁。①

丘吉尔还提到，在投掷原子弹的前三个星期，斯大林在波茨坦私下告诉他，日本驻莫斯科大使已向苏联表示日本有求和之意——丘吉尔又补充说，在向杜鲁门总统传递这一消息时，他建议盟军对"无条件投降"的要求或可作让步，以减少日本投降的障碍。

实际上，日本的这些和平试探行动早已开始，美国当局对此的了解程度远超丘吉尔所知道的或可能知道的。就在1944年圣诞节前夕，华盛顿的美国情报部门收到一位消息灵通的驻日外交官的报告，称主和派正在日本政界崛起并扩大影响。这名外交人员预测，小矶国昭的政府——该政府在7月取代了将日本拖入战争的东条英机领导的政府——将很快被铃木贯太郎海军大将领导的寻求和平的政府所取代，该政府将在天皇的支持下进行和谈。这一预测在次年4月应验了。

4月1日，美军登陆冲绳，冲绳是琉球群岛之一，位于中国台湾和日本之间。这一消息令人震惊，再加上苏联发出的终止与日本中立条约的严正通告，导致小矶内阁于4月5日垮台，铃木随后出任首相。

虽然主和派的领导人现在在政府中占主导地位，但他们对如何推进和谈却束手无策。早在2月份，在裕仁天皇的倡议下，就有人向苏联提出要求，恳求苏联"作为中立国"充当调解人，以促成日本与西方盟国之间的和平谈判。这些接触首先通过苏联驻东京大使展开，随后通过日本驻莫斯科大使进行。但这些努力均未取得进展。苏联没有透露任何有关这一接触的消息。

三个月后，这件事才有一点迹象。这是在5月底，美国总统的私人特使哈里·霍普金斯先生飞往莫斯科与斯大林展开会谈。在第三次会晤中，斯大林提出了日本问题。在2月份的雅尔塔会议上，他曾承诺以获得千岛

---

① 丘吉尔：《第二次世界大战》第六卷，第559页。

群岛、整个库页岛及中国东北的控制权为条件对日宣战。斯大林现在通知霍普金斯，他的远东增援部队将于8月8日完成部署，进攻中国东北的日军。他接着说，如果盟军坚持"无条件投降"的要求，日本必将战斗到最后一刻，但若稍作调整则可能促使他们屈服——届时盟军依然可以强行贯彻自己的意志，从而取得同样的结果。他还强调，苏联希望参与对日本的实际占领。正是在这次讨论中，他透露"日本国内某些势力正在发出和平试探"——但没有明确说明这是通过大使进行的官方接触。

早在冲绳战役结束之前，战局已然明朗。显然，一旦占领该岛，美军很快就能加强对日本的空袭，因为那里的机场距离日本本土不到400英里——仅为从马里亚纳群岛到日本这段航程的四分之一。

任何有战略头脑的人都清楚日本形势的绝望，尤其是像铃木这样的海军大将，他的反战观点早在1936年就使其遭到军事极端分子的死亡威胁。但是，他和他追求和平的内阁却遇到了一个棘手的问题。尽管他们渴望和平，但接受盟国"无条件投降"的要求，无疑是对战场上仍在殊死作战的将士们的背叛。这些前线部队手中还扣押着数千名濒临饿死的盟国平民和战俘作为人质，如果停火条件过于屈辱，他们可能会拒绝执行停火命令——尤其是如果有人要求废除天皇，在他们眼中，天皇不仅是他们的君主，更是神的化身。

最终，天皇亲自出面打破僵局。6月20日，他召集了内阁最高战争指导会议的6名核心成员开会，并告诉他们："你们应该尽快考虑结束战争的问题。"尽管6名成员都同意这一决定，但首相、外务大臣和海军大臣准备无条件投降，其他3人——陆军大臣、参谋总长和军令部总长——则主张继续抵抗，直到获得一些较为温和的条件为止。最后，他们决定派遣近卫公爵前往莫斯科进行和平谈判——天皇私下指示他不惜一切代价达成和平。作为初步安排，日本外务省于7月13日正式照会莫斯科，宣称"天皇陛下渴望和平"。

斯大林收到这封电报时，他正准备去参加波茨坦会议。他冷漠地回复说，这个提议还不够明确，不足以让他采取行动，也不准备接待日本代表团。不过此次斯大林向丘吉尔透露了日方的接触意图，而丘吉尔在转告杜鲁门总统时，还提出了适当的建议：或许应当适当放宽对"无条件投降"的强硬要求。

两个星期后，日本政府向斯大林发出了另一封电报，试图更清楚地说明这个使团的目的，但得到的答复同样是否定的。与此同时，丘吉尔政府在英国大选中落败，斯大林于7月28日在波茨坦会议上把日方进一步试探的信息告知盟友时，艾德礼和贝文已经取代了丘吉尔和艾登在会议中的职位。

然而，美国已经知道日本急于结束战争，因为他们的情报部门截获了日本外务大臣发给日本驻莫斯科大使的加密电报。

但是，杜鲁门总统和他的大多数主要顾问——尤其是史汀生先生和美国陆军参谋长马歇尔五星上将——现在都想用原子弹加速日本的崩溃，就像斯大林想在战争结束前介入对日战争，以便在远东取得有利地位一样。

有些人的疑虑比丘吉尔在回忆录中记载的还要多。其中包括莱希海军五星上将，他先后担任罗斯福总统和杜鲁门总统的参谋长，他对使用这种武器对付平民的想法深感不安："我自己的观点是，作为第一个使用这种武器的国家，我们已经堕入了与黑暗时代野蛮人相同的道德标准。没人教过我以这种方式进行战争，而屠杀妇女和儿童也不可能赢得胜利。"早在一年前，他也曾向罗斯福抗议过使用细菌武器的提议。

原子能科学家之间也存在分歧。万尼瓦尔·布什博士在争取罗斯福和史汀生对原子弹的支持方面发挥了主导作用，而丘吉尔的科学顾问彻维尔勋爵（即林德曼教授）也是该计划的主要支持者。因此，当史汀生于1945年春委派由布什领导的一个委员会研究对日本使用原子弹的问题时，该委员会强烈建议尽快使用原子弹，并且不预先告知武器性质——史汀生后来解释说，这是因为担心原子弹可能会"没什么作用"。

与此相反，以詹姆斯·弗兰克教授为首的另一组原子能科学家则在随后的 6 月下旬向史汀生提交了一份报告，阐释了不同的结论："用原子弹对日本实施突袭所取得的军事优势与挽救美军士兵生命的价值，可能会被全球范围的恐怖和厌恶浪潮所抵消。如果美国率先对人类释放这种新型无差别毁灭手段，将会丧失国际道义支持，引发军备竞赛，并降低未来达成控制此类武器的国际协议的可能性……我们认为，基于这些考虑，当下对日本使用核武器实非明智之举。"

但是，决策层更易听见那些与政要关系密切的科学家的声音——因为他们已经激起了决策层对原子弹的热情，认为原子弹是结束战争的快速简便的方法。军事顾问为当时制造的 2 颗原子弹提出了 5 个候选目标，在杜鲁门总统和史汀生先生研究了这份名单后，广岛和长崎被选定为投放点，因为这两个城市既有军事设施，又有"最容易受损的房屋和其他建筑物"。

1945 年 8 月 6 日，第一颗原子弹投向广岛，摧毁了该市的大部分地区，造成约 8 万人死亡——占该市居民的四分之一。三天后，第二颗原子弹投向长崎。杜鲁门总统乘船从波茨坦会议返程途中，获知原子弹爆炸的消息。据在场的人说，他兴奋地高呼："这是历史上最伟大的事情。"

然而，这一事件对日本政府的影响远逊于西方当时的预期。它并没有动摇最高战争指导会议 6 名成员中反对无条件投降的 3 名成员的立场，他们仍然坚持必须首先获得某些关于日本未来的保证，特别是关于维护"天皇的统治地位"。至于日本国民，他们直到战后才知道广岛和长崎发生了什么。

苏联于 8 月 8 日宣战，并于次日进军中国东北地区，对于加速日本的投降，其效力不亚于原子弹，而天皇的影响则更为显著。因为在 9 日内阁会议上，他明确指出了局势的绝望性，并强烈支持立即求和，以至于反对和平的 3 名成员更倾向于让步，并同意举行御前会议——"元老"会议，天皇本人可以在会议上作出最终决定。与此同时，日本政府通过广播宣布，只要天皇制得以保留便愿意投降——而 7 月 26 日盟国发布的《波茨坦公告》对此保持了令人不安的沉默。经过一番讨论，杜鲁门总统接受了

广岛（左）和长崎（右）原子弹爆炸

这一附加条件,这是对"无条件投降"原则的重大修改。

虽然在 8 月 14 日召开的御前会议上仍存在着严重分歧,但天皇果断地解决了这个问题:"诸位若无异议,朕将宣示己见。朕要求诸位允准此事。朕认为日本只有此路可以自救。这就是朕决心忍所不能忍,受所不能受的原因。"日本投降的消息随后通过广播宣布。

实际上,使用原子弹并不是产生这种结果的必要条件。日本十分之九的船只已沉没或失去动力,空军和海军陷入瘫痪,工业遭到破坏,民众的粮食供应迅速减少。正如丘吉尔所说,日本的崩溃已成定局。

美国战略轰炸调查报告强调了这一点,并补充道:"如果日本的政治结构允许更迅速、更果断地形成国家政策,那么从军事瘫痪到政治上接受必败现实之间的时间间隔可能会更短。然而,显而易见的是,即使没有原子弹袭击,空中优势也能施加足够的压力,迫使日本无条件投降,从而避免登陆作战。"美国海军舰队总司令金上将表示,如果我们愿意等待,仅凭海上封锁就能"让日本人因缺乏石油、大米和其他必需品而屈服"。

莱希海军上将对原子弹的必要性作出了更为坚定的判断:"在广岛和长崎使用这种野蛮武器,对我们与日本的战争没有任何实质性的帮助。由于有效的海上封锁和常规武器的成功轰炸,日本早已战败并准备投降。"

那么,为什么要使用原子弹呢?除了本能地希望尽早避免美英士兵的伤亡之外,还有其他什么更深层的因素吗?这方面有两个原因。丘吉尔本人在 7 月 18 日获知原子弹试验成功的消息后,在与杜鲁门总统的会谈中透露了这一点,他们立即想到了以下问题:

……我们不需要苏联人了。对日战争的结束不再取决于他们军队的大举进攻……我们不需要向他们求助。几天后,我给艾登先生写了一封信:"很明显,美国目前不希望苏联参与对日战争。"①

---

① 丘吉尔:《第二次世界大战》第六卷,第 553 页。

斯大林在波茨坦会议上提出共同占领日本的要求，曾使美国感到非常为难，美国政府急于避免这种情况出现。原子弹或许有助于解决这个问题。苏联原定于 8 月 8 日参战，也就是美军投掷原子弹两天后。

莱希海军上将透露了美国在广岛和长崎仓促使用原子弹的第二个原因："科学家和其他人之所以想进行这次试验，是因为该项目耗资巨大"——20 亿美元。参与这项代号为"曼哈顿计划"的一位高级官员对这一点解释得更清楚：

> 原子弹必须成功——因为它耗费了如此多的资金。如果失败了，我们该如何解释这笔巨额的开支？想想公众的强烈抗议吧……随着时间日益紧迫，华盛顿的一些人试图说服曼哈顿计划的负责人格罗夫斯将军尽快退出，因为一旦失败，他将承担全部责任。原子弹完成并投下后，所有相关人员都如释重负。

然而，在经过一代人之后，人们清楚地认识到仓促投下原子弹并没有给人类带来解脱。

1945 年 9 月 2 日，日本代表在东京湾的美国"密苏里"号战列舰上签署投降书。第二次世界大战就这样结束了，距离希特勒对波兰发动攻击共六年零一天，也是德国投降的四个月后。这是一个正式的结局，是一场让胜利者深感满意的仪式。而战争真正的结束是在 8 月 14 日，当天皇宣布日本接受盟军条件投降，立即停止了敌对行动——也就是第一颗原子弹投下一个星期后。但即使是那次可怕的袭击将广岛夷为平地，以展示新武器的压倒性威力，也只是加速了终将到来的投降时刻。其实日本投降已成定局，实际上没有必要使用这种武器，因为自那之后，全世界就一直笼罩在原子弹的阴影之下。

日本无条件投降仪式在美国"密苏里"号战列舰上举行

第二次世界大战战史

History of the Second World War

第九编　尾声

PART IX EPILOGUE

第40章 尾声

关键因素和转折点

这场灾难性的冲突,最终为苏联开辟了通往欧洲心脏地带的道路,丘吉尔先生恰如其分地称之为"不必要的战争"。在努力避免这场战争并遏制希特勒的过程中,英国和法国政策的一个根本弱点是他们缺乏对战略因素的理解。因此,他们在对自己最不利的时刻陷入了战争,从而引发了一场本可以避免的、影响深远的灾难。英国幸存下来似乎是奇迹——但实际上是因为希特勒重复了历史上侵略性独裁者一再犯下的错误。

至关重要的战前阶段

回望历史,对双方来说,第一个致命的行动是1936年德军进驻莱茵兰非军事区。对希特勒来说,这一举动具有双重战略优势——它既为德国在鲁尔区的关键工业要地提供了掩护,又使德国获得了进军法国的潜在跳板。

为什么这一行动未被制止呢?主要是因为法国和英国急于避免任何可能发展为战争的武装冲突风险。而德军进驻莱茵兰非军事区虽然做法不妥,但似乎只是一种纠正不公正决议的努力,因此英法两国更加不愿意采取行动。尤其是英国人,他们有政治头脑,更倾向于将此视为一种政治举措,而非军事行动——他们未能认识到其战略意义。

希特勒在1938年的行动中，再次利用政治因素获得了战略优势——德国和奥地利人民渴望统一，以及德国国内对于捷克斯洛伐克对待苏台德区德国人的强烈不满；同时西方国家也普遍认为，德国在这两个问题上的做法具有一定的合理性。

但是，希特勒3月进军奥地利的行动，导致捷克斯洛伐克的南翼暴露在外——这是他实施东扩计划的障碍。9月，通过战争威胁及随后达成的《慕尼黑协定》，他不仅吞并了苏台德区，更使捷克斯洛伐克陷入战略瘫痪。

1939年3月，希特勒占领了捷克斯洛伐克的剩余地区，从而包围了波兰的侧翼——这是他一系列"不流血"行动中的最后一步。希特勒采取这一举措后，英国政府随后采取了一个致命的鲁莽举措——突然向波兰和罗马尼亚提供保证，这两个国家都处于战略孤立状态。英国政府采取此行动时并未事先从苏联方面获得任何保证，而苏联是唯一能为波兰和罗马尼亚提供有效支援的国家。

从时机上看，英国作出这些保证必然会起到挑衅的作用。而且，正如我们现在所知，在希特勒遇到这一挑战性姿态之前，他本无立即进攻波兰的意图。从地点上看，这些保证涉及英法军队无法进入的欧洲地区，造成一种几乎无法抗拒的诱惑。因此，西方国家破坏了他们在当时实力较弱的情况下唯一可行的战略根基。因为他们非但未能通过在西线的任何进攻中展现强大的防御来遏制德国的侵略，反而给了希特勒一个可乘之机，使其轻易突破薄弱的防线，从而取得初步胜利。

现在避免战争的唯一机会是获得苏联的支持，因为苏联是唯一能够直接支援波兰并对希特勒形成威慑的国家。然而，尽管情况紧急，英国政府的行动却拖拖拉拉、漫不经心。不光英国人犹豫不决，波兰政府和东欧其他小国也反对接受苏联的军事支持——他们担心苏联军队的增援会演变成一场入侵。

面对英国支持波兰所造成的新形势，希特勒的反应截然不同。英国政府的激烈反应和加大军备投入的举措令他震惊，但实际效果与英国政府的预期相反。他的解决方案受其从历史中得出的英国人形象的影响。在他看来，英国人冷静理性，善于克制情感，若不能争取苏联的支持，断然不会为波兰而卷入战争。因此，希特勒忍住对"布尔什维克主义"的仇恨和恐惧，竭尽全力与苏联协调，以求其能置身事外。这一转变比张伯伦的转变更令人吃惊——其后果同样致命。

8月23日，里宾特洛甫飞往莫斯科，德苏双方签署了条约①。该条约还附有一项秘密协议，规定波兰将由德国和苏联瓜分。

在希特勒迅速采取一系列侵略行动所制造的紧张气氛中，这份条约使战争成为必然。英国曾承诺支持波兰，他们觉得此时不能袖手旁观，否则会威信扫地，也会为希特勒打开更广阔的征服之路。而希特勒不会放弃他在波兰的目标，即使他意识到这会导致一场全面战争。

因此，欧洲文明的列车冲进了漫长而黑暗的隧道，历经六年的艰苦奋战，才得以重见天日。即便如此，胜利的耀眼光芒也终究只是幻象。

战争的第一阶段

1939年9月1日，星期五，德军入侵波兰。9月3日，星期日，英国政府向德国宣战，以履行其先前向波兰作出的保证。六个小时后，法国政府勉强跟随英国的脚步，也对德国宣战。

不到一个月，波兰就被占领了。此后九个月内，战争洪流淹没了西欧大部分地区。

波兰能坚持更久吗？法国和英国是否可以为缓解德国对波兰的压力而付出更多努力？根据目前已知的军事实力来看，这两个问题的答案乍一看似乎是肯定的。

---

① 即《苏德互不侵犯条约》。——译者注

1939年，德国陆军还远未做好参战准备。波兰和法国的兵力加起来有150个师，其中包括35个预备役师，不过法国需保留部分兵力用于海外殖民地事务，而德国总共有98个师，其中36个师训练不足。在德国留下来保卫西部边境的40个师中，只有4个是训练有素、装备精良的现役师。但希特勒的战略布局使法国陷入了困境，即法国只能通过快速进攻来缓解波兰的压力，而这是法国军队无法适应的作战模式。法国陈旧的动员体系难以及时召集所需要的兵力，而他们的进攻计划依赖于大量重型火炮，但这些火炮直到第16天才准备好。此时，波兰军队的抵抗已在崩溃之中。

波兰的战略地理形势使它处于不利地位——它就像一根"舌头"夹在德国的嘴里，而波兰的战略部署使局势更加恶化，因为它把大部分军队都集中在舌尖。此外，这些军队从装备到思想都严重落后，仍然依赖大规模骑兵作战——然而在德军坦克面前，骑兵部队完全不堪一击。

当时，德国只有6个装甲师和4个机械化师，但在古德里安将军的力推和希特勒的支持下，德国比任何国家都更彻底地践行了二十年前英国军事先驱提出的新型高速机械化作战理念。德国还发展了一支比其他任何国家都强大的空军，而波兰与法国却严重缺乏空中力量，甚至无法支援和掩护他们的陆军部队。

因此，当波兰的西方盟友仍在按照传统战争模式备战时，德军的新型闪电战技术已在波兰首次成功展示。9月17日，苏联红军越过波兰东部边境实施突袭，这次致命的后方打击决定了波兰的命运，因为波兰此时已无余力抵抗第二次入侵。

迅速占领波兰之后出现了六个月的平静期——旁观者被表面上的平静所蒙蔽，他们称之为"虚假战争"。更确切的名字应该是"虚幻之冬"，因为西方国家的领导人和民众都在这个冬季不切实际地策划着如何攻击德国侧翼，更糟糕的是他们还公开谈论这些计划。

事实上，单凭法国和英国根本不可能有足够力量战胜德国。既然德国和苏联在同一条边界上对峙，西方盟国最大的希望就是这两个互不信任的国家发生摩擦，从而将希特勒的扩张方向引向东方而非西方。这一情况在一年后确实发生了，如果西方盟国不那么急于求成的话（这是民主国家的通病），局势可能更早转变。

他们大声叫嚣，威胁要攻击德国的侧翼，这促使希特勒抢先一步。希特勒的第一步就是占领挪威。据缴获的会议记录显示，直到1940年初，希特勒仍然认为"维持挪威的中立对德国最为有利"，但在2月份，他得出结论："英国人打算在那里登陆，我得抢先一步到达那里。"4月9日，一支小型德国入侵部队抵达挪威，打乱了英国控制该中立国家的计划——当挪威人的注意力被英国海军进入挪威海域的动向吸引时，德军已趁机占领了主要港口。

希特勒的下一个行动是于5月10日对法国和低地国家发动进攻。他早在去年秋天就开始准备了，当时盟军拒绝了他在击败波兰后提出的和平提议——他认为击败法国是迫使英国求和的最好机会。但是，恶劣的天气和将领们的疑虑导致此举从11月开始被一再推迟。1月10日，一名携带作战计划文件飞往波恩的德军参谋在暴风雪中迷失了方向，飞机迫降在比利时。这起事件导致德军进攻被推迟到5月，而在此期间，进攻计划进行了彻底调整。这对盟军来说非常不幸，而对希特勒来说却非常有利，同时也改变了整个战争的前景。

原先的作战计划要求德军主攻比利时中部运河两岸的地区，而这实际上会导致德军精锐与英法主力部队的正面交锋，因此很可能会以失败告终——这将动摇希特勒的威望。但是，曼施泰因提出的新计划完全出乎盟军意料，使他们陷入混乱并造成了灾难性的后果。当盟军主力向比利时推进，迎战德军在那里和荷兰发动的进攻时，德军7个装甲师的坦克部队却穿过了丘陵密布、树木繁茂的阿登地区，而盟国最高统帅部一直认为那片山地不适合坦克展开行动。他们几乎没有遇到什么抵抗就越过了默兹河，突破了盟军防线上最薄弱的连接处，然后向西横扫至英吉利海峡沿岸，切断了比利时境内盟军主力的交通线。此时德军的步兵主力甚至尚未投入战斗，胜负便已见分晓。英国军队勉强从海上撤离敦刻尔克。比利时军队和大部分法国军队被迫投降，局势已无法挽回。德军在敦刻尔克撤退一个星期后，大举向南进攻，残余的法国军队根本无法抵挡。

然而，这场震惊世界的灾难本可以轻易避免。盟军若以相同兵力发动一次集中反击，本可在德军装甲部队到达英吉利海峡之前就将其拦截。可惜，法军虽然拥有比敌人更多、更好的坦克，但他们却按1918年的陈旧战术，把这些坦克分成小股力量来使用。

如果法军没有贸然将主力调往比利时，导致其防线枢纽如此薄弱，或者更早地将预备队调遣到那里，那么德军的进攻就可以更早地被阻止在默兹河畔。但是，法国最高统帅部不仅认为坦克无法通过阿登地区，还认为对默兹河的任何攻击都会沿用1918年那种固定的突击模式，即德军到达那里后，需要近一个星期的准备时间，从而让法国有充足的时间调集预备队。但是，装甲部队于5月13日清晨抵达河边，并在当天下午强渡。这种"坦克时代"的行动速度彻底击溃了过时的"慢动作"。

但闪电战之所以能够实现，完全是因为盟军领导人还没有掌握新技术，所以不知道如何应对。如果在通往默兹河的要道上布设雷区，德军的进攻甚至在抵达默兹河之前就能被阻止。即使没有地雷，只需砍掉通往默兹河的林间道路上的树木，也同样可以阻拦敌人。清理这些树木所耗费的时间对德国来说将是致命的。①

法国沦陷后，人们普遍倾向于将其归咎于法军士气低落，并认为法国沦陷是不可避免的。这其实是一种"本末倒置"的谬论。法军士气的崩溃

---

① 笔者的一位法国朋友当时负责默兹河的某段防区，他请求最高统帅部允许他这样做，但被告知必须保持道路畅通，以便法国骑兵推进。这些骑兵虽按计划进入了阿登地区，但在德军坦克的追击下溃不成军。

只发生在军事防线被突破之后——而这本来是可以轻易避免的。到1942年,所有部队都学会了如何遏制闪电战——但是,如果他们在战前就学会了,很多事情就可以避免了。

战争的第二阶段

英国现在是纳粹德国唯一剩下的强劲对手。但它正处于最危险的境地,军事上毫无还手之力,还受到敌人长达2000英里的海岸线的威胁。

英军部队能抵达敦刻尔克并避免被俘,这要归功于希特勒匪夷所思的举动,即在距离最后一个逃生港口仅10英里且几乎没有防御的情况下,让他的装甲部队停顿了两天之久——这一停顿命令出于多种动机,其中包括戈林出于虚荣心想让他的德国空军完成最后一击。

尽管英军主力部队已经安全撤离,但他们丧失了大部分武器装备。当16个师的人员接受整编时,整个英国只有一个装备齐全的师来保卫本土,舰队被调往遥远的北方,远离德国空军的攻击范围。如果德军在法国沦陷后的一个月内登陆英国,那么英国将无力抵抗。

但是,希特勒和他的三军首脑们没有为入侵英国做任何准备,甚至没有制订任何计划来应对法国战败后仍很有必要的后续行动。他白白浪费了至关重要的一个月,满怀希望地期待英国会同意和解。即使在幻想破灭之后,德军的备战工作还是敷衍了事。当德国空军在不列颠战役中未能将英国皇家空军赶出天空时,陆军和海军首脑们实际上很高兴有理由暂停入侵。更值得注意的是,希特勒本人也愿意接受这个暂停入侵的借口。

希特勒的私人谈话记录显示,部分原因是他不愿摧毁大不列颠和大英帝国,他认为英国是世界的一个稳定因素,仍然希望将其作为合作伙伴。但除此之外,还有另一个动机。希特勒的注意力再次转向东方,这也正是英国得以保全的决定性因素。

如果希特勒集中精力打败英国,英国几乎注定要战败。尽管他错过了通过入侵征服英国的最佳机会,但通过空中和潜艇的联合压制,他本可以使英国逐渐陷入粮尽援绝的境地并最终走向崩溃。

然而,当苏军部队驻扎在他的东部边境,对德国的陆地构成威胁时,希特勒认为不能冒险将兵力集中在海空行动上。因此,他认为确保德国后方安全的唯一方法是进攻并击败苏联。他对苏联意图的怀疑更加强烈,因为他一贯对苏联式共产主义深恶痛绝。

他还确信,一旦英国不再指望苏联介入战争,他们就会向德国求和。事实上,他认为如果不是苏联煽动英国继续战斗,英国早就与德国媾和了。7月21日,希特勒召开第一次会议,讨论仓促拟订的入侵英国计划,他透露了自己的想法:"斯大林正与英国眉来眼去,想让英国继续参战,牵制我们,目的是争取时间,拿走他想要的东西,因为他知道,一旦和平到来,他就拿不到了。"由此得出了进一步的结论:"我们必须把注意力转向解决苏联问题。"

计划立即开始,但直到1941年初他才作出最终决定。入侵行动于6月22日发起——比拿破仑当年侵俄日期提前一天。德军装甲部队迅速击溃了随时可能出现在正面的苏军部队,不到一个月就在苏联境内推进了450英里,完成了通往莫斯科这段路程的四分之三。然而,德军永远止步于此。

导致他们失败的关键因素是什么?秋季的泥泞和降雪是显而易见的原因。但更根本的原因是,德军错误地估计了斯大林可以从苏联腹地调集的后备力量。他们估计会遇到200个师,到8月中旬,德军击败了这些师。但此时,战场上又出现了160个师。等到这些师被击败时,秋季已经到来,德军穿越泥泞向莫斯科推进时,他们再次发现另有部队挡住了进路。另一个基本因素是,尽管自苏俄革命以来苏联取得了许多技术进步,但此时依然保持着它的原始状态。这指的不仅是苏联军民具有非凡的耐力,还包括苏联的道路很原始。如果苏联的道路系统与西方一样发达,那么苏联几乎会像法国一样迅速被攻占。然而,即便如此,如果德军装甲部队在夏季不等待步兵主力赶上，就直接向莫斯科进发，那么入侵还是有可能成功的——正如古德里安力主采取的战略那样，但这次被希特勒和陆军老将们否决了。

苏联的冬季给德军部队带来了巨大的压力和消耗——他们再也没能从中恢复过来。然而，很明显，希特勒在1942年仍然有很大的获胜机会，因为苏军严重缺乏武器装备，而斯大林对军队的控制也因最初的惨败而发生动摇。希特勒的新攻势迅速席卷了高加索油田的边缘——苏联的军事机器正是依赖这里的石油维系运转的。但是，希特勒将他的部队分散在高加索和斯大林格勒这两个目标上。在斯大林格勒遭遇顽强抵抗后，他反复发起鲁莽强攻，试图夺取这座象征苏军顽强抵抗的"斯大林之城"，从而耗尽了德军的兵力。冬季来临时，他禁止任何撤退，当苏军新组建的部队在年底抵达战场时，德军就注定难逃被包围和被俘虏的厄运。

斯大林格勒战役的惨败使德军的战线空前延长，其残存兵力已不足以维持如此漫长的战线。德军将领们极力主张撤退是唯一的挽救办法，但希特勒却固执己见，拒绝批准撤退的请求。他对一切规劝充耳不闻，始终坚持"不得撤退"。这种鹦鹉学舌式的口号无法阻拦颓势，又使得每次撤退都以惨败收场，而且由于拖延时间太长而付出更高的代价。

希特勒的部队正日益承受战略过度扩张的后果——拿破仑就是这样失败的。1940年，墨索里尼趁法国衰落和英国虚弱之际卷入战争，战争扩大到地中海，这使德国压力倍增，也为英国提供了反击的机会，他们可以在海上力量能够发挥作用的区域进行反攻。丘吉尔迅速抓住了这个机会——在某种程度上甚至过于急躁。英军在埃及的机械化部队虽然规模不大，但很快就击溃了北非装备落后的意大利部队，并征服了意属东非。英军本来可以乘胜向的黎波里进发，但被阻止了，以便有一支部队可以登陆希腊——这个不成熟且缺乏准备的行动，导致英军很容易被德军击退。意大利军队在北非的溃败迫使希特勒派遣隆美尔率德军前往那里增援。然而，希特勒的目光锁定在苏联，只派出了足够增援意大利人的部队，始终未能全力夺取地中海的东部、中部和西部门户——苏伊士、马耳他和直布罗陀。

因此，实际上希特勒只是打开了一个消耗德军力量的新缺口，最终抵消了隆美尔反攻的成功，将肃清北非的行动推迟了两年多。此时的德军部队已遍布地中海两岸和整个西欧海岸线，同时还要在苏联腹地扼守一条危机四伏的广阔战线。

由于日本于1941年12月参战，这种战略透支的后果暂时得以缓和，战争也因此继续延长。但从长远来看，这对希特勒的前景更为致命，因为它让美国彻底卷入了战争。日本对珍珠港的偷袭使美国太平洋舰队陷入瘫痪，这一暂时胜利使日本得以占领西南太平洋的盟军阵地——马来亚、缅甸、菲律宾和荷属东印度群岛。但在这种急速扩张中，他们的战线远远超出其维持战果的能力范围。因为日本终究是一个小岛国，工业实力有限。

战争的第三阶段

一旦美国实力增强，而苏联也得以幸存并继续发展，德国、意大利和日本这几个轴心国的失败就已成定局，因为它们的综合军事潜力加在一起，还是比盟国要小得多。唯一不确定的是战争还需要持续多久，以及会有多彻底。侵略者转而成为防御者，他们最多只能寄希望于通过拖延时间争取更有利的和平条件，让"三大国"感到疲倦或内部分裂。但是，这种持久抵抗的可能性取决于能否缩短战线。轴心国领导人都不愿主动撤退，因为这会让他们"颜面尽失"，因此他们坚守着每一个阵地，直到最终崩溃。

战争的第三阶段没有真正的转折点，只有持续的涨潮之势。

这股潮水在苏联和太平洋地区流动得更顺畅，因为在这些地区，兵力优势不断增强，机动空间充足。但在南欧和西欧，由于空间局促，攻势受到了更多的阻碍。

英美盟军于1943年7月首次重返欧洲大陆的行动之所以顺利，得益于希特勒和墨索里尼将大批部队派往突尼斯桥头堡的决策，他们试图阻止从埃及和阿尔及利亚会师的盟军。突尼斯变成了一个陷阱，德意部队在那里全军覆没，西西里岛几乎失去了防御能力。但是，当1943年9月盟军从西西里岛向意大利推进时，他们在狭窄多山的半岛上进展缓慢。

1944年6月6日，在英国集结的盟军主力部队在诺曼底登陆，准备进行跨海峡进攻。如果他们能在岸上建立起一个足够大的桥头堡，集结兵力并突破德军的防线，他们就一定能成功。因为一旦突破防线，开阔的法国平原可供其自由行动，盟军部队是完全机械化的，而大部分德军部队都不是。

因此，除非德军能在最初几天内将进攻者赶回海上，否则他们的防御注定会最终崩溃。但事实上，他们的装甲预备队的行动被盟军空军的瘫痪性干扰严重拖延，盟军空军在这个战区对德国空军享有30∶1的优势。

即使诺曼底登陆在滩头上被击退，盟军当时用于直接打击德国的巨大空中优势，也将使德国必败无疑。到1944年为止，战略空中攻势作为登陆作战的替代手段，其效果远没有达到预期，而且被高估了。对城市的无差别轰炸并没有严重削弱德国的军火生产，同时也未能如预期那样摧毁德国民众的抵抗意志，迫使他们投降。究其根源，这些民众被暴政统治者牢牢控制，而身处轰炸之下的平民个体根本无法向轰炸机投降。但在1944—1945年，盟军空中力量获得了更好的指挥，以越来越高的精度和破坏力，打击对敌人抵抗能力至关重要的核心军工基地。在远东战场，制空权的绝对控制也足以使日本崩溃成为必然，原子弹的投放本无必要。

形势逆转后，盟军自己设置的障碍反倒成了他们前进道路上的最大阻碍——即盟军领导人不明智且短视的"无条件投降"要求。这一政策成了希特勒维系对德国人民控制的最佳助力，也巩固了日本主战派的地位。如果盟军领导人足够明智，能够就和平条件提供一些保证，那么希特勒对德国人民的控制早在 1945 年之前就会发生动摇。三年前，德国国内广泛的反纳粹运动就通过代表向盟军领导人透露了他们推翻希特勒的计划，还列举了众多准备参与这场政变的高级将领的名字，但前提是盟军能对和平条件作出保证。然而，盟军当时和后来都没有给予任何明确表示或承诺，这样一来，他们的"冒险行动"自然很难在德国国内获得广泛支持。

因此，这场"不必要的战争"被不必要地延长，数百万人因此毫无意义地牺牲，而最终到来的和平只是催生了新的威胁和对于另一场战争逼近的恐惧。事实证明，为了迫使对方"无条件投降"而不必要地延长第二次世界大战的做法，其结果只是使斯大林坐享其成——为苏联控制中欧开辟了道路。

本书参考引用的图书文献

若同时列出英国和美国出版机构，首先提及的版本为本书引文来源，其相关页码标注可能仅适用于该特定版本。在此谨向所有允许引用其作品内容的作者、出版机构和其他版权持有者致以谢意。

奥马尔·N. 布拉德莱：《一个士兵的故事：从突尼斯到易北河的盟军战役》，伦敦，艾尔与斯波蒂斯伍德出版公司，1951 年；纽约，亨利·霍尔特出版公司，1951 年。

Bradley, Omar N.: *A Soldier's Story of the Allied Campaigns from Tunis to the Elbe*. London, Eyre & Spottiswoode, 1951; New York, H. Holt & Co., 1951.

哈里·C. 布彻海军上校：《我在艾森豪威尔身边的三年》，纽约，西蒙与舒斯特出版社，1946 年；伦敦，海涅曼出版社，1946 年。

Butcher, Captain Harry C.: *My Three Years with Eisenhower*. New York, Simon & Schuster, 1946; London, Heinemann, 1946.

温斯顿·S. 丘吉尔：《温斯顿·S. 丘吉尔的战争演说》（查尔斯·伊德编，三卷本），伦敦，卡塞尔出版社，1952 年；波士顿，霍顿·米夫林出版公司，1953 年。

Churchill, Winston S.: *The War Speeches of Winston S. Churchill* (compiled by Charles Eade, 3 vols). London, Cassell, 1952; Boston, Houghton Mifflin, 1953.

温斯顿·S. 丘吉尔：《第二次世界大战》（六卷本），伦敦，卡塞尔出版社，1948—1954 年；波士顿，霍顿·米夫林出版公司，1948—1954 年。

Churchill, Winston S.: *The Second World War* (6 vols). London, Cassell, 1948-54; Boston, Houghton, Mifflin, 1948-54.

第一卷：《风云紧急》（第 9 版，1967 年）。

Vol. I: *The Gathering Storm* (9th edition, 1967).

第二卷：《最光辉的时刻》（第 9 版，1967 年）。

Vol. II: *Their Finest Hour* (9th edition, 1967).

第三卷：《伟大的同盟》（第 5 版，1968 年）。

Vol. III: *The Grand Alliance* (5th edition, 1968).

第四卷：《命运的关键》（第 4 版，第 2 次印刷，1968 年）。

Vol. IV: *The Hinge of Fate* (4th edition, 2nd impression, 1968).

第五卷：《紧缩包围圈》（第 4 版，第 2 次印刷，1968 年）。

Vol. V: *Closing the Ring* (4th edition, 2nd impression, 1968).

第六卷：《胜利与悲剧》（第 2 版，1954 年）。

Vol. VI: *Triumph and Tragedy* (2nd edition, 1954).

马克·克拉克上将：《有算计的冒险》，伦敦，哈拉普出版公司，1951 年；纽约，哈珀出版社，1950 年。

Clark, General Mark: *Calculated Risk*. London, Harrap, 1951; New York, Harper, 1950.

安德鲁·坎宁安：《一个水兵的冒险：海德霍普子爵坎宁安海军元帅自传》[①]，伦敦，哈钦森出版公司，1951 年。

Cunningham, Admiral Lord: *A Sailor's Odyssey*. London, Hutchinson,

---

① 此处英文原著表述有误，准确表述应为：Andrew Cunningham, *A Sailor's Odyssey: The Autobiography of Admiral of the Fleet Viscount Cunningham of Hyndhope*. London, Hutchinson, 1951.——译者注

1951.

朱利奥·杜黑:《制空权》,伦敦,费伯出版公司,1943年;纽约,考沃德–麦卡恩出版社,1942年。

Douhet, Giulio: *The Command of the Air*. London, Faber, 1943; New York, Coward-McCann, 1942.

德怀特·D.艾森豪威尔:《远征欧陆》,纽约,双日出版公司,1948年;伦敦,海涅曼出版社,1949年。

Eisenhower, Dwight D.: *Crusade in Europe*. New York, Doubleday, 1948; London, Heinemann, 1949.

基思·费林:《内维尔·张伯伦传》,伦敦,麦克米伦出版公司,1946年。

Feiling, Keith: *The Life of Neville Chamberlain*. London, Macmillan, 1946.

弗朗茨·哈尔德上将:《哈尔德上将日记》(内部发行),版权归美国陆军步兵杂志所有,1950年。

Halder, General Franz: *Diaries*. Privately printed. Copyright © Infantry Journal Inc. (U.S.A.), 1950.

霍华德·基彭伯格(爵士)少将:《步兵准将》,伦敦(和纽约),牛津大学出版社,1949年。

Kippenberger, Major-General Sir Howard: *Infantry Brigadier*. London (and New York), Oxford University Press, 1949.

利德尔·哈特上尉:《英国的防务》,伦敦,费伯出版公司,1939年。

Liddell Hart, Captain B. H.: *The Defence of Britain*. London, Faber, 1939.

利德尔·哈特上尉:《山的那一边》,伦敦,卡塞尔出版社,1951年。(请参阅我的书目。《山的那一边》1951年版尚未在美国出版。莫罗出版社于1948年在纽约出版的是精简版,当时出版的书名为《德国将领访谈录》。)

Liddell Hart, Captain B. H.: *The Other Side of the Hill*. London, Cassell, 1951. (See my list of books. *The Other Side of the Hill* in its 1951 edition has not been published in the United States. The considerably smaller 1948 edition was published in New York by Morrow in 1948 as *The German Generals Talk*.)

利德尔·哈特上尉:《坦克兵:皇家坦克团及其前身的历史》(两卷本),伦敦,卡塞尔出版社,1959 年;纽约,普雷格出版公司,1959 年。

Liddell Hart, Captain B. H.: *The Tanks: The History of The Royal Tank Regiment and its Predecessors etc.*, 2 vols. London, Cassell, 1959; New York, Praeger, 1959.

埃里克·林克莱特:《意大利战役》,伦敦,皇家文书局,1951 年。

Linklater, Eric: *The Campaign in Italy*. London, H.M.S.O., 1951.

吉法德·马特尔中将:《一个直言不讳的士兵》,伦敦,西夫顿·普雷德出版公司,1949 年。

Martel, Lieut.-General Sir Giffard: *An Outspoken Soldier*. London, Sifton Praed, 1949.

约翰·诺思:《1944—1945 年的西北欧:第 21 集团军群的成就》,伦敦,皇家文书局,1953 年。

North, John: *North-West Europe 1944-5: The Achievements of 21st Army Group*. London, H.M.S.O., 1953.

埃尔温·隆美尔元帅:《隆美尔文件》(利德尔·哈特编),伦敦,柯林斯出版公司,1953 年;纽约,哈考特·布雷斯出版公司,1953 年。

Rommel, Field-Marshal Erwin: *The Rommel Papers* (ed. B. H. Liddell Hart). London, Collins, 1953; New York, Harcourt, Brace, 1953.

海因茨·施密特:《与隆美尔在沙漠中》,伦敦,哈拉普出版公司,1951 年。

Schmidt, H. W.: *With Rommel in the Desert.* London, Harrap, 1951.

阿尔贝特·西顿中校：《1941—1945年的苏德战争》，伦敦，阿瑟·巴克出版公司，1970年；纽约，普雷格出版公司，1970年。

Seaton, Lieut.-Colonel Albert: *The Russo-German War, 1941-1945.* London, Arthur Barker, 1970; New York, Praeger, 1970.

特德（勋爵）皇家空军元帅：《心怀偏见》，伦敦，卡塞尔出版社，1966年；波士顿，利特尔·布朗出版公司，1967年。

Tedder, Marshal of the Royal Air Force Lord: *With Prejudice.* London, Cassell, 1966; Boston, Little, Brown, 1967.

西格弗里德·韦斯特法尔上将：《西线德军》，伦敦，卡塞尔出版社，1951年。

Westphal, General Siegfried: *The German Army in the West.* London, Cassell, 1951.

官方历史
OFFICIAL HISTORIES

英国
Great Britain

斯蒂芬·罗斯基尔海军上校：《海战》第一卷，伦敦，皇家文书局，1954年。

Roskill, Captain S. W.: *The War at Sea.* Vol. I, London, H.M.S.O., 1954.

约翰·埃尔曼：《大战略》第五卷，伦敦，皇家文书局，1956年。

Ehrman, John: *Grand Strategy.* Vol. V. London, H.M.S.O., 1956.

斯坦利·伍德伯恩·柯比少将：《对日战争》第一卷，伦敦，皇家文书局，1957年。

Woodburn Kirby, Major-General S.: *The War Against Japan*. Vol. I. London. H.M.S.O., 1957.

伊恩·普莱费尔少将等:《第二次世界大战史:地中海和中东》第三卷,伦敦,皇家文书局,1960年。

Playfair, Major-General I.S.O., and others: *The Mediterranean and the Middle East*. Vol. III. London, H.M.S.O., 1960.

查尔斯·韦伯斯特爵士,诺布尔·弗兰克兰:《对德国的战略空中攻势,1939—1945年》。

Webster, Sir Charles, and Frankland, Noble: *The Strategic Air Offensive Against Germany, 1939–1945.*

第一卷:《准备》,伦敦,皇家文书局,1961年。

Vol. I: *Preparation*. London, H.M.S.O., 1961.

第二卷:《奋进》,伦敦,皇家文书局,1961年。

Vol. II: *Endeavour*. London, H.M.S.O., 1961.

第三卷:《胜利》,伦敦,皇家文书局,1961年。

Vol. III: *Victory*. London, H.M.S.O., 1961.

美国

United States

《第二次世界大战中的美国陆军》丛书

United States Army in World War II

休·科尔:《欧洲战区:洛林战役》,华盛顿特区,美国陆军部历史处,1950年。

Cole, H. M.: *The European Theater of Operations: The Lorraine Campaign*. Washington D.C., Historical Division, Department of the Army, 1950.

莫里斯·马特洛夫,埃德温·斯内尔:《美国陆军部:1941—1942年联盟战争的战略规划》，华盛顿特区，美国陆军部军事历史主任办公室，1953 年。

Matloff, Maurice, and Snell, Edwin M.: *The War Department: Strategic Planning for Coalition Warfare, 1941–1942*. Washington, D.C., Office of the Chief of Military History, Department of the Army, 1953.

乔治·豪：《地中海战区：西北非：夺取西线主动权》，华盛顿特区，美国陆军部军事历史主任办公室，1957 年。

Howe, George F.: *The Mediterranean Theater of Operations: Northwest Africa: Seizing the Initiative in the West*. Washington, D.C., Office of the Chief of Military History, Department of the Army, 1957.

《第二次世界大战中的美国海军作战史》丛书

History of United States Naval Operations in World War II

S. E. 莫里森：第九卷：《西西里岛—萨莱诺—安齐奥，1943 年 1 月—1944 年 6 月》，波士顿，利特尔·布朗出版公司，1954 年。

Morison, S. E.: Vol. IX: *Sicily–Salerno–Anzio, January 1943–June 1944*. Boston. Little, Brown, 1954.

作战电令
DESPATCHES

《伦敦公报》增刊，1948 年 2 月 3 日。作战电令签发者：突尼斯子爵亚历山大元帅，嘉德至高骑士团勋章、巴斯最尊贵骑士大十字勋章、圣迈克尔和圣乔治最杰出骑士大十字勋章、印度之星勋章、杰出服务勋章、军功十字勋章获得者

Supplement to The London Gazette, 3 February 1948.

Despatch submitted ... by ... Field-Marshal the Viscount Alexander of Tunis, K.G., G.C.B., G.C.M.G., C.S.I., D.S.O., M.C.

《伦敦公报》增刊，1950 年 4 月 25 日。作战电令签发者：安德鲁·坎

宁安（爵士）海军元帅，巴斯最尊贵骑士大十字勋章、杰出服务勋章获得者

Supplement to The London Gazette, 25 April 1950.

Despatch submitted... by Admiral of the Fleet Sir Andrew B. Cunningham, G.C.B., D.S.O.

利德尔·哈特上尉的其他著作

回忆录
Memoirs

《利德尔·哈特回忆录》(两卷本),伦敦,卡塞尔出版社,1965年;纽约,普特南出版公司,1965年。

The Liddell Hart Memoirs, 2 vols. (London, Cassell, 1965; New York, Putnam, 1965)

战争指导(和战争通史)
The Conduct of War (and general history of wars)

《间接路线战略》,伦敦,费伯出版公司,1954年最新版——扩写自《历史上的决定性战争》,1929年。

Strategy—The Indirect Approach (London, Faber, latest edition 1954—enlarged from *The Decisive Wars of History*, 1929)

《战争思考,1919—1939年》,伦敦,费伯出版公司,1944年——包含作者军事思想的精华。

Thoughts on War.1919-39 (London, Faber, 1944 —contains the collected essence of the author's military thought)

《战争革命》,伦敦,费伯出版公司,1946年;耶鲁大学出版社,1947年。

The Revolution in Warfare (London, Faber, 1946; Yale University Press, 1947)

《拿破仑的幽灵》，伦敦，费伯出版公司，1933 年；耶鲁大学出版社，1933 年。

The Ghost of Napoleon (London, Faber, 1933; Yale University Press, 1933)

机械化战争理论（尤指此方向）
The Theory of Mechanised War (in particular)

《巴黎，战争之未来》，伦敦，凯根·保罗出版公司，1925 年，《今日与明日》丛书；纽约，达顿出版公司，1925 年。

Paris, or The Future of War (London, Kegan, Paul, 1925 — in the 'Today and Tomorrow' series; New York, E. P. Dutton & Co., 1925)

《现代军队的重塑》，伦敦，约翰·默里出版社，1927 年。

The Re-making of Modern Armies (London, John Murray, 1927)

《当英国参战时》，伦敦，费伯出版公司，1935 年，扩写自《英国的战争方式》（1932 年）；另见企鹅出版社，1942 年版，含增补章节，并沿用原书名。美国版《英国的战争方式》，纽约，麦克米伦出版公司，1933 年。

When Britain Goes to War (London, Faber, 1935 — enlarged from *The British Way in Warfare*, 1932; also Penguin, 1942, with additional chapters, and under the original title. In America *The British Way in Warfare*, New York, Macmillan, 1933)

《步兵的未来》，伦敦，费伯出版公司，1933 年；哈里斯堡，军事服务出版公司，1936 年。

The Future of Infantry (London, Faber, 1933; Harrisburg, Military Service Publishing Co., 1936)

《动态防御》，伦敦，费伯出版公司，1940 年。

Dynamic Defence (London, Faber, 1940)

《战争潮流》，伦敦，哈钦森出版公司，1941 年，特别是第一章至第六章。本书的其余章节是对 1939—1940 年战役的评论。

The Current of War (London, Hutchinson, 1941—in particular Chapters I-VI. The rest of the book is a commentary on the 1939-40 campaign)

《坦克兵：皇家坦克团及其前身的历史》（两卷本），伦敦，卡塞尔出版社，1959 年；纽约，普雷格出版公司，1959 年。

The Tanks : The History of The Royal Tank Regiment and Its Predecessors etc., 2 vols. (London, Cassell, 1959; New York, Praeger, 1959)

战争理论和未来战争相关著作
Other Books on the Theory and Future of War

《武装的欧洲》，伦敦，费伯出版公司，1937 年。

Europe in Arms (London, Faber, 1937)

《英国的防务》，伦敦，费伯出版公司，1939 年。

The Defence of Britain (London, Faber, 1939)

《这场不断扩大的战争》，伦敦，费伯出版公司，1942 年。部分是对 1941—1942 年战役的评论）

This Expanding War (London, Faber, 1942 —partly a commentary on the 1941-42 campaigns)

《西方的防务》，伦敦，卡塞尔出版社，1950 年。

Defence of The West (London, Cassell, 1950)

《威慑还是防御》，伦敦，史蒂文斯出版公司，1960 年。

Deterrent or Defence (London, Stevens, 1960)

步兵战术
Infantry Tactics

《步兵训练新法》，剑桥大学出版社，1918 年。

New Methods of Infantry Training (Cambridge, 1918)

《步兵战术学》，贝克尔斯·克劳斯出版公司，1921 年、1923 年、1926 年。

Science of Infantry Tactics (Becclcs, Clowes, 1921, 1923, 1926)

与未来战争有关的历史传记
Historical Biography—with a bearing on future warfare

《托马斯·爱德华·劳伦斯上校在阿拉伯及其战后岁月》，伦敦，凯普出版公司，1934 年。美国版《劳伦斯上校：传奇背后的人》，纽约，多德·米德出版公司，1934 年。

T. E. Lawrence—In Arabia and After (London, Cape, 1934. In America *Colonel Lawrence: The Man Behind the Legend*, New York, Dodd, Mead, 1934)

《福煦》，伦敦，艾尔与斯波蒂斯伍德出版公司，1931 年；另有企鹅版。

Foch (London, Eyre & Spottiswoode, 1931; also Penguin)

《谢尔曼》，伦敦，艾尔与斯波蒂斯伍德出版公司，1929 年。美国版《谢尔曼：军人，现实主义者，美国人》，纽约，多德·米德出版公司，1929 年。

Sherman (London, Eyre & Spottiswoode, 1929. In America *Sherman: Soldier, Realist, American*, New York, Dodd, Mead, 1929)

《揭秘著名将帅》，伦敦，布莱克伍德出版公司，1927 年；波士顿，利特尔·布朗出版公司，1928 年。

Great Captains Unveiled (London, Blackwood, 1927; Boston, Little,

Brown, 1928)

《超越拿破仑——西庇阿·阿非利加努斯》，伦敦，布莱克伍德出版公司，1926 年；波士顿，利特尔·布朗出版公司，1927 年。

A Greater than Napoleon—Scipio Africanus (London, Blackwood, 1926; Boston, Little, Brown, 1927)

第一次世界大战（1914—1918 年）

World War I (1914–18)

《第一次世界大战战史》，伦敦，卡塞尔出版社，1970 年。初版名《世界大战史，1914—1918 年》，伦敦，费伯出版公司，1934 年。扩写自《真实的战争，1914—1918 年》，伦敦，费伯出版公司，1930 年；波士顿，利特尔·布朗出版公司。

A History of the First World War (London, Cassell, 1970. Originally published as *A History of the World War, 1914–1918*, London, Faber, 1934. Enlarged from *The Real War 1914–1918*, London, Faber, 1930; Boston, Little, Brown)

《1914—1918 年战争概要》，伦敦，费伯出版公司，1936 年。

The War in Outline, 1914–1918 (London, Faber, 1936)

《声誉：十年之后》，伦敦，约翰·默里出版社，1928 年；波士顿，利特尔·布朗出版公司，1928 年。

Reputations: Ten Years After (London, John Murray, 1928; Boston, Little, Brown, 1928)

《穿越战争迷雾》，伦敦，费伯出版公司，1938 年；纽约，兰登书屋出版公司，1938 年。

Through the Fog of War (London, Faber, 1938; New York, Random

House, 1938)

第二次世界大战（1939—1945 年）
World War II (1939–45)

《山的那一边》，伦敦，卡塞尔出版社，1951 年——较 1948 年初版扩充约 60%，原版仅由美国纽约莫罗出版社于 1948 年出版，书名为《德国将领访谈录》，1948 年。

The Other Side of The Hill (London, Cassell, 1951—enlarged by some 60 percent from the original edition of 1948 which alone was published in America, New York, Morrow, as *The German Generals Talk*, 1948)

《第二次世界大战战史》，伦敦，卡塞尔出版社，1970 年；纽约，普特南出版公司，1970 年。

A History of the Second World War (London, Cassell, 1970; New York, Putnam's, 1970)

综述
General

《我们为什么不从历史中吸取教训？》，伦敦，艾伦与昂温出版公司，1944 年。

Why Don't We Learn from History？ (London, Allen & Unwin, 1944)

创作撰写
Contributions

《平民防卫战略》，亚当·罗伯茨编。伦敦，费伯出版公司，1967 年。美国版《作为国防的平民抵抗》，哈里斯堡，斯塔克波尔出版公司，1967 年。

The Strategy of Civilian Defence (ed. Adam Roberts. London, Faber,

1967. In America *Civilian Resistance as a National Defense*, Harrisburg, Stackpole, 1967)

《丘吉尔——四副面孔和他本人》,伦敦,艾伦·莱恩企鹅出版社,1969年。美国版《丘吉尔再审视:批判性评估》,纽约,戴尔出版社,1969年。

Churchill — Four Faces and the Man (London, Allen Lane The Penguin Press, 1969. In America, *Churchill Revised: A Critical Assessment*, New York, Dial, 1969)

编辑书籍
Edited Books

《隆美尔文件》,伦敦,柯林斯出版公司,1953年;纽约,哈考特·布雷斯出版公司,1953年。

The Rommel Papers (London, Collins, 1953; New York, Harcourt, Brace, 1953)

《列兵惠勒书信集(拿破仑战争)》,伦敦,迈克尔·约瑟夫出版公司,1951年。

The Letters of Private Wheeler (*Napoleonic Wars*) (London, Michael Joseph, 1951)

《苏联军队》,伦敦,韦登菲尔德与尼科尔森出版公司,1956年。美国版《苏联红军》,纽约,哈考特·布雷斯出版公司,1956年。

The Soviet Army (London, Weidenfeld & Nicolson, 1956. In America *The Red Army*, Harcourt, Brace, 1956)

图书在版编目（CIP）数据

第二次世界大战战史/（英）利德尔·哈特著；肖石忠译．－－长沙：岳麓书社，2025.9．－－ISBN 978-7-5538-2329-4

Ⅰ.K152

中国国家版本馆 CIP 数据核字第 2025WV7667 号

DI-ER CI SHIJIE DAZHAN ZHANSHI

第二次世界大战战史

著　者：[英]利德尔·哈特
译　者：肖石忠
责任编辑：刘书乔　田　丹　王　畅
监　制：秦　青
特约策划：康晓硕
营销编辑：柯慧萍
责任校对：舒　舍
封面设计：极宇林·静颐

岳麓书社出版

地　址：湖南省长沙市爱民路 47 号
邮　编：410006
版　次：2025 年 9 月第 1 版
印　次：2025 年 9 月第 1 次印刷
开　本：680mm×955mm　1/16
印　张：49.5
字　数：720 千字
审图号：GS（2025）1542 号
书　号：ISBN 978-7-5538-2329-4
定　价：125.00 元（全二册）
承　印：三河市天润建兴印务有限公司

如有质量问题，请致电质量监督电话：010-59096394
团购电话：010-59320018